The Early French Parody Noël

Studies in Musicology, No. 36

George Buelow, Series Editor

Professor of Musicology
Indiana University

Other Titles in This Series

The Early French Parody Noël
Volume 2

by
Adrienne F. Block

UMI RESEARCH PRESS
Ann Arbor, Michigan

Produced and distributed by
UMI Research Press
an imprint of
University Microfilms International
Ann Arbor, Michigan 48106

Library of Congress Cataloging in Publication Data

Block, Adrienne Fried.
The early French parody noël.

(Studies in musicology ; no. 36)
Revision of thesis (Ph.D.)–City University of New York,
1979.
Bibliography: p.
Includes index.
1. Carols–France–History and criticism.   I. Title.
II. Series.

ML2881.F4B6 1983   783.6'5'0944   83-1175
ISBN 0-8357-1123-4 (set)
ISBN 0-8357-1438-1 (v.2)

Contents

List of Musical Examples

List of Short Titles

Short Title	Name of Source
Arsenal MS 3653	Paris, Bibliothèque de l'Arsenal, MS 3653
Ashburnham MS 116	Florence, Biblioteca Laurenziana, Cod. Ashburnham 116
Ashburnham MS 1085	Florence, Biblioteca Laurenziana, Cod. Ashburnham 1085
Basel MS F. X. 59-62	Basel, Universitätsbibliothek, MSS F.X. 59-62
Basevi 2442	Florence, Biblioteca del Conservatorio di Musica, MS Basevi 2442.
Bologna MS Q 16	Bologna, Biblioteca del Conservatorio di Musica, G.B. Martini Cod. Q 16
Bologna MS Q 21	Bologna, Biblioteca del Conservatorio di Musica, G.B. Martini Cod. Q 21
Brussels MS 11239	Brussels, Bibliothèque Royale, MS 11239
Cambrai MS 125-28	Cambrai, Bibliothèque de la Ville, MS 125-28
Cap. Giulia XIII.27	Vatican City, Biblioteca Ap. Vaticana, Cappella Giulia, MS XIII.27
Cap. Sist. MS 36	Vatican City, Biblioteca Ap. Vaticana, Cappella Sistina, MS 36
Casanatense MS 2856	Rome, Biblioteca Casanatense, MS 2856

Chansonnier Cordiforme	Paris, Bibliothèque Nationale, MS fonds Rothschild, 2793
Copenhagen MS 1848	Copenhagen, Det Kongelige Bibliothek, MS Ny Kgl. S. 2°. 1848
Cortona MS 95-96	Cortona, Biblioteca del Comune e dell'Accademia Etrusca, Cod. 95-96
Dijon MS 517	Dijon, Bibliothèque de la Ville, MS 517
Dijon MS 9085	Dijon, Bibliothèque de la Ville, MS 9085
Escorial MS a iv. 24	Escorial, Biblioteca del monasterio, MS a.iv.24
Florence MS XIX.59	Florence, Biblioteca Nazionale Centrale, MS Magl. XIX.59
Florence MS XIX.107 *bis*	Florence, Biblioteca Nazionale Centrale, MS Magl. XIX.107 *bis*
Florence MS XIX.112	Florence, Biblioteca Nazionale Centrale, MS Magl. XIX.112
Florence MS XIX.117	Florence, Biblioteca Nazionale Centrale, MS Magl. XIX.117
Florence MS XIX.164-67	Florence, Biblioteca Nazionale Centrale, MS Magl. XIX164-67
Florence MS XIX..178	Florence, Biblioteca Nazionale Centrale, MS Magl. XIX.178
Florence MS 2794	Florence, Biblioteca Reccardiana, MS 2794
Hague MS 74.H.7	The Hague, Koninklijke Bibliothek, MS 74.H.7
Harley MS 5242	London, British Museum, Harley MS 5242
Heilbronn MS X.2	Heilbronn, Gymnasialbibliothek, MS X.2
IM	Howard Mayer Brown, *Instrumental Music Printed Before 1600: A Bibliography*. Cambridge, Mass.: Harvard University Press, 1965. IM entries are identified first by composer and/or publisher, and then by the IM number, given here as IM 1529-2

Laborde Chansonnier	Washington, Library of Congress, M.2.i L25 (Case)
+ *La Fleur 110*	*La Fleur des chansons. S.l.n.d.*
London MS 5665	London British Museum, Add. MS 5665 (Ritson MS)
London MS 11588	London, British Museum, Add. MS 11588
London MS 31922	London, British Museum, Add. MS 31922
London MS 35087	London, British Museum, Add. MS 35087
Mellon Chansonnier	New Haven, Conn., Yale University, Mellon Chansonnier
Munich MS 260	Munich, Bayerische Staatsbibliothek, Mus. MS 260
Munich MS 1501	Munich, Bayerische Staatsbibliothek, Mus. 1501
Munich MS 1508	Munich, Bayerische Staatsbibliothek, Mus. MS 1508
Munich MS 1516	Munich, Bayerische Staatsbibliothek, Mus. MS 1516
+ *Nourry*	*S'Ensuyvent plusieurs belles chansons,* Lyons: Vve. Claude Nourry, n.d.
Oxford MS 213	Oxford, Bodleian Library, Canonici Misc. MS 213
Paris Cons. Rés. 255	Paris, Bibliothèque du Conservatoire, MS Rés. 255
Paris MS 1139	Paris, Bibliothèque Nationale, MS lat. 1139
Paris MS 1597	Paris, Bibliothèque Nationale, MS fonds fr. 1597
Paris MS 1895	Paris, Bibliothèque Nationale, MS fonds fr. 1895
Paris MS 2368	Paris, Bibliothèque Nationale, MS fonds fr. 2368

Paris MS 2506	Paris, Bibliothèque Nationale, MS fonds fr. 2506
Paris MS 4379	Paris, Bibliothèque Nationale, MS nouv. acq. fr. 4379
Paris MS 4599	Paris, Bibliothèque Nationale, MS nouv. acq. fr. 4599
Paris MS 9346	Paris, Bibliothèque Nationale, MS fonds fr. 9346
Paris MS 12467	Paris, Bibliothèque Nationale, MS fonds fr. 12467
Paris MS 12744	Paris, Bibliothèque Nationale, MS fonds fr. 12744
Paris MS 14983	Paris, Bibliothèque Nationale, 14983
Paris MS 15123	Paris, Bibliothèque Nationale, MS fonds fr. 15123 (Pixérécourt MS)
Paris MS 24407	Paris, Bibliothèque Nationale, MS fonds fr. 24407
Paris Rés. 581	Paris, Bibliothèque Nationale, Département de Musique, Rés. 581
Paris Rés. 884	Paris, Bibliothèque Nationale, Département de Musique, Rés. 884
Pepys MS 1760	Cambridge, Magdalene College, MS Pepys 1760
Regensburg MS 940-41	Regensburg, Proske-Bibliothek, MS A.R. 940/41
RISM	*International Inventory of Musical Sources:* Vol. I, *Recueils Imprimés XVIe-XVIIe siècles.* München-Duisberg: G. Henle Verlag, 1960. RISM entries are identified first by publisher and/or composer, then by the RISM number, given here in the form: RISM 1529-2
Royal MS 23-25	London, British Museum, Royal Appendix MSS 23-25

Royal MS 26-30	London, British Museum, Royal Appendix MSS 26-30
Royal MS 31-35	London, British Museum, Royal Appendix MSS 31-35
Royal MS 49-54	London, British Museum, Royal Appendix MSS 49-54
St. Gall MS 461-63	St. Gall, Stiftsbibliothek, Cod. 461, Cod. 462, Cod. 463.
St. Gall MS 647	St. Gall, Stiftsbibliothek, Cod. 647
Segovia MS	Segovia, Cathedral Library, MS s.n.
Seville MS 5-I-43	Seville, Biblioteca Colombina, MS 5-I-43
Turin MS 1.27	Turin, Biblioteca Nazionale, Riserva Musicale I.27 (MS qm III.49; MS qm III.59)
Ulm MS 236-37	Ulm, Dombibliothek, MSS 236-37
Vienna MS 18746	Vienna, Osterreichische Nationalbibliothek. Cod. 18746
* 8(a)	*S'Ensuyvent viii belles chansons nouvelles,* S.l.n.d. (Paris, Bibliothèque Nationale Rés. Ye 1378)
* 8(b)	*S'Ensuyvent viii belles chansons nouvelles,* S.l.n.d. (Chantilly, Musée Condé, IV.D.113)
* 8(c)	*S'Snsuyvent huict belles chansons nouvelles,* S.l.n.d. (London, British Museum C.22.a.23)
* 11	*S'Ensuivent unze belles chansons nouvelles,* S.l.n.d. (Paris, Bibliothèque Nationale, fonds Rothschild IV.9.69)
* 14	*S'Ensuyvent quatorze belles chansons nouvelles,* S.l.n.d. (Paris, Bibliothèque de l'Arsenal 8° B. 11441 Rés.)
* 16	*S'Ensuivent seize belles chansons nouvelles,* S.l.n.d. (Paris, Bibliothèque Nationale, Rés. Ye 1379)

* 17	*S'Ensuyvent dixsept belles chansons nouvelles,* S.l.n.d. (Paris, Bibliothèque de l'Arsenal 8° B. 11441 Rés.)
* 53	*S'Ensuivent plusieurs belles chansons nouvelles,* S.l.n.d. (Paris, Bibliothèque Nationale, fonds Rothschild IV.9.69)
* 90(a)	*S'Ensuivent plusieurs belles chansons nouvelles,* S.l.n.d. (Paris, Bibliothèque Nationale, Département de Musique, fonds Coirault, Rés. Vm 112)
* 90(b)	*Les Chansons nouvelles que on chante de present,* S.l.n.d. (Paris, Bibliothèque Nationale, Rés. p. Ye 463)
* 1535	*S'Ensuyvent plusieurs belles chansons nouvelles.* Paris: S.l., 1535)
* 1537	*S'Ensuivent plusieurs belles chansons nouvelles* Paris: [Lotrian], 1537
* 1538	*Les Chanson nouvellement assemblées oultre les anciennes impressions.* S.l., 1538
* 1543	*S'Ensuyt plusieurs belles chansons.* Paris: Lotrian, 1543

---

* Sigla used by Brian Jeffery in *Chanson Verse of the Early Renaissance.* 2 vols. (London, 1971, 1976).

Table of Contents*

---

*Sergent, *Les Grans noelz,* fols. 2-4.

Introduction

This edition of *Les Grans noelz nouveaulx composez nouvellement en plusieurs langaiges sur le chant de plusieurs chansons nouvelles,* published by Pierre Sergent in Paris ca. 1537 is based on a print housed in the Herzog-August Bibliothek in Wolfenbüttel, B.R.D., the sole known survivor of the edition.[1] The print, now furnished with a modern binding, was originally unbound. The title page, which also serves as the cover, includes in addition to the title three woodcuts with Nativity scenes.[2] At the bottom of the title page is Sergent's address: "On les vend a Paris en la rue neufve Nostre dame a l'enseigne sainct Nicolas." On fol. 144', the end of the eighteenth gathering, and on fol. 160', the end of the twentieth and final gathering, the publisher's name also appears: "Cy finissent les grans noelz nouvellement Imprimées a Paris pour Pierre Sergent demourant en la Rue neufve nostre dame a l'enseigne sainct Nicolas." This suggests that an earlier edition ended on fol. 144', and that Sergent made this present edition by adding two gatherings. When Jehan Bonfons, Sergent's son-in-law and successor, reissued the print, he kept both closings, but substituted his own for Sergent's name.[3]

Following the title page there is a blank page, and then a table of contents that ends at the bottom of the recto of fol. 4. An edition of this table provides the table of contents for this volume, to which have been added consecutive numbers for the noël texts. The 150 noël texts are crowded onto the remaining folios of this pocket-sized book. Occasionally there is an illuminated letter at the beginning of a noël text, but most are introduced by a sign resembling the modern paragraph sign: ℭ , and the same sign is used, inconsistently, to mark the beginnings of strophes. At the head of most noël texts is a rubric, reproduced in this edition, that includes the timbre to which a noël is to be sung.

The book is printed in Gothic type, and there are twenty-six lines to a page. Sergent provided foliations in roman numerals in the upper right-hand corners of the rectos, as well as signatures on the lower right-hand corners of the first three folios of each gathering. Also at the bottom of the page that begins each gathering are the initials of the volume, either "Les GN" or "LGN."

The noël texts are arranged with a flush left-hand margin except where there is an illuminated letter. Otherwise, there are many inconsistencies about the layout of the texts, probably to conserve space on these crowded pages measuring 9.2 x 13 cm. Successive strophes of the same poem may have different layouts, repeated lines may or may not be indicated, and refrains are given in their entireties only once, and may not even be indicated thereafter.

Spelling and punctuation are also inconsistent. Proper nouns may or may not be capitalized, and on occasion the first word of a line of text begins with a lower-case letter. Spellings are often inconsistent even within the same noël, and letters are often omitted to save space. Articles, where elided, appear without apostrophes, there are no diacritical marks, and there is virtually no punctuation.

In making this edition, editorial changes have been kept to a minimum. The most extensive changes are in the layouts of the poems. Whenever possible, successive strophes of each poem are laid out identically, and arranged to clarify structure, and particularly to set off verses from refrains. Where repeated lines missing from Sergent are needed to complete the poems, these have been restored and placed in brackets. Editorial changes in spelling consist of replacing i by j, and u by v to conform to modern usage and make the texts easier to read. Thus the words *resiouyssance* and *saulueur* (in modern French *réjouissance* and *sauveur)* appear in this edition as *resjouyssance* and *saulveur*. Punctuation and apostrophes are added where needed, and proper nouns have been capitalized according to modern usage. Only two diacritical marks are used: the cedilla to soften the c, and the acute accent to clarify syntax and preserve metric and rhyme schemes.[4]

Editorial procedures for chanson texts recovered from early prints are the same as for the noël texts. At least one strophe of each matching chanson text has been provided, and laid out in the same format as the noël text in order to show the relationship between the two. Where modern editions of the texts are used, the poems are otherwise given as they appear in these editions.

In the underlay of text in musical examples in this volume I have attempted to follow the principles described by Edward Lowinsky in the introduction to his edition of the Medici Codex.[5] There are two kinds of added texts. Those that are enclosed within < >, are texts indicated by a repeat mark in the source. Those enclosed in square brackets, [ ], are editorial additions.

Selection of musical examples for inclusion in this volume has depended on several factors. The first and most important is that the musical settings have texts that match the strophic designs of the noël texts, and therefore can accommodate the noël texts with little or no adjustment. The second factor concerns the number of voices in a setting. Because the noël was more likely sung to monophonic than to polyphonic settings, all available monophonic settings are included, with both the original and the noël texts underlaid.[6]

Where there is no monophonic setting and the chanson is not readily available in a modern edition, the polyphonic setting is provided, with the noël text given for one or more of the voices. In a few instances, polyphonic settings are provided regardless of availability in modern editions because they are part of a chain of evidence about musical settings for a particular noël.

Sources for noël texts and for chansons that provided models for the noëls are given in approximately chronological order. For further information about dating the noël collections, consult the Annotated Catalogue of Noël Collections that constitutes the Appendix to volume 1 of this study. For information about the dating of chanson text collections, consult Jeffery's *Chanson Verse of the Early Renaissance.* Sources for musical settings to match the noëls are given in order from the fewest to the most voices, and chanson families that share a *cantus prius factus* are grouped together. Because many chansons begin with the same incipit, but are not settings of the same poem, nonconcordances are also listed, and so identified.

Noëls that parody or in a few instances are identical to ritual chants are followed by their models, the sources for texts and musical settings are listed, and a few musical examples are provided. However, because the focus of this study is on the relationship of the noël to the secular chanson, this writer makes no claims for completeness of information relating to the chant-based noëls.

The order of the information for each noël is:
1. The rubric or timbre
2. The noël text complete
3. Early sources for the noël; at the end, modern editions are cited (= S)
4. Other parodies based on the same timbre, both sacred and secular, and their sources (= P)
5. Related chanson texts and their sources (= C)
6. Sources of musical settings of matching chanson texts (= M)
7. Selected musical examples

Two indices are at the end of this volume. The first gives the timbres in alphabetical order as they appear in Sergent. Each timbre is followed by the incipit of the noël parody, given in parentheses. It also gives alternate chanson incipits, with cross references to Sergent's incipits. The second index gives the noël incipits, and has the chanson incipits in parentheses.

Notes

Introduction

1. For this study I have relied on a microfilm copy and a description of Sergent's *Les Grans noelz* furnished by a librarian of the Herzog-August Bibliothek. I have examined Jehan Bonfons's reedition as well as the print in the Paris Arsenal, Rés. B.L. 10.649, which may be a revised reedition of Sergent.

2. The title page is reproduced in volume 1 of this study, p. 19 .

3. Further on the Sergent-Bonfons atelier, see volume 1, pp. 18-21

4. Editing procedures used in this study are based on François Lesure's recommendations in "Archival Research: Necessity and Opportunity," in *Perspectives in Musicology,* ed. by Barry S. Brook, Edward O.D. Downes, and Sherman Van Solkema (New York, 1972), pp. 68-69.

5. Edward Lowinsky, ed., *The Medici Codex of 1510,* Vol. I, "Historical Introduction and Commentary" (Chicago, 1968), pp. 90-107.

6. However, the French popular tunes used in *Souterliedekens,* ed. by Elizabeth Mincoff-Marriage (The Hague, 1922), are not routinely included as musical examples in this volume. The tunes underwent changes in order to accommodate the Dutch psalm texts, and the original chanson texts no longer fit the tunes. Thus there are few guidelines for underlay of noël texts. A few of the melodies are given not as settings for the noëls but rather to provide monophonic models for polyphonic settings of the same tune.

1.   Conditor alme syderum   (fol. 4')

Conditor alme syderum,
Eterna lux credentium,
Christe, redemptor omnium,
Exaudi preces supplicum.
  Noel.

Qui condolens interitu,
Mortis perire seculum
Salvasti mundum languidum,
Donans reis remedium.
  Noel.

Vergente mundi vespere
Uti sponsus de thalamo
Egressus honestissima
Virginis matres clausula.
  Noel.

Cuius fortis potentie
Genu flectuntur omnia.
Celestia terrestia
Fatentur nutu subdita.
  Noel.

Le deprecamur agie
Venture iudex seculi,
Conserva nos in tempore
Hostis a telo perfidi.
  Noel.

Laus, honor, virtus, gloria,
Deo patri et filio,
Sancto simul paraclyto,
In sempiterna secula.
  Amen. Noel.

Additional sources for this text:

S1.   [Livre de noëls] (Paris MS 2368), fol. 13.
S2.   Guillaume Guerson, publ., *S'Ensuyvent les noels tresexcelens,* Paris,
      n.d., fol. 1'.
S3.   [Vve. Jean Trepperel?], publ., *Les Noelz nouveaulx,* S.1.n.d., fol. A2.

S4. [_____?], *Les Grans noelz,* Paris, n.d., fol. 2.
S5. *Les Noelz nouvellement faitz et composez,* S.1.n.d., no. 1.
S6. Jaques Nyverd, publ., *Les Grans noelz,* Paris, n.d., fol. A1′ with the first phrase of the melody notated.
S7. [Alain Lotrian], publ. *Les Grans nouelz,* Paris, n.d., fol. 2.
S8. *S'Ensuyvent plusieurs beaulx noelz nouveaulx,* S.1.n.d., fol. A′ without the "Noel" acclamations that follow each strophe.
S9. [Lucas le Moigne], *Noelz nouveau,* Paris, 1520, fol. A2′.
S10. Olivier Arnoullet, publ., *Noelz nouveaulx nouvellement faitz,* Lyons, n.d., fol. A′.
S11. [Jaques Moderne], publ., *Noelz nouveaulx faictz et composez,* Lyons, n.d., fol. A′.
S12. [_____], *La Fleur des noelz nouvellement imprimez,* Lyons, n.d., fol. A′.
S13. [_____], *La Fleur des noelz nouvellement notés,* Lyons, n.d., fol. A2, with notated melody transcribed in ex. 1a.
S14. [Pierre Sergent], publ., *Noelz nouveaulx,* S.1.n.d., fol. C2 (Cat. no. 43).
S15. [*Noelz nouveaulx*], fol. 4′ (Cat. no. 51).
S16. Jan de Tournes, publ., *Noelz vieux et nouveaux,* Lyons, 1557, p. 5, with the rubric, "Pour l'advent."
S17. Nicolas Bonfons, publ., *La Grand bible des noelz,* Paris, n.d., fol. 3. This text specifies that an entire repetition of the melody be sung as a noël refrain after each strophe. Includes notated chant melody transcribed below, ex. 1b. Includes an extra strophe at end.
S19. Anthoine Hernault, publ., *Le Recueil des vieux noels,* Angers, 1582, fol. A′.
S20. [Livre de noëls] (Paris MS 2506), fol. 6.
S21. The hymn text is in Dreves, *Analecta hymnica,* Vol. XX, p. 37.
S22. Modern edition in De Smidt, *Les Noëls et la tradition populaire* (Amsterdam, 1932), pp. 126-33. Includes text, music, and commentary.

Other parodies:

P1. This famous Advent hymn was used widely as timbre for other texts. For its uses as a noël with French and macaronic texts, see the following noël, no. 2 in this volume.
P2. The hymn is cited as timbre for the Protestant chanson, "O Seigneur, a toi je m'escrie," in *Le Psautier de Marot,* no. 146 (cited by Gastoué, *Le Cantique populaire,* p. 148).
P3. The hymn is cited as timbre for the Protestant chanson, "Gran conditeur de tous les cieulx," in [Malingré]. *Noelz nouveaulx,* fol. A2; in *Recueil de plusieurs chansons spirituelles,* Geneva, 1555, p. 13.
P4. It is cited as timbre for the Protestant chanson, "Vien Redempteur, o Jesus Christ," a text by Cordier in the anonymous *Chansons spirituelles,* 1569, p. 376.

P5. In the sixteenth and seventeenth centuries, seven noëls were sung to the tune during Advent (cited in Gastoué, *Le Cantique populaire*, pp. 129-30, and see below, ex. 1b).

Musical settings:

M1. The monophonic chant is notated in [Moderne], *La Fleur des noelz nouvellement notés* (see S9 above and Ex. 1a). The melody is the same as that in *Liber Usualis* (Tournai, 1947), pp. 324-25. The text, however, varies:

> Creator alme siderum,
> Aeterna lux credentium,
> Jesus Redemptor omnium,
> Intende votis supplicum.
>
> Qui daemonis ne fraudibus
> Periret orbis, impetu
> Amoris actus, languidi:
> Mundi medela factus es.

Several more verses follow.

M2. *Les Noelz notez*, S.l.n.d., fol. A', has the Latin text with notated monophonic melody in neumes and in ternary rhythm. The music resembles but does not match that given in ex. 1b.

M3. The first line of the hymn is notated in [Nyverd], *Les Grans noelz*, fol. A1 (Cat. nos. 33 and 35).

M4. A metric version of the hymn is in Nicolas Bonfons, *La Grand bible*, p. 3. See S17 above and ex. 1b.

M5. The monophonic melody is in Simon Cock, *Souterliedekens*, Ps. 125 (Mincoff-Marriage ed., p. 219), in triple meter.

M6. The monophonic melody with German paraphrase is in Leisentritt, *Geistliche Lieder* (1567), fol. 3'.

M7. The monophonic chant melody also is in *Das andernacher Chorbuch* (Cologne, 1608), p. 21. It is in triple meter and has both the Latin text and a German paraphrase.

M8. An anonymous setting *a 3* with the cantus firmus in the superius and in triple meter, is in the Apt MS (transcr. in *Trésor d'Apt*, ed. by Gastoué, pp. 57-58).

M9. Jacques Clément's setting *a 3* of the Protestant hymn has the hymn melody in the tenor, in Jacobus Clemens non Papa, *Opera omnia*, Vol. II: *Souterliedekens*, Rome, 1953, p. 123.

M10. A fauxbourdon setting *a 3* by Dufay has the rhythmicized chant in the superius, and also has a few cadential ornaments to an otherwise unadorned melody (modern eds. in Dufay: *Sämtliche Hymnen*, Vol. 49,

p. 5; in Minor, *Music in Medieval and Renaissance Life,* pp. 24-25; in Adler, *Sechs Trienter Codices,* Vols. 14-15, p. 161, in Dufay, *Opera omnia,* Vol. V, Rome, 1936, p. 39, *Corpus Mensurabilis Musicae,* 1).

M11. An anonymous setting *a 3* in Copenhagen MS 1848, p. 142, is in triple meter, with the rhythmicized chant melody in the superius. Text incipits only are given.

M12. A setting *a 4* by Willaert from *Hymnorum musica* (1542), is in *Willaert: Opera omnia,* Vol. VII, p. 1 (ed. by Hermann Zenck and Walter Gerstenberg). The chant melody, elaborated at cadences, is in the superius.

M13. Pierre Ballard, *Cantiques spirituelles nouvellement mis en musique: A iiii, v, vi, vii et parties par le Sr de Courbes,* Paris, 1622, fols. 10'-11, *a 4* with both Latin and French texts, the latter beginning, "Facteur des astres radieux."

M14. A four-part setting is in Pierre Ballard, *Airs sur les hymnes sacrez, odes et noëls,* Paris, 1623, fol. 16'. The melody is the superius, the first verse of the text is in Latin, subsequent verses are in French.

M15. The text and melody are in Tiersot, *Histoire de la chanson populaire,* Paris, 1889, p. 387.

Example 1a.

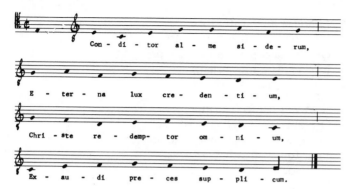

Example 1b.

2.   S'Ensuyt le *Conditor* en francoys   (fol. 4′)

Conditor le jour de Noel
Fist ung bancquet le nompareil,
Que fut faict passé a long temps,
Et si le fist a tous venans.
     Noel, noel.

Il y avoit perdrix, chappons.
Oyseaulx saulvaiges, des hairons,
Leureaulx, congnitz, aussi faisans
Pour toutes manieres de gens.
     Noel.

Une grande hure de senglier
Ypocras, aussi le mestier,
Vin Capary et Faye Montjeau
Pour enluminer leur museau.
     Noel.

Biscuyt, pain d'orge et gasteaulx,
Fouace, choysne, cassemuseaulx,
Pain de chapitre et eschauldez
Mengerez si le demandez.
     Noel.

Aussi y avoit aulx, oygnons,
Et ung pasté de potirons,
Avecques les choulx maistre René
Et des lymatz au chaudumé.
     Noel.

Il y vint ung bon bouteillier,
Qui ne cessa onc de verser,
Tant que ung barault il asseicha
In sempiterna secula.
     Amen. Noel.

Additional sources for this text:

S1.   [Le Moigne], *Noelz nouveau,* Paris, 1520, fol. B1′.
S2.   Benoist Rigaud, *La Grand bible des noelz,* Lyons, n.d., no. 2, with the
      description, "Noel bachique" (repr. in Vaganay, p. 47).
S3.   Hernault, *La Bible des nouels nouveaux,* Angers, n.d., fol. A1′.
S4.   *Noelz nouveaulx* (Cat. No. 51), fol. 5′.

Other parodies:

P1.   [Vve. Trepperel?], *Les Noelz nouveaulx,* fol. A6. Another parody, "Conditor alme siderum, Des estoilles le hault createur," is on fol. A7.

P2.   [_____], *Les Grans noelz, Paris, n.d., fol. 5.* It also has a second parody, *"Conditor alme siderum,* Des estoilles le hault createur," fol. 7.

P3.   [Lotrian], *Les Grans nouelz,* Paris, n.d., fol. 6, gives the noël text, *"Conditor* fut le nompareil." A second parody, "Conditor alme siderum, Des estoilles le hault createur," is on fol. 7.

P4.   Hernault, *Cours des noelz,* Angers, 1582, fol. E1', has a text which begins, *"Conditor* fut le nompareil."

P5.   [Recueil de noëls] (Paris MS 24407), fol. 1, has the same text as in (P2) above.

P6.   [*Noelz nouveaulx*] (Cat. no. 51), fol. 5, has a noël text which begins, "Pour le maistre des *siderum,* / Et du chef des *credentium.*"

3.   Puer nobis nascitur   (fol. 5)

Puer nobis nascitur,
Rectorque angelorum:
In hoc mundo patitur,
Dominus dominorum.

In presepe ponitur,
Sub feno asinorum:
Cognoverunt Dominum,
Christum regem celorum.

Tunc Herodes timuit,
Maximo cum tivore,
Infantes et pueros
Occidit cum dolore.

Qui natus est Maria
In die hodierna,
Perducat cum gratia
Ad gaudia superna.

Angeli letati sunt,
Etiam cum Domino
Cantaverunt "Gloria,
Et in excelsis Deo."

Gaudia est in celo
Virtutis letabundo
Sine fine termino
Benedidicamus Domino.
      Amen. Noel.

Additional sources for this text:

S1.   [Livre de noëls] (Paris MS 2368), fol. 9.
S2.   [Vve. Trepperel], *Les Grans noelz,* fol. 177.
S3.   *Les Nouelz nouvellement faitz et composez,* no. 2 fol. A2', lacks strophes
      5 and 6.
S4.   Nyverd, *Les Grans noelz,* fol. A2. The edition in Cat. no. 33 lacks
      strophes no. 4 and 5; strophe 6 has a different first line.
S5.   [Lotrian], *Les Grans nouelz,* fol. 162. Strophes 4 and 5 are missing.
S6.   Arnoullet, *Noelz nouveaulx nouvellement faitz,* fol. A2'; edition lacks the
      last quatrain.
S7.   [Moderne], *Noelz nouveaulx faictz et composez,* fol. A2, has minor
      variants.

S8.   [_____], *La Fleur des noelz nouvellement imprimez,* fol. A2, has minor variants.
S9.   [_____], *La Fleur des noelz nouvellement notés,* fol. A3', with music.
S10. [Sergent], *Noelz nouveaulx,* fol. C2' (Cat. no 43).
S11. [*Noelz nouveaulx*], fol. 6 (Cat. no. 51).
S12. De Tournes, *Noelz vieux et nouveaux,* p. 26, with the rubric, "Pour le dimenche a la messe." Has first 4 strophes only.
S13. Nicolas Bonfons, *La Grand bible des noelz,* fol. 5.

Musical settings:

M1.   The monophonic melody is in [Moderne], *La Fleur des noelz nouvellement notés* (S6 above) and transcribed in ex. 3.
M2.   A rhythmicized version of the monophonic chant melody is in *Das andernacher Chorbuch,* p. 30, with both Latin and German texts, the latter beginning, "Das ist geborn ein Kindelein."
M3.   Two settings *a 3* are on Copenhagen MS 1848. One, on p. 402, is attributed to Haquinet; the second, p. 409 is unattributed. Both are based on the same cantus firmus, which appears in the superius.

Example 3.

Pu- er no- bis nas- ci- tur   Rec- tor- que
an- ge- lo- rum   In hoc mun- do pa- ti- tur
do- mi- nus do- mi- no- rum.

4.   A la venue de Noel   (fol. 5′)

A la venue de Noel,
Chascun se doibt bien resjouyr,
Car c'est ung testament nouvel
Que tout le monde doibt tenir.   (fol. 6)

Quant par son orgueil Lucifer
Dedans l'abisme tresbucha,
Nous allions tous en enfer,
Quant le filz Dieu nous rachepta.

Et une vierge s'en umbra
Et en son corps voulut gesir:
La nuyct de Noel enfanta,
Sans peine et sans douleur souffrir.

A celle heure que Dieu fut né
L'ange alla dire aux pastours,
Lesquelz se prindrent a chanter
Ung chant qui estoit gracieulx.

Apres ung bien petit de temps,
Trois roys le vindrent adorer,
Apporterent myrrhe et encens
Et or pour le reconforter.

A Dieu le vindrent presenter,
Puis quant ce fust au retourner,
Herodes les fist pourchasser
Trois jours et trois nuyctz sans cesser.

Une estoille le conduysoit,
Qui venoit devers orient,
Qui a l'ung a l'autre monstroit
Le chemin droict en Bethléem.

Nous debvons bien certainement,
La voye et le chemin tenir,   (fol. 6′)
Car elle nous monstre vrayement,
Ou nostre dame doibt gesir.

La veirent le doulx Jesuchrist
Et la vierge qui l'enfanta:
Celuy qui tout le monde fist
Et les pecheurs ressuscita.

Bien apparut qu'il nous ayma
Quant a la croix pour nous fut mis,
Dieu le pere qui tout crea
Nous doint a la fin paradis.

Prions luy tous qu'au dernier jour
Que le monde se doibt finir,
Que nous ne puissons nulz de nous
Nulles peines d'enfer souffrir.

Amen. Noel, noel, noel,
Je ne my pourroys plus tenir
Que je ne chantasse: "Noel,"
Quant je voy mon saulveur venir.
    Amen. Noel.

Additional sources for this text:

S1. [Livre de noëls] (Paris MS 2368), fol. 18'.
S2. Guerson, *S'Ensuivent les noelz tresexcelens,* fol. 2. Lacks strophes 4, 7, 8, 11, and 12.
S3. [Pierre Mareschal et Barnabé Chaussard], *Les Nouelz nouvellement faitz et composez,* no. 1 (ed. in *Le Spectateur Catholique,* t. IV [1898], p. 124).
S4. [Vve. Trepperel?], *Les Grans noelz,* fol. 62'.
S5. *Les Noelz nouvellement faictz et composez,* no. 20, lacks strophes 4, 7, 8, 11, and 12.
S6. Le Moigne, *Noelz nouveau,* fol. A3 (repr. in Pichon, *Le Moigne,* p. 6).
S7. Nyverd, *Les Grans noelz,* fol. E4.
S8. [Lotrian], *Les Grans noelz,* missing from the body of the text but listed in table. Another noël, fol. 149', has the same timbre for a variant text.
S9. Arnoullet, *Noelz nouveaulx nouvellement faitz,* fol. A2. Lacks strophes 4, 7, 8, 11, and 12.
S10. [Moderne], *Noelz nouveaulx faictz et composez,* fol. A2. Lacks strophes, 4, 7, 8, 11, and 12.
S11. [_____], *La Fleur des noelz nouvellement imprimez,* fol. A2'. Lacks strophes 4, 7, 8, 11, and 12.
S12. [_____], *La Fleur des noelz nouvellement notés,* fol. A2'.
S13. [Sergent]. *Noelz nouveaulx* (Cat. no. 43), fol. C3.
S14. [*Noelz nouveaulx*] (Cat. no. 51), fol. 6'.
S15. Nicolas Bonfons, *La Grand bible des noelz,* fol. 9.
S16. Rigaud, *La Grand bible des noelz,* no. 1 (repr. in Vaganay, p. 46).
S17. Hernault, *Cours des noelz,* Angers, 1582, fol. H (1)7'.
S18. Laurens Roux, *Vieux noels,* Angers, 1582, fol. E1'. Has an extra strophe following strophe 4, and strophes 9, 11, and 12 differ.

S19. Gervais Olivier, *Cantiques de noels,* Le Mans, n.d., p. 3 (Cat. n. 15). Lacks strophes 8 and 12.

S20. Vilgontier MS [Recueil de noëls] (Paris MS 14983), fol. 3.

S21. [Recueil de noëls] (Paris MS 24407), fol. 3.

S22. Hubert MS (Paris MS 1895), fol. 3.

S23. Le Meignen (*Vieux Noéls,* Vol. I, p. 5), who reprints the noël text, states that the timbre is "Jesu redemptor omnium."

S24. De Smidt, *Les Noëls et la tradition populaire,* pp. 109-12. The text is virtually the same except for modernizations of spelling. Text sources cited include: Paris MS 2368, Le Moigne, and Moderne, *La Fleur des noelz nouvellement notés.* In addition, De Smidt reprints the melody, given in ex. 4, from this last source.

S25. Mathieu Malingré, *Nouelz nouveaulx,* S.l.n.d., gives the same noël text, fol. C3, but with the timbre, "In exitu Israel de Aegypto (tonus peregrinus), as a Protestant chanson.

Other parodies:

P1. The noël is cited as a timbre for another noël, "A cest heureux jour de Noel," in Jean Triguel, *Le Recueil de vieils et nouveaux cantiques,* Livre second, Paris, n.d., fol. 35.

Related chansons:

C1. The noël is listed as a *basse danse* in [Moderne], *S'Ensuyvent plusieurs basses dances,* fol. B2'.

C2. Rabelais wrote that "A la venue de Noel" is danced to the sound of "buccines" in Lanternois in *Le Cinquième et dernier livre,* chap. 32 *bis* (ed. in his *Oeuvres complètes,* ed. by Demerson, pp. 927-28).

Musical settings:

M1. [Moderne], *La Fleur des noelz nouvellement notés,* fol. A2; includes a notated melody. See ex. 4.

M2. The same melody with minor variants is in *Das andernacher Gesangbuch,* p. 598, with the text of Bernard de Clairvaux's "Rosy sequence," "Jesu, dulcis memoria." A German paraphrase of the poem is included.

Example 4.

A la ve- nu- e de No- el,

Chas- cun se doibt bien res- jo- ir, Car c'est le tes- ta- ment nou-vel

Que tout le mon- de doibt te- nir.

5.   Noel nouvellet   (fol. 6′)

"Noel nouvellet, noel," chantons icy,
Devotes gens, rendons a Dieu mercy,
Chantons: "Noel" pour le roy nouvellet.

Quant m'esveillay et j'euz assez dormy,
Ouvry mes yeulx, veis ung arbre flory,
Dont il sortoit ung bouton vermeillet.

"Noel nouvellet," etc.

Quant je le vy, mon cueur fut resjouy,   (fol. 7)
Car grant beaulté resplendissoit de luy
Com le soleil qui lieve au matinet.

D'ung oysellet apres le chant ouy,
Qui aux pasteurs disoit: "Partez d'icy;
En Bethléem trouverez l'aignelet."

En Bethléem Marie et Joseph vy,
L'asne et le beuf, l'enfant couche o luy;
La creiche estoit au lieu d'ung berselet.

L'estoille y vint, qui la nuyt esclarcy,
Qui d'orient, dont j'estoye party,
En Bethléem les troys emmenoyt,

L'ung portoit or, et l'autre mirrhe aussi,
Et l'autre encens qui faisoit bon sentir,
De paradis sembloit ung jardinet.

Quarante jours la nourrisse attendit,
Entre les bras Symeon le rendit
Deux turterelles dedans ung paneret.

Ung prebstre vint, dont je fuz esbahy,
Qui par parolles mon cueur se espanyt,
Puis les mussa dedans ung drapelet.

Et si my dist: "Frere, croys tu icy?"
Se tu y croys, tu y seras ravy,
Se tu n'y croys, va d'enfer au gibet."

Quant Symeon le vit, fist ung hault cry:
"Voicy mon Dieu, mon saulveur Jesuchrist,
Voicy celuy qui gloire au peuple met."

En trente jours fut Noel acomply:
Par douze vers sera mon chant finy;
Par chascun jour j'en ay faict ung couplet.

Amen. Noel nouvellet.

Additional sources for this text:

S1. "Aucuns ditez et chansons" (Arsenal MS 3653), fol. 21.
S2. [Livre de noëls] (Paris MS 2368), fol. 14.
S3. [Mareschal and Chaussard], *Les Nouelz*, no. 9, with minor variants in the opening lines (ed. in *Le Spectateur Catholique*, t. IV, 1898, p. 132).
S4. *Les Nouelz nouvellement faitz et composez*, no. 21, with minor variants.
S5. [Sergent], *Noelz nouveaulx*, fol. C4' (Cat. no. 43), with minor variants in opening strophe.
S6. [*Noelz nouveaulx*] (Cat. no. 51), fol. 150; in table, but missing from body of print.
S7. De Tournes, *Noelz vieux et nouveaux*, p. 28, has the rubric, "Pour le premier jour de l'année a la messe." Text differs beginning with strophe 9.
S8. Rigaud, *La Grand bible des noels*, no. 12 (repr. in Vaganay, pp. 51-52).
S9. Nicolas Bonfons, *La Grand bible*, fol. 22.
S10. Hernault, *La Bible des nouels nouveaux*, fol. +(1)4.
S11. _____, *Cours de noelz*, fol. E8.
S12. Gervais Olivier, *Cantiques de noelz*, p. 4.
S13. Vilgontier MS [Recueil de noëls] (Paris MS 14983), fol. 11.
S14. [Recueil de noëls] (Paris MS 24407), fol. 10.
S15. [Livre de noëls] (Paris MS 2506), fol. 6'.
S16. Lemeignen, *Vieux noëls*, Vol. I, pp. 33-34.
S17. De Smidt, pp. 99-102. The only early source De Smidt cites for this noël text is Arsenal MS 3653.

Other parodies:

P1. Rabelais, in *Oeuvres complètes, Le Tiers livre*, chap. 14 (Demerson, p. 421), has Panurge rhapsodize about his future wife. In a chanson which parodies verse 9 of the noël, he says, "Ma femme sera cointe et jolie comme une petite chouette: Qui ne le croid, d'enfer aille au gibbet, Noel nouvelet."

Related chanson texts:

C1. No related chanson can be cited; this noël appears without a timbre in all the early sources.

Musical settings:

M1. De Smidt, pp. 99, 101, provides two melodies for the noël. Neither has an early source. No music has survived from the sixteenth century.

6.   Noel nouveau sur le chant de Dureau la durée   (fol. 7′)

Nous sommes en voye,
Tous qui sommes icy,
D'avoir bien tost joye,
Dureau la durée,
D'avoir bien tost joye,
Du doulx Jesuchrist.

Vierge de noblesse,
Qui es en paradis,
Nous venons requerre,
Dureau la durée,
Nous venons requerre
Que ayons mercy.

En ta chair humaine
Se mist Jesuchrist,
Te trouvant moult humble,
Dureau la durée,
Te trouvant moult humble.
Quant l'ange te dist:

"Tu concepveras, Vierge,
Le doulx Jesuchrist."
"Suis sa chamberiere,"   (fol. 8)
Dureau la durée,
"Suis sa chamberiere,
Face a son plaisir."

Ou Dieu voulu naistre
En paovre logis,
Aupres de la creiche,
Dureau la durée,
Aupres de la creiche
Marie le mist.

L'ange des haultesses
Aux pasteurs petis
A dit par noblesses,
Dureau la durée,
A dit par noblesses
Qu'est nay Jesuchrist.

Tantost celuy mesme
Aux roys fut transmis,

Leur a dit en prose,
Dureau la durée,
Leur a dit en prose
Qu'est nay Jesuchrist.

Les trois roys se misrent
En estas jolys
Pour faire grant joye,
Dureau la durée,
Pour faire grant joye
Au doulx Jesuchrist.   (fol. 8')

Devant eulx l'estoille
Grant clarté rendit
Pour monstrer la voye,
Dureau la durée,
Pour monstrer la voye
Ou estoit Jesuchrist.

Or, encens, et myrrhe
Luy ont presenté,
En luy disant: "Sire,"
Dureau la durée,
En luy disant: "Sire,
Te donnons cecy."

Nous te prions: "Pere,
Qui pour nous souffris,
Nous donnons la joye,
Dureau la durée,
Nous donnons la joye
De ton paradis.

                    Amen.

                Y.L. Crestot, presbiter.

Additional sources for this text:

S1. [Sergent], *Noelz nouveaulx* (Cat. no. 43), fol. A2. In this source, the
     timbre cited in the table is "Dureau la durée," but the timbre cited in the
     body of the text is the verse incipit, "Mon pere m'en voye garder les
     moutons."
S2. [*Noelz nouveaulx*] (Cat. no. 51), fol. 143. Missing but listed in table.
S3. Nicolas Bonfons, *La Grand bible des noelz,* fol. 22', without attribution
     to Crestot.

S4.   Rigaud, *La Grand bible des noelz,* no. 13 (repr. in Vaganay, p. 52).

Related chanson texts:

C1.   [Lotrian], *S'Ensuyvent plusieurs belles chansons,* 1535, no. 38, fol. 20′ (= Jeffery's *1535;* also in *1537, 1538,* and *1543;* ed. in Jeffery, Vol. II, pp. 183-86). Also in Bonfons, *Chansons nouvellement composées,* 1548; fol. 114 (ed. in Weckerlin, *L'Ancienne chanson,* pp. 347-50) which has a matching chanson text:

> Mon pere m'envoye
> Gardet les moutons.
> Apres moy envoye,
> Dureau la duroye,
> Apres moy envoye
> Ung beau valeton.
>
> Apres moy envoye,
> Ung beau valeton
> Qui d'amours me prie
> Dureau la duroye,
> Qui d'amours me prie
> Et je luy responds—
>
> Qui d'amours me prie
> Et je luy respondz:
> "Allez à Binette,"
> Dureau la durette,
> "Allez à Binette
> Plus belle que moy."
>
> "Allez à Binette.
> Plus belle que moy:
> Selle vous reffuse."
> Dureau la durette,
> "C'elle vous reffuse
> Revenez à moy."

Ten more strophes follow. Further, see Brown, "Catalogue," nos. 13, 296, and 333: and see Maniates's comments in her catalogue in "Combinative chansons," p. 258.

C2.   The text of a combinative chanson in Dijon MS 517, no. 140, fols. 168′-169, also has six lines, but this is a chanson à refrain; the last two lines repeat the first two. In addition, each line is equal to two lines in the chanson text in (1) above.

Marchez la dureau, la durie,
Marchez la dureau, ho la duré.
Il y a ung clerc en ceste cité
Qui n'est pas venu pour estudier, hoé, hoé!
Marchez la dureau, la durie
Marchez la dureau, ho la duré.

The chanson is transcribed in Maniates, "Mannerist composition," pp. 21-24.

C3. A musically related setting *a 3* of the same text given above is in Escorial MS a.iv.24, fols. 119′-120.

C4. A noël which is related to the text in (2) above is in *Noelz nouveaulx composez nouvellement* (cat. no. 45) fol. A2′:

"Noel en morisque sur Marchons la
dureau, hau, la durée."

Chantons trestous: "Nau, nau,"
A voix desployée,
Chantons trestous: "Nau, nau,"
De cueur bien et beau.

Marie la belle
Le vray Messiau
Enfanta pucelle:
C'est merveilleux cas,
Le benoist Aigneau,
C'est chose prouvée
Tant doulx et tant beau,
Ceste nuyct de Nau.

Six more verses follow, but without repeat of the opening refrain. Although the two chansons, "Dureau la durée." and "Marchons la dureau," are related, they are nevertheless distinct, and the two incipits refer to two separate chansons.

C5. "Mon pere m'en voye" is listed in Brown. "Catalogue," no. 296.

Musical settings:

No setting has been located for the chanson which provided the model for this noël. The following are all related to the chanson, "Marchon le dureau."

M1. The music *a 1* in *Le Manuscrit dit des basses danses,* an edition of Dijon MS 9085, ed. by Closson, no. 45.

M2. The chanson *a 4* in Dijon MS 517, referred to above, "Puisqu'autrement/ Marchez la dureau."

M3. The chanson *a 3* in The Mellon Chansonnier, fol. 76'-77, "Ma dame de nom / Sur la rive de la mer / Il y a ung clerc" (ed. in Perkins, *Mellon Chansonnier,* Vol. I, New Haven, 1979, p. 187).

M4. The chanson *a 3* in Escorial MS a.iv.24, fols. 119'-120, "Madame de nom / Marchez la dureau." Further on "Marchez la dureau," see Crane, *Basse danse,* pp. 95-96. Heartz, "Hoftanz and basse danse," p. 36; and Jackson, *Fifteenth Century Basses Danses,* no. 45.

M5. An anonymous chanson *a 4* in Florence MS XIX. 59, fol 192'-93, has the text incipit, "La durion duré, La durion duré." It may be related.

M6. The melody printed in De Smidt, p. 174, is identified as "Dureau la durée," but De Smidt then cites the basse danse from the Dijon MS 9085, which is the melody associated with "Marchez la dureau." The melody, which by now is the traditional one for the noël text, is described by Tiersot as characteristic of a pastoral song of the seventeenth century (quoted in De Smidt, p. 176). De Smidt's earliest source, however, is from the eighteenth century.

The text which De Smidt gives is remarkably close to that in Sergent, except that the only complete verse is the first. To restore subsequent verses, line three of each verse must be repeated as line five, and the refrain line, "Dureau la durée," must be inserted as line four.

7.   Aultre noel sur la chanson Ma dame s'en va au marché(fol. 8′)

Chantons: "Noel" joyeusement
Du filz de Dieu l'enfantement,
Qui vient pour saulver tous les hommes,
Et pour oster toutes les sommes:
Le vray Dieu c'est faict homme.   (fol. 9)

Marie la pucelle ayma:
Son messagier luy envoya:
Elle luy fist responce bonne:
Et a son messaige consomme:
Le vray Dieu c'est faict homme.

Le filz de Dieu elle enfanta
Apres neuf moys qu'elle porta.
Chascun chrestien en resonne
Et en a gaigné la couronne:
Le vray Dieu c'est faict homme.

Les anges en font mention
Et tresgrant acclamation.
Aux pasteurs tout le ciel en tonne,
Enfer en bruit et se destourne:
Le vray Dieu c'est faict homme.

Nous le debvons bien honnorer,
Aymer, servir, et reverer,
Priant que paradis nous donne,
Et sa joye nous habandonne:
Le vray Dieu c'est faict homme.

Additional sources for this text:

S1.   [Sergent], *Noelz nouveaulx* (Cat. no. 43), fol. A4.
S2.   [*Noelz nouveaulx*] (Cat. no. 51), fol. 154; listed in table, but missing from text.

Related chanson text:

C1.   [Lotrian] *S'Ensuyvent plusieurs belles chansons,* Paris, 1535, fol. 13 (= Jeffery's *1535;* ed. in Jeffery, Vol. II, pp. 166-67: also in his *1537, 1538,* and *1543):*

Ma dame s'en va au marché;
Ce n'est pas pour rien achepter,
Mais c'est pour veoir ces gentilzhommes,
Et tant bon homme, encore meilleur homme:
Vray Dieu qu'il est bon homme.

Several more verses follow, each having the same final two lines as refrain.

8.   **Aultre noel sur le chant de Chamberiere jolye**   (fol. 9)

Joye soit demenée
Pour l'amour de Jesus, Noel,
Qui de Nau la nuyctée
Voulut nasquir pour nous. [Noel.]   (fol. 9′)

De la vierge Marie,
Laquelle a son plaisir, Noel,
A pour mere choisye
Pour enfer dessaisir. [Noel.]

A la noble journée
A lasquelle nasquit, Noel,
Joye soit demenée
Et tous debatz laissez. [Noel.]

Il est aysyé a faire
Par grant humilité, Noel.
Puisqu'il est nostre pere
Et tout par sa bonté. [Noel.]

Ayons bonne esperance
Que soyons invitez, Noel,
A avoir allegeance
De noz iniquitez. [Noel.]

Si se ne sont noz faultes
Nous seront pardonnez, Noel,
Des pechez et des faultes
Dont sommes entachez. [Noel.]

Prions Dieu nostre pere
Qu'il vueille effacer, Noel.
Son peuple de misere
Leurs pechez effacer, [Noel.]

Affin que la journée
Venue de Noel, Noel,
Et nous soit celebrée,   (fol. 10)
Dictes: "Amen. Noel."

        Amen.

        Y.L. Crestot, Presbyter.

Additional sources for this text:

S1. [Vve. Trepperel?], *Les Grans noelz,* fol. 37', has the same noël text to the timbre, "L'oyseau qui pert sa proye."
S2. [Lotrian], *Les Grans noelz,* fol. 35, has the same text and timbre as Trepperel above. Both Lotrian and Trepperel lack the final "Noel" acclamations, but have two extra strophes inserted after strophe 6.
S3. [Nyverd] *Les Grans noelz,* fol. D2, gives the same noël text but cites as timbre, "Comment peult avoir joye." This chanson is in turn cited as timbre for the chanson, "Une jeune fillette an l'aage de quinze ans," in *S'Ensuyvent plusieurs belles chansons,* Paris, 1535, fol. 168. The noël also has two extra strophes.
S4. [Sergent], *Noelz nouveaulx* (cat. no. 43), fol. A4', where the noël is dated 1536, as well as signed by Crestot.
S5. Jehan Bonfons, [*Les Grans noelz*], missing except for the last two lines and the attribution to Crestot, fol. 10.
S6. [*Noelz nouveaulx*] (Cat. no. 51), fol. 154; listed in table, but missing from body of text.

Related chanson texts:

C1. [Lotrian], *S'Ensuyvent plusieurs belles chanson,* 1535, fol. 13' (= Jeffery's *1535*; ed. in Jeffery, Vol. II, pp. 167-68; also in his *1537, 1538,* and *1543):*

>   Chamberiere jolie,
>   Ne faictes plus cela, la, la,
>   Car a la tennerie
>   Le cul vous pelera, la, la.   (Bis.)

>   Il estoit une dame
>   Qui prenoit ses esbas, la, la,
>   Tout droit s'en est allée
>   Au cloistre S. Bernard, la, la.

     Several more verses follow.
C2. Weckerlin, in *L'Ancienne chanson,* pp. 76-78, has a text with a different design:

>   Chambriere, chambriere,
>   Allez tost et venez ça,
>   Allez a mon amy dire

Que mon mary ni est pas, hola, hola,
Hola, hola, hola,
Je tiens la dame peu sage
Qui belle chambriere a.

Musical settings:

M1. A setting by Jehan Planson in *Airs en musique,* 1587, p. 38 is of the text in C2. The text cannot have been the model for the noël, and therefore the setting will not accommodate the noël text.

M2. A setting *a 5* of "Comment peult avoir joye," attributed to "Jo. de V(B?)yzrte" is in London 35087, fols. 36'-37.

9.   **Noel sur la chanson Je suis amoureux d'une fille**   (fol. 10)

>Or escoutez, je vous supplye,
>   Pour l'amour de Marie,
>   Chanton: "Noel."

>A la venue du roy des roys,
>Priant que nous soyons en paix,
>Lassus en gloire infinye: Bis.
>   En grande melodye
>   Chanton: "Noel."

>Nature humaine estoit banye,
>Mais le filz Dieu tous noz meffaictz
>Remist par la vierge Marie.   Bis.
>   Chanton, je vous en prie
>   Trestous: "Noel."

>Nasquit en ung paovre palays,
>Luy qui estoit greigneur des roys,
>Pour nous donner joyeuse vie: [Bis.]
>   Jesus de puissance infinye;
>   Chanton: "Noel."

>Pour des peines nous rachepter
>D'enfer, voulut mort endurer
>Par les juifz la tyrannye;   [Bis.]
>   O faulz juif, rien ne oublye: (fol. 10ʹ)
>   Chanton: "Noel."

>Combien qu'il eust peu sans faillir,
>Mais Dieu a tout voulut obeyr;
>A leur puissance et felonnye   [Bis.]
>   Le roy du ciel se humilie:
>   Chanton: "Noel."

>En monstrant que tous noz meffaictz,
>Si nous voulons estre parfaictz,
>Fault supplyer quoy que l'en die,   [Bis.]
>   Prions la vierge Marie:
>   Chanton: "Noel."

>Que envers son filz de noz meffaictz
>Pardon elle nous vueille impetrer,
>Que en la fin il nous benye   [Bis.]
>   Amen, Noel, a chere lye,
>   Chanton: "Noel."

> Disons trestous grans et petis
> Priant Dieu que pour son plaisir,
> De mal il garde la compaignie;   [Bis.]
> Chantons, je vous emprie.
> Trestous: "Noel."

Additional sources for this text:

S1. Sergent, *Noelz nouveaulx* (Cat. no. 43), fol. B1'.
S2. [*Noelz nouveaulx*] (Cat. no. 51), fol. 155; listed in table, but missing from the text.
S3. Jehan Bonfons, *Les Grans noelz,* fol. 10.
S4. Nicolas Bonfons, *La Grand bible des noelz,* fol. 23'.
S5. Rigaud, *La Grand bible des noelz,* no. 14 (repr. in Vaganay, p. 52).

Related chanson text:

C1. An anonymous setting *a 5* in Royal MS 31-35, fol. 37 has a matching text:

> Je suys amoureulx d'ungne fille,   Bis.
> Mais je ne l'ose dire.
>
> Elle a les yeulx vert et riant,   Bis.
> Et sa couleur resplendissant.   Bis.
> De sa beaulté mon cueur souffrir,   Bis.
> Mais je ne l'ose dire.

Although the chanson text is short one line in both the refrain and the verse, the repetition of the line in the musical setting allows for the final line of the noël to be underlaid. See ex. 9 below.

C2. A setting *a 4* by Johannes Castileti, "alias Guyot," is in Susato, RISM 1549-29, fol. 15'. It is musically unrelated to the setting described in C1. The text follows:

> Je suis amoureulx d'une fille
> Mais je ne l'ose dire.
> Va t'en garila, turlura,
> Mais je ne l'ose dire.
> Va t'en garila.
> Elle a les yeux vert et riant,
> Va t'en garila turlura,
> Et la couleur resplendissant,
> Va t'en garila, turlura.
> De sa beaulté mon cueur soupire,

> Mais je ne l'ose dire:
> > Va t'en garila, turlura.
> Mais je ne l'ose dire.

This text is a variant of the text in C1, and is not the version of the song on which the noël is based.

C3.   The chanson is listed in Brown, "Catalogue of Theatrical Chansons," no. 220; and is related to both C1 and C2:

> Je suys amoureulx d'une fille,
> > Et sy ne l'ose dire,
> > La toureloure, la.

C3.   The monophonic melody in Paris MS 12744, no. 76, fol. 51' (pr. in Paris and Gevaert, p. 43), with the incipit, "Je suys amoureulx d'une rouse," has an entirely different verse structure, and is unrelated to the noël.

C4.   A chanson text, possibly by Guy de Tours, in Henry Poullaille, *La Fleur des chansons d'amours,* p. 405, has the same incipit but is a quatrain and therefore cannot accommodate the noël.

Musical setting

M1.   The musical setting cited in C1 accommodates the noël text. See ex. 9.

Example 9

Example 9 (cont.)

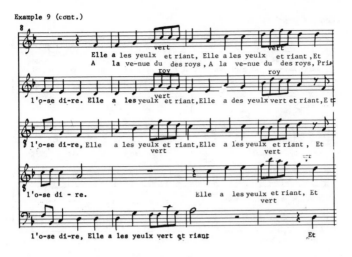

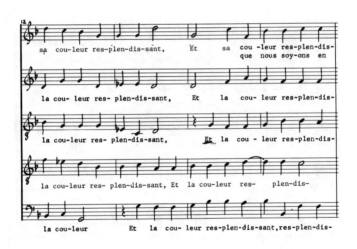

Example 9 (Conclusion).

10.   Aultre noel sur la chanson qui se chante Par ton regard   (fol.
    10′)

> Par ton regard tu me faictz esperer.
> En mon salut vierge qui procurer
> Peulx a chascun par tes sainctes prieres,
> Remission des offences entieres,
> Qu'il a commis et de mal retirer.   (fol. 11)
>
> J'en doibtz chanter et louenges inventer,
> Disant: "Noel" pour mon cueur intenter
> De vray amour a tes pures manieres,
> Que chascun voit estre si singulieres,
> Que tous les faitz sont pour nous aspirer.
>
> Tu as produyt, comme on peult averer,
> Le filz de Dieu: c'est pour nous asseurer
> D'estre saulver, es joyes et lumieres,
> Dont on te dit royne des emperieres,
> Ou tes devotz se doibvent tous mirer.
>
> Nous te prions de cueur tressingulier
> Que les pecheurs faces humilier,
> Priant ton filz es regions tant chieres,
> A celle fin qu'il ouvre les frontieres
> Des paradis pour noz ames saulver.
>
>   Amen.

Additional sources for this text:

S1.   [Sergent], *Noelz nouveaulx* (Cat. no. 43), fol. B2.
S2.   [*Noelz Nouveaulx*] (Cat. no. 51), fol. 19.
S3.   Jehan Bonfons, *Les Grans noelz,* fol. 10′.
S4.   Nicolas Bonfons, *La Grand bible,* fol. 24′.
S5.   Rigaud, *La Grand bible,* no. 15 (repr. in Vaganay, pp. 52-53).

Other parodies:

P1.   A Protestant parody of this chanson was placed on the *Index librorum
    prohibitorum* of Toulouse during the 1540s, where it was described as
    "Aultre chanson d'esperance, joy et charité, sur le chant, 'Par ton
    regard.'" Further on this, see Bordier, *Le Chansonnier huguenot,* pp.
    426, 428.

P2.   Eustorg de Beaulieu, *Chrestienne resjouyssance,* 1546, no. 23, cited this chanson as timbre for the Protestant chanson, "Par ton regard tu voidz ciel, terre et mer."

P3.   *Recueil de plusieurs chansons spirituelles,* 1555, p. 150, cites this chanson as timbre for the Protestant chanson, "Par ton regard tu me fais esperer."

P4.   *Chansons spirituelles a l'honneur et louange de Dieu,* 1569, no. 129, has the timbre and text cited above.

Related chanson text:

C1.   The text, by Bonaventure DesPériers, is in his *Oeuvres,* ed. Lacour, 1846, Vol. I, p. 165, first published in Du Moulin, ed., *Le Recueil des oeuvres,* 1544. Also published without attribution, in [Lotrian], *S'Ensuyvent plusieurs belles chansons,* 1535, fol. B1' (= Jeffery's *1535,* ed. in Jeffery, Vol. II, pp. 148-49; also in his *1537, 1538,* and *1543):*

> Par ton regard tu me fais esperer,
> En esperant my convient endurer;
> En endurant ne me fault a complaindre.
> Car la complaincte ne peult mon mal estaindre,
> Mais du dangier seul me peult retirer.

Musical settings:

M1.   The setting *a 4* by Claudin in Attaingnant, RISM 1530-4, fols. 3'-4, will accommodate the noël text (ed. Gaston Allaire and Isabelle Cazeaux, *Claudin de Sermisy, Opera Omnia,* Vol. IV: *Chansons,* American Institute of Musicology, 1974, pp. 51-52).
      This chanson is found in the following sources as well: Munich MS 1501, no. 3 with text incipits only; Attaingnant RISM 1536-3, fols. 5'-6: Attaingnant RISM 1537-3, fol. 2'-3: Du Chemin RISM 1551-7, fols. 6'-7: Du Chemin RISM 1551-8, fol. 6: Le Roy and Ballard. RISM 1555-23, fol. 7': Le Roy and Ballard, RISM 1571-4, fol. 3'; Ashburnham MS 1085, fol. 39: alto only: Paris Cons. Rés. MS 255, fol. 79, tenor only. Instrumental transcriptions are in Bianchini, RISM 1546-24, no. 21, reprinted in the 1554 and 1563 reeditions.

M2.   A setting by Gosse in Attaingnant's *Trente et une chansons,* 1535 (H65), fol. 14, superius only is based on the Claudin chanson. Further, see Daniel Heartz, "Auprès de vous," 223, 225.

Example 10.

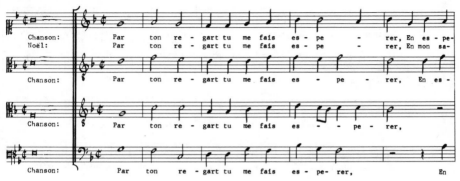

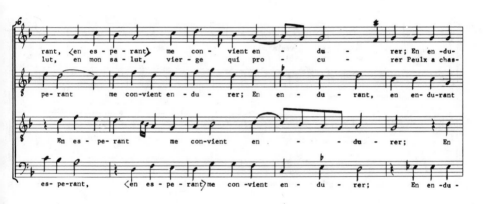

Example 10 (conclusion).

**11.   Aultre noel sur le chant Madame de sa grace m'a donné
ung mullet**   (fol. 11)

Fault il que je vous chante
Encore une aultre foys
Ceste belle venue
Du noble roy des roys,
Comme Ysayas
Si haultement crya,
Quant il prophetisoyt,
Disant que de la vierge   (fol. 11′)
Noble fleur sortiroit.

Chantons, je vous emprie
Trestous de cueur: "Noel,"
Pour la vierge Marie,
Qui a son filz enfanté;
L'ange aux pastoureaulx
A dict ses motz nouveaulx,
De l'enfant qui estoit né:
Dont ceulx de la contrée
Ont grant joye mené.

Pasteurs a leurs musettes
Ont dit une chanson,
Laissons leurs brebiettes
Pour aller en Syon.
L'ung luy porte ung boucquet
L'autre son flajollet,
Et l'autre son bourdon:
Menant leurs bergerettes,
Pour veoir le doulx Syon.

L'ange, donnant lumiere
Aux pasteurs et brebis,
Ont eu la vraye nouvelle,
Dont tous sont resjouys.
A l'enfant qui est né
Ilz luy ont presenté
De leurs presens jolys,
Rendans a Dieu louenges   (fol. 12)
D'avoir veu si beau filz.

L'estoille lumineuse
A les trois roys rendus
En Bethléem Judée,
Devant le doulx Jesus.
Luy ont offert presens:
Or, myrrhe, et encens,
Sans luy faire reffus;
En priant a la vierge
Qu'elle les mist lassus.

Sainct Symeon prophete
Au temple cy a dit,
Se croys: "Voicy mon maistre,"
Disant *Nunc dimittis.*
Ta mere si aura
Pour toy beaucoup de mal,
Pour nostre grant proffit
Le bon homme, de joye
A Dieu graces rendit.

Des innocens grant nombre
Herodes fist tuer,
Cuydant trouver du nombre
Le vray Emanuel.
Par l'ange fut conduyct,
En Egypte s'enfuyt,
Pour la mort eviter;   (fol. 12')
Dont Joseph le bon homme
Estoyt bien empesché.

Prions la doulce vierge
Et son enfant Jesus
Qu'ilz nous vueillent conduyre
Au royaulme lassus.
Pour la nativité
Debvons joye mener,
Petis, grans et menus;
C'est la noble venue
Qu'avons tant actendue.

    Amen.

      Y.L. Crestot, presbyter

Additional sources for this text:

S1. Sergent, *Noelz nouveaulx* (Cat. no. 43), fol. B3 also attributes this noël to
      Crestot, and in addition has the date, 1536.
S2. Jehan Bonfons, *Les Grans noelz,* fol. 11.
S3. Nicolas Bonfons, *La Grand bible,* fol. 25, without attribution to Crestot.
S4. Rigaud, *La Grand bible,* no. 16 (repr. in Vaganay, p. 53).

Related chanson text:

C1. [Lotrian], *S'Ensuyvent plusieurs belles chanson,* Paris, 1535, no. 82, fol.
      37′ (= Jeffery's *1535;* ed. in Jeffery, Vol. II, pp. 215-16; also in his *1537,*
      1538, and *1543):*

>   Madame de sa grace
>   M'a donné ung mullet.
>   Je vous jure mon ame,
>   C'est ung asne bien fait.
>   Helas, n'oubliez pas
>   La selle et le bas,
>   Aussi te esperons;
>   C'est pour mener m'amy
>   Jouer dela les mons.

Several more strophes follow. Jeffery's edition is somewhat changed; the
resultant version has eight lines rather than nine, and does not match the
noël, whereas the original text does.

12.   Aultre noel sur Sortez de la taniere   (fol. 12′)

> Faysons a tous grant chiere,
> Mon tresloyal amy pastour,
> Faysons a tous grant chiere
> Pour l'amour du hault pere.

Chantons tous d'ung accord; "Noel,"   Bis.
Et menons bonne vie,
A ce tresdoulx Emanuel,
Que est né de Marie.

> Faysons a tous grant chiere, etc.

Le benoist ange Gabriel   Bis.
A la vierge Marie
Fut envoyé qui estoyt bel,
Disant: *"Ave Maria."*   (fol. 13)

> Faysons a tous grant chiere, etc.

Plus doulce estoyt que n'est l'aignel,   Bis.
Respond de Dieu l'amye:
"Helas, jamais homme mortel
N'aura ma compaignye."

> Faysons a tous grant chiere, etc.

Puis luy dist le doulx Gabriel:
"Le hault Dieu qui est immortel,
A qui seras unye,
A estably sans nul forfaict
Que tu seras s'amye."

> Faysons a tous [grant chiere], etc.

"Las, c'est ung mystere nouvel,   Bis.
Et dont suis esbahye;
Soyt faict ainsi, puis qu'il luy plaist,"
Dist la vierge Marie.

> Faysons a tous [grant chiere], etc.

Adonc la trosne supernel   Bis.
Fut la parolle ouye,
Dont le vray Dieu celestiel
Ne s'en esbahyt mye.

> Faysons a tous [grant chiere], etc.

Puis se prindrent de cueur ignel,   Bis.
A faire chiere lye,
Et chanterent trestous: "Noel,"
Pour l'amour de Maire.   (fol. 13′)

    Faysons a tous [grant chiere], etc.

Humblement tous chantons: "Noel,"   Bis.
Car c'est le fruyct de vie,
Qui a ce sainct jour solempnel
Fut conceupt de Marie. Amen.

    Faysons a tous grant chiere, etc.

    Amen.

       Y.L. Cretot, Presbyter.

Additional sources for this text:

S1.   [Sergent], *Noelz nouveaulx* (Cat. no. 43), fol. B4′, where noël is also signed.
S2.   [*Noelz nouveaulx*] (Cat. no. 51), missing from text but listed in table.
S3.   Jehan Bonfons, *Les Grans noelz,* Paris, n.d., fol. 12′.

Other parodies:

P1.   [*Noelz nouveaulx*] (Cat. no. 51), fol. 20 has the timbre, "Je songay l'autre jour," for the noël, "Une vierge d'amour."

Related chansons texts:

C1.   [Lotrian], *S'Ensuyvent plusieurs belles chansons,* 1535, fol. 6′, no. 13 (= Jeffery's *1535*; ed. in Jeffery, Vol. II, pp. 155-56; also in *1537, 1538,* and *1543*). The same chanson incipit is used as a timbre for another chanson, "Aymez moy d'amours entiere," in *1543,* fol. 16′.

    Sortez de la teniere,
    Et l'ort villain jaloux mary coqu,
    Sortez de la teniere,
    La passion vault fievre.

Mon amy, voicy la saison   Bis.
Que tous coqus s'assembleront,
Pour passer la riviere,
Dont mon meschant mary coqu
Portera la baniere.

    Sortez de la taniere, etc.

Mary, je songeoys l'autre jour   Bis.
Que vous estiez dedens ung four
La teste la premiere:
Et j'estoys avec mon amy
Ou je faisois grant chere.

Sortez de la taniere, etc.

Mary, se je voulois aymer,   Bis.
M'en pensierez vous bien garder?
Ne suis pas la premiere
Qui a faict son mary coqu,
Ne seray la derniere.

Sortez de la taniere, etc.

An additional strophe follows.

The text above has an extra line in the verse. Judging from the syllable count, it is the second line of the chanson which is not found in the noël text. However, because lines 1 and 2 of the chanson have the same structure, it is possible to duplicate this five-line verse by repeating the first line of the noël three times rather than two.

C2.   A setting *a 4* by Jacotin is in Attaingnant RISM 1532-12, fol. 9', and in Attaingnant RISM 1536-2, fols. 2'-3 (modern edition of the text is in Giraud, *La Fleur des chansons,* p. 41). The text matches the noël with the important exception of the third line of the refrain, a characteristic short phrase. This suggests that the noël was modelled on another version of the chanson. The Jacotin text follows:

Mary, je songeay l'autre jour
Quant tu estoys dedans ung four   Bis.
La teste la premiere,
Et j'estoys avec mon amy
Ou je faisoys grant chiere.

Sortez de la taniere
Or d'ou meschant mary coqu,
Coqu, coqu,
L'a pansé la premiere.

Musical setting:

M1.   An anonymous instrumental setting *a 4* is in Attaingnant IM 1547-6, fol. 13' and in Adrian Le Roy, IM 1546-5, fol. 18. Its *factus* resembles the Jacotin setting mentioned above. However, it lacks the short line of the

Jacotin setting, and thus will accommodate the noël text (ed. in Expert, *Danceries,* Vol. I, Paris, 1908, p. 73; and in *Pierre Attaingnant, Danseries à 4 parties* [Second livre, 1547], ed. by Raymond Meylan, Paris, 1969, p. 23).

13.   Aultre noel sur La chanson du cotillon (in table: Sur Mon cotillonnet)   (fol. 13′)

Quant le filz Dieu print naissance,
Les anges sans fiction
En firent grant resonance
Vers Syon; au verd buisson,
Les pasteurs des buissonnetz
En osterent leurs bonnetz.

Pour vous annoncer l'histoire
De grand admiration,
C'estoit le vray roy de gloire
En Syon, au verd buisson,
Caché sous les drapeletz,
Sans les dorez manteletz.

Ce fut la la simple bergiere,
Marie de grant regnom,
Qui fut mere et concierge
En Syon; au verd buisson,
Les pasteurs en leurs sons netz
En sonnerent leurs sonnetz.   (fol. 14)

L'ung jouoit de sa musette,
L'autre chantoit a hault ton,
L'autre pour faire l'emplette,
En Syon, au verd buisson
Delaissoit ses aigneletz,
Sans craindre les loups au boys.

Trois roys vindrent au mystere,
Sans grande dilation,
Adorer l'enfant et pere
En Syon, au verd buisson:
Leur present fut don de roys:
Or, myrrhe, et encens pour trois.

Prions la vierge Marie
Qu'el nous doint salvation;
Priant son doulx fruyct de vie
En Syon, au verd buisson.
Et que soyons trouvez netz,
Tous signez de blanc signetz.

Amen. Noel.

Additional sources for this text:

S1. [Sergent], *Noelz nouveaulx* (Cat. no. 43), fol. C1ʹ.
S2. [*Noelz nouveaulx*] (Cat. no. 51), lists the timbre, "Quant j'estoye petite garse," in the table. The noël is missing from the text.
S3. Jehan Bonfons, *Les Grans noelz,* fol. 13ʹ.
S4. Nicolas Bonfons, *La Grand bible,* fol. 26.
S5. Rigaud, *La Grand bible,* no. 17 (repr. in Vaganay, pp. 53-54).

Related chanson texts:

None of the following chansons matches the noël text precisely: lines 2, 4, and 6 of the noël text are one or two syllables shorter than comparable lines in the chanson texts. However, it is possible to adjust the underlay of the noël text to fit the musical settings.

C1. Nourry, *S'Ensuyvent plusieurs belles chansons,* fol. E' (= Jeffery's *Nourry*; ed. in Jeffery, vol. I pp. 101-3; also in his *1537, 1538,* and *1543*):

> Quant j'estoye petite garce,
> Lacquededin mon cotillon,
> M'en alloye garder les vaches
> Au verd buisson; mon cotillon,
> Sansonnet, buissonnet,
> Lacquededin mon cotillonnet.

Several more strophes follow.

C2. [Lotrian], *S'Ensuyvent plusieurs belles chansons,* 1535, no. 11. fol. 4 (ed. in Jeffery, Vol. II, pp. 103-4) has a variant text:

> Quant j'estoye petite garce,
> Las, que devint mon cotillon?
> On m'envoyoit garder les vaches
> Au vert buisson, mon cotillon,
> Danssez sur le buissonnet;
> Las, que devint mon cotillonnet?

Several more strophes follow.

C3. A third version of this text is in the setting *a 4* by Lupi in Attaingnant, RISM 1535-6, fol. 10ʹ; in RISM 1537-3 fol. 15ʹ.

> Quant j'estoye jeune fillette,
> Las, que devint mon coquillonnet?
> On me menoit aux champs a l'herbe,
> Au verd buisson, mon coquillon,
> Et danson sur le buissonnet;
> Las, que devint mon coquillonnet?

C4. The anonymous setting *a 4* in Attaingnant RISM 1534-13, fol. 10′ provides still another version of the text:

> Quant j'estoye petite garce,
> Las, que devint mon cotillonnet?
> M'en alay garder les vaches
> Au verd buisson, mon cotillon,
> Et mon pere my menace.
> Las, que devint mon cotillonnet?

Musical settings:

M1. The anonymous setting *a 4* cited in C3 above. See ex. 13a.

M2. Lupi's setting *a 4* cited in C4 above. See ex. 13b.

M3. A posthumous collection by Toussaint Le Roy, *Cantiques de noel nouveaus,* 1664, has a third melody for the timbre, "Quant j'estois petite garce," and for the noël text, "Menons rejouissance! Il est jour," p. 242. The melody is also identified as "Air de Gueton."

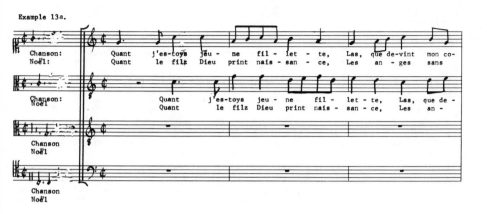

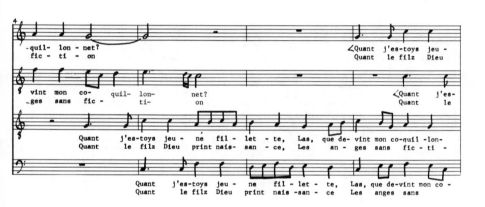

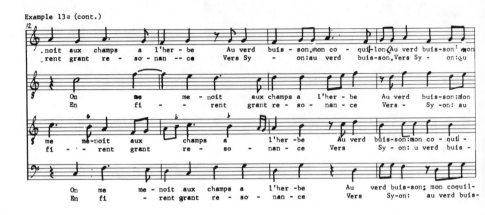

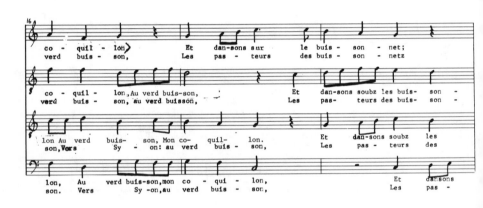

Example 13 a (cont.)

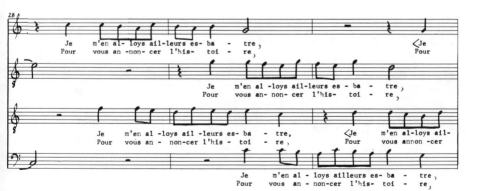

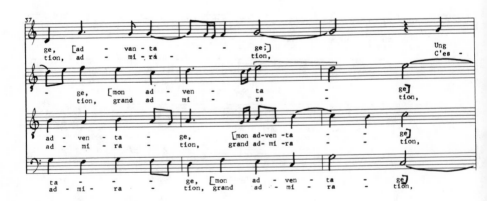

Example 13 α (cont.)

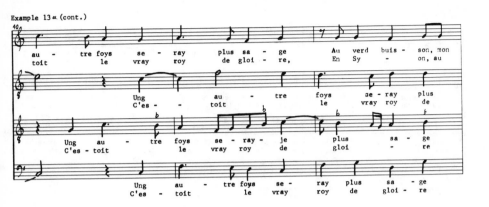

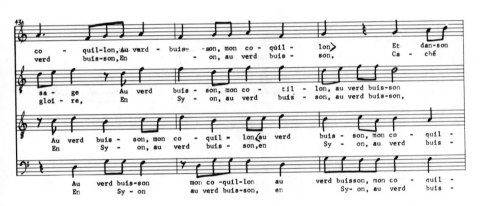

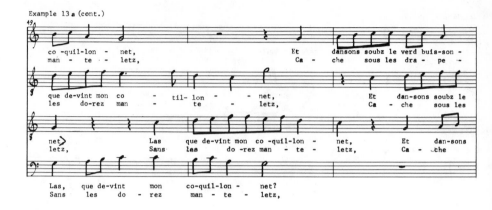

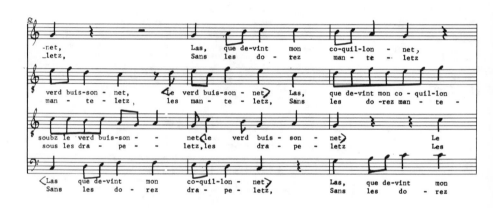

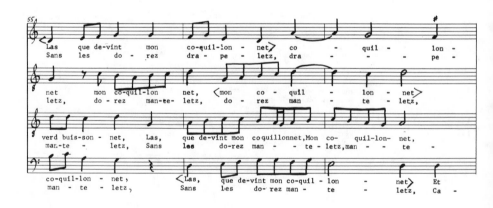

Example 13a (conclusion)

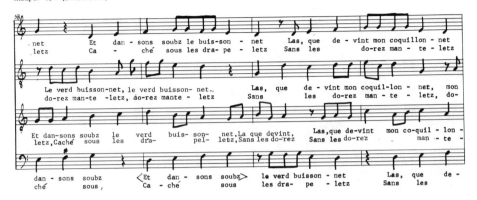

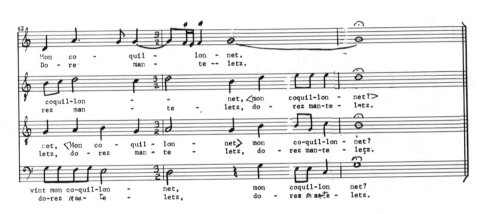

Example 13b.

Chanson: Quant j'es-toye pe - ti - te gar - ce,
Noël: Quant le filz Dieu print nais-san-ce,

Chanson: Quant j'es toye pe - ti - te gar - ce, Las, que de - vint mon
Noël: Quant le filz Dieu print nais - san -- ce, Les an - ges sans

Chanson: Quant j'es-toye pe - ti - te gar - ce, Las, que de - vint mon
Noël: Quant le filz Dieu print nais-san- ce, Les an - ges sans

Chanson: Quant j'es-toye pe - ti - te gar - ce, Las, que de -virt mon
Noël: Quant le filz Dieu print nais-san- ce, Les an - ges sans

Las, que de - vint mon co - til- lon - net?
Les an - ges sans fic - ti - on

co-til- lon - net? ⟨Las, que de -vint mon co - til - lon - net?⟩
fic- ti - on, ⟨Les an - ges sans fic - ti - on⟩

co - til - lon -net?
fic - ti - on

co - til - lon--net?
fic - ti -on

Las, que de-vint mon co - til-lon-net? M'en a - lay gar-
Les an - ges sans fic - ti - on En fi - rent grant

Las, que de-vint mon co - til-lon-net? M'en a - lay gar-
Les an - ges sans fi - ti - on En fi -rent grant

Las, que de-vint mon co - til-lon-net? M'en a - lay gar -
Les an - ges sans fic - ti - on En fi - rent grant

Las, que de-vint mon co - til-lon-net? M'en a-- lay gar-
Les an - ges sans fic - ti - on En fi -rent grant

Example 13b (cont.)

*Originally E-flat

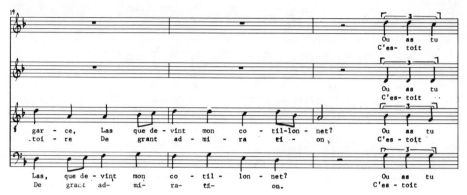

*Originally G.

Example 13 b (conclusion).

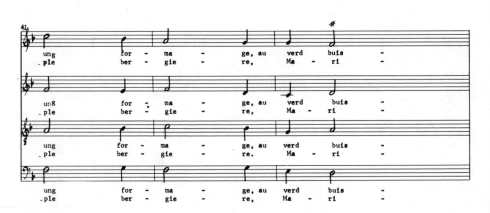

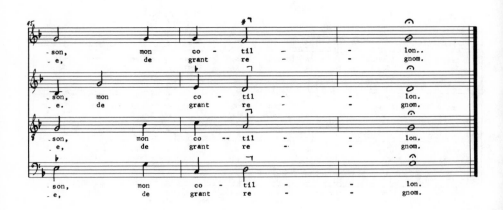

14.   Aultre noel sur Mittit ad virginem   (fol. 14)

Chantons joyeusement,
Et nous resjouyssons
Du sainct advenement
Du filz Dieu tout puissant,
Car il c'est faict vray homs.   (fol. 14′)

Gabriel humblement
Marie salua,
Par le commandement
Du pere tout puissant,
Dist, *"Ave maria."*

La vierge se troubla
Quant l'ange apperceut,
Et moult s'esmerveilla
Et en soy pourpensa,
Qu'el estoyt tel salut,

"Marie, ne crains pas,"
Dist l'ange Gabriel,
"Car grace trouveras:
Espouse tu seras
Du roy celestiel."

"Encores te dis plus,
Et te fais assavoir
De par Dieu de lassus,
Ung filz nommé Jesus
Tu concepveras pour vray."

"Comment sera ce faict,
Quant homme n'ay congneu,
Qui en rien m'ayt forfaict,
Ne en dict, ne en faict
Par la grace de Dieu."

Or respond Gabriel:
"En toy si descendra   (fol. 15)
Le sainct esperit du ciel,
Le filz Dieu eternel,
En toy sobumbrera."

La vierge a son dict,
Responce luy a faict:

"Chamberiere je suis
Du roy de paradis;
Son bon plaisir soit faict."

L'ange si s'en alla,
Le sainct jour de Noel,
Aux pastours annonça
Et leur signifia,
L'enfantement nouvel.

Les pastours sont venuz
En Bethléem tout droict,
Pour rendre les salus
Au benoist roy Jesus,
Car ainsi le vouloit.

Amen.

Additional sources for this text:

S1. [Livre de noëls] (Paris MS 2368), fol. 73.
S2. [Vve. Trepperel?], *Les Grans noelz,* fol. 123'.
S3. [Lotrian], *Les Grans noelz,* fol. 112.
S4. [Sergent], *Noelz nouveaulx* (Cat. no. 43), fol. D.
S5. [*Noelz nouveaulx*] (Cat. no. 51), listed in table but missing from text.
S6. Jehan Bonfons, *Les Grans noelz,* fol. 14.
S7. Nicolas Bonfons, *La Grand bible,* fol. 5'.
S8. Rigaud, *La Grand bible,* no. 3 (ed. in Vaganay, p. 47).
S9. Hernault, *Cours des noelz,* fol. F2.
S10. [Recueil de noëls] (Paris MS 24407), fol. 110. No timbre is given. At the
     end: "Amen, Noel. 1594."

Related chant text:

C1. The text for the prose of Adam of St. Victor is in Dreves, *Analecta
     hymnica,* Vol. LIV, p. 296:

       Mittit ad virginem
       Non quem vis angelum
       Sed fortitudinem
       Suam arcangelum
       Amator hominis.

Several more verses follow.

Musical settings:

M1. The prose was chanted at Matins on Christmas Day in Cambrai as early as the twelfth century (Bachelin, *Les Noëls français,* p. 22). Ex. 14 is after Bachelin. A modern edition of the chant is also in *Antiphonale,* Paris, 1924, p. 63.

M2. An anonymous setting *a 4* is in London, Royal College of Music MS 1070, p. 54, and is chant-based: "Mittit ad virginem/Mortem expediat."

M3. A setting *a 4* by Josquin, also chant-based, is printed in *Motetten,* Deel I, p. 14, and in his *Collected works,* Vol. XVIII, p. 23.

Example 14.

Mit- tit ad   vir- gi - nem   Non quem vis   an - ge - lum   Sed for - ti - tu -di -nem
Chan-tons joy - eu - se - ment   Et nous res - jou- ys - sons   Du sainct ad- ve -ne -ment

Su - am   arch - an - ge - lum   A - ma - tor   ho - mi - nis.
Du   filz Dieu   tout puis- sant   Car   il   c'est faict   vray   hom.

15. Noel sur Helas, je l'ay perdue Celle que j'amoys tant (fol. 15)

Chantons, je vous en prie,
Par exultation,
En l'honneur de Marie,
Plaine de grant regnom.

Pour tout humain lignaige
Gecté alors de pris,   (fol. 15′)
Fut transmis ung messaige
A la vierge de pris.

Nommée fut Marie,
Par destination,
De royalle lignée
Par generation.

Or nous dictes, Marie,
Qui fut le messagier
Qui porta la nouvelle
Pour le monde saulver?

Ce fut Gabriel l'ange,
Qui sans dilation,
Dieu envoya sur terre
Par grant compassion.

Or nous dictes, Marie,
Que vous dist Gabriel,
Quant vous porta nouvelles
Du vray Dieu eternel?

"Dieu soit a toy, Marie,"
Dist sans dilation,
"Tu es de grace emplye
Et benediction."

Or nous dictes, Marie,
Ou estiez vous, allors,
Quant Gabriel l'archange
Vous fist ung tel recors?

J'estoys en Galilée,   (fol. 16)
Plaisante region,
En ma chambre enfermée
En contemplation.

Or nous dictes, Marie,
Cest ange Gabriel
Vous dist il aultre chose
En ce salut nouvel.

"Tu concepvras, Marie,"
Dist il sans fiction,
"Le filz Dieu, je t'affie,
Et sans corruption."

Or nous dictes, Marie,
En presence de tous,
A ces doulces parolles
Que respondites vous?

Comme se pourroit faire,
Qu'en telle mantion,
Le filz de Dieu mon pere
Preigne incarnation.

Or nous dictes, Marie,
Vous sembloit il nouvel
D'ouyr telles parolles
De l'ange Gabriel?

Ouy, car de ma vie
Je n'euz intention
D'avoir d'homme lignée,   (fol. 16′)
Ne copulation.

Or nous dictes: "Marie,
Que vous dist Gabriel
Quant vous vit esbahie
De ce salut nouvel?"

"Marie, ne te soucye,
Cest l'obumbration
Du sainct esprit, m'amye,
Est l'operation."

Or nous dictes, Marie,
Creustes vous fermement
Ce que l'ange vint dire
Sans nul empeschement?

"Ouy," disant a l'ange,
Sans aultre question,

"Soit faicte et accomplye
Ta nunciation."

Or nous dictes, Marie,
Les neuf moys acomplye,
Nasquit le fruict de vie,
Comme l'ange avoit dit?

"Ouy, sans nulle peine
Et sans oppression,
Nasquit de tout le monde
La vraye redemption."

Or nous dictes, Marie,
Du lieu imperial   (fol. 17)
Fusse en chambre parée
Ou en palais royal?

En une paovre estable,
Ouverte a l'environ,
Ou n'avoit feu, ne flambe,
Ne late, ne chevron.

Or nous dictes, Marie,
Que vous vint visiter
Les bourgeois de la ville,
Vous ont ilz confortée?

Oncques homme ne femme
N'en eut compassion
Nomplus que d'une esclave
D'estrange region.

Or nous dictes, Marie,
Les laboureurs des champs
Vous ont il visitée
Ne aussi les marchans?

"Je fus habadonnée [sic]
De celle nation
De tous celle nuyctée
Sans consolation."

Or nous dictes, Marie,
Des paovres pastoureaulx
Qui gardoyent ès montaignes
Leurs brebis et aygneaulx.   (fol. 17')

"Ceulx la m'ont visitée,
Par grant affection,
Moult me fut agréable
Leur visitation.

Or nous dictes, Marie,
Ces princes et Roys
Vostre enfant debonnaire
Le sont ilz venuz veoir?

"Troys roys de hault paraige
D'estrange region
Luy vindrent faire hommaige
En grant oblation."

Or nous dictes, Marie,
Que devint cest enfant?
Tant comme il fut en vye
Fut-il homme sçavant?

"Homme de saincte vie
En grant devotion
Estoit, je vous affye,
Sans nulle abusion."

Or nous dictes, Marie,
Puis que l'enfant fut né,
Tant comme il fut en vie
Fut-il du monde aymé?

"Ouy, n'en doubtez mye,
Fors de la nation
Des faulx juifz plains d'envye   (fol. 18)
Et de deception."

Or nous dictes, Marie,
Ces faulx juifx malheureux,
Luy portoyent-il ennye [sic]
Tant qu'il fut avec eulx?

Telle envye luy porterent
Et sans occasion,
Que souffrir ilz luy firent
Cruelle passion."

Or nous dictes, Marie,
Sans plus en enquerir,

Les faulx juifz, plains d'envye,
Le firent il mourir?

"Ouy, de mort amere,
Par grant detraction,
En une croix clouée,
Et entre deux larrons."

Or nous dictes, Marie,
En estiez vous bien loing?
Fustes vous la presence
En veistes vous la fin?

"Ouy, lasse espleurée,
Par grant affection
Dont souvent cheux pasmés,
Et non pas sans rayson."

Nous vous prions, Marie,   (fol. 18')
Du cueur treshumblement,
Que nous soyez amye
Vers vostre cher enfant,

Affin que la journée
Que tous jugez serons,
Puissons estre a sa dextre;
Colloquez, o les bons.

        Amen.

Additional sources for this text:

S1.   [Vve. Trepperel?], *Les Grans noelz,* fol. 33'.
S2.   Nyverd, *Les Grans noelz,* fol. F1.
S3.   Le Moigne, fol. H3', with minor variants (ed. in Pichon, pp. 79 ff).
S4.   [Lotrian], fol. 31'.
S5.   [Sergent], *Noelz nouveaulx* (Cat. no. 43), fol. D4'.
S6.   [_____[, *Les Noelz nouveaulx reduys sur le chant,* fol. C2.
S7.   *Noelz nouveaulx* (Cat. no. 51), fol. 25.
S8.   Noël fragments (Cat. no. 69), fol. A5'.
S9.   Jehan Bonfons, *Les Grans noelz,* fol. 15. Strophes 9-21 are missing.
S10. Nicolas Bonfons, *La Grand bible,* fol. 6'.
S11. Rigaud, *La Grand bible,* no. 4 (ed. in Vaganay, p. 46).
S12. Hernault, *Le Recueil des vieux noels,* fol. C8.
S13. Olivier Gervais, *Cantiques de noelz.* p. 8, with the timbre, "Or l'ay je bien perdue."

S14. Vilgontier MS (Paris 14983), fol. 22′, with the timbre, "Faulx trahison."
S15. [Recueil de noëls] (Paris MS 24407), fol. 88. No timbre is given.
S16. Modern edition in Lemeignen, *Vieux noëls,* Vol. I, pp. 7-13.
S17. Modern edition in De Smidt, pp. 117-26.

Other Parodies:

P1. Cock, *Souterliedekens* (Antwerp, 1540). Psalm 150 has a Protestant contrafactum of this text (ed. in Mincoff-Marriage ed., p. 266).
P2. The chanson incipit, "Helas, je l'ay perdue," is the timbre for the political chanson, "Hennoyer gros paillards, Venez aupres Peronne," and also for "Le sommation d'Arras" (cited in Barbier et Vernillat, pp. 70-71 and 72-73, respectively).
P3. The noël text incipit, "Or nous dites, Marie," is the timbre for the Protestant chanson in dialogue (ed. in Bordier, p. 182):

Papaulx

Or la chance est tournée!
Malgré les huguenotz
La messe est retournée;
Vivent les cardinaulx.

Huguenotz

Vous ne chantrez plus guerres
O messieurs les papaux;
Vous serez aussi heres
Commes les vieulx crapaulx.

Several more verses follow.

P4. Jean Triguel, *Le Recueil des vieils et nouveaux cantiques,* Paris, n.d., fol. 60, has a dialogue noël, "Vous qui passez la voye" to the timbre, "Or nous dites, Marie."

Related chanson text:

C1. The monophonic melody in Paris MS 12744, no. 108 (ed. in Paris and Gevaert, p. 59 and in De Smidt, p. 121) has a text which matches the noël text only for the first quatrain. It is possible to sing the entire noël text to the refrain:

Hellas, je l'ay perdue,
Celle que j'aymoie tant;
J'en ay perdu la veue,
Dont j'ay le cuer dollent.

Et sy je la revoy,
Je lui dire, "Voisine,
Je vous ayme loyaulment,
Mais vous m'estes trop fine.
D'amours monstrez signe
Et non avez tallent
Parquoy faulx que je fine
Mes jours en languissant."

Hellas, je l'ay perdue, etc.

Musical setting:

M1. The monophonic melody cited in C1 accommodates the noël text if only
the refrain is used. See ex. 15.

Example 15.

16.   Noel nouveau sur Bedidin, bedidon   (fol. 18′)

Or chantons trestous: "Noel,"
De cueur joyeulx,
En l'honneur de la pucelle
Que le filz Dieu eternel,
O noel,
A porté, la chose est telle,
Sans avoir tant, tirelitonfa,
Nulle compaignye charnelle,
Sans coucher
Avec Joseph, son bon hom.
Bedidin, bedidon,   Bis.
Tant tirelitonfa.

A mort tous nous avoit mis,
Jeunes et vieulx,
Adam nostre premier pere,
Du peché que avoit commis,
O noel.
La chose nous est bien chere,
Il vouloit tant, tirelitonfa,
De tout sçavoir la maniere: (fol. 19)
Sans forfaict
Nous a mis a dampnation.
Bedidin, bedidon,   Bis.
Tant tirelitonfa.

Dieu voyant le genre humain
Tresmalheureulx
Tomber en peine eternelle,
L'ange envoya tout soubdain,
Et o noel,
A la treshumble pucelle,
Luy porter tant, tirelitonfa,
De son amant la nouvelle,
Pour oster
Les gens de dampnation.
Bediden, bedidon,   Bis.
Tant tirelitonfa.

L'ange dans sa chambre entra
Comme amoureulx,
Et dist: "Ne t'esbahys mye:

Le sainct esprit en toy viendra,
Et o noel,
Et seras grosse, Marie,
Du saulveur, tant tirelitonfa,
De toute humaine lignée
Protecteur
De nostre redemption."
Bedidin, bedidon,   Bis. (fol. 19′)
Tant tirelitonfa.

La vierge neuf moys le porta,
Le roy des cieulx;
Au monde n'a la pareille;
Puis apres elle enfanta,
Et o noel.
Joseph faisoit la veille,
Sans tourment, tant tirelitonfa,
Dont nature s'esmerveille
Grandement;
Se fut pour nous ung bon don.
Bedidin, bedidon,   Bis.
Tant tirelitonfa.

Gabriel, tresdiligent et gracieulx,
Aux pasteurs porta nouvelle
De Jesus l'enfantement,
Et o noel,
A minuyct ceste nuyctée,
En disant, tant tirelitonfa,
En Bethléem en Judée
Nous est nay,
Soubz ung povre pavillon.
Bedidin, bedidon,   Bis.
Tant tirelitonfa.

Partis sont les pastoureaulx
Joyeulx et beaulx,
Et demenant chiere lye,   (fol. 20)
Laissant brebis et aigneaulx,
Et o noel,
Pour veoir l'enfant de Marie.
Guilloteau, tant tirelitonfa,
Luy donna sa challememye [sic]
Ung aigneau:

Colin offrit son bourdon.
Bedidin, bedidon,   Bis.
Tant tirelitonfa.

Apres vindrent d'orient,
Nobles et preux,
Trois roys en grant diligence,
Apportant myrrhe et encens,
Et o noel,
Offrirent en grant reverence,
De bon cueur, tant tirelitonfa,
En humble obedience,
Au saulveur
Ont faict leur oblation.
Bedidin, bedidon,   Bis.
Tant tirelitonfa.

Herode le faulx tyrant,
Et o noel,
Tout remplye de felonnye,
Fist occire cruellement,
Et o noel,
D'innocens grant compaignie,
Desirant tant, tirelitonfa,   (fol. 20′)
Meurdrir le filz de Marie,
Dont tourment
En a eu pour son guerdon.
Bedidin, bedidon,   Bis.
Tant tirelitonfa.

Nous prirons tous devotement
Le roy des cieulx,
Aussi la vierge Marie
Qui nous doint finablement,
Et o noel,
Les cieulx, la gloire infinie,
Ou sans fin, tant tirelitonfa.
Chantons: "Noel," je vous prie,
Du cueur fin
En grant jubilation.
Bedidin, bedidon,   Bis.
Tant tirelitonfa.

        Finis.

Additional sources for this text:

S1. [*Noelz nouveaulx*] (Cat. no. 51), fol. 28.
S2. Jehan Bonfons, *Les Grans noelz,* fol. 18'.
S3. Nicolas Bonfons, *La Grand bible,* fol. 13.
S4. Rigaud, no. 5 (repr. in Vaganay, p. 48).
S5. Noël fragments (Cat. no. 69), fol. D. This may be the same noël; the beginning is missing.

17.   Noel sur la chanson de Gentil mareschal   (fol. 20′)

Pres Bethléem a une estable,
Gentil pastoural,
Ou il y a une pucelle;
Gentil pastoural,
Viendras tu a cheval,
Viendras tu a cheval?

Elle est si joliette,
Gentil pastoural,   (fol. 21)
Que le filz de Dieu la tette;
Gentil pastoural,
Allons y a cheval,
Allons y a cheval.

Les pasteurs a chemin se mectent,
Gentil pastoural,
Trouverent Dieu et sa merette;
Gentil pastoural,
Donne luy ton hanap,
Donne luy ton hanap.

Robin de voulenté nette,
Gentil pastoural,
Luy a donné une gallette;
Gentil pastoural,
Chantons: *"Alleluya,"*
Chantons: *"Alleluya."*

La vierge tant doulcette,
Gentil pastoural,
Mercy a les bergerettes,
Gentil pastoural,
Et son filz le Messias,
Et son filz le Messias.

Trois roys de pensée nette,
Gentil pastoural,
Sont venuz d'une villette,
Gentil pastoural,   (fol. 21′)
Pour veoir le Messyas,
Pour veoir le Messyas.

Luy feirent reverence honneste,
Gentil pastoural.
Chascun ployant la flesche,
Gentil pastoural,
Ung don luy presenta,
Ung don luy presenta.

Dirent adieu a Marie,
Gentil pastoural,
Luy disant que son filz prie,
Gentil pastoural,
Que nous ayt en sa garde,
Que nous ayt en sa garde.

Additional sources for this text:

S1.   [*Noelz nouveaulx*] (Cat. no. 51), fol. 30'.
S2.   Jehan Bonfons, *Les Grans noelz,* fol. 20'.
S3.   Nicolas Bonfons, *La Grand bible,* fol. 26'.
S4.   Rigaud, no. 18 (repr. in Vaganay, p. 54).

Related chanson texts:

A parody relationship exists between the noël text and the following chanson texts:

C1.   In [Lotrian], *S'Ensuyvent plusieurs belles chansons nouvelles,* 1535, no. 11, fol. 6 (= Jeffery's *1535;* ed. in Jeffery, Vol. II, pp. 154-55; also in his *1537, 1538,* and *1543;* in Weckerlin, *L'Ancienne chanson,* p. 89-90):

A Paris a La Rochelle,
Gentil ma marichal,
Il y a troys damoyselles,
Gentil ma marichal,
Gentil marichal,
Ferra-tu mon cheval?

[Il y a troys damoyselles,
Gentil ma marichal,]
Dont la plus jeune est m'amyette,
Gentil ma marichal,
Gentil marichal,
Ferra-tu mon cheval?

Six more strophes follow.

C2. An anonymous chanson *a 4* in Attaingnant, RISM 1533-1, fol. 3′, has another incipit, but, despite the repetitions, is virtually identical to the text in (1) above:

> A Paris prez des Billettes,
> Gentil mareschal,
> A Paris prez des Billettes.
> Gentil mareschal,
> Il y a troys damoiselles.
> Gentil mareschal,
> Et gentil mareschal,
> Ferreras-tu bien,   Bis.
> Ferreras-tu bien mon cheval?   Bis.

C3. The following text appears first in Attaingnant, RISM 1534-12, fol. 6; then as a manuscript insertion in Attaingnant, RISM 1536-6, fols. 29′-30. The text begins with the refrain:

> Et gentil ma mareschal,
> Ferreras-tu mon cheval,
> Ferreras-tu bien,
> Ferreras-tu mon cheval?

> A Paris a troys fillettes,   Bis.
> Et gentil ma mareschal,
> Le plus belle est m'amyette.   Bis.
> Et gentil ma mareschal,
> Ferreras-tu pas mon cheval,
> Ferreras-tu bien,
> Ferreras-tu mon cheval?

Musical settings:

M1. The setting *a 4* in Attaingnant, RISM 1533-1, fol. 3′, accommodates the noël text. See ex. 17.

M2. The setting *a 4* in Attaingnant, RISM 1534-12, attributed to Janequin or Passereau is on the same *cantus prius factus* as the anonymous setting above. The same chanson is in Attaingnant, RISM 1536-6, fols. 29′-30. The single voice in the Hague MS 74. H.7, fol. 19′, matches the tenor of this setting. (Modern editions of this setting are in: *Passereau: Opera omnia*, ed. Georges Dottin, p. 26: Cauchie, *Quinze chansons*, pp. 11-14, where the chanson is titled, "Hé! Gentil Mareschal!"; and, Giraud, pp. 13-20.)

Example 17.

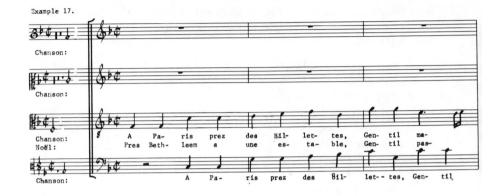

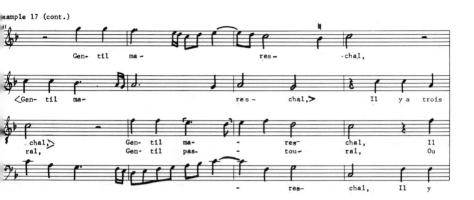

Example 17 (conclusion).

18.   Noel sur le chant Vire, vire, Jehan, Jennette   (fol. 21′)

N'allez plus en Bethléem,
On y tue les innocens,
Deux a deux d'une daguette.
Vire, vire, Jehan, noel, noellette.

Herodes, le faulx glouton,
En donna la commission
Aux tyrans de sa chambrette.
Vire, vire, Jehan, noel, noellette.

Jesus le bon enfançon,
Qui bien sçavoir l'intention
Conseilla sa doulce merette.   (fol. 22)
Vire, vire, Jehan, noel, noellette.

Et Joseph, le bon preud'hom,
Mist Marie dessus l'asnon,
La conduysant toute seullette.
Vire, vire, Jehan, noel, noellette.

Les faulx tyrans sont tous courus,
Cuydant trouver le doulx Jesus,
Et sa mere tant doulcette.
Vire, vire, Jehan, noel, noellette.

De leur vouloir furent deceuz,
Dont Herode marry en fut,
Cuydant crever de sa chambrette.
Vire, vire, Jehan, noel, noellette.

Prions Jesus de cueur devot,
Qu'il nous mette en vray repos,
Par les merites de sa mere doulcette.
Vire, vire, Jehan, noel, noellette.

Additional sources for this text:

S1.   [*Noelz nouveaulx*] (Cat. no. 51), fol. 31.
S2.   Jehan Bonfons, *Les Grans noelz,* fol. 21′.

Other parodies:

P1.   De Beaulieu, *Chrestienne resjouyssance,* 1546, p. 125, cites the same
       timbre for the Protestant chanson, "Vire, vire Jehan vers Dieu ta pensée!"
       (see Honegger, Vol. II, p. 34).

Related chanson text:

C1.   A parody relationship exists between the noël text and the text quoted in
Weckerlin, *L'Ancienne chanson*, pp. 481-82:

> Vire Jan, vire Jan,
> Vire Jan, Jeannette.
>
> C'est mon amy, m'y fait cela
> Deux ou trois foys sans dira: "Hola!"
> Il m'a baisé à la bouchette.

Musical settings:

M1.   A setting *a 4* by Jean Courtois in Attaingnant, RISM 1529-2, fol. 15', has
the text as above (pr. in Expert, *MMRF*, Vol. V, pp. 109-14).

M2.   An anonymous setting *a 3* is in Munich MS 1516, no. 153, fol. 76, with
incipits only. The music is related to the setting in M1 above (transcr. in
Whisler, Vol. II, p. 109).

M3.   A basse danse in Attaingnant, RISM 1530-7, fol 16', entitled "C'est mon
amy branle gay" has a related melody.

M4.   A fragment from a fricassée "A l'aventure," *a 4* in Attaingnant, RISM
1536-4, fols, 25'-26, has the text. "Vire, vire Jehan. Vire Jehan
Jehannette," and a melodic line resembling the opening of the superius in
the setting in M1 above (ed. in Lesure, *Anthologie de la chanson
parisienne*, p. 20; tenor; p. 22, superius and tenor; and in Parrish,
Treasury of Early Music, pp 173-76).

M5.   A fragment from the superius of the Fresneau "Fricassée" *a 4* in
Moderne, RISM 1538-17, fols. 2'-4, repeats the same five-note opening
found in M1 and M3 above.

19.   Noel sur Penote s'en va au marché   (fol. 22)

Marie en Bethléem s'en va,   Bis.
Le filz de Dieu elle enfanta.   Bis.
Ce fut une grant melodie,
Marie m'amye,   [Bis.]
D'ouyr chanter la challemye
Des bergiers et des pastoureaulx.
Et nau, nau, [nau]
Marie m'amye,   (fol. 22')
Vous estes si belle et jolye,
Que chascun pour vous chante: "Nau
Et nau, nau, [nau," Marie m'amye,]
Que chascun pour vous chante: "Nau."

Ce fut la sainct divin vouloir   Bis.
Qui vous fist ceste grace avoir;   Bis.
Nature humaine estoit banye,
Marie m'amye,
De la celeste compaignye
Pour avoir faict peché mortau.
Et nau, nau, [etc.]

Toute la saincte deité   Bis.
A prins en vous humanité,   Bis.
Et vous a premier choysie,
Marie m'amye,
Et vous a si fort anoblye,
Que c'est ung mystere moult beau,
Et nau, nau, [etc.]

Les anges vous faisoyent honneur,   Bis.
Les roys vous ont donné du leur,   Bis.
Les pastoureaulx vous ont servye,
Marie m'amye,
Ilz ont faict une confrarie
Pour aller veoir l'enfant nouveau,
Et nau, nau, [etc.]

Et nous paovres pecheurs humains,   Bis.
Nous vous prions a joinctes mains,   Bis.
Pour Dieu ne nous oublyez mye,
Marie m'amye,
Mettez nous en la compaignye

De Jesus le vray Messiau,
Et nau, nau,
Marie, m'amye,
Vous estes si belle et jolye
Que chascun pour vous chante: "Nau,
Et nau, nau, [nau,]" Marie m'amye,
Que chascun pour vous chante: "Nau."

Additional sources for this text:

S1.   [Vve. Trepperel?], *Les Grans noelz,* fol. 85'.
S2.   [Lotrian], *Les Grans nouelz,* fol. 76', has strophes 1, 2, and 4, but lacks
      strophe 3. Strophe 5 begins like this text but continues with a new text.
      There also are several additional strophes not in Sergent's text.
S3.   Arnoullet, *Noelz nouveaulx nouvellement faitz,* Lyons, n.d., fol. A2'.
S4.   [Moderne], *Noelz nouveaulx faictz et composez,* fol. C2', has the timbre,
      "Penote s'en va au molin."
S5.   [Sergent], *Noelz nouveaulx* (Cat. no. 43), fol. D3' shares strophes 1, 2,
      and 4 with *Les Grans noelz* but also has five additional strophes.
S6.   [*Noelz nouveaulx*] (Cat. no. 51), fol. 31'.
S7.   Jehan Bonfons, *Les Grans noelz,* fol. 22.
S8.   Roux, *Vieux noels,* fol. E7.
S9.   De Tournes, p. 41, gives the same noël text as Sergent does in *Les Grans
      noelz,* but without a timbre.
S10. Gervais Olivier, *Cantiques de noelz,* Le Mans, n.d., p. 25, gives the
      timbre, "Penotte gardait les meutons," for the same noël text, with the
      exception of strophes 3 and 4.

Other parodies:

P1.   Samson Bedouin, *Les Noëls...* (ed. Chardon, 1874), no. 18, has another
      variant of the timbre, "Perrot alloit au moulin" for an independent noël
      text, "En cest advent de Noel."
P2.   [Recueil de noëls] (Paris MS 14983), fol. 188', has the same timbre and
      noël text as S9, and attributes the noël to Samson Bedouin.
P3.   "Marie en Bethléem s'en va" is cited as the timbre for the Protestant
      chanson, "Marie en Bethléem alla," in de Beaulieu, *Chrestienne
      resjouyssance,* 1546, p. 33.

Related chanson text:

C1.   A chanson text in Weckerlin, *L'Ancienne chanson,* pp. 490-92, is no
      doubt the basis of the noël parody, and the fit is quite satisfactory if line 4
      of the noël: "Marie m'amye,' is repeated:

Yo, yo, [yo, yo,]
Compere, commere,
Sy vous ne savez dire yo.

Penotte se veult marier,
On ne scet à qui la donner,
Pourcequ'elle est un peu trop sotte.
M'amye Penotte,
Marotte, ma sotte.
Vous n'aurez point de verte cotte
Si vous ne savez dire yo,
Yo, yo, [yo, yo,]
Compere, commere,
Si vous ne savez dire yo.

Strophe 2 begins: "Penote s'en va au marché," the timbre given for this noël, and the last strophe begins: "Penotte s'en va au moulin," a line similar to that given in noël sources S1, S8, and K2.

Musical setting:

M1. A monophonic melody has the above text with minor variants in Paris MS 12744, no. 134 (pr. in Paris et Gevaert, pp. 73-74). See ex. 19.

Example 19.

Chanson: Yo yo yo yo, com - pe - re, com -
Noël: Et nau, nau, nau, Ma - ri - e, m'a -

me - re, Sy vous ne sa - vez di - re yo.
my - e, Vous estes si bel - le et jo - ly - e.

Pe - not - te se veult ma - ri -
Ma - rie, en Beth - lé - hem s'en

er, On ne scet a qui la don -
va, Le filz de Dieu elle en - fan -

ner Pour ce - qu'elle est ung peu trop
ta. Ce fut u - ne grant me - lo -

sot - te, M'a - my - e Pe - not - te, Ma - rot - te ma
di - e, Ma - ri - e m'a - my - e, Ma - ri - e m'a -

sot - te, Vous n'a - vez point de ver - te
my - e, D'ou - yr chan - ter la cha - le

cot - te Si vous ne sa - vez di - re yo.
my - e Des ber - giers et des pas - tou - reaulx.

20.   Sur Ce n'est pas trop que d'avoir ung amy   (fol. 23′)

> En cest advent chascun soit resjouy
> Chantant: "Noel" il nous convient esbatre,
> Car le filz Dieu vient tout malheur abatre,
> Rendant Sathan aux enfers enfouy.
> Noel.
>
> Gabriel Marie a dit ouy
> A son parler n'a point voulu debatre,
> Parquoy Jesus vient le dyable combatre,
> Qui par longs temps avoit de nous jouy.
> Noel.
>
> Le paovre Adam de langueur tout ravy,
> Sera mis hors de tres villain estre,
> Et lort Sathan, infame villenastre,
> Demourera sur les charbons brouy.
> Noel.
>
> Gentilz bergiers de vous n'y ayt celuy
> Qui a chanter n'en vaille troys ou quatre,
> Priant Jesus, qui vient orgueil rabatre.
> Que nous ayons trestous mercy de luy.
> Noel.

Additional sources for this text:

S1.   [Sergent], *Noelz nouveaulx* (Cat. no. 43), fol. C4′.
S2.   Jehan Bonfons, *Les Grans noelz*, fol. 23′.

Other parodies:

P1.   [Lotrian], *Les Grans nouelz*, fol. 4′, cites the same chanson as timbre for the noël: "Chantons 'Noel,' je vous prie par amour."
P2.   [Moderne], *La Fleur de noelz nouvellement notés*, fol. E4, cites the same chanson as timbre for the noël, "Chantons: "Noel" trestous, grans et petis."

Related chanson text:

C1.   The chanson in [Lotrian], *S'Ensuyvent plusieurs belles chansons nouvelles*, 1535, fol. 53 (= Jeffery's *1535*; ed. in Jeffery, Vol. II, pp. 233-34; also in his *1537, 1538,* and *1543):*

Ce n'est pas trop que d'avoir ung amy,
Sans en avoir ne deux ne trois ne quatre.
La chose n'est pas raisonnable,
Mais pour ung seul ne m'en puis repentir.

Las, quant je suis couchée aupres de luy,
Toute la nuict il me tient embrassée.
Mais c'est follie; j'ay bien ailleurs pensé:
J'en ay ung aultre que j'ayme mieulx que luy.

Three more strophes follow.

Musical settings:

M1.   The chanson *a 4* by Vermont Primus has the text given above in C1, and
is in Attaingnant, RISM 1529-2, fol. 15′ (ed. in Expert, *MMRF,* Vol. V,
no. 28, pp. 101-4).

M2.   The textless chanson *a 4* by Pierre de la Rue, "Ce n'est pas," in *Canti B,*
fol. 10′-11, is an independent setting (ed. in Hewitt, *Canti B,* pp. 114-16).

21. **Noel sur le chant Je m'y levay par ung matin que jour n'estoit mye**(fol. 23')

> L'ange du ciel j'ay ouy chanter
> Vers Bethanye;
> Jamais ne ouystes racontez
> Telle armonye.   (fol. 24)
> Tout aussi tost que l'ay ouy chanter
> Incontinent mes brebis j'ay laissé.
>   Anges, archanges, cherubins, seraphins
>   Mainent grant joye pour l'amour du daulphin.

> Je fuz querir mes compaignons
> En la prarye,
> Qui chantoyent de belles chansons
> Par melodye;
> Chantez, dansez, faictes trestous grant bruyt,
> Car il est né celluy qui nous nourrist.
>   Anges, archanges, cherubins et seraphins
>   Mainent grant joye pour l'amour du daulphin.

> Ung chascun laisse son bergeail
> Pour veoir Marie;
> Acouchée est du petit gars,
> Le fruict de vie.
> L'ung luy donnoit, l'autre luy promettoit
> Tout son vaillant, et plus qu'il n'avoit.
>   Anges, archanges, cherubins et seraphins
>   Mainent grant joye pour l'amour du daulphin.

> Je veys l'enfant sur ung coessin
> De belle paille;
> Velours cramoysy ne sathin
> Pour une maille,
> Il n'y avoit, fors ung petit de foin.
> L'enfant crioyt; je croys qu'il avoit fain.
>   Anges, archanges, cherubins et seraphins   (fol. 24')
>   Mainent grant joye pour l'amour du daulphin.

> Je luy donnay de mon preau
> Tout le fruyctaige,
> Et Jehanneton ung bel oyseau
> Et une caige;
> Janot, Perrot, Trigot et Guilloteau
> Luy presenterent ung beau petit gasteau.

Anges, archanges, cherubins et seraphins
Mainent grant joye pour l'amour du daulphin.

Troys roys d'estranges regions,
Avec leurs paiges,
Luy apporterent de beaulx dons
Pour leurs hommaiges:
Or, myrrhe, encens donnerent par honneur
En l'adorant comme leur créateur.
Anges, archanges, cherubins et seraphins
Mainent grant joye pour l'amour du daulphin.

Or prions tous devotement
Le filz Marie,
Que au grant jour du jugement
Ne nous mauldye
En enfer avec ses dampnez mauldictz,
Mais a la fin qu'il nous doint paradis. Amen.
Anges, archanges, cherubins et seraphins
Mainent grant joye pour l'amour du daulphin.

Additional sources for this text:

S1.   [Sergent], *Noelz nouveaulx,* (Cat. no. 43), fol. D2.
S2.   Jehan Bonfons, *Les Grans noelz,* fol. 23'.
S3.   Nicolas Bonfons, *La Grand bible,* fol. 45.
S4.   Rigaud, no. 39.
S5.   Hubert MS (Paris MS 1895), fol. 94.
S6.   Gervais Olivier, *Cantiques de noels,* gives the same noël text with the timbre, "Allez luy dire, allez luy demander," p. 43. The noël begins with the refrain.
S7.   The Vilgontier MS (Paris MS 14983), fol. 20, gives the same text and timbre as S5.
S8.   Modern edition in Lemeignen, pp. 45-47.

Additional parodies:

P1.   Le Moigne, fol. L3, uses: "Allez luy dire..." as timbre for the noël, "Chantons ensemble a haulte voix: 'Noel' " (ed. in Pichon, pp. 107-8).
P2.   The same timbre and noël text are in [Lotrian], *Les Grans nouelz,* fol. 178'.
P3.   Daniel, *Noels joyeulx,* fol. A1', has the timbre, "Allez luy dire..." for the noël text, "Vivons en joye, ne soit deuil affermé, / Car de tristesse Noel a l'huys fermé."

P4. Daniel, *Noelz nouveaulx,* fol. F3, has the same text and timbre as in P3 (repr. in *Chardon,* Daniel, pp. 44-45).

Related chanson texts:

C1. *S'Ensuyvent quatorzes belles chansons nouvelles,* no. 8 (= Jeffery's *14;* ed. in Jeffery, Vol. I, pp. 223-24; also in his *La Fleur 110;* in Weckerlin, *L'Ancienne Chanson,* pp. 204-5):

> Je m'y levay pour ung matinet,
> Jour n'estoyt mye.
> Je m'en allay tout droit chanter
> A l'huys m'amie.
> Tout aussi tost qu'elle m'a ouy chanter,
> Elle a pour moy son huys fermé.
>> Qu'on luy demande, allez luy demander
>> S'ell a pour moy son huys fermé.

Three more strophes follow.

C2. The setting by Descaudain *a 5* in Susato, RISM [1543]-15, fol. 5', repeats the text above, except for the two refrain lines which read: "Allez luy dire, allez luy demander / S'elle a pour moy son huys fermé," a minor variant. Also in RISM 1572-2, fol. 4.

C3. Gérold, *Chansons populaires,* pp. 24-25, gives the text as in C1.

C4. Brown, "Catalogue," nos. 172 and 174 may refer to the chanson in C1.

Musical settings:

M1. There are many poems which begin "Je m'y levay par ung matin." Only a few settings have the text as above. These include the Descaudain setting cited above which is canonic. See ex. 21.

M2. An anonymous setting *a 5* in Vienna MS 18746, fol. 43, is closely related to the setting in M1. Incipits only are given.

M3. A fragment from the tenor of an anonymous fricassée in Attaingnant, RISM 1531-1, fols. 11'-12, reproduces the opening in M1.

M4. A tenor part, printed in Gérold, *Chansons populaires,* pp. 24-25, is based on the same *cantus prius factus* as the three other settings cited above.

Example 21.

Example 21 (cont.)

Example 21 (cont.)

Example 21 (cont.)

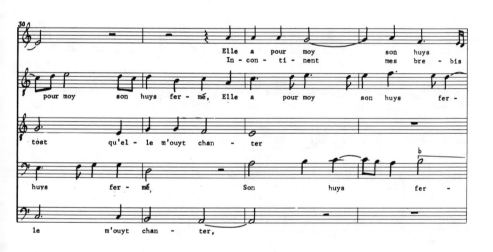

Example 21 (cont.)

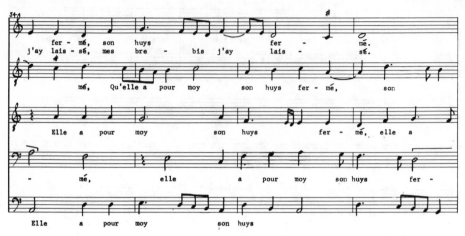

Example 21 (conclusion)

22.   Aultre noel [Layssez paistre vos bestes]   (fol. 24')

Layssez paistre voz bestes,
Pastoureaulx par montz et par vaulx,
Layssez paistre voz bestes
Et vener chanter: "Nau."

J'ay ouy chanter le rossignau
Qui chantoit ung chant si nouveau,   (fol. 25)
Si hault, si beau, si resonnau,
Il my rompoit la teste,
Tant il preschoit et quaquetoit.
Adonc prins ma houlette
Pour aller veoir naulet.

Je m'enquis au bergier naulet:
"As-tu ouy le rossignollet
Tant jolyet qui gringotoit
La hault sur une espine?"
Dist il: "Ouy, je l'ay ouy,
J'en ay prins ma bussine
Et m'en suis resjouy."

Nous dismes tous une chanson;
Les aultres en vindrent au son;
Or sus dansons, prens Allison;
Je prendray Guillemette;
Margot, tu prendras gros Guillot.
Qui prendra Peronnelle,
Ce fera Tallebot.

Ne dansons plus, nous tardons trop,
Pensons d'aller courons le trot.
Viens tu Margot, attens Guillot.
J'ay rompu ma courette,
Il fault ramender mon sabot;
Or tiens cest esguillette,
Elle t'y servira trop.   (fol. 25')

Comment, Guillot, ne viens tu pas?
Ouy, je y voys tout l'entrepas,
Tu n'entens pas trestout mon cas.
J'ay aux tallons les mulles
Parquoy je n'y puis pas troter;
Prinse m'ont ses froidures
En allant estraquer.

Marche devant, paovre mullart,
Et t'appuye avec ton billard
Et toy, Coquart, vieil loriquart,
Tu d'eusses avoir grant honté
De rechiner ainsi des dens.
Je n'en tiendroys point grant compté,
Au moins devant les gens.

Nous courusmes de tel roydeur
Pour veoir nostre doulx redempteur,
Et createur, et formateur.
Il avoit, Dieu le saiche,
De linceux assez grant besoing,
Il gisoit en la creiche
Sur ung boyteau de foin.

Sa mere avec luy estoyt,
Ung vieillart si luy esclairoyt,
Point ne sembloit au beau douillet:
Il n'estoit pas son pere.
Je l'apperceuz bien au museau,
Il sembloit a la mere;   (fol. 26)
Encor estoit il plus beau.

Nous aurons ung gros pacquet
De vivres pour faire ung bancquet;
Mais le muguet de Jehan Huguet
Et une grant levriere
Misrent le pot a descouvert.
Ce fut par la bergiere
Qui laissa l'huys ouvert.

Pas ne laissasmes a gaudir,
Je luy donnay une brebis.
Au petit filz une maulvis
Luy donna Peronnelle;
Margot si luy donna du laict,
Toute plaine escueille
Couverte d'ung vollet.

Or deprions le roy des roys
Qu'il nous doint a tous bon Noel
Et bonne paix; de noz meffaictz
Ne vueille avoir memoire
De noz pechez, mais pardonner;

A ceulx de purgatoire,
Leurs pechez effacer.

Amen.

Additional sources for this text:

S1. Arnoullet, fol. B4', called "Noel nouveau."
S2. [Moderne], *Noelz nouveaulx faictz et composez,* fol. D.4'.
S3. [Moderne], *La Fleur des noelz nouvellement notés,* fol. B4', with monophonic melody given below in ex. 22.
S4. Nyverd, fol. B4'.
S5. [Sergent], *Noelz nouveaulx,* (Cat. no. 43), fol. E4.
S6. _____ *Noelz nouveaulx reduys sur le chant,* fol. B4'. Strophe 9 is missing.
S7. Jehan Bonfons, *Les Grans noelz,* fols. 24', 26 remain; fol. 25 is missing.
S8. De Tournes, p. 37.
S9. Nicolas Bonfons, *La Grand bible,* fol. 15.
S10. Rigaud, no. 6 (pr. in Vaganay, pp. 48-49).
S11. Hernault, *Le Recueil des vieux noels,* fol. D5'.
S12. Gervais Olivier, *Cantiques de noels,* Le Mans, n.d., p. 29. The timbre is "Ouvrez voz hautes portes." There is an extra strophe.
S13. Vilgontier MS (Paris MS 14983), fol. 14. The timbre is given as "Ouvrez vos haultes portes."
S14. [Recueil de noëls] (Paris MS 24407), fol. 21.
S15. Hubert MS, Paris, 1895, fol. 84.
S16. De Smidt, pp. 140-46, has the text and three versions of the melody, including one still sung. However, De Smidt was unaware of the melody in S3 above, and gives only sources from the seventeenth century and later.
S17. Printed in Lemeignen, *Vieux noëls,* Vol. I, pp. 29-32.

Related chanson texts:

C1. No timbre is provided for this noël, except for the sixteenth century MS cited in S12 above. Babelon, in *"La Fleur des noëls,"* p. 373, states that this was a *chanson de danse.*

Musical setting:

M1. The monophonic melody cited in S3 is the only early music for this noël; the melody resembles the one still in use, in contour if not in detail. See Ex. 22.

Example 22.

Lais- sés pais-tre vos be- stes, Pas-
tou-reaulx par monts et par vaulx, Lais - sés pai- stre vos
be-. stes et ve- nés chan- ter: "Nau."
J'ouy chan-ter le ros- si- gno- let,
Qui chan-toit ung chant si nou- veau, Si haut, si
beau, si re- son- nau. Il m'y rom-- poit la
te- ste, Tant il pre-- schoit et qua- que-toyt, A
donc prins ma hou- let- te, Pour al- ler veoir Nau- let.

23. Aultre noel [*Au sainct nau*] (fol. 26)

Au sainct nau chanteray sans point my faindre;
Je n'en daigneroys rien craindre, (fol. 26′)
Car le jour est feriau.

Nous fusmes en grant esmoy, Nau, nau,
Je ne sçay pas que peult estre
Deux aultres bergiers et moy, Nau, nau,
En menant noz brebis paistre,
Du forfaict qu'Adam fist contre son mairstre [sic]
Quant du fruict se voulut paistre,
Dont il fist peché mortau.

Je m'assis sur le muguet, Nau, nau
En disant de ma flajolle,
Et mon compaignon Huget, Nau, nau
Respondit de sa pibolle.
Arriva ung ange du ciel qui volle,
Disant joyeuse parolle,
Dont je fuz joyeulx et bau.

Reveillez vous pastoureaulx, Nau, nau,
Et faictes joyeuse chere;
En Bethléem est l'aigneau, Nau, nau,
Nasqu de la vierge mere,
Qui l'a mis dedans une mangouere
Ou il y a peu de lictiere
En la granche communau.

A l'heure de plain minuyct, Nau, nau,
Je vis le soleil esclorre
Que t'en semble Jehan Mauduyt, Nau, nau,
Ne penses tu point a courre?
Je lairray mes brebis et mon bourre; (fol. 27)
Ne m'en chault ou je me fourre
Pour veoir le doulx messiau.

Je courgi de tel randon, Nau, nau,
Que ma langue devint seiche.
Je trouvay Marie adonc, Nau, nau,
A genoil devant la creiche.
Et l'asne et le beuf qui l'enfant lesche.
Joseph a ung peu de mesche,
Esclaire parmy l'ostau.

Mon compaignon racomptoit, Nau, nau,
De nostre faict le mystere
Et Marie l'escoutoyt, Nau, nau,
En faisant bonne maniere.
Adonc mis la main a ma gibessiere;
Je n'euz pas la bouche seiche
Pour souffler au chalumeau.

Je luy donnay ung beau don, Nau, nau,
Mon billart et mon pellotte,
Et Thibault mon compaignon, Nau, nau,
Luy donna sa mariotte.
Jehan Chappeau, qui joua de sa chevrotte,
Nous dansions a sa notte
Pour l'amour du beau joyau.

Or prions a genoil, Nau, nau,
Jesuchrist d'amour doulcette,
Qu'il nous face bon racueil, Nau, nau,   (fol. 27′)
Et que nostre paix soyt faicte;
Au grant jour qu'on sonnera la trompette,
Qu'en son paradis nous mette,
En son paradis paternau. Amen.

Additional sources for this text:

S1. "Aucuns ditez" (Arsenal MS 3653), fol. 47, has the same initial refrain and the same three opening verses. Following these there are four verses which differ from those given here. The noël is given here and in all other sixteenth century sources without a timbre.
S2. [Livre de noëls] (Paris MS 2368), fol. 67.
S3. [Vve. Trepperel?], *Les Grans noelz*, fol. 57.
S4. [Lotrian], *Les Grans nouelz*, fol. 50.
S5. Nyverd, *Les Grans noelz*, fol. D4.
S6. [Sergent], *Noelz nouveaulx* (Cat. no. 43), fol. F1′.
S7. [*Noelz nouveaulx*] (Cat. no. 51), listed in table but missing from text.
S8. Jehan Bonfons, *Les Grans noelz*, fol. 26.
S9. Nicolas Bonfons, *La Grand bible*, fol. 16.
S10. Rigaud, no. 7.
S11. Hernault, *Cours des noelz*, fol. F2.
S12. Gervais Olivier, *Cantiques de noelz*, p. 41.
S13. [Recueil de noëls] (Paris MS 14983), fol. 12′.
S14. [Recueil de noëls] (Paris MS 24407), fol. 83.
S15. Hubert MS (Paris MS 1895), fol. 7.

Other parodies

P1. [Vve. Trepperel?], *Les Grans noelz,* fol. 55', cites "Au Sainct Nau" as the
     timbre for the noël, "Nau, nau, nau, Nau de par de nau."
P2. Nyverd, *Les Grans noelz,* fol. E1, gives the same noël as Trepperel
     without a timbre.
P3. [Lotrian], *Les Grans nouelz,* fol. 50, cites "Au Sainct Nau" as the timbre
     for a noël that is a variant of Trepperel's.

Musical settings:

M1. Tiersot, in *Chanson populaire,* pp. 248-49, worked backward from the
     melody notated in seventeenth and eighteenth century sources. He noted
     the resemblance of this late melody to the "Branle couppé appellé
     Charlotte" in *Orchésographie,* fol. 76 (Sutton ed., pp. 141-42). While it is
     of course possible, it should be noted that the melody may have been in
     the oral tradition before 1500, whereas *Orchésographie* was first
     published in 1589.
M2. The 18th century MS, Paris Rés. 884, p. 24, has a monophonic setting of
     the text which resembles that given by De Smidt, for which see ex. 23.
M3. Further on this, see De Smidt, pp. 102-8.

Example 23.

Au saint Nau, chan - te -ray sans

point my fein -dre, Je n'en dai - gne - rois n'en crain - dre,

Car le jour est fe - ri - au. Nau, Nau,

nau, car le jour est fe - ri - au. Nous fus -

mes en grant es - moy, Nau, nau, Je ne

scay pas que peut es - tre, Deux au - tres ber -giers et

moy, Nau, na, En me - nant nos bre - bis pais - tre...

24.   Aultre noel sur Monsieur vault bien madame   (fol. 27′)

Chantons: "Noel" pour la vierge honnorée
Qui a porté le fruyct tresglorieulx,
Dont Gabriel en vint en Galilée,
Pour le voulois du hault Dieu vertueulx,
Luy presentant ung salut gracieulx*
Disant: *"Ave,*
Tu es esleue la dame
Qui concepveras Emanuel."
    Chantons: "Noel,"
    Chantons: "Noel,"
Pour ceste noble dame.   Bis.

Quant elle se veit estre ainsi saluée,
A deux genoulx tend les mains vers les cieulx,
Le sainct esperit lors si l'a obumbrée,
Adonc conceupt le hault roy glorieulx.
Joseph en fut fort merencolieulx
Et tout pesneux,
Voyant grosse sa femme.
Mais l'ange l'a reconforté.
    Chantons: "Noel,"
    Chantons: "Noel,"   (fol. 28)
Pour ceste noble dame.   Bis.

En Bethléem c'est chose bien prouvée,
Elle accoucha en ung trespovre lieu,
En une estable rompue et despecée,
Environnée des anges glorieulx.
La vierge mist le benoist filz de Dieu
En la creiche,
Entre ung beuf et ung asne,
Qui la estoyent pour l'adorer.
    Chantons: "Noel,"
    Chantons: "Noel."
Pour ceste noble dame.   Bis.

Gabriel, l'ange, alla ceste nuyctée
Dire aux pastours qui gardoient leurs aigneaux,

----

*Missing line recovered from Le Mogne, fol. K4′ and from Sergent, *Noelz nouveaulx* (Cat. no. 43), fol. F2′.

Gloire au hault Dieu de tous si soyt donnée
Et en terre paix aux hommes loyaux.
Partez d'icy et vous en allez tous
En Bethléem
Pour visiter la dame
Et son doulx filz qu'a enfanté.
　　Chantons: "Noel,"
　　Chantons: "Noel,"
Pour ceste noble dame.　　　　　　　　　　Bis.

Adonc ont faict une grant assemblée
En delaissant leurs brebis et aigneaulx,
Rogier, et Qoguet, Laban de Galilée,
Rachel, Lya, Judich qui faict les saulx,
Chascun d'eulx print quelque chose de bon　　(fol. 28′)
Pour presenter
A celle noble dame,
Qui a porté le doulx aignel.
　　Chantons: "Noel,"
　　Chantons: "Noel,"
Pour ceste noble dame.　　　　　　　　　　Bis.

Quant Symeon tint icelle portée
De joye pleure regardant Jesuchrist
De cueur devot et aussi de pensée
En le baisant il dist: *"Nunc dimittis."*
La vierge adonc pour son filz luy offrit
Deux coullons blancs
Sans faire tort a ame,
Puis son doulx filz a alaicté.
　　Chantons: "Noel,"
　　Chantons: "Noel,"
Pour ceste noble dame.　　　　　　　　　　Bis.

Quant Herodes le roy de Galilée
Sceut qu'estoit nay ung si noble seigneur,
Il fist tuer en toute la contrée
Les innocens par une grand horreur.
Joseph maine Marie pour le plus seur
En Egypte
Dessus Baudet, son asne,
Portant son filz Dieu immortel
　　Chantons: "Noel,"
　　Chantons: "Noel,"
Pour ceste noble dame.　　　　　　　　　　Bis.

Parmy les saiges la science a monstrée,
Estant au temple au meillieu des docteurs,   (fol. 29)
Et de la loy ensemble bien disputée,
Leur demonstrant vivement leurs erreurs.
Marie et Joseph le cherchoyent bien ailleurs,
Le demandant
A plusieurs hommes et femme,
Mais a joye l'ont retrouvé.
  Chantons: "Noel,"
  Chantons: "Noel,"
Pour ceste noble dame.   Bis.

En la Cane cité de Galilée,
En une nopces et lieux solacieulx,
A la requeste de Marie bien aymée
Il mua l'eaue en vin delicieulx;
Par dessus tous en fut le plus joyeulx.
Architriclin
Car c'estoit a luy blasmé
Oncques de vin ne beut y tel.
  Chantons: "Noel,"
  Chantons: "Noel,"
Pour ceste noble dame.   Bis.

Prince Jesus, ce fut bonne journée
Et proffitable pour les povres pecheurs
Quant sur Calvaire vostre croix fut plantée,
Et vostre corps pendant a grans douleurs,
Et vostre mere ayant cueur douloureulx,
Et tout transsy,
Vous voyant rendre l'ame
En enclinant vostre humble chef.   (fol. 29′)
  Chantons: "Noel,"
  Chantons: "Noel,"
Pour ceste noble dame.   Bis.

  Amen.   Noel.

Additional sources for this text:

S1. [Vve. Trepperel?], *Les Grans noelz,* fol. 177.
S2. Nyverd, *Les Grans noelz,* fol. A4.
S3. Le Moigne, fol. K4′ (ed. in Pichon, *Le Moigne,* p. 101). In addition to
  minor variants, Le Moigne has as a final line for the third through the
  last strophes, "Pour la vierge honorée."

S4. [Lotrian], *Les Grans nouelz,* fol. 162.
S5. [Sergent], *Noelz nouveaulx* (Cat. no. 43), fol. F2'.
S6. [*Noelz nouveaulx*] (Cat. no. 51), missing from text but listed in table.
S7. Jehan Bonfons, *Les Grans noelz,* fol. 27'.
S8. Hubert MS (Paris MS 1895), fol. 42'.

Related chanson texts:

C1. "Monsieur v[ault bien?]" is listed in the table of *Les Chansons nouvelles que on chante de presente,* no. 43 (= Jeffery's *90(b)),* but missing from the body of the text (cited in Jeffery, Vol. I. p. 107).
C2. Listed as a basse danse in Arena, *Ad suos compagniones,* Lyons, 1572, fol. 42.
C3. "Monsieur vault bien" is listed in Brown, "Catalogue," no. 299.

Musical setting:

No musical setting fits the noël. An anonymous chanson *a 4* in Cambrai 125-28, fol. 17, begins: "Amour vault trop que bien; Une breghietta." Although the opening might accommodate the noël text, the chanson has a four-line text, whereas the noël has twelve. An ornamented version of this chanson for lute is in Attaingnant, IM 1529-3, no. 21 (pr. in Heartz, *Preludes, chansons,* p. 28).

25.   **Aultre noel [Noel, noel, né de Marie]**   (fol. 29′)

Noel, noel, né de Marie,*
Vierge Marie desirée,
A grant joye enfant avez eu,
Qui descendit comme rosée
Comme luymesmes a voulu;
A tous nous a rendu la vie.

En la cité bien regnommée,
En Bethléem c'est apparu
Par sa mere moult bien aymée
Si est ton filz le doulx Jesus;
Or es tu sa mere et sa mye.

La couche fut appareillée,
Le doulx Joseph y est venu,
Lequel a dit a sa pensée:
"Vray Dieu, que m'est il advenu
D'avoir enfant qui tant m'agrée?"

L'ange tantost sans demourée
A Joseph si a respondu:
"Ta femme est de Dieu bien aymée,
Aussi tu es de Dieu esleu;
Seiches de vray n'en doubtes mye."

L'enfant si regarda sa mere,   (fol. 30)
De plourer se est fort esmeu.
La mamelle luy a baillée
Pour ung baiser qu'il luy a pleu.
Mon doulx enfant, ne plourez mye.

Or n'est il cueur de mere née
Qui de plourer se fust tenu
De veoir la chair crucifiée
Par les faulx juifz du doulx Jesu,
Lesquelz avoyent sur luy envye.

La Trinité si fut trouvée
De nobili sacrario.

---

*This line may have preceded all the subsequent strophes.

De tout mon cueur et ma pensée
Benedicamus domino,
O doulx Jesus je te mercye.

    Amen.

Additional sources for this text:

S1.   [Livre de noëls] (Paris MS 2368), fol. 37'.
S2.   [Livre de noëls] (Paris MS 2506), fol. 40.
S3.   [Vve. Trepperel?], *Les Grans noelz,* fol. 40.
S4.   [Lotrian], *Les Grans nouelz,* fol. 37.
S5.   [Sergent], *Noelz nouveaulx,* (Cat. no. 43), fol. F4'.
S6.   [*Noelz nouveaulx*], Cat. no. 51), listed in table but missing from text.
S7.   Jehan Bonfons, *Les Grans noelz,* fol. 29'.
S8.   Nicolas Bonfons, *La Grand bible,* fol. 27'.
S9.   Rigaud, *La Grand bible,* no. 19 (pr. in Vaganay, p. 54).

26. Aultre noel sur Faulce trahison. [In table: Noel pour l'amour de Marie] (fol. 30)

Noel pour l'amour de Marie;
Nous chanterons joyeusement
Quant elle porta le fruyct de vie,
Ce fut pour nostre saulvement.

Joseph et Marie s'en allerent
Ung soir bien tard en Bethléem,
Ceulx qui tennoyent hostellerie
Ne les priserent pas gramment.

S'on allerent parmy la ville
D'huys en huys leur logis querant
A l'heure de vierge Marie,   (fol. 30')
Estoit bien pres d'avoir enfant.

S'en allerent chez ung riche homme,
Logis demander humblement,
Et on leur respondit en somme:
"Avez vous chevaulx largement?"

"Nous n'avons qu'un beuf et ung asne,
Voyez les icy en present."
"Vous ne semblez que truandaille
Vous ne logerez point ceans."

Ilz s'en allerent chez ung aultre
Logis demander pour argent
Et on leur respondit en oultre:
"Vous ne logerez point ceans."

Joseph si regarda ung homme
Qui l'appella: "Meschant paysant,
Ou menez ceste jeune femme
Qui n'a pas plus hault de quinze ans?"

Joseph va regarder Marie,
Qui avoit le cueur tresdolent,
En luy disant, "Ma chiere amye,
Ne logerons nous aultrement.

"J'ay la veu une vieille estable,
Logeons nous y pour le present."
A l'heure la vierge Marie
Estoit bien pres d'avoir enfant.

A minuyct en celle nuyctée
La doulce vierge eut enfant.   (fol. 31)
Sa robbe n'estoit pas fourrée
Pour l'envelopper chauldement.

Elle le mist en une creiche
Sur ung peu de foin seullement,
Une pierre dessoubz sa teste,
Pour reposer le roy puissant.

Trescheres gens ne vous desplaise,
Se vous vivez paovrement;
Se fortune vous est contraire,
Prenez la bien patiamment.

En souvenance de la vierge
Qui print son logis paovrement,
En une estable descouverte,
Qui n'estoit point fermée devant.

Or prions la vierge Marie
Qui son filz vueille supplyer,
Qu'il nous doint mener telle vie,
Qu'en paradis puissons entrer.

Si une foys y povons estre,
Jamais ne nous fauldra plus rien.
Ainsi fust logé nostre maistre,
Le doulx Jesus en Bethléem,

      Amen.

Additional sources for this text:

S1. [Mareschal and Chaussard], *Les Nouelz,* no. 15 (in Vaganay, p. 16; in *Le Spectateur catholique,* t. IV [1898], p. 137), with the timbre, "Faulce trahison."

S2. *Les Ditez des noelz nouveaulx,* fol. H2', with the timbre, "Faulce trahison Dieu te."

S3. [Vve. Trepperel?], *Les Grans noelz,* fol. 71'.

S4. [Lotrian], *Les Grans noelz,* fol. 64' with the timbre, "Faulce trahyson."

S5. Arnoullet, fol. B2, has the same text with the timbre, "Trahison, Dieu to mauldie." The noël is arranged in octains.

S6. [Moderne], *La Fleur des noelz nouvellement notés,* fol. A4', has the same text and timbre as does S5, plus a monophonic melody transcribed below, ex. 26.

S7.   [*Noelz nouveaulx*] (Cat. no. 51), listed in table but missing from text.
S8.   Jehan Bonfons, *Les Grans noelz,* fol. 30, with the timbre, "Faulce trahison."
S9.   Nicolas Bonfons, *La Grand bible,* fol. 28, with the timbre, "Faulce trahyson."
S10. Rigaud, no. 20 (ed. in Vaganay, pp. 54-55), with the timbre, "Fauce trahison."
S11. Hernault, *Le Recueil des vieux noels,* fol. A2, with the timbre, "Faulce trahison."
S12. Gervais Olivier, *Cantiques,* p. 6, with the timbre, "Fauce traison."
S13. Vilgontier MS (Paris MS 14983), fol. 9, with the timbre, "Faulsse traison."
S14. [Recueil de noëls] (Paris 24407), fol. 101, given without a timbre but with the date, 1594.
S15. [Livre de noëls] (Paris MS 2506), fol. 18, without a timbre.
S16. Modern edition in Lemeignen, *Vieux noëls,* Vol. I, pp. 38-41; De Smidt, pp. 152-58).

Other parodies:

P1.   [Vve. Trepperel?], *Les Grans noelz,* fol. 137, has a dialogue noël to the timbre, "Faulsse trahyson, Dieu te mauldie," which begins with Herod saying, "O faulx meurtre' Dieu te mauldie."
P2.   [Lotrian], *Les Grans nouelz,* fol. 124', has the same text and timbre as does P1 above.
P3.   Noël no. 103 has the timbre, "Chateau gaillard, Dieu te mauldit," for a noël with the same strophic design as no. 26.
P4.   Jehan Bonfons, *Chansons nouvellement composées,* Paris, 1548, has a lament on the death of Francis I who died in 1547, to the timbre, "Faulce trahyson":

> France aussi la Picardye,
> Tu dois bien pleurer et gemir
> D'avoir perdu un si hault prince,
> Le noble roy des fleurs de lys.

There are several more verses, all matching the noël text in strophic design. Modern editions include Barbier and Vernillat, Vol. I, p. 76; Picot, in *Chants historiques,* p. 154, gives the date, 31 March, 1547.
P5.   Vilgontier MS (Paris MS 14983), fol. 22', has a second noël to the timbre, "Faulce trahyson," "Chantons je vous en prie, Par exaltation." The strophic design does not match that of this noël, however.

Related chanson text:

C1. A text which begins like the timbre of this noël is in *S'Ensuivent plusieurs belles chansons,* no. 23, fol. B7 (= Jeffery's *53;* ed. in Jeffery, Vol. I, p. 136). It does not match this noël:

> Faulces amours, Dieu vous maudie,
> Puisque m'avez si malmené
> Que suis de vous abandonné.
> Abusion! Deception!
> Fol est qui en femme se fie.

There are eight more strophes with the same strophic design.

Musical settings:

M1. A noël with monophonic melody in Moderne, *La Fleur des noelz nouvellement notés* (ed. in Babelon, *"La Fleur,"* p. 384, no. 4), has the same text as this source. The timbre is also given, "Trahison, Dieu te mauldie." See ex. 26.

M2. De Smidt, p. 154, prints two melodies, both with sources later than 1600, for this noël text. One of the melodies is similar to the melody from *La Fleur des noelz.*

M3. An anonymous chanson in Attaingnant, RISM 1532-12, no. 27, fol. 14, has the incipit, "Faulte d'argent, Dieu te mauldye." The text has a different strophic design from that of the noël, however.

M4. A chanson of which only the superius survives, has the text, "Fauce langue, Dieu te mauldie," in Seville MS V.i.43, fol. 12'. The text, a six-line strophe, does not match the noël text, and the melody is unrelated to that in M1.

M5. The monophonic chanson in Paris MS 12744, no. 66, fol. 44' (Paris and Gevaert ed., no. 66), "Faulce mesdisans" is not related to the noël text.

Example 26.

27.   Aultre noel [Celle digne accouchée]   (fol. 31)

Celle digne acouchée
Qui de Dieu fist portée
Neuf moys entierement,   (fol. 31′)
Souvent
Doibt estre reclamée
De cueur et de pensée,
De toute bonne gent.

En pensant a la joye
Que Gabriel luy dist,
Quant en parolle coye
En l'oreille luy dist:
    "*Ave,* vierge sainctie
    De Dieu sera remplye;
    Cela je le te dy,
    Par luy."
    Lors respondit Marie:
    "Et ainsi je l'ottrye,
    Ancilla domini."

Moult fut en sage escolle
Qui ainsi respondit
En icelle parolle.
Le filz Dieu en el vint,
    De cela fut certaine.
    Sa cousine germaine,
    Saincte Elizabeth,
    Qui bel
    Luy dist: "Entendez, saincte
    Cousin, tu es plaine
    Du roy celestiel.

"En tes flans est enclosé   (fol. 32)
La saincte Deité
Par qui sera declosé
D'enfer la fermeté."
    Pas ne demoura mye
    Que la vierge Marie
    Le sentit remouvoir;
    Pour vray,
    A Noel ne dort mye,
    Dieu delivra Marie
    Sans nul mal recepvoir.

Les premieres nouvelles
Vindrent aux pastoureaulx
Qui dessus l'herbe belle
Gardoyent tous leurs aigneaulx.
 En ce temps telz estoyent
 Qu'en nul mal ne pensoyent,
 N'en vices n'en pechez
 Mortelz;
 Es cieulx les mains tendoyent,
 Com ceulx qui desiroyent
 La venue du vray Dieu.

L'ange leur alla dire
Que l'enfant estoit né,
Dont Sainct Jehan, a vray dire,
Avoit ja sermonné.
 Les anges en chantoyent   (fol. 32′)
 Les pastoureaulx louoyent
 Dieu de tout leur povoir
 Pour vray;
 Troys soleilz se leverent
 Quant aux troys roys donnerent
 Couraige de mouvoir.

L'ung se partie d'Arabie,
Et l'autre de Damas,
De terre honnorable,
Et le tiers de Sagax;
 Par Herodes passerent
 Mais pas n'y retournerent:
 L'ange leur deffendit
 Aussi.
 En Bethléem allerent,
 Ou le filz Dieu trouverent,
 Qui sans peché nasquit.

Jaspard, quoy qu'on en die,
Offrit premierement
A Dieu, le filz Marie,
Myrrhe devotement;
 Melchior ne dort mye,
 Encens, qui signiffye,
 Qui bien y penseroit
 De faict,
 Pureté nette vie.

Tel don, je vous affye,   (fol. 33)
A Dieu appartenoit.

Balthasar, par noblesse,
Offrit or qui resplend,
A genoulx, sans paresse,
A Dieu devotement:
    Puis l'estoille fist luyre
    Pour les troys roys conduyre
    Quant ilz furent partis,
    Depuis,
    Herodes eut tel yre,
    Que il en fist destruyre
    Mains innocens petis.

Mais il ne peult mal faire
Au doulx Roy des roys,
Il fut tant debonnaire,
Mis en paovre drapeaulx.
    La vierge renommée,
    Quant elle fut relevée
    De son digne enfançon,
    Adonc
    Au temple est allée
    Presenté sa portée
    Es bras Sainct Symeon.

Saincte eglise honnorée
En faict grant mention
De sa digne porté   (fol. 33')
Pource donc requerons
    Celle vierge honnorée
    Qui de tous est clamée.
    Quant nous trespasserons
    Aillons
Lassus pour demourée
Avec la bien heurée
Et son digne enfançon. Amen.
    Finis.

Additional sources for this text:

S1.   "Aucuns ditez" (Arsenal MS 3653), fol. 54, with the incipit, "C'est la digne acouchée" as well as several other minor variants.
S2.   *S'Ensuyvent plusieus beaux noelz,* fol. C3.

S3. *Les Ditez des noelz nouveaulx,* fol. [H3].
S4. [Vve. Trepperel?], *Les Grans noelz,* fol. 114.
S5. [Lotrian], *Les Grans noelz,* fol. 103.
S6. [Sergent], *Noelz nouveaulx,* fol. G2′.
S7. [*Noelz nouveaulx*] (Cat. no. 51), incomplete: fol. 40, strophes 1-5 missing; balance to fol. 43 complete.
S8. [Noël fragment] (Cat. no. 69), fol. D7′.
S9. Jehan Bonfons, *Les Grans noelz,* Paris, n.d., fol. 31. Incomplete: fol. 32-33′ missing.
S10. Nicolas Bonfons, *La Grand bible,* fol. 17′.
S11. Rigaud, *La Grand bible,* no. 8 (pr. in Vaganay, p. 50).
S12. Vilgontier MS (Paris MS 14983), fol. 57, without a timbre.

28. **Noel nouveau sur le chant de Mon pere m'y marie tout tout en despit de moy, Ribon, ribaine (in table: Le chant de Ribon, ribaine)**

(fol. 33′)

Chantons, je vous supplye,
Grans et petis: "Noel"
Pour l'honneur de Marie,
Qui neuf moys l'a porté
Sans nulle peine,
Qui neuf moys l'a porté.

L'ange pour courtoysye
Maria salua,
En luy disant: "Marie,
Le filz Dieu concepvras.
Sans nulle peine,
Le filz Dieu concepvras."

La vierge fut troublée
Quant ouyt tel salus,
Et apres confortée
Par l'ange de lassus
A voix humaine,
Par l'ange de lassus.

(fol. 34)

En Bethléem seullette
Elle enfanta Jesus;
L'ange, de sa trompette,
Les pastoureaulx a meuz,
Sans nulle peine,
Les pastoureaulx a meuz.

Ilz se sont mis ensemble
Pour veoir le doulx aygnel.
En une paovre grange
Sans feu ne sans lincel,
Ont veu Marie,
Qui son filz alaictoit.

L'ung o sa chalemye
Dansoit la lignolet;
Une caille rostye
Luy donna Babelet,
Et ses mitaines
Luy donna Babelet.

Berthault si luy presente
Plein ung boisseau de noix
Et Alison son ante,
Ung beau fourmaige frays,
Aussi chopine   (fol. 34′)
De tresbon ypocras.

Les pasteurs tous ensemble
Aux champs sont retournez
Chantant comme il me semble
De tresbon cueur: "Noel."
Apres matines
Se sont mis a dancer.

Trois roys par compaignye
Venuz sont l'adorer;
Tout droict en Bethanye,
L'estoille a menez,
Non pas sans peine,
L'estoille a menez.

A genoux sans doubtance,
Par grant humilité,
Or, mirrhe, en reverance,
Si luy ont presenté
Pour ses estreynes,
Si luy ont presenté.

Or prions donc le pere.
Et le filz triumphant,
Et sa benoiste mere
Qui nous doint saulvement
Sans nulle peine
Qui nous doint saulvement. Amen.

Y.L. Crestot, presbiter.*

Additional sources for this text:

S1.   [*Noelz nouveaulx*] (Cat. no. 51), fol. 43.
S2.   Jehan Bonfons, *Les Grans noelz*, fol. 33′ (missing from body of text).

---

* This noël and the succeeding one are both attributed to Crestot. Neither noël appeared in the earlier print associated with Crestot, [Sergent], *Noelz nouveaulx*. This may be the earliest appearance of both noëls.

S3.   Nicolas Bonfons, *La Grand bible,* fol. 42'.
S4.   Rigaud, *La Grand bible,* no. 36 (repr. in Vaganay, pp. 62-63).
S5.   Hernault, *Le Recueil,* fol. A4.
S6.   [Recueil de noëls] (Paris MS 14983), fol. 78.

Other parodies:

P1.   De Beaulieu, *Chrestienne resjouyssance,* no. 156, gives the timbre,
       "Ribon, ribayne, tout en despit de moy," for the chanson spirituelle
       which begins with the same incipit (cited in Honegger, Vol. II, p. 35).
P2.   *Recueil de plusieurs chansons spirituelles,* 1555, no. 161, has the timbre
       as above for the chanson spirituelle text, "Christ souffrit peine" (cited in
       Honegger, Vol. II, p. 82).
P3.   *Chansons spirituelles a l'honneur et louange de Dieu,* 1569, no. 138
       (cited in Honegger, Vol. II, p. 181) with timbre and chanson spirituelle
       text as in P2 above.

Related chanson texts:

C1.   [Lotrian], *S'Ensuyvent plusieurs belles chansons,* 1535, no. 6, fol. 1 (=
       Jeffery's *1535;* ed. in Jeffery, Vol. II, pp. 146-47; also in his *1537, 1538,*
       and *1543;* in Weckerlin, *L'Ancienne chanson,* pp. 326-28):

       Mon pere et ma mere
       N'avoyent enfant que moy,
       Mais il m'ont mariée
       Tout en despit de moy,
       Ribon, ribeine,
       Tout en despit de moy.

       Mais il m'ont mariée
       Tout en despit de moy,
       A ung vieillart bon homme
       Qui n'a cure de moy,
       Ribon, ribeine,
       Qui n'a cure de moy.

       Several more verses follow.
C2.   A setting *a 4* by Sohier in Attaingnant, RISM 1534-13, fol. 10, has a
       slightly variant text. Note that the second verse above includes two lines
       from the previous verse. In the text below, the second verse is two lines
       short; the two lines that would have been repeated from the previous
       verse are lacking:

Mon pere m'y marie,
C'est en despit de moy,
A ung gallant de guerre
Qui n'a cure de moy,
Ribon, ribainne,
Qui n'a cure de moy.

My fault aller a nopces,
Mais c'est tout malgré moy,
Ribon, ribainne,
Mais c'est tout malgré moy.

C3.   "Jarsino" *4* in Attaingnant and Jullet, RISM 1537-4, fol. 11 is an independent setting unrelated to that of Sohier. Note that it has an extra line, created by the repetition of the refrain line, "Ribon, ribaine."

Ribon, ribaine,
Tout en despit de moy.
Mon pere m'y maria,
Ribon, ribaine,
A ung vilain sy m'y donna,
Tout en despit de moy,
Qui ne sçays pas que d'amour font.
Ribon, ribaine,
Tout en despit de moy.

Musical settings:

M1.   Sohier's setting *a 4* cited in C2 accommodates the noël text. See ex. 28.
M2.   Jarsino's setting *a 4* cited in C3 can accommodate the noël text if additional refrain lines are inserted.

Example 28.

29.   Aultre noel sur Nous mismes a jouer, il nous vint mal a point   (fol. 35)

Mes bourgoyses de Chastres
Et de Mont le Héry,
Menez toutes grant joye,
Ceste journée icy,
Que nasquist Jesuchrist
De la vierge Marie,
Ou le beuf et l'asnon, don, don,
Entre lesquelz coucha, la, la,
En une bergerie.

Les anges ont chanté
Une belle chanson
Aux pasteurs et bergiers
De celle region,
Qui gardoyent leurs moutons,
Paissans sur la prarie,
Disant que le mignon, don, don,
Estoit né pres de la, la, la,
Jesus le fruyct de vie.

Laisserent leurs troupeaulx
Paissant parmy les champs;
Prindrent leurs chalumeaulx,
Et droict a Sainct Clement
Vindrent dançant, chantant,
Menant joyeuse vie,
Pour visiter l'enfant, si gent,   (fol. 35′)
Luy donnant des joyaulx, si beaulx.
Jesus les remercye.

Puis ceulx de Sainct Germain,
Tous en procession,
Partirent bien matin
Pour trouver l'enfançon,
Et ouyrent le son
Puis la doulce armonye
Qui faisoyent ces pasteurs joyeulx
Lesquelz n'estoyent pas las, la, la,
De mener bonne vie.

Les farceurs de Bruyere
N'estoyent pas endormys;

Sortirent des tanyeres
Quasi tous estourdys.
Les reveurs de Boissy
Passerent la chauffée,
Cuydans avoir ouy le bruyt,
Et aussi les debas, la, la,
D'une tres grosse armée.

Puis eussiez veu venir
Tous ceulx de Sainct Yon
Et ceulx de Bretigny,
Apportans du poisson.
Les barbeaux et gardons,
Anguoilles et carpettes
Estoyent a bon, marché, voyez,   (fol. 36)
A ceste journée la, la, la,
Et aussi les perchettes.

Lors ceulx de Sainct Clemens
Firent bien leur devoir
De faire asseoir les gens
Qui venoyent veoir leur roy.
Joseph les remercye,
Et aussi faict la mere.
La eussiez veu dancer, chanter,
Et mener grant soulas, la, la,
En faisant tous grant chere.

Bas des hymnes a joué
De son beau tabourin,
Car il c'estoit loué
A ceulx de Sainct Germain;
La grant bouteille au vin
Ne fut pas oublyée.
Ratisson du rebec, jouet,
Car avec eulx alla, la, la,
Ceste digne journée.

Lors ung nommé Corbon
Faisoit de bon brouet
A la souppe a l'ongnon.
Cependant qu'on dançoit,
Lappins et perdereaulx,
Allouettes rostyes,   (fol. 36')
Canars et cormorans, puans,

Gillet Badault porta, la, la,
A Joseph et Marie.

Avecques eulx estoit
Ung du pays d'amont,
Qui d'ung luc resonnoit
De tresbelles chansons.
De Chastres les mignons
Menoyent grant rustrerie,
Les eschevins menoyent, portoyent,
Trompettes et clairons, don, don,
En belle compaignie.

Messire Jehan Guyot,
Le viscaire d'esglis,
Apporta tout plain pot
Du vin de son logis;
Messieurs les escolliers
Toute icelle nuyctée
Se sont prins a chanter, dehait:
"Ut re mi fa sol la, la, la,"
A gorge desployée.

Puis il en vint trois aultres
Lesquelz n'estoyent pas la,
Qui dedans une chauffe
Luy feirent ypocras.
Jesus sy estoit la
Qui les regardoit faire;   (fol. 37)
Le morveulx le passa, coulla.
Les dresseurs en tata, la, la,
Joseph en voulut boire.

Ce sont prins a dancer
De si bonne fasson
Et puis en ont faict boire
Au gentil Ratisson,
Lequel le trouva bon
Comme nous fist accroire,
Puis demanda pardon, tresbon,
Et si remercya, la, la,
Jesus aussi sa mere.

Nous prirons tous Marie,
Et aussi son chier filz
Qu'ilz nous donnent leur gloire

Lassus en paradis.
Aupres qu'aurons vescu
En ce mortel repaire
Qu'ilz nous vueillant garder, d'aller
Tous en enfer labas, la, la,
En tourment et mysere.

Amen.

Y.L. Crestot, presbiter.

Additional sources for this text:

S1. [*Noelz nouveaulx*] (Cat. no. 51), fol. 44'.
S2. Jehan Bonfons, *Les Grans noelz,* fol. 35.
S3. Nicolas Bonfons, *La Grand bible,* fol. 29'.
S4. Rigaud, *La Grand bible,* no. 22 (ed. in Vaganay, pp. 55-56).

Other parodies:

P1. [Moderne], *Noelz nouveaulx faictz et composez,* fol. C4, no. 10, has the
     timbre, "La belle tourloura," a phrase similar to the refrain line of the
     chanson given below. The noël text begins, "Or chantons tous: 'Noel' De
     cueur, jeunes et vieulx," and has the same strophic design as does
     Sergent's noël.
P2. [Moderne], *La Fleur des noelz nouvellement imprimez,* fol. D4, has the
     same text and timbre as in P1.
P3. Nourry, *S'Ensuyvent plusieurs belles chansons,* fol. H' (repr. in Barbier
     and Vernillat, Vol. I, p. 64; also in Jeffery's *Nourry* and *1537)* has a
     topical chanson which although not identified as a parody of "Nous
     mismes a jouer," preserves the strophic design and the characteristic
     refrain of the original chanson (printed below under the section Related
     chanson texts). This chanson is about a scandal which occurred in 1530,
     when a number of embroiderers were condemned to death for falsely
     claiming to use gold thread, thus the title, "Chanson des Brodeux":

          Gentilz brodeurs de France
          Qui avez faict l'esdict
          Quant frapperez sur table
          Q'ung chascun contredict,
          Du syzeau qui est dict
          Sur peine d l'amande
          Vous en serez punis, bannis,
          Avec la tourloura, la, la,
          Mys en dure souffrance.

Vous ne vouliez manger
Que lamproye et saulmon,
Et le bon vin de Beaulne
Qui ne trouviez bon,
Vous aurez l'esguillon
Pour toute recompense;
Si ne le trouvez bon,...
Avec la tourloura, la, la,
C'est pour vostre mechance.

Three more strophes follow.

P4.   The timbre, "Nous veismes a la feste, avec la tourolora, ra, ra, ra," is cited for the Protestant chanson, "Nous avons faict grande feste," in Beaulieu, *Chrestienne resjoyssance*, p. 141, no. 145.

P5.   [Noelz nouveaulx] (Cat. no. 51), fol. 17, has the timbre, "Gentilz brodeurs de France," for the noël, "Bergers soubz les umbrages."

Related chanson texts:

C1.   [Lotrian], *S'Ensuyvent plusieurs belles chansons*, 1535, no. 41, fol. 22 (= Jeffery's *1535;* ed. in Jeffery, Vol. II, pp. 189-91; also in his *1537, 1538,* and *1543;* in Weckerlin, *L'Ancienne chanson*, pp. 380-82; in Lemeignen, pp. 41-45), has a matching text:

Nous mismes a jouer,
Il nous vint bien a point;
Nous prismes noz raquettes
Nous mismes en pourpoint,
La dame estoit au coing
Qui sonnoit le retraicte,
Vous l'eussiez veu trotter oyez
Avec la tourloura, la, la,
Le long de la ruelée.

Il y avoit un paintre
Que les coulleurs mesloit,
Estant a la fenestre
Contrefaisant le guet,
Tandis l'autre tastoit
Du vin par excellence,
Tandis Monsieur fringuoit dehet
Avec la tourlourla, la, la,
Madame a sa plaisance.

Four more strophes follow.

C2.   Cited in Brown, "Catalogue," no. 393d.

Musical settings:

M1. No sixteenth-century sources have been found for the melody. For a summary of later sources, see De Smidt, pp. 140-51; also see Barbier and Vernillat, Vol. I, p. 64, where the now traditional noël melody is given, without a source.

30.   Sur Secourez moy madame par amours   (fol. 37)

Au bon Jésus ayons trestous recours,
Qui vient pour nous griefve mort encourir;
Faisons que erreur en France n'ayt plus cours,
Ou aultrement tous maulx verrons courir.   (fol. 37′)
    Helas! helas! bien debvons requerir
    Que malheureux a saincte foy radresse,
    Car les erreurs causent nostre destresse.
        Noel!

Le doulx Jésus nous attend tous les jours,
Et luy desplaist nous veoir ainsi perir.
Sa mere aussi ne cesse point tousjours
Le requerir que ne puissons mourir.
    Helas! helas! c'est nostre secourir
    Maulgré tous ceulx que heresie possesse,
    C'est des pecheurs l'advocate et maistresse.
        Noel!

Le doulx Jésus l'ayma tant par amours,
Que elle ne print claustre pour soy couvrir,
Et a sa mort les piteuses clamours
Firent l'amour plus ample descouvrir.
    Helas! helas! voyant son filz ouvrir,
    Sainct Jehan la print pour mere en sa tristesse,
    Monstrant a tous que c'est tresseure adresse.
        Noel!

O doulx Jésus, tu voys noz meschans tours,
Tant plains d'abus que en suismes tous maigriz.
Les inventeurs font de paix les destours
Par faulx conseil qu'il ne cesse d'aigriz.
    Helas! helas! vers toy fault paix querir,
    Que tous captifs soyent remys en largesse,
    Et tous pecheurs a haultaine saigesse.   (fol. 38)
        Amen.   Grace et amour.

        Jo. Danielus, organista.

Additional sources for this text:

S1.   This is the first noël by Jehan Daniel in this source, and is from the
      collection, *S'Ensuyvent plusieurs noelz nouveaulz,* fol. A′: also in
      Daniel's *Noelz nouveaulx,* fol. A2 (ed. in Chardon, *Daniel,* pp. 5-6).

S2. [*Noelz nouveaulx*] (Cat. no. 51), fol. 46'.
S3. Jehan Bonfons, *Les Grans noelz,* fol. 37.

Other parodies:

P1. Sergent, *Noelz nouveaulx en poetevin,* fol. C4, has the same timbre for the noël, "A bien chanter faictes moy tous secours."
P2. Mathieu Malingré, *S'Ensuyvent plusieurs belles chansons,* 1533, no. 14, has a Protestant text, "Secourez moy, sire, des ennemis," to the same timbre.
P3. *Recueil de plusieurs chansons spirituelles,* Geneva, 1555, p. 101, has the same text as in P2.
P4. Beaulieu, *Chrestienne resjouyssance,* no. 9, has the same timbre for the Protestant parody text, "Secourez moy mon Dieu, mon seul recours."
P5. Vilgontier MS (Paris MS 14983), fol. 110', has the same timbre for the noel, "Au bon Jesus . . ."
P6. There are several musical settings of what may be a textual parody of "Secourez moy," which begin, "Secouhez moy, je suis toute pleumeuse," by Dambert in Moderne, *Le difficile,* 2d livre, fol. 9, by De Lys in Moderne, RISM 1540-15, no. 20, fol. 26; and by Janequin in *Le difficile,* ler livre, no. 7.

Related chanson texts:

C1. *La Fleur des chanson,* fol. H1' (= Jeffery's *La Fleur 110;* ed. in Jeffery, Vol. II, pp. 69-70, in his *1535, 1537,* and *1543;* in *Joyeusetez,* Vol. XIII, p. 58) has a two-strophe text of which this is the first:

> Secourez moy, ma dame par amours,
> Ou autrement la mort me vient querir;
> Autre que vous ne peult donner secours
> A mon las cueur lequel s'en va mourir,
> Helas! helas! Venez le secourir
> Celluy qui vit pour vous en grand tristesse
> Car de son cueur vous estez la maistresse.

C2. Marot, Adolescence Clémentine Paris, 1532, fol. 99' (ed. in Rollin, pp. 225-26) has the same first strophe, but a different second strophe.
C3. Jehan Bonfons, *Chansons nouvellement composées,* Paris, 1548, fol. H3.
C4. Vve. Buffet, *Chansons nouvellement composées,* Paris, 1557-60, no. 50, fol. 53'.

Musical settings:

M1. A setting *a 4* by Claudin appears in the following Attaingnant prints: RISM 1528-3, fol. 1′; RISM 1528-8, fol. 1′; RISM 1531-2, fol 1; also in Copenhagen MS 1848, pp. 270-71; Florence MS XIX.112, fol. 1 (bass missing): Munich MS 1501, no. 37; *Claudin de Sermisy; Opera omnia.* Vol. IV, *Chansons,* p. 83.

M2. The opening phrase of Claudin's setting appears in 2 fricassées, the anonymous setting *a 4* in Attaingnant, RISM 1531-1, fol. 11; tenor; and in Fresneau's setting *a 4* in Moderne, RISM 1538-17, fols. 2′-4, also in the tenor.

M3. A lute song based on Claudin's chanson is in Attaingnant IM 1529-3, fol. 35′; a second version in on fol. 36′ (ed. in Mairy, *Chansons au luth,* pp. 29-31).

M4. An instrumental version of Claudin's setting is in Attaingnant RISM 1531-7, fol. 69.

31. Sur Maistre Jehan du Pont Allez, or allez (fol. 38)

Ung fruyct s'en vient de nouvel, or noel.
Nous mettre hors de souffrance,
Et remettre paix en France
Par conseil spirituel, or noel.
Noel!

C'est ung fruyct sempiternel, or noel,
Qui a si grande substance
Qui oste toute doubtance,
Du feu d'enfer eternel, or noel.
Noel!

Ce fruyct est plus doulx que myel, or noel,
A tous maulx donne allegeance,
Mais il engendre vengeance
Aux hereticques par fiel, or noel.
Noel!

Ce fruyct est venu du ciel, or noel,
En ung vaisseau de plaisance,
Ostons toutes desplaisance
De cas artificiel, or noel.
Noel!

Ce doulx fruyct substanciel, or noel.
Vient amortir ignorance,
Nous donnant seure esperance   (fol. 38')
Du regne celestiel, or noel.
Noel!

Ce doulx fruyct a semblé bel, or noel,
Et plain de magnificence
A bergiers plain d'innocence
Qui l'ont adoré pour tel, or noel.
Noel!

Ce doulx fruyct en pouvre hostel, or noel,
A receu la reverence
Des roys, qui par preference
L'ont veu Dieu en corps mortel, or noel.
Noel!

Prions luy de cueur ignel, or noel,
Que ayons du roy jouyssance
Et rendre resjouyssance
A nostre cas criminel, or noel.

Amen. Grace et amour.

Jo. Danielus, organista.

Additional sources for this text:

S1. Daniel, *S'Ensuyvent plusieurs noels nouveaulx,* fol. A2; and his *Noelz nouveaulx,* fol. A2' (repr. in Chardon, *Daniel,* pp. 6-7).
S2. Jehan Bonfons, *Les Grans noelz,* fol. 38.
S3. [*Noelz nouveaulx*] (Cat. no. 51), fol. 47'.

Other parodies:

P1. Jehan Olivier, *Noelz nouveaulx imprimez nouvellement,* Paris, n.d., fol. A', has the same timbre for the noël, "Debout Colin Mariollet, Hau nolet."
P2. Guerson, *S'Ensuivent les noelz tresexcelens,* fol. [4], has the timbre, "Je suis l'amie au curé," for the noël:

Or chantons de cueur isnel, O noel,
De la vierge debonnaire
Qui porta Dieu nostre pere
Le filz du roy eternel, O noel.

Du royaume celestiel, O noel,
Dieu envoya son mesage
A Marie, noble et sage.
C'est l'archange Gabriel, O noel.

Five more verses follow. This text and timbre are included here because of the identity of the strophic design with that of Sergent's noël. Because actors such as Jehan du Pont Allez were memorialized in song during this period, and because topical songs often were parodies of popular songs, the possibility exists that Sergent's noël was a parody of a parody.
P3. [Vve. Trepperel], *Les Grans noelz,* fol. 69', has the same text and timbre as Guerson.
P4. [Lotrian], *Les Grans nouelz,* fol. 63, has the same timbre and text as Guerson and Trepperel.

Related chanson text:

C1. The chanson *a 4* by Loyset Compère, in Florence MS XIX.164-67, no. 64, and in *Canti B,* fols. 14'-15, is related to the chanson timbre given above, "Je suis l'amie au curé!"

> Je suys amie du fourrier, Or allez!
> Et mignon a ces gens d'armes;
> Je fus prinze en ung village
> A matin a dezlogier, Or alez!

> Si mon pere m'eut donné, Or alez!
> Cent echus en mariage,
> Je n'eusse paz fet l'outrage
> De mon corps abandoner, Or alez!

The text is after the Hewitt ed., pp. 125-28; also printed in Compère, *Opera omnia,* Vol. V, p. 29.

C2. The timbre is listed in Brown, "Catalogue," no. 285.

Musical settings:

M1. The fricassée, "Aupres de vous," in Attaingnant, RISM 1531-1, no. 19, fol. 11', has a fragment in the bass which provides the only musical setting of the words, "Maistre Jehan du Pont allez." See ex. 31a.

M2. Compère's setting *a 4* of "Je suys amie du fourrier, Or allez" cited above, accommodates the noël text. It also has an opening close to the fricassée fragment in ex. 31a. Further on this chanson, see Hewitt, *Canti B,* pp. 36-37; her edition is on pp. 125-28. See also Atlas, "Capella Giulia XIII.27," Vol. I, pp. 417-20. See ex. 31b.

M3. Compere's setting *a 3* of the same *cantus prius factus* is in Cap. Giulia XIII.27, fol. 104'-5.

Example 31a.

Mais- tre Jehan du Pont Al- lez...

Example 31b (cont.)

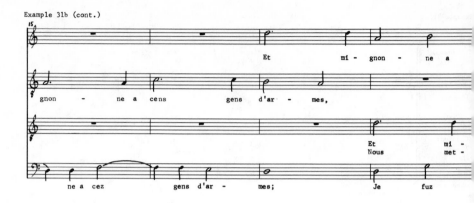

Example 31b (continued).

Au ma - tin a de - lo - gier, Or a -lez!

des - lo - gier, Or a - lez!

Au ma - tin a des - lo -
Par con - seil spi - ri - tu -

tin a des - lo - gier, Or a - lez! [Or a -

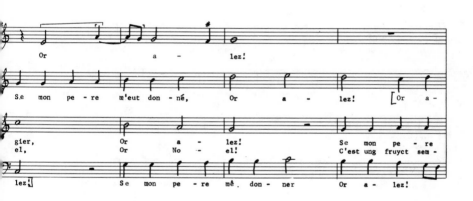

Or a - lez!

Se mon pe - re m'eut don - né, Or a - lez! [Or a -

gier, Or a - lez! Se mon pe - re
el, Or No - el! C'est ung fruyct sem -

lez!] Se mon pe - re mê. don - ner Or a - lez!

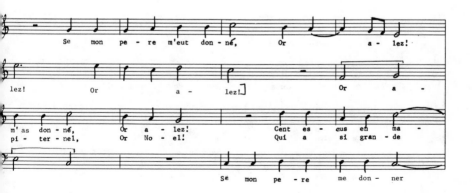

Se mon pe - re m'eut don - né, Or a - lez!

lez! Or a - lez!] Or a -

m'as don - né, Or a - lez! Cent es - cus en ma -
pi - ter - nel, Or No - el! Qui a si gran - de

Se mon pe - re me don - ner

Example 31b (conclusion)

32. Sur La chanson de la Grue (fol. 38′)

Ung gracieulx recueil
Est venue en noz villaige,
Chantant ung chant nouvellet,
Sans tenir propos vollaige.
Il nous dit que Dieu est né,
Pour nous saulver ordonné,
Et paix en terre est venue.
De joye en dance ma grue. (fol. 39)
Noel.

Dieu gart de mal le varlet
Qui faict si jolys messaige;
Il n'estoit pas tout seullet
A chanter si doulx langaige;
Les cieulx en ont resonné,
Tous instrumentz ont sonné
Si hault que en fendoit la nue.
De joye en chantoit ma grue.
Noel.

Alexandre tout dehet
Sur trois parties fist raige;
Prioris le doucelet
Y monstra bien son outraige;
Josquin si est adonné,
Qui par sus tous a tonné,
Aussi a faict De la Rue,
Tant que en a dancè ma grue.
Noel.

Aussi s'esmeut l'oysellet,
Qui besongna de couraige,
Puis Colin le proprelet
Remist ses oeuvres en caige.
Robinet n'est estonné,
Qui si bien a bourdonné,
Chascun pousse la charrue, (fol. 39′)
Et je fais dancer ma grue.
Noel.

Avons trouvé l'aignelet
Tenant bien pauvre masnaige:

Le divin enfantelet
N'avoit pas royal paraige.
Trestous l'avons adoré
Et humblement veneré.
Marie tous nous salue,
Et tousjours dansoit ma grue.
Noel.

En ce petit hostelet
Richart fort* ne fut saulvaige;
Deschanta ung motelet,
Dieu sçait s'il estoit ramaige,
Gascoigne y fut bien nommé
Et Mouton fort renommé;
Moulut tant doulcement rue
Que tousjours danse ma grue.
Noel.

La benigne dame oyoit
Des musiciens l'usaige,
A Joseph point n'ennuyoit,
Qui avoit plaisant visaige.
Divitis y a chanté,
Delafage deschanté;
Chascun chante et diminue,　　　　　　　　　　(fol. 40)
Et je fais dancer ma grue.
Noel.

Jannequin vint au rollet,
Bien jouant son personnaige,
Claudin monstra son rollet
Autant que nul de son aaige;
Chascun a si bien joué,
Que Jesus en est loué
En mainte façon congrue,
Je luy presentay ma grue.
Noel.

Or faisons comme on souloit
Au benoist Jesus hommaige,
Heureulx sommes s'il vouloit

---

*Daniel, in *S'Ensuyvent plusieurs noels nouveaulx,* fol. A 4, gives Richafort.

Nous preserver de dommaige.
Nous rende par sa pitié
Nostre roy plain d'amytyé
Et tout faulx conceil corrue;
Si ferons danser la grue.
Noel.

Jo. Daniellus, organista.
Amen. Grace et amour.

Additional sources for this text:

S1. Daniel, *S'Ensuyvent plusieurs noels nouveaulx,* fol. A3 (pr. in *Chardon,*
     Daniel, pp. 7-9).
S2. _____, *Noelz nouveaulx,* fol. A3, begins "Ung gracieux oyselet," then
     continues as in Sergent above.
S3. Jehan Bonfons, *Les Grans noelz,* fol. 38'.
S4. [*Noelz nouveaulx*] (Cat. no. 51), fol. 48.
S5. Nicolas Bonfons, *La Grand bible,* fol. 38'.
S6. Rigaud, *La Grand bible,* no. 23 (pr. in Vaganay, p. 56).
S7. Vilgontier MS (Paris MS 14983), fol. 80.

Other parodies:

P1. Gervais Olivier, *Cantiques,* p. 13, cites the same timbre for the noël, "Il
     fut un jeune oyselet."
P2. Hernault, *La Bible des nouels nouveaux,* fol. +(1)3, gives, "Il fit un
     jeune oyselet" without a timbre.
P3. [Recueil de noëls] (Paris MS 22407), fol. 116, has the same noël as in P2,
     without a timbre.
P4. Picot, in *Chants historiques,* p. 116, has the following:

"Chanson nouvelle faicte et composée sur toutes les entrées qu'on a
faictes a l'empereur depuis Bayonne jusques a Paris; et se chante sur le
chant de La Grue. Janvier, 1540.

  "Quant l'empereur des Rommains
  Voulut venir droict en France,
  D'Espaigne si se partit
  A grande resjouyssance;
  A Bayonne de bon cueur
  Fut receu en grant honneur,
  Fut salué d'artillerie:
  C'etait chose fort magnifique.

Les prisonniers delivra
Premierement dans Bayonne
Et par tout la ou passa
L'imperialle personne;
A Bordeaulx benignement
Fut receu triumphamment;
Des dons luy ont faict a puissance:
Tout pour l'honneur du roy de France."

Five more verses follow.
This topical parody may be modelled on a different version of the chanson. Note that the seventh and eighth lines of both strophes are one syllable longer than their counterparts in the noël.

Related chanson text:

Les Chansons nouvellement assemblées oultre les anciennes impressions, 1538, no. 243 (= Jeffery's *1538;* ed. in Jeffery, Vol. II, pp. 336-37) has a chanson with the incipit, "Il estoit ung beau varlet," with final lines that are close to those in the noël. The chanson is irregular, with strophes of four, six, and eight lines. The third strophe, an octain, matches the noel's strophic design precisely:

Voicy sa mere venir,
Qui venoit de ses affaires:
"Qui t'a donné cest oyseau?
Dy le moy, point ne le cele."
"Ca esté ung valeton,
Je ne sçay comme il a nom.
Je croy bien qu'il m'a congnue
Et puis m'a donné sa grue."

33. Sur Hau Margot, lieve la cuisse, Sur Ragot* (fol. 40)

Sur Ragot lieve la cuysee,
Ton rost aura bonne cuysée.
Ceste feste t'est propice; (fol. 40')
Noel Payera ton escot.
Noel.

L'autre nuyct je rencontray
Bende non endormye,
De maint gueux bien acoustré,
Ayant la dent fermye,
Tout le trot, Jacquet La Bische
Capitaine que n'est chiche;
Cornaban porte la miche,
Chantant: "Nau" sans dire mot,
Sur Ragot.

L'on dit que Dieu est né
Sur une paovre couche,
Et la cloche a sonné
Fort hault Clement la Mouche.
Tout le trot, du nes arriere,
Conservateur de l'hostiere,
Fleur de lys tiendra barriere,
Et le bon gueux Vincenot.
Sur Ragot.

Quant Marie a enfanté
Le saulveur de tout le monde,
Les anges en ont chanté
Si hault que l'air redonde
Tout le trot, ceste nuyct fresche;
Pastoureaulx laissez la freische;
L'aignel est né en la creiche, (fol. 41)
Qui ouvre le livre et clot.
Sur Ragot.

Les gueux ne sont estonnez
D'ouyr telle nouvelle,
Ont prins des os pour sonnez

---

*Ragot, according to Cotgrave (p. 62) was a cunning French beggar "who made a book of all his subtilties and consequently died very rich."

Le pas de la vieille.
Tout le trot Courbusson trotte
L'orphelin souffre en sa botte,
Foucault ne dit q'une notte,
Le bourdon le nomme sot.
    Sur Ragot.

Chascun se doibt resjouyr
Veoir nay l'incarné verbe,
En l'humanité jouyr.
C'est ung nouveau proverbe.
Tout le trot, saulte le gerbe,
Maujonce se charge d'herbe,
A leurs chantz echo reverbe,
Ce dit le grant gueux Janot.
    Sur Ragot.

Robert Le Loup s'acointa
De Michault Souppe Saiche;
Le musnier les escouta,
Qui usoit d'une saiche,
Tout le trot, chascun desmarche,
Sabotier y contremarche,   (fol. 41′)
Le bastier porte une parche,
Hubault charge du fagot.
    Sur Ragot.

Sur ses bras marchoit Le Can
Avec Macé Jouenne
Plus fier que Mars ou Vulcan,
Le soubdan n'y ahenne,
Tout le trot, vont par la prée
Monstault et De La Porée;
Lagoret vint la vesprée.
Bec de Corbin fist le flot.
    Sur Ragot.

Le duc de Savoye y vint,
Et Monsieur de la Voulte,
Le grant saulvaige survint,
Qui point ne se desgoute,
Tout le trot, a la frarie,
Suppos de la tripperie,
Bragulbus est en frarie

Et a tourné son surcot.
   Sur Rogat.

Si l'enfant est endormy,
Nous salurons Marie,
Ou Joseph son grant amy,
Point n'en sera marrye.
Tout le trot, laissons la bise,
Dict Marsault le grant Moyse,   (fol. 42)
Gourd pion vestu de frise
Est enossé d'ung ergot.
   Sur Ragot.

Des presens au bon Jesus
N'ont faict que de requestes,
Que l'hostiere ayt le dessus
Des roys et leurs conquestes;
Tout le trot, parmy la place
Ont saulté sur la besace;
Vieille Oreille les menace
De leur donner du sabot.
   Sur Ragot.

L'enfant Jesus composé
Repose entre deux bestes,
Pour nous saulver disposé
Si nous suymes honnestes.
Tout le trot, chascun le pris,
Aussi sa mere Marie,
Que vivons sans heresie
Justes comme le bon Loth.
   [Amen.]

      Grace et amour.
      Jo. Daniellus organista.

Additional sources for this text:

S1.   Daniel, *S'Ensuyvent plusieurs noels nouveaulx,* fol. A4'.
S2.   Daniel, *Noels nouveaulx,* fol. B (pr. in Chardon, *Daniel,* pp. 10-12). At the bottom of fol. B is printed, "M. Mitou iiii f & d."
S3.   Jehan Bonfons, *Les Grans noelz,* fol. 40.

Other parodies:

P1. [Lotrian], *Les Grans noelz,* fol. 120′, gives the timbre, "Ho biere ho, Et se peult danser en morisque" for the noël text, "Dieu qui ne feroit haulte chere." The timbre may designate a chanson text related to or identical to the one designated by Sergent's timbre.

34. **Sur Je ne sçay pas comment, En mon entendement Plus fort que je vous aymasse** (fol. 42)

Voicy l'advenement,   (fol. 42')
Du roy du firmament,
Qui des haulx cieulx desplace,
Pour venir humblement
Naistre joyeusement
En une paovre place.
    Noel.

Je ne sçay pas comment
En mon entendement
Le faict vous desclarasse,
Tant cordiallement,
Le cordial amant
Veult suyvre nostre trasse.
    Noel.

Les prisonniers vrayement
Auront allegement;
Le long souffrir les lasse.
Sathan et son couvent
Auront tost maulvais vent;
Ilz font layde grimasse.
    Noel.

Jesus patiamment
Souffrira le tourment
De nous maulx l'efficace
Fais a son jugement,
Pugnira aigrement,
Erreur pour nous pourchasse.
    [Noel].

Chantant benignement,   (fol. 43)
Prions luy doulcement
Que l'heresie efface,
Qui tant d'encombrement
Faict ordinairement,
Et que pardon nous face.
    Noel.

Pastoureaulx gentement,
Et roys semblablement,

L'ont adoré en face:
Tous amyablement,
Prions vallablement
Que es sainctz cieulx nous solace.
Amen. Grace et amour.

Jo. Daniellus, organista.
Finis.

Additional sources for this text:

S1. Daniel, *S'Ensuyvent plusieurs noels nouveaulx,* fol. B3' (repr. in Chardon, *Daniel,* pp. 14-15).
S2. _____, *Noels nouveaulx,* fol. B3'.
S3. Jehan Bonfons, *Les Grans noelz,* listed in table, missing from the body of the text.
S4. [*Noelz nouveaulx*] (Cat. no. 51), fol. 49'.
S5. Nicolas Bonfons, *La Grand bible,* fol. 33.
S6. Rigaud, *La Grand bible,* no. 24 (repr. in Vaganay, p. 57).

Other parodies:

P1. Cited as a timbre for the Protestant chanson, "Je ne sçay pas comment," in Beaulieu, *Chrestienne resjouyssance,* p. 70; and in *Le Second livre des chansons spirituelles,* 1555, p. 9.
P2. Cited as a timbre for the Protestant chanson. "Je m'esbahis comment," in *Recueil de plusieurs chansons spirituelles,* 1555, p. 163; and in *Chansons spirituelles,* 1569, p. 139.

Related chanson text:

C1. [Lotrian], *S'Ensuyvent plusieurs belles chansons,* 1535, fol. 30' (= Jeffery's *1535;* ed. in Jeffery, Vol. II, pp. 206-7; also in his *1537, 1538,* and *1543*):

Je ne sçay pas comment
A mon entendement,
Plus fort que je vous aymasse,
Car a mon jugement,
Je voys mon sens perdant,
Si je n'ay vostre grace.

Two more strophes follow.
C2. The chanson is listed in Brown, "Catalogue," no. 212.

C3. Listed as a basse danse in [Moderne], *S'Ensuyvent plusieurs basses dances,* fol. C3; and in Rabelais, *Le 5e livre,* chap. 32, *bis* (ed. by Demerson, p. 929), but with the incipit. "Je ne sçay pas pourquoy."

Musical settings:

M1. An anonymous setting *a 3* is in Attaingnant, RISM 1529-4, fol. 5' (ed. by Brown in *Theatrical chansons,* p. 113).

M2. For a list of additional settings of this text, see Brown, "Catalogue," no. 212. The following are not in Brown's "Catalogue":
Add to Brown's (h) a MS copy of Gombert's setting *a 5* in Susato RISM 1544-13, fol. 13.
In Brown's (i) he states that the anonymous setting in Royal MS 31-35, fol. 8', is *a 4;* it is *a 5.*
A setting *a 6* by Willaert in London MS 11588, p. 122, is the same setting as in Kriesstein, no. 39, where it is attributed to Benedictus.
Brown's edition of the Benedictus setting *a 5* from Susato, RISM 1544-13, fol. 16', is in *Theatrical chansons,* pp. 115-17.
An incomplete setting *a 4* is in London, Royal MS 23-25, fol. 22'.

35.   Sur Puis qu'en amour a si beau passetemps   (fol. 43)

Du bon du cueur chantons en ce sainct temps:
"Noel, noel." Car il vient le bon Sire
Pour resjouyr chascun qui son salut desire;
C'est l ıg grant poinct dont tous serons contens.
    Noel.

Le fleur des fleurs du divin passetemps
Nous rend joyeulx d'ung si grant bien construire
Sans qu'il luy faille en rien virginité destruire;   (fol. 43')
Avec Dieu et la foy je l'entends.

    Noel.

Vierge a conceu le redempteur des gens,
Vierge enfanta sans mal et sans martyre:
Pasteurs l'ont visité; roys l'ont voulu eslire
En le nommant le prince des regens.
    Noel.

Supplions luy, tous povres indigens,
Que bonne paix vueille en France reduyre,
Au noble roy Françoys, aulcun ne pusse nuyre,
Et a la fin pardonne aux negligens.
    Amen. Noel.

Additional sources for this text:

S1.   Daniel, *Chantzons sainctes pour nos esbatre,* 1524, fol. A1' (repr. in
       Chardon, Daniel, pp. 15-16) where the noël is signed, "J.D. Org," and
       the words "Grace et amour" included at end.
S2.   _____, *Noels nouveaulx,* fol. B4'.
S3.   Jehan Bonfons, *Les Grans noelz,* fol. 43.
S4.   [*Noelz nouveaulx*] (Cat. no. 51), fol. 50.
S5.   Arnoullet, *Noelz nouveaulx nouvellement faitz,* fol. D4, no. 17, has an
       "Aguillenneuf sur le chant Puis qu'en amours suis malheureux" which is
       also reprinted in Sergent, no. 100, in this source. It is not based on the
       same poem.

Other parodies:

P1.   Beaulieu, *Chrestienne resjouyssance,* (cited in Honegger, Vol. II, p. 26).
       The text was distributed by Daniel Heartz for his talk at the meeting in
       honor of Gustave Reese at New York University in June 1974.

Puisqu'en amours a si beau passe temps
Je vueil aymer Dieu mon souverain Sire,
Et pour amour a mon prochain ne nuyre;
Voyla le poinct et la fin ou je tends.

Fy de debatz, fy de noise et contentz,
Puisque Jesus deffend courroux et ire.
Fy de tout ce de quoy on doibt mal dire
Et de tous ceulx qu'au mal sont consentans.

Related chanson texts:

C1. *La Fleur des chansons,* no. 18, fol. 26 (= Jeffery's *La Fleur 110;* ed. in Jeffery, Vol. II, p. 53; also in his *1535, 1537, 1538,* and *1543;* in *Joyeusetez,* Vol. XIII, p. 26):

Puisqu'en amour a si beau passetemps,
Je veux chanter, danser, et rire
Pour rejouir mon cueur que deult martyr;
Voila la point et le fin ou je tends.

Si j'ai l'amour de celle ou je pretends
Croyez qu'ennuy ny soucy qu'est le pire,
N'aura jamais puissance de me nuyre,
Car je seray du nombre des contents.

C2. The chanson is in Brown, "Catalogue," no. 348.

Musical settings:

M1. Claudin, *a 4* in Attaingnant, RISM 1529-2, fol. 14 (ed. in Expert, *Trente et une chansons,* pp. 95-97; in Bordes, *Chansonnier,* Vol. I, no. III, in Claudin de Sermisy, *Opera omnia,* Vol. IV, pp. 64-66; in Maldeghem, *Trésor* XVIII (1882), p. 12, without attribution but with a substitute text, "Celui qui fol," and the title, "Avarice").
M2. Cambrai MS 125-26, fol. 145, has the setting by Claudin, without attribution.
M3. Morel *a 4* in Attaingnant, RISM 1546-14, fols. 14'-15, uses the same *cantus prius factus* with a different text.
M4. An ornamented keyboard version of the Claudin chanson is in Attaingnant, RISM 1531-8, fol. 100 (repr. in Bernoulli, Vol. III, pp. 39-42 in facsimile; and in Seay, pp. 170-72).

36.   Sur Plaisir n'ay plus que vivre en desconfort   (fol. 43′)

Plaisir n'ay plus que vivre en desconfort;
Confortez vous gens de noble valleur;
L'heure de Jesus combatra tout malheur;
Malheureux est qui n'espere confort,
    Noel!

Fort et puissant vient surmonter la mort,
Mortifiant du diable la vigueur:
Vigueur aura pour dompter sa rigueur;
Rigueur tiendra heresie mort.
    Noel!

Mort par Adam vint sur nous faire effort;
Fort nous griefva et mist a deshonneur;
Deshonneur fut: Marie a eu l'honneur,
L'honneur portant des humains le plus fort.
    Noel!

Bien fort a faict Marie a ung seul port,
Portant des cieulx le puissant Createur.
Croyons en luy, c'est le reparateur,   (fol. 54)
Reparant ceulx qui estoyent a deport.
    Noel.

Le port de tous n'a lieu pour son support;
Support n'a eu que Joseph le tuteur;
Tuteur luy est et humain protecteur,
Heureusement faisant de luy transport.
    Noel.

Transportons nous au maternal rapport,
Rapport faisant a son amoureulx cueur,
Cueur tant begnin, plain de doulce liqueur,
Les cueurs prendra nous impetrant seur port.
    Amen. Grace et amour.

    Jo. Danielus organista.

Additional sources for this text:

S1.   Jehan Daniel, *S'Ensuyvent plusieurs noels nouveaulx,* fol. B3 (repr. in
       Chardon, *Daniel,* p. 13).
S2.   _____, *Noels nouveaulx,* fol. B3.

S3. Jehan Bonfons, *Noels nouveaulx,* fol. 43'.
S4. *Noelz nouveaulx* (Cat. no. 51), fol. 51.

Other parodies:

K1. Beaulieu, *Chrestienne resjouyssance,* p. 32, has the same timbre for the
Protestant chanson, "Plaisir n'ay plus fors quand pense a la mort."

Related chanson texts:

C1. Marot, *Adolescence clementine,* fol. 99; Marot, *Les Oeuvres,* Lyons,
1540, fol. 92' (ed. in Rollin, pp. 210-11; cited in Jeffery's *1538,* no. 1,
Jeffery, Vol. II, p. 332):

> Plaisir n'ay plus, mais vy en desconfort;
> Fortune m'a remis en grand' douleur.
> L'heur que j'avois est tourne en malheur;
> Malheureux est qui n'a aucun confort.

C2. Marot's first strophe plus four new strophes are in [Lotrian], *S'Ensuy-*
vent plusieurs belles chansons, Paris, 1535, fol. 38' (= Jeffery's *1535;*
also in his *1537,* and *1543;* ed. in Jeffery, Vol. II, pp. 217-218).

Musical settings:

M1. An anonymous setting *a 4* is in Attaingnant, RISM 1530-4, fol. 5'. The
same setting is in Munich MS 1516, fol. 20', no. 30 with text incipits only
(transcr. in Whisler, Vol. II, p. 86). See ex. 36. A setting *a 2* in Munich
MS 260 fols. 34'-35 is without text, and uses the same superius as the
above setting; but with some minor variants (ed. in Bellingham,
Sixteenth Century Bicinia, p. 115).

M2. A setting *a 4* in Attaignant, RISM 1528-5, fol. 11', may be related.

M3. An independent setting *a 5* in Susato, RISM [1543]-15, fol. 9, is
unattributed. The chanson is arranged for lute and attributed to
Crecquillon in Phalèse, IM 1553-10, no. 134, fol. C3' (repr. in Mairy,
Chansons au luth, no. 20, pp. 124-27); the superius only is texted.

M4. An independent setting *a 4* by Morel is in Attaingnant, RISM 1540-11,
fols. 4'-5.

M5. A setting *a 4* is in Susato, RISM 1549-29, fol. 9, and is attributed to
Christianus de Hollandre. This may be the same as a setting by
Hollandre in London MS 34071 which I have not seen.

M6. A setting *a 6* by Gerrard in Royal MS 31-35, fol. 46', is related to the
setting in M5 above.

M7. An incomplete setting by Willaert in Scotto, RISM 1535-9, no. 2, has
alto and bass only.

Example 36.

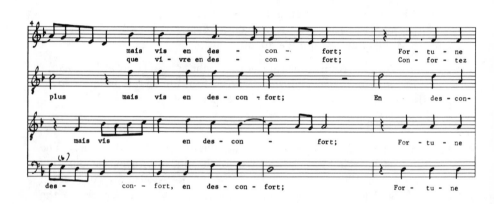

Example 36 (cont.)

Example 36 (conclusion)

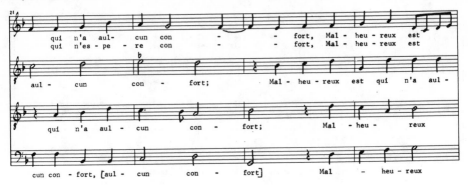

37.   Sur Trop enquerre n'est pas bon   (fol. 44)

Ung soir bien tard my levay
Pour veoir a noz brebiettes;
Mes compaignons je trouvay,
Tous garnys de leurs houlettes.
Et quant je fus arrivé,
Dieu sçayt si je fus privé
De danser ung tordion.
Chascunn avoyt son bourdon.
Tousjours taire n'est pas bon,
    Et Alizon jolyette,   Divison chansonnette,
       Chantons don,
    Tousjours taire n'est pas bon.

Trois soleilz sont apparus
A minuyct, je vous affye,
Qui sont en ung devenus: (fol. 44′)
La Trinité signifie.
Lors les anges sont venuz,
Qui ont chanté d'une:
"Natus est angelorum,
C'est *gloria celorum."*
Tousjours taire n'est pas bon,
    Et Alizon jolyette,   Divison chansonnette,
       Chantons don,
    Tousjours taire n'est pas bon.

Ont chanté si doulcement,
Que onc n'ouy tel melodye.
C'est pour nostre saulvement,
Chascun prent sa challemye.
Marande ne faillut pas,
Piné de Gros, Morillon,
Beccart le suyt a grant pas,
Maint aultre vint au billon.
Tousjours taire n'est pas bon.
    Et Alizon, jolyette,   Divison chansonnette,
       Chantons don,
    Tousjours taire n'est pas bon.

Au parquet ou Dieu fut né
Povrement entre deux bestes,
Chascun luy a resonné

Triumphantes chansonnettes.
Moulu c'est affaçonné,
Qui par doulceur a donné
Ung tresarmonieulx ton,
Aussi jubiloit Mouton,
Tousjours taire n'est pas bon.
   Et Alizon jolyette,   Divison chansonnette,
      Chantons don,
   Tousjours taire n'est pas bon.

Doulcement nous escoutoit
La tresgracieuse mere,   (fol. 45)
Qui noz ditz tresbien notoit,
Comme benigne commere.
Aussi Joseph assistoit;
Le bon homme charpentoit,
Qui avoit peu de charbon
Pour eschauffer l'enfanton.
Tousjours taire n'est pas bon
   Et Alizon jolyette,   Divison chansonnette,
      Chantons don,
   Tousjours taire n'est pas bon.

Trois roys sont venuz apres
En noble seigneurie,
Et luy font present expres,
Mais Herodes se furie.
Sa raige ne peult celer
Par tout faict de luy parler,
A sa grant confusion
Et a sa dampnation.
Tousjours taire n'est pas bon,
   Et Alizon jolyette,   Divison chansonnette,
      Chantons don,
   Tousjours taire n'est pas bon.

Joseph estoit adverty
De tirer aultre partye;
En Egypte a converty
Le doulx enfant et Marie.
Prions le Pere eternal
Que au regne sempiternel,
Soyt nostre habitation.

Chantons par devotion: (fol. 45′)
"Tousjours taire n'est pas bon,"
    Et Alizon jolyette,   Divison chansonnette,
        Chantons don,
Tousjours taire n'est pas bon.

Additional sources for this text:

S1. Daniel, *Chantzons sainctes,* 1524, fol. A2 (repr. in Chardon, *Daniel,* pp.
     16-18).
S2. _____, *Noels nouveaulx,* fol. C.
S3. Jehan Bonfons, *Les Grans noelz,* fol. 44.
S4. [*Noelz nouveaulx*] (Cat. no. 51), fol. 51′.

Related chanson texts:

C1. A matching text is in a setting by Janequin *a 4,* in Attaingnant, RISM
     1529-2, fol. 2′ (ed. in Merritt and Lesure, Vol. I, pp. 126-28; in Expert,
     MMRF, Vol. V, pp. 9-12):

        M'y levay par ung matin,
        Plus matin que apris n'avoye;
        Rencontray en mon chemin
        Une dame que j'aymoie.
        Par amours je l'a prié,
        Mais elle m'a refusé,
        Car elle a ouy le son
        De la musette au bourdon.
        Trop enquerre n'est pas bon,
            Et Mamion mamiette,   Et mon trognon, corbillette
                Et hon,
            Trop enquerre n'est pas bon.

C2. Lotrian, *S'Ensuyt plusieurs chansons nouvelles,* 1543, no. 107 (=
     Jeffery's *1543;* ed. in Jeffery, Vol. II, p. 350), has a text that is two lines
     shorter than the noël:

        M'amye, voulez vous danser
        Au son de ma cornemuse?
        Non, dist-elle, mon amy,
        Trop de monde s'y amuse,
        Et le son qui est trop hault,
        Ce n'est pas ce qu'il my fault.
        Il me fauldroit ung bourdon.

Et hon, hon, hon, hon, ma trognette
Et hon, hon, hon, hon, ma garsette,
Et hon, hon, hon, hon,
Trop enquerre n'est pas bon.

M'amye voulez vous danser
Au son de ma chalemye?
Ouy, dist-elle, mon amy,
Puisque m'en avez requise.
La gectis dessus le jonc,
Lui levis son coteron,
Et apres son pelisson.

Et hon, hon, hon, hon, ma trognete,
Et hon, hon, hon, hon, ma garsette,
Et hon, hon, hon, hon,
Trop enquerre n'est pas bon

One more strophe follows.

C3. "M'y levay par ung matin" is in Brown, "Catalogue," no. 300.

Musical settings:

M1. A setting *a 4* by Janequin cited in C1 accommodates the noël text.
M2. A setting *a 4* by Crecquillon has a text which matches the noël. The superius is melodically related to the Janequin setting cited in M1. (Transcription of the Crecquillon setting is in Trotter, *Crecquillon,* Vol. II, p. 321.)
M3. A setting *a 4* attributed to Janequin in Gardane RISM 1538-19, no. 8 begins with the same first line but has a text that differs thereafter. Merritt and Lesure state, in Jannequin, *Chansons polyphoniques,* Vol. VI, p. 183, that the work is not by Janequin. An edition of this piece is in Brown, *Theatrical Chansons,* pp. 160-63. The text does not match the strophic design of the noël and thus will not accommodate the noël text.

38.   Aultre noel sur la chanson Partir my fault   (fol. 45′)

Partir my fault d'icy, mon bien et seul espoir,
Car oncques mais je n'euz en vous aulcun espoir;
A ce departement tout mon cueur je vous donne,
Helas, changez le moy et me faictes personne,
Si Dieu vivant, en vous qui face mon debvoir.

Si vous voulez sçavoir quelles sont mes promesses,
Je vous fais assavoir que suis a vous addresses.
Prest et appareille a tousjours vous servir;
Aultre chose ne quiers sinon bien desservir,
Et vostre sainct amour tenir en mes destresses.

Dame voicy le temps auquel vous enfantastes,
Et vostre chier enfant du ciel venu donnastes
A tous povres humains pour en avoir salut.
Dont doibt chanter chascun, saulveur qui valut
Tant pour nous rachepter qu'en voz bras l'alectastes.

Quant voulustes adonc enfanter en lyesse,
Les pastoureaulx des champs vindrent veoir la noblesse;
Vostre enfant trouvé entre deux bestes brutes,
Lequel l'ont adoré et pendant que vous justes,   (fol. 46)
Trois roys y sont venuz en triumphant adresse.

Nous vous prions de cueur et tresbonne pensée
Que nostre plaisir soyt saulver nostre lignée,
Priant vostre chier filz qu'il nous face pardon,
Et par ainsi aurons la paix en habandon.
Qui durera tousjours en soulas qui m'agrée.
         Amen.

Additional sources for this text:

S1.   [Sergent], *Noelz nouveaulx* (Cat. no. 43), fol. B2′.
S2.   [*Noelz nouveaulx*] (Cat. no. 51), fol. 53.
S3.   Jehan Bonfons, *Les Grans noelz*, fol. 45′.

Related chanson text:

C1.   [Lotrian], *S'Ensuyvent plusieurs belles chansons,* 1535, no. 8 (=
       Jeffery's *1535,* ed. in Jeffery, Vol. II, pp. 149-50; also in his *1537, 1538,*
       and *1543*), has the following text:

Partir my fault d'icy, mon bien, mon seul espoir,
A ce departement je vous donne mon cueur.
Plus fort je ne sçaurois il n'est a mon povoir.
Le departir de vous m'y faict transir le cueur,
Le departir de vous m'y faict transir d'amours.

Si vous voulez sçavoir quelles sont mes couleurs,
Incarnat, violet je porte pour couleurs.
Le departir de vous m'y faict transir le cueur,
Le departir de vous m'y faict transir d'amours.

Four more quatrains follow. There are no five-line strophes except the first.

39. Sur Ma bien acquise, je suis venu icy   (fol. 46)

Tresbien acquise, ostez nous de soulcy;
Nous submettons tout en vostre mercy,
Car, comme sçavez,   Le povoir avez
De nous donner confort.
Povres enfermez   Faictes deffermer
Sans dangier de la mort.

Aurez vous pas du povre Adam pitié,
Qui est dolent au lieu d'inimityé,
Tousjours attendant,   Que soyez rendant
Le doulx fruyct d'amytié,
Dont on parle tant,   Que serez portant
L'heurs de captivité:

S'on vous a mis quelque cas en avant,
C'est heresie, a tout homme sçavant,
Malediction   Et perdition
Aux villains blasphemans;
La conception   Est inception
De joye a voz amans.   (fol. 46ʹ)

Quant vous avez de l'ange salut prins,
De sainct esperit avez le pris comprins,
Et virginité   Par eternité
Demeure entierement,
Par auctorité   De la Trinité;
Il n'est pas aultrement.

Quant vostre filz est nasqui sans remort,
Tous sont tombez Sodomites par mort,
Car en verité,   C'est la purité
Que nous debvons aymer;
Sa suavité   Nous a visité,
En ceste amere mer.

O vierge saincte en qui gist nostre espoir,
Impetre nous la paix par ton povoir
Car nous congnoissons   Que nous offensons
Ton filz perpetuel.
Reçoy noz chansons   En bonnes façons,
Ce sainct jour de Noel.   Amen.

Additional sources for this text:

S1. Daniel, *Chantzons sainctes,* 1524, fol. A3 (repr. in Chardon, *Daniel,* pp. 18-19), signs the text, "Grace et amour. J.D. Org."
S2. _____, *Noelz nouveaulx,* fol. C2.
S3. [*Noelz nouveaulx*] (Cat. no. 51), fol. 53'.
S4. Jehan Bonfons, *Les Grans noelz,* fol. 46.
S5. Nicolas Bonfons, *La Grand bible,* fol. 34.
S6. Rigaud, *La grand bible,* no. 25 (repr. in Vaganay, p. 57).

Other parodies:

P1. [Lotrian], *Les Grans nouelz,* fol. 72, has the same timbre for the noël text, "A la sainct jour prenons resjouyssance."
P2. Arnoullet, *Noelz nouveaulx nouvellement faitz,* fol. B3, no. 9, has the same timbre for the noël, "De paradis Dieu le pere a transmis."
P3. [Moderne], *La Fleur des noelz nouvellement notés,* fol. E2, has the same timbre and text as P1 above.
P4. Picot, *Chants historiques,* p. 25, cites this political parody:

> Chanson des anglois sur Ma bien acquise, 1522

> Les faulx anglois se sont bien mutinés,
> Car contre France les trefves ont brisés.
> Ils sont parjurés   Et n'ont pas monstré
> Qu'ilz feurent gens de foy,
> Car vous entendez   Qu'il ont regnié
> Ja deux foys nostre loy.

Several more verses follow.

P5. *Recueil de plusieurs chansons spirituelles,* 1555, p. 180; and *Chansons spirituelles,* 1569, p. 184, cite the same timbre for the Protestant chanson, "Je te salue, mon certain redempteur."

Related chanson text:

C1. *S'Ensuyvent plusieurs belles chansons,* no. 2 (= Jeffery's *8(a);* ed. in Jeffery, Vol. I, p. 188; also in his *8(b), La Fleur 110, 1535, 1537, 1538,* and *1543;* in *Joyeusetez,* Vol. XIII, p. 29):

> Ma bien acquise, je suis venu icy
> Plain de vouloir pour vous venir servir;
> Car comme sçavez   Que promis avez

De faire ung bon sort,
Se j'ay de vous   Quelque bon secours,
En dangier puis de mort.

Four more strophes follow.

40. Sur Une bergerette, prinse en ung buisson. En langue picarde   (fol. 46′)

Toute ame devote
Chante a haulte note
Car Dieu print mayson
Qui est d'election,
    Qui est d'election.

Par bonne rayson
En ceste sayson,
En la bachelotte,
En la bachelotte,

Une bergerotte
A trouvé la rotte
L'enfant de Syon
Par obumbration,
    Par obumbration.

En devotion   (fol.
De redemption.
Gist dedans sa cotte
Gist dedans sa cotte

La doulce mignotte,
N'a sceu trouver hoste
Mist son enfançon
De feurre en ung bouchon;
    De feurre en ung bouchon.]

Pleine de fruict bon,
Pour gésir adon,
Sur une pelotte
[Sur une pelotte

Gabriel denote
Chascun gringotte
Robin Perrichon;
Souffle dedans son cruchon,
    Souffle dedans son cruchon,]

Toute la façon,
Sa doulce chanson:
Et Michault qui trote
[Et Michault qui trote

Joseph en la cotte
Et Marion notte
Disans au mignon
En livre de nom.
    En livre de nom]

Tourne le tyson,
Les dictz d'Alizon,
Que des siens nous cotte
[Que des siens nous cotte

    Amen.

Additional sources for this text:

S1.   Daniel, *Chantzons sainctes,* 1524, fol. A3′ (ed. in Chardon, *Daniel,* pp. 20-21), signed the noël, "Grace et amour. J.D. Org."
S2.   _____, *Noels nouveaulx,* fol. C3.
S3.   Jehan Bonfons, *Les Grans noelz,* fol. 46′.
S4.   [*Noelz nouveaulx*] (Cat. no. 51), fol. 54′.
S5.   Nicolas Bonfons, *La Grand bible,* fol. 34′.
S6.   Rigaud, *La Grand bible,* no. 26 (repr. in Vaganay, pp. 57-58).

Related chanson texts:

C1.   *S'Ensuyvent viii belles chansons nouvelles,* no. 6 (= Jeffery's *8(c);* ed. in Jeffery, Vol. I, pp. 210-11; also in his *La Fleur 110,* and *1538;* in Thureau, p. 383; in Maniates, "Combinative chansons," pp. 257-58; and in *Joyeusetez.* Vol. XIII, p. 29):

<table>
<tr><td>Une bergerote</td><td>Pres d'ung vert buisson,</td></tr>
<tr><td>Gardant brebiete</td><td>Avec son mignon,</td></tr>
<tr><td>Luy dist en bas ton Et hon!</td><td>Une chansonnette</td></tr>
<tr><td>'Et l'amy Baudichon,'</td><td>[Une chansonnette</td></tr>
<tr><td style="text-align:center">'Et l'amy Baudichon,']</td><td></td></tr>
</table>

<table>
<tr><td>Adonc la fillette</td><td>De teneur print son,</td></tr>
<tr><td>Et Robin gringote</td><td>Un dessus tant bon,</td></tr>
<tr><td>En dyabazon Et hon'.</td><td>Notte contre notte,</td></tr>
<tr><td>'Et l'amy Baudichon.'</td><td>[Notte contre notte</td></tr>
<tr><td style="text-align:center">'Et l'amy Baudichon.']</td><td></td></tr>
</table>

C2.   The text of Claudin's setting in Attaingnant, RISM 1530-5, *a 4,* fol. 13 (repr. in Heartz *Preludes et chansons,* p. 122), has the refrain "En l'ombre d'ung buisson" in place of "Et l'amy Baudichon." It differs also in that there is no provision for the repeat of the last two half lines. Otherwise the texts are the same.

C3.   Listed in Brown, "Catalogue," no. 242 as "L'Amy Baudichon."

Musical setting:

M1.   In addition to the Claudin setting, "En l'ombre d'ung buisson," there are two lute transcriptions of the chanson in Attaingnant, IM 1529-3, nos. 28 and 29; and in Le Roy and Ballard, RISM 1553-22, fol. 9 (ed. by Heartz, *Preludes, Chansons,* pp. 36, 37; in Claudin, *Opera omnia.* Vol. IV, p. 158).

**41.   Sur Nicolas, mon beau frere, Las baysez moy au depar-
     tir**   (fol. 47)

    Saluons le doulx Jesuchrist
    Nostre Dieu, nostre frere,
    Saluons le doulx Jesuchrist
    Chantant: "Noel" d'esperit.

Par la faulte premiere   De noz peres jadis
Fusmes en grant misere,   Perdismes paradis
Mais Dieu nous envoye ung beau filz,
C'est Jesus nostre frere,   (fol. 47')
Mais Dieu nous envoye ung beau filz
Qui sera crucifix.

   Saluons le doulx, etc.

Il a choisy la mere   Plus nette que l'or fin;
C'est la belle commere   Esleue a ceste fin
D'elle vient naistre le daulphin,
C'est Jesus nostre frere,
D'elle vient naistre le daulphin,
Nostre frere et cousin.

   Saluons le doulx, etc.

C'est chose singuliere   Des souverains édis:
Hereticques, arriere,   Vous estes tous maulditz.
La dame vous rend interditz
De Jesus nostre frere,
La dame vous rend interditz
Comme folz estourdis.

   Saluons le doulx, etc.

La playe est fort amere   Que semez par voz ditz.
Elle est le tresoriere   De grace, et les conduys.
Par elle nous sommes reduys
A Jesus nostre frere,
Par elle nous sommes reduys
Au celestes deduys.

   Saluons le doulx, etc.

C'est ung tresgrant mystere   Que ung roy de si hault pris
Veult naistre en lieu austere Et si meschant pour pris.
Le roy de tous les bons espritz   (fol. 48)
C'est Jesus nostre frere,

Le roy de tous les bons espritz
Duquel sommes apris.

    Saluons le doulx, etc.

Les pasteurs luy ont font chere, Sont les premiers affins,
Les Roys ne font l'enchere,   Qui au retour sont fins.
Herodes deffaict les confins
De Jesus nostre frere,
Herodes deffaict les confins
Les innocens voysins.

    Saluons le doulx, etc.

Aux docteurs en la chayre   Le doulx fiz respondit,
Et sur chascun affaire   Solution rendit.
La dame avoit le cueur afflict
De Jesus nostre frere
La dame avoit le cueur afflict
Pour Jesus au conflict.

    Saluons le doulx, etc.

Le dyable l'impropere   Par son vouloir malin,
Mais tousjours le supere   Le sien vouloir divin.
Sathan est malheureux coquin
Par Jesus nostre frere,
Sathan est malheureux coquin
Le despouillé boucquin.

    Saluons le doulx, etc.

Envye qu'on prefere   La mort a consenty
Au filz de Dieu le Pere   Qui le dard a senty.
Il a esté pis que rosty,
Jesus nostre bon frere,
Il a esté pis que rosty,
Nostre Dieu, nostre amy.

    Saluons le doulx, etc.

En luy faisant priere,   Soyons de son party,
Que en sa haulte emperiere   Ayons lieu de party,
Comme il nous a droit apparty,
Jesus nostre bon frere,
Comme il nous a droit apparty,
Au celeste convy.

    Saluons le doulx, etc.

Additional sources for this text:

S1.   Daniel, *Chantzons sainctes,* fol. A4 (ed. in Chardon, *Daniel,* pp. 21-23).
At the end, Daniel also wrote "Grace et amour. J.D. Org."
S2.   _____, *Noels nouveaulx,* fol. C3′.
S3.   [*Noelz nouveaulx*] (Cat. no. 51), fol. 55.
S4.   Jehan Bonfons, *Les Grans noelz,* fol. 47.
S5.   Hernault, *Le Recueil des vieux noels,* fol. B2.
S6.   Nicolas Bonfons, *La Grand bible,* fol. 35′, reprints the Daniel noël, but
begins with the verse, "Par la faulte premiere..." rather than with the
refrain.
S7.   Rigaud, *La Grand bible,* no. 27.
S8.   Gervais Olivier, *Cantiques,* p. 15, gives the Daniel noël text, but
identifies the timbre as "Remenez moy chez mes amys, Nicolas, mon
beau frere."

Other parodies:

P1.   Vilgontier MS (Paris MS 14983), fol. 71′, gives the same timbre as
Daniel for the noël, "Chantons: 'Noel,' je vous en prie, Robinet, mon
beau frere"; and also on fol. 235′, for the noël, "Chantons: 'Noel' d'un
cueur jolly, Pour l'amour de Marie."
P2.   *Le second livre des chansons spirituelles.* 1555, p. 10: and *Chansons
spirituelles,* 1569, p. 209, a Protestant parody of the same chanson has
the timbre, "Mignon la gorriere," a variant of the incipit of the refrain of
the chanson model:

> A vous me plaends, sainct pere,
> Moy messe tant gorriere,
> A vous me plaends, sainct pere
> De vostre abusion.   Bis.
>
> Gregoire m'a fait faire
> Mon messe tant gorriere,
> Gregoire m'a fait faire
> Contre la passion.   Bis.

This text is printed in Bordier, *Le Chansonnier huguenot,* p. 137.
P3.   Briand, *Noelz nouveaulx,* cites the timbre "Las, baisez moy" for the
noël, "Ung Dieu, ung roy" (ed. in Chardon, *Briand,* pp. 32-33). Its
strophic design differs from Daniel's noël.

Related chanson text:

C1. [Lotrian], *S'Ensuyvent plusiers belles chanson,* 1535, no. 79 (= Jeffery's *1535;* ed. in Jeffery, Vol. II, pp. 213-14; also in his *1537, 1538,* and *1543*):

Madame la gorriere,
Vous avez beau derriere,
Mais le devant est tout chanssy.
Nicolas, mon beau frere,
Mais le devant est tout chansy,
Nicolas, mon amy.

L'on dit parmy la ville   Que vous fera mourir,
Brusler dans une cage,   Rostir dessus ung gril:
Mais les gens en auront menty,
Nicolas, mon beau frere,
Mais les gens en auront menty,
Nicolas, mon amy.

Five more strophes follow.

Musical settings:

M1. An anonymous basse danse in Attaingnant, RISM 1530-7, no. 31, fol. 21, is a "Branle Nicolas mon beau frere" (transcr. in Heartz, *Preludes et chansons,* p. 85); another setting (p. 128), also accommodates the noël text.

M2. Paris MS 1817, fol. 5, and Cortona MS 95-96, fol. 2, include voices of a polyphonic chanson with a similar refrain but a different strophic design, and do not accommodate the noël text.

Basés moy, basés moy,
Basés moy, ma doulce amye
Pour amor, je vous amprie
Et non frere e pour quoy
Si je fayre la follie
Ma mere enfaro et marrie
Vela de quoy, vela de quoy.

42. Sur Est il conclud par ung arrest d'amours?   (fol. 48′)

Il est conclud que nous aurons secours;
Chassons dehors malheureux desespoir;
Le filz de Dieu s'en vient a nous le cours;
Ayons en luy desormais nostre espoir.
Sans tristesse   Qui oppresse
    Tout cueur actuel,
En liesse,   Hardiesse,
    Chantons tous: "Noel."

Bien cing mil ans es tenebreuses tours,
Noz peres ont prins resident manoir,
En attendant les celestes atours
Que la clarté lucidast au lieu noir.
En noblesse   Qui ne blesse,
    C'est Emanuel,
Son humblesse   Nous radresse: (fol. 49)
    Chantons donc: "Noel."

Le filz de Dieu ou gist nostre recours
Prent du rachat des humains plain povoir.
Humbles pasteurs leurs parlemens et cours
Y vont tenir et y font leur debvoir.
La richesse   Sans chissesse
    Des roys de nouvel,
C'est largesse   Par sagesse:
    Chantons donc: "Noel."

O roy des roys, plain d'humaines amours,
Remplis noz cueurs de ton begnin vouloir,
Te plaise ouyr noz piteuses clamours;
Suscite paix pour guerre a nonchaloir.
Foy radiesse,   Qui abaisse
    Le spirituel,
Qui possesse,   Ne nous cesse
    De chanter: "Noel."

Additional sources for this text:

S1. Daniel, *Chantzons sainctes,* fol. B′ (ed. in Chardon, *Daniel,* pp. 24-25), has at the end, "Grace et amour. J. Da. Org."
S2. _____, *Noels nouveaulx,* fol. D, with the timbre, "Il est conclud."
S3. Jehan Bonfons, *Les Grans noelz,* fol. 48′.
S4. [*Noelz nouveaulx*] (Cat. no. 51), fol. 57, with the timbre "Il est conclud."

Other parodies:

P1. [Moderne], *La Fleur des noelz nouvellement notés,* fol. E4', cites this timbre for another noël, "Voicy le temps qu'on se doibt resjouir" (repr. in Vaganay, pp. 31-32).

P2. Beaulieu, *Chrestienne resjouyssance,* p. 25, cites this timbre for the Protestant chanson, "Est il conclud par le conseil de Lourds."

Related chanson text:

C1. *S'Ensuyvent viii belles chansons nouvelles,* no. 5 (= Jeffery's *8(c);* ed. in Jeffery, Vol. I, pp. 208-9; also in his *La Fleur 110;* in *Joyeusetez,* Vol. XIII, p. 24):

> Est il conclud par ung arrest d'Amours
> Que desormais je vive en desespoir?
> Et sans espoir d'avoir jamais secours,
> Veu que j'ay mis en Amour mon espoir?
> C'est tristesse   Qui ne cesse
>   Me couvrir de noir;
> Qui sans cesse   Joye me laisse
>   Las, on le peut veoir.

Two more strophes follow.

Musical settings:

M1. Adrian Le Roy, IM 1551-2, fol. 24, "Pavane, Est il conclud" (ed. in Souris and de Morcourt, Paris, 1959, p. 45).

M2. Claude Gervaise, "Pavane" *a 4* in Vve. Attaingnant, *IM 1557-3,* fol. 2'. The "Pavane" is followed by a Gaillard, fol. 3' (ed. in Marx, *Tabulaturen,* Teil I, pp. 70 and 103, where both are textless).

43.   Sur Lariran, lariran, laine, La riran fa: S'il est a ma poste   (fol. 49)

Chantons tous a voix doulcettes
Pour ce mystere nouvel
Que Jesus prins d'amourettes,
Vient pour naistre a Noel

La chose est nouvelle   De Vierge enceincter,
Et la chose est belle   De Dieu enfanter.
Et nature est telle   Qu'el n'en peult chanter.
Car sans cautelle   Dieu nous veult hanter.   (fol. 49')

Chantons tous, etc.

La Vierge Marie   Voua chasteté
A Joseph marye   Son humilité,
Mais point ne varie   De sa purité,
Qui y contrarie   Ne dict verité.

Chantons tous, etc.

Ce mystere annonce   L'ange Gabriel;
Marie en responce   N'a vouloir charnel.
A Dieu est semonce   Par veu solempnel;
Nature renonce   Pour bien eternel.

Chantons tous, etc.

Print la doulce Vierge   Salutation,
Qui lors fut concierge   De redemption.
Elle print le cierge   De fruition,
Qui est nostre plege   Et tuition.

Chantons tous, etc.

De la toute belle   Dieu fut amoureulx,
Qui ne fut rebelle   Au dictz savoureux,
Gabriel revelle   Le mot tresheureux;
Le dyable en chancelle   Comme doloreux.

Chantons tous, etc.

A minuyct enfante   Nostre Redempteur   (fol. 50)
Vierge triumphante   Sans sentir douleur.
L'enfant nous presente   Pour reparateur;
Joye ne se absente   De son noble cueur.

Chantons tous, etc.

Gabriel plaisante
Tenebre est luysante
Doulcement leur chante
Que la vierge enfante

Vers les pastoureaulx;
De ces dictz royaulx.
Mysteres nouveaulx,
Le pris des loyaulx.

Chantons tous, etc.

Les bergiers allerent
Plaisans l'adorerent
Dons qu'ilz presenterent
Puis en retournerent

Ou l'enfant est né;
Et luy ont donné
Et si ont sonné;
Au lieu ordonné.

Chantons tous, etc.

Or faisons priere
Que soubz la baniere
Et paix singuliere
Si ferons grant chere

Au petit enfant,
Aillons triumphant   (fol. 51')
Vienne maintenant;
Au bon jour venant.

Chantons tous, etc.

Additional sources for this text:

1. Daniel, *Chantzons sainctes,* fol. B2. At the end, fol. B3: "Grace et amour. J. Dan. org." (repr. in Chardon, *Daniel,* pp. 25-27).
S2. ———, *Noels nouveaulx,* fol. D1'.
S3. [*Noelz nouveaulx*] (Cat. no. 51), fol. 57'.
S4. Jehan Bonfons, *Les Grans noelz,* fol. 49.

Other parodies:

P1. Nourry, *Noelz nouveaulx sur tous les aultres,* fol. A', cites the timbre, "Je suis trop jeunette pour avoir mary, Liron, liron viste," for the noël text, "Nouvellet, nouvellet viste." In her notes for the chanson, "Je suis trop jeunette," in *Canti B,* p. 32, Hewitt states that the timbre give by Nourry may be a variant for the chanson referred to by Sergent's timbre.
P2. [Moderne], *La Fleur des noelz nouvellement imprimez,* fol. C4, and *Noelz nouveaulx faictz et composez,* fol. E4', cite the timbre "Fringuez sur l'herbette" for the same noël text as given in the Nourry print above (ed. in Vaganay, pp. 37 and 45 respectively).

Related chanson texts:

C1. Parsi MS 12744, fol. 17, no. 22 (ed. in Paris and Gavaert, p. 12), has a text which matches the noël verse, but not the refrain:

Je suis trop jeunette
Pour faire ung amy,
Si suys je bien preste
D'en faire ung joly.

S'il est a ma poste   Il aura mon cueur,
Et lairay mon pere,   Ma mere, mon frere, ma seur,
Et yray seulette   Au boys avec luy
guerir la violette   Pour passer ennuy.

Je suis troup jeunette, etc.

C2. The same text is in Gascongne's setting *a 3*, Le Roy and Ballard, RISM
        1553-22 fol. 2'-3.
C3. Weckerlin, *L'Ancienne chanson*, p. 441, has a version of the above text
        that varies only in detail. Like the version above, it matches the verse but
        not the refrain of the noël text.

Musical settings:

M1. No musical settings have been located which accommodate the entire
        noël text. There are numerous settings of the chanson text above, in
        addition to the monophonic settings cited in C1 and C2, with the
        following incipits:
        1. S'il est a ma poste
        2. Je suis trop jeunette
        3. Je suis d'Alemagne

        The following are settings of texts that do not match the noël:
            Anonymous *a 4*, Paris MS 15123, fol. 114' (ed. in Brown, *Theatrical
        Chansons*, p. 118).
            Johannes Stokhem *a 4*, Florence MS XIX.59, no. 161 (ed. in Brown,
        Theatrical Chansons. pp. 121-25). A textless version of the chanson is in
        Petrucci, *Canti C*, fol. 1019'-1020 (*recte* 119'-120)
            Anonymous *a 5*, Florence MS XIX.59, no. 162 has two text incipits
        only, "Je suis d'Alemagne," and "Joliettement m'en vay," One *cantus* is
        used for both texts (ed. in Brown, *Theatrical Chansons*, pp. 121-25). A
        textless version of the same chanson is in Petrucci, *Canti C*, fols. 106'-
        107.
            Raulin *a 4*, Petrucci, *Canti B*, fols. 9'-10 (ed. in Hewitt, *Canti B*, p.
        111).
            Gombert *a 5*, Susato, RISM 1550-13, fol. 3'; Susato, RISM 1558-9,
        fol. 3'.

Debussy *a 3*, Le Roy and Ballard, RISM 1578-15, fol. 6'.

Hesdin, *a 4*, "S'il est a ma poste," in Attaingnant, RISM 1529-2, fol. 14' (ed. in Expert, *MMRF*, Vol. V, p. 98).

A fragment of Fresneau's "Fricassée" *a 4*, Moderne, RISM 1538-17, fols. 2'-4, has the words, "Ma mere, mon frere, ma soeur."

Further on this chanson, see Daniel Heartz, "Aupres de vous," 223, 225; Brown, "Catalogue," no. 219.

44. Sur Je demeure seulle esgarée   (fol. 50′)

Puisque Marie est acouchée,
Pastoureaulx, resjouyssez vous;
Gloire est la sus au ciel touchée
A Dieu qui est benin et doulx.
En terre soit paix sans courrux [sic]
Car c'est cy le temps ordonné
Chantez, le filz de Dieu est né.

C'est icy l'heureuse nuyctée
Que vous debvez estre joyeulx
De la precieuse portée
Que vous verrez devant voz yeulx.
Vous verrez l'enfant glorieux,
Entre deux bestes paovrement,
Qui a crée le firmament.

Tous les pastoureaulx de Judée
Ont laissé leurs bestes aux champs,
Et ont par voye recordée
Mainte raison en leurs doulx chantz.
Les simples gens non pas meschans
Ont trouvé le benoist saulveur   (fol. 51)
Et l'ont adoré de bon cueur.

La estoit la vierge honnorée,
Adorant son filz et seigneur,
Consideroit la bien heurée
De ces povres bergiers l'honneur,
Leurs faitz, leurs ditz, par grant douleur.
Aussi faict Joseph le preud'homs,
Qui des pasteurs avoit prou dons.

Puis s'en revont d'une assemblée,
Glorifians le Createur,
Trois roys n'ont la feste troublée
En visitant le Redempteur.
Herodes calumpniateur
Faict les innocens mettre a mort,
Mais il congnoistra qu'il a tort.

Ce roy plain de cueur brassée
Du conseil de ses familiers
En fist mourir d'une passée

Cent quarante et quatre miliers.
Joseph s'en fuyt par les sentiers,
Et saulva le Saulveur tresdoulx.
Prions luy qu'il nous saulve tous.

Amen.

Grace et amour.

Jo. Danielis Org.

Additional sources for this text:

S1. Daniel, *Chantzons sainctes.* fol. B3 (ed. in Chardon, *Daniel,* pp. 28-29).
S2. _____, *Noels nouveaulx,* fol. D3.
S3. [*Noelz nouveaulx*] (Cat. no. 51), fol. 59'.
S4. Jehan Bonfons, *Les Grans noelz,* fol. 50'.
S5. Nicolas Bonfons, *La Grand bible,* fol. 37.
S6. Rigaud, *La Grand bible,* no. 28.
S7. Hubert MS (Paris MS 1895), fol. 130.

Other parodies:

P1. Lotrian, *S'Ensuyvent plusieurs belles chansons,* 1535, fol. 64' (=
     Jeffery's *1535,* no. 15; also in his *1537, 1538,* and *1543;* ed. in Jeffery,
     Vol. II, pp. 158-59) cites the chanson as timbre for:

     Je demeure en tres grand tristesse
     Pour vous, ma dame par amour...

P2. *Chansons spirituelles,* 1569, p. 311, has the timbre, "Demeurée suis seul
     esgarée" for the chanson spirituelle, "Je chanteray a voix haussée."

Related chanson texts:

C1. *S'Ensuyvent huict belles chansons,* no. 4 (= Jeffery's *8(c);* also in his *La
     Fleur 110;* ed. in Jeffery, Vol. I, p. 208):

     Je demeure seulle esgarée
     Avecques cent milles douleurs.
     Puys que mon amy m'a laissée,
     Je n'ay passé temps que douleurs.
     Je m'y complains de mes malheurs,
     Puys que j'ay perdu mon amy
     Et si ne l'ay pas desservy.

> Le bleu porte pour livrée,
> Mais le vueil laisser.
> Puys qu'elle m'a sa foy faulsée,
> De noir je me vueil abiller,
> Car foy n'est pont de garder
> Loyaulté ou n'y en a point.
> Le noir m'y vient trop mieulx a point.

C2. An earlier version of the poem that begins with the same first line, but continues differently, is in *Le Jardin de plaisance,* ca. 1501, fol. 98 (facs. ed., Paris, 1910):

> Je demeure seule esgarée,
> De toute joye separée,
> Avecques cent milles douleurs.
> Je n'ay passé que temps de plours
> A parfaire ma destinée.
> Il n'est pas en langue de dire,
> N'a plume seulement escrire
> Les regretz qu'en mon cueur amasse.
> Dolente et lasse,
> Je doy bien ma vie mauldire,
> Qui n'a fait tel partie eslire.
> Certes la mort trop mieulx amasse.

C3. A variant version of the poem in *Le Jardin de plaisance* is in Löpelmann, *Rohan,* no. 366, pp. 244-45.

C4. The chanson is listed as a "basse dance commune" in [Moderne], *S'Ensuyvent plusieurs basses dances,* fol. B2', and in Rabelais, 5e livre, chap. 32 *bis* (ed. by Demerson, p. 928).

Musical settings:

M1. A setting of the text in (1) above, with only minor variants including a repeat of the last line of the strophe, appears in Attaingnant, RISM 1529-4, fol. 4, anonymous *a 3.* See ex. 44.

M2. The setting *a 4* in Munich MS 1516, no. 21, fol. 16, uses the same superius as the setting above. It is anonymous, and has only the textual incipit, "Je demand seulle" (transcr. in Whisler, Vol. II, p. 62). The two superius parts are similar except for minor ornamental notes, and for the fact that the last phrase is not repeated in Munich MS 1516 as it is in the Attaingnant, RISM 1529-4 setting.

M3. A lute transcription of (M1) above appears in Attaingnant, IM 1529-3, no. 20 (transcr. in Heartz, *Preludes, chansons,* p. 27; Mairy; *Chansons au luth,* pp. 24-25; another version, p. 26).

M4. A keyboard transcription of (M1) above is in Attaingnant, RISM 1530-4, no. 32 (transcr. in Seay, *Transcriptions of Chansons for Keyboard,* p. 150; also transcr. in Whisler, Vol. II, p. 184).

M5. An anonymous setting in Dijon MS 517, fol. 87', is *a 3.* It is melodically unrelated to the Attaingnant, RISM 1529-4 setting, and has a variant text.

M6. A fragment in a fricassée in Paris MS 4379, fol. 2', has the text "seulle esgarée" (quoted in Kovarik, Vol. II, no. 3, p. 1).

Example 44.

Example 44 (conclusion).

45.   Sur Au boys de deuil   (fol. 51)

Resveillez vous, venez gaigner le pris   (fol. 51′)
Gens endormyz, prenez en vous lyesse.
Crainte n'ayons desormais de perilz;
Chanton: "Noel" par bonne hardyesse.
Si triste esmoy nous a long temps detins,
Il vuide hors; car Jesus est retins*
    Pour mettre en cure
    Ce qu'on procure
    Toute nature.
  Adam et sa posterité
    La forfaicture
    Prendra fracture
    Par ung Mercure
  Qui a tresgrande auctorité.
    Noel.

Au beau verger du souverain pourpris
Dieu mist Adam, remply de grant noblesse,
Or contemplez, tous notables espris,
Comment Sathan par cautelle nous blesse;
Voyant formé l'homme si bien aprins,
Despit en luy cruellement a prins.
    Lors luy enorme
    Serpent si forme
    Faicte** et difforme,
  Monstrant le miserableté.
    La femme et l'homme
    Fist mordre en somme
    Dedans la pomme,
  Dont tous vint a perplexité.
    Noel.

Or fut Adam en lamentable cris,
Pleignant son mal en piteuse tristesse.   (fol. 52)
Au boys de deuil tenebreux ses escriptz,
Echo respond et respondra sans cesse.

---

*Line missing from Sergent's *Les Grans noelz*, but restored from Chardon, *Daniel*, p. 29.
**Chardon, *Daniel*, p. 30, reads "Laide et difforme."

L'orgueil peché† y est comprins;
Dont serions sans baptesme reprins,
   Qui purifie,
   Qui vivifie,
   Cil que se fie
Au Filz de Dieu en verité.
   Qu'on crucifie
   Qui mort deffie,
   Qui nous affie,
Tout amour sans severité.
   Noel.

Au temple esleu les supernelz descriptz
Ont mis leur fort prosperant par humblesse.
Qui, de Sathan a tous les sors perscriptz
Et n'a usé que d'amours sans rudesse
Les plus restifz et hardys ennemys
A tins confus et plus bas que asnes mis.
   Les bons invite.
   Mors ressuscite,
   Chascun incite
A laisse immundicité,
   De mort n'et quicte
   En croix s'aquicte
   Enfer despite
Pour ouvrir la saincte cité.
   Noel.

O bon Jesus qui repais et nourrys
Tous Chrestiens par manne de haultesse,
Noz vieulx pechez enorme et noz ris
Ne prens a cueur; mais donne nous adresse
Que ne soyons a nostre mort sourprins,
Si parviendrons comme il est entreprins   (fol. 52′)
   Au ciel empire
   Ou nul n'empire,
   Mais joye aspire,
Tout chante par felicité.
   Hault roy et syre,
   Chascun desire
   Chanter et dire:
"Noel" en grant joyeuseté.

†"L'original peché" in Jehan Bonfons, *Les Grans noelz,* fol. 52, and in Chardon, *Daniel,* p. 30.

Additional sources for this text:

S1. Daniel, *Chançons joyeuses,* fol. A' (ed. in Chardon, *Daniel,* pp 29-31).
S2. ———, *Noels nouveaulx,* fol. D3'.
S3. [*Noelz nouveaulx*] (Cat. no. 51), fol. 60.
S4. Jehan Bonfons, *Les Grans noelz,* fol. 51.
S5. Nicolas Bonfons, *La Grand bible,* fol. 37'.
S6. Rigaud, *La grande bible,* no. 29 (first strophe in Vaganay, p. 59).
S7. Hernault, *Cours des noelz,* fol. H(1.)4'.
S8. Vilgontier MS (Paris MS 14983), fol. 21, without timbre.

Other parodies:

P1. Jehan Olivier, *Noelz nouveaulx...plat d'argent,* no. 1, is the noël, "Au
     lac de plours et tenebreux manoirs," to the same timbre (see Oulment, p.
     58).
P2. [Moderne], *La Fleur des noelz nouvellement notés,* fol. E, has the same
     timbre for the noël, "Au boys de deuil, a l'ombre d'un soucy."
P3. [Lotrian], *Les Grans nouelz,* fol. 16', has the same timbre and noël text
     as the Moderne print above.
P4. A Protestant parody in *S'Ensuyvent plusiers belles et bonnes chansons,*
     Geneva, 1532 or 1533, has a text by Antoine Saulnier, "Chanson de dix
     commandemens de Dieu" with the timbre, "Au boys de dueil":

> Adore un Dieu le pere tout puissant
> En verité, sans nulle oeuvre charnelle.
> Par son seul Filz en seras congnoissant
> Qui est le Christ ton advocat fidele.
> De tout ton coeur et force l'aymeras
> Et a lui seul tout honneur donneras,
>   Car il domine
>   Par sa divine
>   Puissance, insigne,
> Et sur la terre et sur les cieux:
>   Mais trop fretigne
>   Le gent maligne
>   Quant elle encline
> Son coeur a chercher aultres dieux.

Several more verses follow. The text has been edited by Bordier, who
reprinted it in *Le Chansonnier huguenot,* p. 3.
P5. Pierre Doré, *Les Cantiques déchantés,* Paris, 1549, fol. A6, gives the
     same chanson as the timbre for the topical song, "France ouez, ô

Gaullois escoutez"; a second parody, on fol. C6, is the Counter-Reform text, "Mon triste coeur, quand cessera de gemir."

P6. The same text is in *Recueil de plusieurs chansons spirituelles,* 1555, p. 6; an in *Chansons spirituelles,* 1569, p. 148.

P7. Nourry, *S'Ensuyvent plusieurs belles chansons,* fol. F3 (= Jeffery's *Nourry;* ed. in Jeffery, Vol. II, pp. 112-14; also in his *1535, 1537, 1538,* and *1543*) has a Protestant chanson that parodies the same text:

> Au boys de deuil, a l'ombre d'ung soucy,
> Prisonnier suis, enclos en la forteresse.
> En peine, en deuil, et en tout desplaisir,
> Languissant suis en douleur et tristesse.
> Or n'est il homme a moy faisant secours,
> Or n'est il nul allegeans mes doulours.
>> Fault il que je labeure
>> Et travaille en toute heure?
>> Helas, helas, je pleure
> Apres Jesuchrist mon secours.
>> Il est seul voye seure,
>> Pour trouver la demeure
>> Ou tous biens on saveure
> C'est luy que j'ayme par amours.

Four more strophes follow.

P8. *Recueil de plusieurs chansons spirituelles,* 1555, p. 177, has the same timbre for the Protestant chanson, "Esjouy toy, esjouys jeune enfant."

Related chanson texts:

C1. *S'Ensuyvent viii belles chansons nouvelles,* no. 7 (= Jeffery's *8(b);* ed. in Jeffery, Vol. I, p. 201; also in his *La fleur 110*):

> Au boys de deuil, a l'ombre d'ung soucy
> Aller my fault pour passer ma tristesse.
> Remply de deuil, de souvenir transsy,
> Manger me fault maintes poires d'angoisse.
> Dans un vert pré couvert de noires fleurs,
> De mes deux yeulz feray ung lit de pleurs.
>> Fy de liesse,
>> Ma hardiesse,
>> Malheur me presse,
> Puis que j'ay perdu mes amours.
>> Las, trop j'endure,

> Je vous asseure,
> Le temps my dure;
> Soulas, vous n'avez plus de cours.

Two more verses follow.

C2. Jaques Viviant, *S'Ensuyvent plusieurs belles chansons,* Geneva, n.d., fol. E (facs. ed. in *Collection de poésies, romans, chroniques*... Vol. I, no. 3, ed. by L.C. Silvestre). There is an extra line of text at the end of each strophe.

C3. Clément Marot, in "Complainte d'une Niepce sur la mort de sa tante," Lyons, 1540, fol. 55, begins strophe 3 of a poem with the same line, but the balance of the poem differs, and thus does not match the noel:

> Au boys de dueil, a l'ombre de soucy
> M'estoie au temps de sa Vie prospere;
> Mon soulas gist soubz ceste terre
> Et de la veoir plus au monde n'espere.
> O mort mordant, o impropre impropere
> Pourquoy, helas, ton dard ne fleschissoit
> Quand son vouloir au mien elle unissoit
> Par vraye amour naturelle, et entiere:
> Mon cueur ailleurs ne pense, ne pensoit,
> Ne pensera. Doncques (quoy qu'il en soit)
> Si je me plaings, ce n'est pas sans matiere.

C4. A strophe of "A qui me dois-je retirer" has a similar opening line:

> Au boys de dueil je m'en iray,
> Pour y passer resjouissance...

This is an eight-line strophe which differs from C1 above in all but the opening phrase. See Weckerlin, *L'Ancienne chanson,* p. 27.

Musical settings:

Although the text collections above include the chanson with the incipit, "Au boys de dueil..." the earliest setting by Claudin and all other musical settings so far found, have the incipit, "Au joly bois..." Apart from the differing incipit, the balance of the poem as it appears in musical settings is the same except for minor variants.

M1. Claudin's setting *a 4* in Attaingnant, RISM 1529-2, fol. 4', is the chanson on which subsequent settings were based (ed. in Claudin de Sermisy, *Opera omnia,* Vol. III, pp. 18-19; Expert, *MMRF,* Vol. VIII (1897), pp. 24-26: Riemann, *Musikgeschichte in Beispielen,* no. 30, pp. 57-58).

M2. The following settings are based on Claudin's: Certon, *a 2* in Moderne, RISM 1538-18, fol. 15; another setting by Certon, *a 5,* in Du Chemin, *Meslanges,* 1570, p. 26; Penet, *a 3,* in Le Roy and Ballard, RISM 1553-22, fol. 5'-6, and in Le Roy and Ballard, RISM 1578-14, fols. 2'-3.

M3. Instrumental settings also based on Claudin's are in: Attaingnant, RISM 1531-7, fol. 61 (facs. in Bernoulli, Vol. II, p. 41); and in Basel F.ix.58, no. 7, the Hans Kotter lute tablature.

46.   Aultre noel sur Qui la dira, la douleur de mon cueur(fol. 52′)

Qui chantera: "Noel" du bon du cueur,
En honnorant celle qui Jesus porte,
De l'ennemy se trouvera vaincqueur;
Car luy porté rompera d'enfer la porte.
    Noel.

L'ange aux pasteurs a chanté par doulceur:
"Laissez les champs ung chascun se transporte
Vers Bethléem ou Dieu nostre saulveur
De vierge est né, comme je vous rapporte."
    [Noel.]

Gentilz bergiers, n'ayez cause de pleur;
Gloire est au ciel a Dieu qui nous conforte.
En terre est paix aux hommes de valeur,
Car Jesuchrist a sur tous la main forte.
    Noel.

Bergiers oyans l'amyable clameur
Sont resjouys trestous de bonne sorte,
Et en chantant ont laissé leur tremeur;
Mais pour vray Dieu ung chascun d'eulz s'assorte.
    Noel.

Venans au lieu luy ont faict tout honneur,
Joyeulx dictons de merveilleuse emporte;
Presens donnoyent au souverain d'honneur,   (fol. 53)
Et si n'a rien et tous biens nous apporte.
    [Noel.]

Les roys ont vue la haultaine splendeur;
Adoré l'ont; Herodes s'en deporte;
Car luy tenant d'avarice l'ardeur,
Rend d'innocens mainte legion morte.
    Noel.

Ung ange fut a Joseph enseigneur
Que mere et filz a son povoir supporte.
Supplions tous, tant majeur que mineur,
Que nous soyons tous mis en leur cohorte.

        Amen. Grace et amour.

        Jo. Dan[ielus] or [ganista]

Additional sources for this text:

S1. Daniel, *Chançons joyeuses,* fol. A2' (repr. in Chardon, *Daniel,* pp. 31-32)
S2. _____, *Noels nouveaulx,* fol. E.
S3. [*Noelz nouveaulx*] (Cat. no. 51), fol. 61'.
S4. Jehan Bonfons, *Les Grans noelz,* fol. 52'.
S5. Nicolas Bonfons, *La Grand bible,* fol. 21'.
S6. Rigaud, *La Grand bible,* no. 30 (repr. in Vaganay, p. 60).

Other parodies:

R1. [Lotrian], *Les Grans nouelz,* fol. 139', cites the same as timbre for the noel, "Qui la dira, la douleur de Jesus."
P2. The chanson is cited as timbre for the Protestant chanson, "Qui la dira la peine de mon cueur," in Mathieu Malingré, *S'Ensuyvent plusieurs belles et bonnes chansons,* Geneva, 1532 or 1533, fol. C2; in Beaulieu, *Chrestienne resjouyssance,* 1546, p. 62; in *Chansons spirituelles,* 1569, p. 103; in *Recueil de plusieurs chansons spirituelles,* Geneva, 1555, p. 99, where the word "douleur" replaces "peine."

Related chansons text:

C1. *S'Ensuyvent viii belles chansons nouvelles,* no. 4 (= Jeffery's *8(a)*); ed. in Jeffery, Vol. I, p. 191; also in his *8(b), 16,* and *La Fleur 110;* in *Joyeusetez,* Vol. XIII, p. 37):

> Qui la dira, la douleur de mon cueur,
> Et la langueur que pour son amy porte?
> Je n'y soustiens que peine et douleur,
> J'aymerois mieulx sans espoir estre morte.

Four more strophes follow.
C2. The text set by Willaert in Antico, RISM 1536-1, fol. 3', is:

> Qui la dira, la peine de mon cueur,
> Et la douleur que pour son amy porte?
> Je ne soubstiens que tristesse et langueur.
> J'aymeroys mieulx certes en estre morte.

Thus despite the several minor variants, this text matches the text above in strophic design as well as syllable count. Either of the two texts could have served as a model for the noël.

C3. An inidentified melody in *La Fleur des noelz nouvellement notés,* no. 10, resembles closely the tenor of Willaert's "Qui la dira," cited in M1 below. The text given below, differs from the texts of both Sergent's noël and the matching chanson in C1 and C2 in its rhyme scheme, and in the addition of an extra syllable:

> "Noel" chantons, que chascun se resveille
> Chantons de cueur et que nul ne sommeille:
> L'enfant Jesus, Le roy du firmament,
> S'en vient sortir d'une rose vermeille.
>
> Doulce vierge, qui es la nonpareille,
> Esbahye fuz quant t'apporta nouvelle
> L'ange qui dist que le doulx Jesuchrist
> En concepvras; estoit bonne nouvelle.

Three more verses follow. See ex. 46a below.

C4. The text given in Paris MS 9346, no. 8, fol. 88' (ed. in Gérold, *Bayeux,* p. 102) is not the model for the noël: nor is the chanson, "Et qui la dira, dira" in Petrucci, *Odhecaton,* fol. 13'-14 (ed. in Hewitt, *Odhecaton,* pp. 132-33):

> Et qui la dira, dira,
> La douleur que mon cueur a?
> J'aymes une belle fille:
> Je ne sçay s'elle m'aymera.
> Il me faulsist un valet
> Qui a elle parler allast.
> Et qui la dira, dira,
> La douleur que mon cueur a,
> Que mon cueur a, que mon cueur a,
> La douleur que mon cueur a?

Musical settings:

M1. The noël with monophonic melody in [Moderne], *La Fleur des noelz nouvellement notés,* fol. D', is given with both the noel and the chanson texts underlaid text in ex. 46a.

M2. Willaert's setting *a 3* of "Qui la dira" is in Antico, RISM 1536-1, fol. 3'; in Le Roy and Ballard RISM 1578-16, fol. 4', bass missing. The melody in the tenor resembles in outline but not in detail the melody in M1 above. See ex. 46b. For additional sources for this chanson, see Lawrence Bernstein, *"La Courone et fleur des chansons a troys,"* p. 61.

M3. A setting by Willaert *a 5* is in "Misse in musica," Paris Rés. 851, p. 490, with text incipits only; it appears with full text in Munich MS 1508, no. 86; in Le Roy and Ballard, RISM 1572-2 fol. 2'. The setting is based on the same melody as those cited in M1 and M2.

M4. Verdelot's canonic setting *a 8* in Le Roy and Ballard, RISM 1572-2, fol. 83', is based on the same *cantus prius factus* as Willaert's settings.

M5. A free setting by Crecquillon, *a 4*, in Cambrai MS 125-28, p. 126 (transcr. in Trotter, Vol. II, p. 345), is not based on the same melody.

Example 46a.

Example 46b.

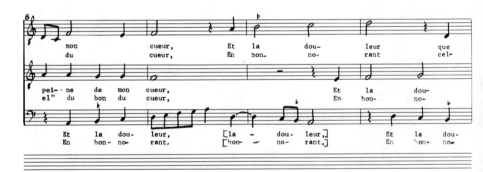

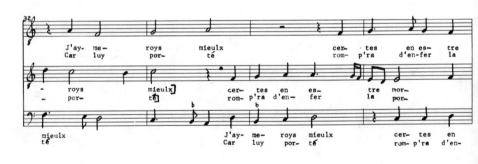

47.   Sur Mauldit soyt il qui fist amours, Qu'il ne les fist durer tousjours(fol. 53)

De chanter il est bien sayson;
Chantons: "Noel" car c'est rayson,
Joye sans comparayson,
   Noel, noel.
Exaulcée est nostre orayson.
   Noel.

Adam est mis hors de prison,
Qui long temps par sa mesprison
Attendoit ce que nous prison,
   Noel, noel,
Jesus a faict la guarison.
   Noel.

Si voulez sçavoir la façon:
Gabriel chanta la chanson
A Marie qui sceut la leçon,
   Noel, noel,   (fol. 53')
Et d'elle nasquit l'enfançon.
   Noel.

Et ung trespovre mayson
Pastoureaulx vindrent a foyson,
Garnyz de chascun sa toyson,
   Noel, noel,
Guillot, Denys et Alizon.
   Noel.

Chascun avoit advision
De porter sa provision
A l'enfant filz de Marion,
   Noel, noel,
Et chantoyent sans derision:
   Noel."

De guerre n'estoit question.
Chascun estoit d'oppinion
D'adorer le petit mignon,
   Noel, noel,
Qui nous doint paix et union.
   Noel. Amen.

Additional sources for this text:

S1. [Daniel], *Chançons joyeuses,* fol. A3 (ed. in Chardon, *Daniel,* pp. 32-33).
S2. ———, *Noels nouveaulx,* fol. E'.
S3. [*Noelz nouveaulx*] (Cat. no. 51), fol. 62.
S4. Jehan Bonfons, *Les Grans noelz,* fol. 53.

48.   Sur Je m'y repens de vous avoir aymée   (fol. 53′)

> Gentilz pasteurs qui veillez en la prée,
> Abandonnez tout l'amour terrien;
> Jesus est né, ne vous craignez de rien,
> Chantez: "Noel" de jour et de vesprée.
>   Noel.
>
> Laissez aygneaulx repaistre en la contrée;
> Gloire est aux cieulx pour l'amour de ce bien
> Qui porte paix; amour et entretien.
> Alles le veoir, c'est bonne rencontrée.
>   [Noel.]
>
> Or est esmeu tout le pays de Judée.   (fol. 54)
> Pasteurs y vont, ne demandez combien,
> Portans presens et de va et de vien;
> Sans celer rien leur bourse fut vuydée.
>   Noel.
>
> Le toyson d'or qui est emprisonnée
> Sera dehors de ce cruel detien,
> Car Jesus est trop plus nostre que sien.
> Pour la tirer la chose est ya sonnée.
>   Noel.
>
> Aurora vient que la nuyct est finée;
> Honnestement et de tres bon maintien*
> Rompu sera tout le fier et aspre chien;
> Portier d'enfer la cause est assignée.
>   Noel.
>
> Prions Jesus que a la saincte journée
> Ayons de luy tout appuy et soustien.
> Vierge Marie il est nostre et est tien;
> Compose o luy que paix nous soyt donnée.
>   Amen.   Grace et amour.

Additional sources for this text:

S1.   [Daniel], *Chançons joyeuses,* fol. A3′ (repr. in Chardon, *Daniel,* p. 34).
S2.   _____, *Noels nouveaulx,* fol. E2.

———

*This line is missing in Sergent, and in Jehan Bonfons's reedition as well. The quatrain is complete in the Arsenal print (cat. no. 51) and in Chardon's edition of Daniel, cited below.

S3.   [Noelz nouveaulx] (Cat. no. 51), fol. 63'.
S4.   Jehan Bonfons, *Les Grans noelz,* Paris, n.d., fol. 53'.
S5.   Hubert MS (Paris MS 1895), fol. 68, give the noël text without timbre.

Other parodies.

P1.   Malingré, *S'Ensuyvent plusieurs belles et bonnes chansons,* cites the same timbre for the Protestant chanson, "Je vous rescripz, ma soeur tres bien aymée," the "Cantique de Symeon," on fol. B3.
P2.   *Recueil de plusieurs chansons spirituelles,* 1555, p. 83, cites this chanson as a second timbre, along with "Grace et vertu, bonté, beaulté, noblesse," for the Protestant chanson, "Grace et vertu. . . . " Reprinted in *Chansons spirituelles,* 1569, p. 92.
P3.   *Chansons spirituelles,* 1569, p. 274, cites the same timbre for another Protestant chanson, "Ne vois-tu point aujourd'huy les idoles."

Related chanson texts:

C1.   Verard, *Le Jardin de plaisances,* fol. 82'; *S'Ensuivent seize belles chansons nouvelles,* no. 4 (=Jeffery's *16;* ed. in Jeffery, Vol. I, pp. 236-37; also in his *La Fleur 110: Joyeusetez,* Vol. XIII, p. 38)

> Je me repens de vous avoir aymée,
> Puis qu'aultrement n'avez voulu mon bien,
> Et que jamais ne voulez faire rien
> Au moins qui doit au gré de ma pensée.

C2.   In Löpelmann, *Rohan,* no. 377, p. 251, a poem of three strophes has a first strophe like that above, and two more strophes that differ but have the same metric scheme.
C3.   The text of the monophonic melody in Paris MS 12744, no. 23, begins, "Helas, je me repens. . . . " With the exception of minor variants and the additional word at the beginning of the first line, the text is virtually identical to that in C1 above. Therefore the noël fits the melody (pr. in Paris et Gavaert, p. 13).
C4.   Attaingnant, RISM 1529-3, no. 19, fol. 30' (transcr. in Mairy, *Chansons au luth,* p. 22) has a text which differs in its metric scheme: lines 2 and 3 have eight syllables, whereas the parallel lines in the noël text above have ten syllables. Thus the following text does not match the noël:

> Je me repens de vous avoir aymée,
> Puisque m'avrès mis en oubly;
> Pas n'avés le cueur anobly,
> D'en tant de lieux mettre vostre pensée.

C5.   "Ne te repens de m'avoir trop aymé" is listed in Brown, "Catalogue," no. 307.

Musical settings:

M1.   The monophonic setting in Paris MS 12744 mentioned above in C3, can accommodate the noël text. See ex. 48a.

M2.   An anonymous setting *a 3* in Copenhagen MS 1848, p. 149, uses the same *cantus prius factus* in a slightly elaborated version, and will also accommodate the noël text. See ex. 48b.

M3.   A free setting by Gheerkin *a 4* in Cambrai MS 125-28, fol. 63, uses a variant text which, however, has a strophic design close to those of the noël and of the chanson text given above.

M4.   A lute transcription without text is a slightly elaborated version of the lute song in C4 above, and thus does not accommodate the noël text (pr. in Heartz, *Preludes, chansons,* no. 19, p. 26).

Example 48a.

Chanson: Hel - las, je m'y re-
Noel: Gen -- tilz, [gen - tilz] pas-

perd de vous a - voir ay -
teurs qui veil - lez en la

mé - - - e, Puis
pré - - - e, A -

qu'aul - tre - ment n'a - vez vou -
ban - don - nez tout l'a - - mour

lu mon bien, Et que ja -
ter - rien, Je - sus est

més Vous ne vou- sis- tes rien Cho -
né, ne vous crai-gnez de rien, Chan-

- se qui soit au gré de
- tez: "No - el" de jour et

ma pen - - sé - e.
de ves - - pré - e.

Example 48b.

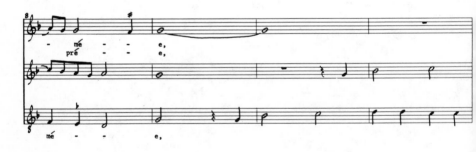

Example 48b (conclusion)

49.   Sur Ung tour d'aymer, baysez moy tant, tant   (fol. 54)

Chantons: "Noel," menons joyeuse vie,
Enfans d'honneur ayez de joye envye,
Car Dieu est né. Va l'ange racomptant,
   Playsons luy tant, tant,
   En luy recitant,
   Qu'il ne nous laisse mye;
   Et sa mere autant,
   En "Noel" chantant,
   Sera bien nostre amye.   (fol. 54')
     Noel.

Disposons nous: fuyons melencolye
Et delaisson tout peché et follye
Pour recepvoir ce daulphin triumphant;
   Tout le cueur luy fend.
   Le petit enfant
   A chiere tant jolye,
   C'est ung elephant
   Qui tous nous deffend.
   Tenebre est abolye.
     Noel.

Gentilz pasteurs, tristesse est en oublye;
Joye est aux cieulx et en terre anoblye.
Fuyez esmoy: ayez le cueur plaisant,
   Et en ce faisant,
   Dieu vous va baysant,
   Qui sa grace publie
   En satiffaisant
   Sathan desplaisant,
   A la main affoyblie.
     Noel.

De cueur de corps convient qu'on les supplye
Que nous ayons planiere grace emplye
Pour recepvoir ung si chier dyamant.
   Le petit amant
   Allons reclamant,
   Et sa mere Marie
   Noz pechez blasmant,
   Et la proclamant;
   Toute paix est nourrye.
     Amen. Noel. Grace et amour.

Additional sources for this text:

S1. [Daniel], *Chançons joyeuses,* fol. A4 (repr. in Chardon, *Daniel,* pp. 35-36).
S2. _____, *Noels nouveaulx,* fol. E2'.
S3. [*Noelz nouveaulz*] (Cat. no. 51), fol. 63.
S4. Jehan Bonfons, *Les Grans noelz,* fol. 54.
S5. Nicolas Bonfons, *La Grand bible,* fol 29.
S6. Rigaud, *La Grand bible,* no. 21 (repr. in Vaganay, p. 55).

Other parody:

P1. A setting *a 4* by Certon has a text which Daniel Heartz identified as a parody of the chanson given below, "J'ay le rebours de ce que je souhaite," with the refrain, "J'ay du mal tant, tant." (For an edition of the chanson parody, see Lesure. *Anthologie,* p. 49, no. 18; Heartz's comments are in "Les goûts réunis," p. 100, fn. 18).

Related chanson texts:

C1. No chanson collection, without or with music, has so far yielded a strophe beginning "Ung tour d'aymer...." However, the *chansons musicale,* "Au joly boys je rencontraye m'ayme..." by Clemens non Papa (see below) is a clearly related text:

> Au joly boys je rencontraye m'amye:
> Quant m'apperceut elle fus rejoye;
> Elle m'a dit tout bas en soubriant:
>   "Baisez moy tant, tant,
>   Fringuez moy tant, tant,
>   Mon amy, je vous prie;
>   Baisez moy tant, tant,
>   Fringuez moy tant, tant,
>   Si seray vostre amy."

The parody relationship between the noël text by Daniel and this is apparent in the design of verse and refrain, in the maintenance of the rhyme scheme, and in the retention in the noël text of the assonances used in the secular chanson.

C2. The chanson in the Bayeux MS (Paris MS 9346), no. 101 (pr. in Gérold, *Bayeux,* p. 120) has a text that is unrelated except for the first words:

> "Baisés moy, baisés moy!
> Baisés moy, ma doulce amye.

Par amour, je vous emprie."
"Non feray." "Et pourquoy?"
"Si je faisois la follie,
Ma mere seroit marie,"
"Vela de quoy! Vela de quoy."

Musical settings:

M1. The earliest published setting of the text in Cl above is *a 3,* by Jacques Clément non papa in Attaingnant, RISM 1529-4, fol. 17. It is unattributed in this print (ed. in Clemens, *Opera omnia,* Vol. X, p.1). See ex. 49a.

M2. Two variant settings *a 3* by Willaert use the same text and *cantus prius factus* as Clemens, and appear in Antico, RISM 1536-1, fols. 10' and 15', both have the *cantus prius factus* in the tenor. These are slightly elaborated versions of the tune found in the Clemens setting. See ex. 49b for the setting in RISM 1536-1, fol. 10'.

M3. For additional concordances for the Willaert setting, see Bernstein, *"La Courone et fleur"* nos. 20 and 31, pp. 65 and 66 respectively.

M4. Willaert's setting *a 5* in "Le Roy and Ballard," RISM 1572-2, fol. is based on the same text and melody as that in M1.

M5. Gombert's setting *a 6* in Royal MS 49-51, fol. 10', is also based on the same text and tune as M1.

M6. Certon's setting *a 5* in Du Chemin, *Les Meslanges,* 1570, p. 5, uses the same text as Willaert and a related melody.

M7. For additional settings by Willaert, and for settings by other composers as well, see Heartz, "Les goûts reunis," p. 100. For the notated chanson melody, see in the same source, ex. 34.

M8. The melody given for the chanson text in the Bayeux MS is unrelated to that in the settings cited above.

Example 49a.

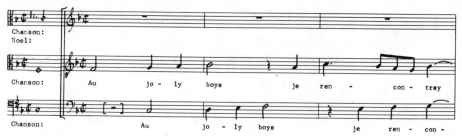

Chanson:
Noel:

Chanson: Au jo - ly boys je ren - con - tray

Chanson: Au jo - ly boys je ren - con -

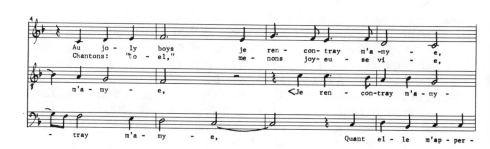

Au jo - ly boys je ren - con - tray m'a -my - e,
Chantons: "No - el," me - nons joy - eu - se vi - e,

m'a - my - e, Je ren - con-tray m'a - my -

- tray m'a - my - e, Quant el - le m'ap - per -

Quant el - le m'ap - per - ceut, El-le fut res-jou y -
En - fans d'hon-neur a - yez de joy - e en - vi -

e, Quant ap - per - ceut el - le fut res - jou - y -

ceut el - le fut res- jou - y - e,

Example 49a (cont.)

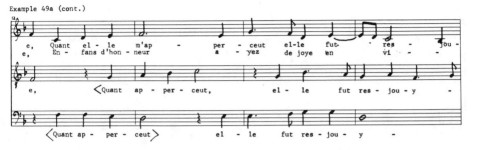

Example 49b.

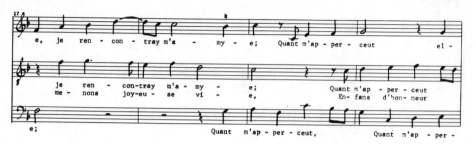

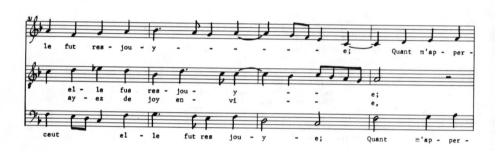

Example 49b (cont.)

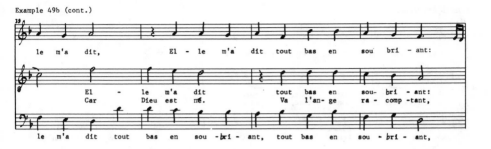

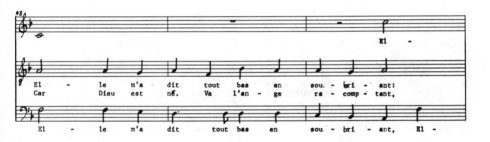

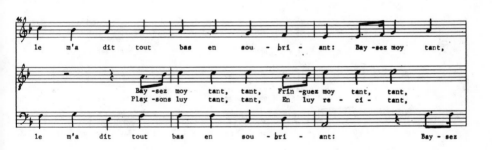

Example 49b (cont.)

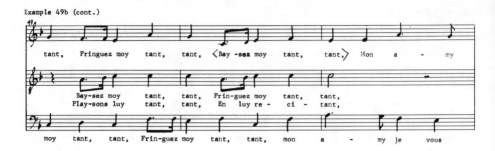

tant, Fringuez moy tant, tant, ⟨Bay-sez moy tant, tant,⟩ Mon a - my

Bay-sez moy tant, tant, Frin-guez moy tant, tant,
Play-sons luy tant, tant, En luy re - ci - tant,

moy tant, tant, Frin-guez moy tant, tant, mon a - my je vous

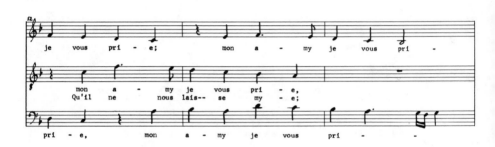

je vous pri - e; mon a - my je vous pri -

mon a - my je vous pri - e,
Qu'il ne nous lais-- se my - e;

pri - e, mon a - my je vous pri - -

e, Je vous pri - - e; Bay - sez moy tant,

mon a - my je vous pri - e; Bay-sez moy tant,
Qu'il ne nous lais - se my -- e; Et sa mere au -

e, Je vous pri - e; Bay - sez moy tant,

50. Sur Amy, souffrez que je vous amye   (fol. 54′)

Pecheurs, souffrez que Dieu vous ayme,
Et qu'il appaise sa rigueur;
Il ne demande que la cueur.
Chantez: "Noel" de corps et d'ame.
    Noel.

Ces jours a choisy une dame,   (fol. 55)
Dame de pris et de valeur,
Par le sainct esprit en valeur,
Qui sans corruption l'enflame.
    Noel.

Nostre nature estoit infame,
Mais Dieu le haultain createur,
Pour estre de nous redempteur,
A voulu naistre d'une femme.
    Noel.

La sainte vierge sans diffame
L'a porté sans souffrir douleur
Et sans changer couleur,
Qui est ung noble los et fame.
    Noel.

Nature n'est point de la game:
C'est par l'oeuvre du grant facteur
Qui a composé nostre acteur,
Qui rend Sathan pis que bigame.
    Noel.

C'est bien raison que l'on reclame
La mere du benoist saulveur,
Et d'impetrer telle faveur,
Pour avoir lieu ou paix se clame.
    Amen.

Additional sources for this text:

S1. [Daniel], *Chançons joyeuses,* fol. A4′ (ed. in Chardon, *Daniel,* pp. 36-37).
S2. _____, *Noels nouveaulx,* fol. E3.
S3. [*Noelz nouveaulx*] (Cat. no. 51), fol. 64.
S4. Jehan Bonfons, *Les Grans Noelz,* fol. 54′.

Other parodies:

P1. *Noelz nouveaulx fais par les prisonniers,* fol. 3, cites the same timbre for the noël, "Humains, monstrez que Dieu vous ayme (ed. in Pichon, *Le Moigne,* p. 162).

P2. Mathieu Malingré, *Noelz nouveaulx,* 1533, fol. A2, cites the same timbre for the chanson, "Chantons 'Noel' par voix seraine."

P3. Beaulieu, *Chrestienne resjouyssance,* p. 57, cites the same timbre for the Protestant chanson, "Amy, fay que je t'ayme.

P.4 *Recueil de plusieurs chansons spirituelles,* 1555, p. 222, cites the same timbre for the Protestant chanson, "Chrestiens, souffrez que l'on vous ayme."

P5. *Chansons spirituelles,* 1569, p. 165, cites the same timbre for the Protestant chanson, "Si vous craynez de Dieu la haine."

Related chanson texts

C1. *S'Ensuivent seize belles chansons nouvelles,* no. 7 (= Jeffery's *16;* ed. in Jeffery, Vol. I, p. 239; also in his *17, La Fleur 110,* and *1538;* in *Joyeusetez,* Vol. XIII, p. 42):

> Amy, souffrez que je vous ayme,
> Et ne me tenez la rigueur
> De me dire que vostre cueur
> Souffre pour moy douleur et peine.

Two more strophes follow.

C2. Listed as a basse danse in Arena, *Ad suos compagniones,* Lyons, 1572, fol. 41′.

Musical settings:

The list of musical settings of this chanson text is among the more extensive for chansons of this period. A monophonic version is lacking; however, with but one exception, every setting is of the same *cantus prius factus.*

M1. a. A setting *a 3* is in Florence MS XIX.117, fols. 18′-19. The melody elaborated. It attributed to "Io. Izegha."

    b. A closely related setting *a 3* is in Attaingnant, RISM 1529-4, fols. 6′-7. It is anonymous. However, Howard Brown, in "The Genesis of a Style," p. 33, states that the chanson is by Claudin, and that this setting preceded the setting in Attaingnant, RISM 1528-4 (see below) despite the later publication date.

c.   Another three-voice setting is in Rhaw, RISM 1542-8, no. 80 (tr. in Gaines, Vol. II, p. 455). This is an edition, with only minor variants, of the chanson cited above in M1b.

d.   An instrumental setting *a 3* is in Attaingnant, IM 1529-3 (ed. in Mairy, *Chansons au luth,* pp. 4-5; and in Heartz, *Preludes, chansons,* p. 17).

e.   A keyboard version of M1b is in Attaingnant, RISM 1531-8, fol. 90.

f.   A setting *a 3* is attributed to Le Heurteur in the table and to Moulu in the body of the print in Leroy and Ballard, RISM 1553-22, fol. 21'.

g.   A setting *a 3* in Berg and Neuber, RISM [1560]-1, no. 41, is anonymous.

h.   A setting *a 3* in Le Roy, RISM 1578-14, fol. 18', is attributed to Claudin in the table and to Moulu in the body of the print.

i.   A setting *a 3* is attributed to Richafort in Le Roy and Ballard, RISM 1578-15, fol. 16.

M2. a.   The earlier setting *a 4* is in Attaingnant, RISM 1528-4. fol. 10'. It is anonymous, but attributed to Claudin on the basis of other sources. However, Cazeaux concluded that it is probably not by Claudin (see her dessertation, Vol. I, p. 83: for concordances, p. 79; for transcription, Vol. II, pp. 35-37; ed. in Claudin de Sermisy, *Opera omnia,* Vol. III, p. 14).

b.   A related setting *a 4* is a manuscript insertion in Basel MS F.ix, 59-62, no. 25, text incipits only.

c.   A setting *a 4* is in Munich MS 1516, no. 16, fol. 13'.

d.   A setting *a 4* is in Ulm 236, no. 53.

e.   A setting *a 4* is in London, MS 31922, fol. 90 (transcr. in Stevens, *Musica Britannica,* Vol. 18, p. 64).

M3. a.   A setting *a 2* by Festa is in Gero, RISM 1541-14, p. 31, and uses the same melody as the anonymous version in RISM 1529-4.

b.   An anonymous setting *a 2* is in Gardano, RISM 1544-14, no. 29, fol. 19. It differs from (3a) in the lack of a repeat of the last phrase, and some minor variants.

c.   An anonymous setting *a 2* is in Munich MS 260, no. 70, fol. 46', and has the *cantus prius factus* in the superius. It is attributed to Gardano in Bellingham, *Sixteenth-Century Bicinia,* p. 122.

M4. Fragments of the chanson melody appear in the following fricassées:

a.   An anonymous setting *a 4,* "A l'aventure," in Attaingnant, RISM 1536-4. fols. 35'-36 (transcr. in Kovarik, Vol. II, p. 6, superius; repr. in Lesure, *Anthologie de la chanson parisienne,* p. 21; and in Parrish, *A Treasury of Early Music,* pp. 173-76).

b.   Fresneau's "Fricassée" *a 4* in Moderne, RISM 1538-17, fol. 2'-4'.

M5. a. A setting by Gombert *a 5* is in Susato, 12e livre, RISM 1550-13, fol. 16′. This setting uses the same text and is based on the same *cantus prius factus* as the setting in M1a above.

   b. A setting *a 5* is in Regensburg MS 940-41, no. 105.

M6. a. A setting *a 6* by Certon is in Du Chemin, *Les Meslanges,* 1570, p. 71, and uses the same melody and text.

   b. An anonymous setting attributed by Bernstein to Gerrard is *a 5,* in Royal MS 26-30, fol. 12′. This is the one setting which has a melody unrelated to all of the above.

M7. A setting by Vuildre *a 7* is in Le Roy and Ballard, RISM 1572-2, fol. 76.

51.   Sur Le trihory de basse bretagne: Noel en breton qui parle françoys(fol. 55)

Tyvonnet et Mathery,
Hervé, Henry
Trudaine,
Faison en ung chantery
Ung beau hoiry
Gent et joly,
En net demain.   Noel.

Ma pere il a dit que Adam
Eut eu ung beau fam   (fol. 55′)
Qui mordoit en une pomme,
Parquoy Dieu de son meson
Mist le bon hom
Entrez dehors. Garsonne,
Vous irez petez dehors
Ta meschant corps;
Villaine,
Vous en aurez pour le mors
Plusieurs remors,
Soyez en certain.

          Tyvonnet et Mathery, etc.

Quant le dyable il aura veu
Si despourveu,
Tandoue qu'il est d'aise,
Il est d'aille, il est venu,
Villain cornu,
C'est ung beste mobaise,
Mais Doe de paradis
A mis sa [sic] filz
En peine,
Et est venu de sa pays,
Ce disont ilz,
A puissant main.

          Tyvonnet et Mathery, etc.

Adam il estoit chassé
Perdu, lassé
Du vieu maison du dyable,
Mais Diou il a pourchassé,

Serché, tracé
Ung beau vierge amyable.
Gabriel il est d'allé
Et devallé
Soubdaine.   (fol. 56)
Au beau vierge a dit:
"*Ave nomen* Eve
Sera mis plain."

      Tyvonnet et Mathery, etc.

Le Doe il est nasqui
Tant beau, genty,
Seullement sur de paille.
Ung l'asne est empres tapy,
Ung vasche aussi,
Son lalaine luy baille.
En ung vieu maison il est,
L'enfantelet
Tant jeune;
Il aura ma gastelet,
Ma tourtelet,
S'il a besoing.

      Tyvonnet et Mathery, etc.

Je porty ma flageollet
Et ma muset,
Et sonneray dataché,
Trihory joly dehet,
L'anguilloset;
G'iray comment ung vaché
Je feray dancer Mary
Avecques luy,
Dandaine.
Joseph sera endormy;
Le bon hommy
N'est pas trop sain.

      Tyvonnet et mathery, etc.

Au petit Doe j'auré,
Que je feré
Ung pourpine en son crache.
Neppes je luy porteré,
Morceau doré,

Chappon de Cornouache
Il aura le bon barat,
Le guyne math
A plaine;
L'orleans vin, l'anchivin,
Le poytevin,
S'il aura fain.

       Tyvonnet et Mathery, etc.

Je priray devotement,
Mignonnement,
Le petit et son mere,
Que j'auray joyeusement,
Vin largement,
Or en mon gebeciere,
Et neppes finablement,
Mon saulvement,
Soubaine;
Si chanteray haultement,
Godinement,
Au lieu haultain.

       Tyvonnet et Mathery, etc.

       Amen.   Noel.   Grace et Amour.

Additional sources for this text:

S1.   [Daniel], *Chançons joyeuses,* fol. B1 (repr. in Chardon, *Daniel,* pp. 37-39).
S2.   _____, *Noels nouveaulx,* fol. E3'.
S3.   Jehan Bonfons, *Les Grans noelz,* fol. 55.

Related chanson texts:

C1.   Brown, in *Music in the French Secular Theater,* pp. 81 and 161, cites references to this dance in a farce.
C2.   In Arbeau, a "Trihory of Brittany" is listed among the *branles,* and a single phrase of melody is cited, pp. 151-52.
C3.   Rabelais cites a "Trihorry de Bretaigne" among his list of dances, in *Le 5e livre,* chap. 32 *bis* (ed. by Demerson, p. 927).

52. Sur Dictes moy, belle, voz pensées   (fol. 56′)

Vierge, dictes vostre pensée,
Car nous avons a vous amour,
Nous vous aymerons chascun jour
Comme digne d'estre prisée.
    Noel.

Par vous l'abisme est espuisée,
Adam est remis a sejour,
Il avoit failly a son tour;
Sa secte estoit bien abusée.
    Noel.

Vous avez este si rusée,
Que Sathan prevaricateur
Avez rendu adulateur,
Privé de toute sa visée.
    Noel.

Vous estes si auctorisée
De Dieu le pere createur,
Qu'il a mis en vous tout son cueur,
Et vous tient pour son espousée.
    Noel.

Sathan est en la fricassée;   (fol. 57)
Par vous il a maulvais atour.
S'il vous demande le retour,
Sa teste sera renversée.
    Noel.

Nous vous prions, vierge honnorée,
Qu'il vous souviengne de nous tous,
Car soubz vous nous vivons trestous,
Mere de Dieu tresdecorée.
    Amen.

Additional sources for this text:

S1.   [Daniel], *Chançons joyeuses,* fol. B2′ (repr. in Chardon, *Daniel,* p. 40).
S2.   _____, *Noels nouveaulx,* fol. F.
S3.   [*Noelz nouveaulx*] (Cat. no. 51), fol. 64′.
S4.   Jehan Bonfons, *Les Grans noelz,* fol. 56′.

Other parodies:

P1. [Vve. Trepperel?], *Les Grans noelz,* fol. 65, gives the timbre, "Belle, dites moy voz pensées" for the noël, "Chantons: 'Noel' par grant plaisance."

P2. [Lotrian], *Les Grans nouelz,* fol. 58', gives the same timbre as [Trepperel?] above.

Related chanson text:

C1. No chanson text has been located that has the precise incipit cited as timbre by Sergent. However, two settings, those of Compère and of Agricola, have the following text, a rondeau quatrain, which matches the strophic design of the noël:

> Dictes moy toutes voz pensées,
> Car j'ay desir de les sçavoir,
> Octroyes moy ce bien avoir,
> Affin qu'elles soient exaucées.
>
> Souvent les ay contre pensées
> Pour tous mieulx avoir car pouvoir.
> Dictes moy toutes voz pensées.
> Car j'ay desir de les sçavoir.

Musical settings:

M1. A setting *a 3* by Agricola is in Florence MS XIX.59, without foliation; in Bologna MS Q16, fols. 15'-16, where it is anonymous; in Florence MS XIX.178, fols. 13'-14, where it is textless and attributed to Alexander; in Casanatense MS 2856 fols. 56'-57 where it is textless and anonymous; in Cap. Giulia MS XIII.27, fols. 95'-96, where it is textless and anonymous. None of these settings is fully texted (ed. in *Agricola: Opera omnia,* Vol. V, ed. by Edward R. Lerner, pp. 24-25; critical comments on p. xxvii-xxviii).

M2. A setting *a 3* by Compère is in Cappella Giulia MS XIX.27, fols. 117'-118 without attribution; in Bologna MS Q16, fols. 2'-3, anonymous; in Copenhagen MS 1848, p. 137, anonymous, with full text in the superius; in Copenhagen MS 1848, p. 436, anonymous, with incipit only in the superius; in Dijon MS 517, fols. 88'-89, attributed to Loyset Compère, with full text in the superius; in the Laborde Chansonnier, fols. 109'-110, anonymous, with full text in the superius; in Florence MS 2794, fols. 8'-9; in Turin MS I.27, fol. 16', anonymous with full text in the superius; in Egenolff, RISM 1535-14, Vol. III, no. 64, superius only; in Heilbronn,

p. 30, anonymous, with bassus only; both of the latter text incipits only (transcr. in Allan W. Atlas, "Capella Giulia XIII.27," Vol. II, p. 96; commentary Vol. I, pp. 417-20; modern edition in *Mouton: Opera omnia,* Vol. II. pp. 131-32, ed. by Minor).

M3. A setting by Janequin *a 3* in Susato, RISM 1552-11, fol. 18, begins "Dictes moy doncq...."

53. Sur La belle tire lire en poetevin   (fol. 57)

Sus, compeignon, vin chanter: "Nau,"
Dancer la tyre lyre.
Noel.

Escoute in poy et tu verras bin rire.
L'autre net nous estions assis,
Janot, Adenet, cinq ou six,
    Gardant moutons groux et massis,
    Ne sçay quay nous vint dire.
    Noel.

On l'estoit faict d'on corps comme de cyre,
Par dessus nous a ceau vollant;
Mais que in papillon bavollant,
    Et nous disoit en flajollant
    Qu'il servoit le grant Sire.
    Noel.

Aller dist ou ne vueillez contredire
En Bethléem sans grant travau
Courez tous d'amont et d'avau;
    Iquo qui tous vous gard de mau,
    Est né, chascun y tyre.
    Noel.

Pour obvier que Adam n'ayt le martyre,   (fol. 57')
Des infernaulx presentement est né;
Au beuf et asne abandonné.
    De l'eschauffer m'a ordonné.
    Tousjours de mal em pire.
    Noel.

Ou l'eust bon faict ce qui nous dist escripre.
Huguet estoit in compeignon,
Qui d'estre clerc avoit regnom;
    Il escripvoit forment son nom,
    Mais il ne l'eust sceu lire.
    Noel.

Quant fusmes la, veismes Dieu de l'empire
Sur du foing, comme indigent,
Ou n'y a si meschant sergent,
    Qui voulsist pour or ny argent
    Tant de meschance eslire.
    Noel.

Nous de premiers y fusmes pour y bruyre,
Ou l'y en vint de Sainct Genoulx,
Et d'aultre de Sainct Jehan des choulx,
   Et cinq ou six villains tignoulx,
   Qui estoyent de Sainct Cyre.
      Noel.

J'avois des trippes que pas ne sceut frire;
Ou n'avoit grain de ferrement.
Je fuz contraint premierement,
   D'aller broutiller du serment,
   Dont Guillot les fist cuyre.
      Noel.

Trois grans seigneurs y vindrent d'une tire.
In berbu donna des joulneaulx.   (fol. 58)
L'ung d'eulx qu'in avoit plains drapeaulx,
   Estoit noir que les corbeaulx,
   Il nous fist trestous fuyre.
      Noel.

Prions Iquo, qui en bin nous vint duyre,
Quo luy plaise ce jour de Nau,
Nous preserver trestous de mau
   Hors de dyamore infernau
   En fin vienge conduyre.
      Amen.

Additional sources for this text:

S1. [Daniel], *Chançons joyeuses,* fol. B3 (repr. in Chardon, *Daniel,* pp. 41-
     42).
S2. _____, *Noels nouveaulx,* fol. F'.
S3. [*Noelz nouveaulx*] (Cat. no. 51), fol. 65.
S4. Jehan Bonfons, *Les Grans noelz,* fol. 57.
S5. Rigaud, *La Grand bible,* no. 31 (first strophe in Vaganay, p. 60).

Related chanson text:

C1. Brown lists in his "Catalogue," no. 393, a number of references to the
     refrain line "Turelure" and other similar sounding refrains, and cites this
     noël under 393c. No chanson has so far been found, with or without
     music, that matches this noël text.

54. Sur Mon petit ceur, helas   (fol. 58)

Chantons: "Noel" nouvel
De vois doulce et jolye,
Pour ce daulphin nouvel
Qu'a enfanté Marie.
    Noel.

Il c'est faict pur aignel,
Luy chef de nostre vie;
Peché originel
N'aura plus courcerie.
    Noel.

Le peuple d'Israel
Aura le prohecie;
David et Samuel
L'avoyent predit Messye.
    Noel.

Or, prince criminel,
Ta puissance est tarye,
Car le roy solennel
A ta proye saysie.
    Noel.

C'est le Filz surpernel [sic]   (fol. 58′)
Dont parloye Ysaye,
Qui est Dieu eternel,
Croy Enoch et Helye.
    Noel.

Jesus Emanuel,
Qui a la vierge choysye,
Faitz pardon mutuel
Au peuple qui te prie.*
    Amen. Noel.

Additional sources for this text:

S1.   [Daniel], *Chançons joyeuses,* fol. B4 (repr. in Chardon, *Daniel,* p. 43).
S2.   _____, *Noelz nouveaulx,* fol. F2′.

———————

*In Sergent's text, "pire."

S3.   [*Noelz nouveaulx*] (Cat. no. 51), fol. 66.
S4.   Jehan Bonfons, *Les Grans noelz,* fol. 58.

Related chanson texts:

C1.   The text used by Gascongne for a setting *a 4* in Attaingnant, RISM
       1529-2, fol. 1', matches the noël in syllable count, verse structure, and
       the use of two final sounds in alternation throughout the entire noël:
       abab..., which may also be a feature of the complete chanson text.
       Only one verse is given:

> Mon pauvre cueur, helas!
> Qui nuict et jour souspire.
> C'est d'ung amy qu'il a,
> Mais je ne l'ose dire.
>
> Mauldit soit l'amoureux
> Qui dict mal de s'amie.

C2.   A second text which begins similarly has a different syllable count and
       does not match the noël text. There are several settings of this text,
       which are listed below in M4:

> Mon petit cueur n'est point a moy;
> Il est a vous, ma doulce amye.
> Mais d'une chose je vous prie,
> C'est vostre amour, gardés la moy.

C3.   Another text which does not match is: "Mon pouvre cueur plain de
       douleur." For settings, see below, M5.
C4.   A text in [Lotrian], *S'Ensuyvent plusieurs belles chansons,* 1535, no. 83
       (= Jeffery's *1535;* ed. in Jeffery, Vol. II, pp. 218-19) has a text that
       begins. "Mon petit cueur qui vit en grant martyre," with a strophic
       design that does not match that of the noël.
C5.   The timbre, "Mon petit coeur, ma petit mignarde," is cited for the noël,
       "Trestous jeunes et vieux, Chantons je vous prie," in Triguel, *Le Recueil
       des vieils et nouveaulx cantiques...,* Paris, n.d., fol. 33.

Musical settings

M1.   Gascongne's setting *a 4* in Attaignant, RISM 1529-2, fol. 1' (ed. in
       Expert, *MMRF.* Vol. V, p. 1) accommodates the noël text.
M2.   Gombert's setting *a 6* in Royal Appendix MS 49-54, fol. 12, uses the
       same text and *cantus* as Gascongne, and also accommodates the noël
       text.

M3. A fragment in the anonymous fricassée, "A l'aventure," *a 4* in Attaingnant, RISM 1536-5. fol. 25 (ed. in Parrish, *Treasury*. pp. 172-75) repeats the opening phrase of the settings above.

There are numerous settings that begin similarly but have texts with different strophic designs and thus cannot accommodate the noël text. These are:

M4. Settings of the text, "Mon petit cueur n'est pas a moy," by
Willaert *a 3* in Antico, RISM 1520-3, fol. 33';
Willaert *a 4* in Cambrai 125-28, fol. 86: two related settings;
Gheerkin *a 4,* in Cambrai 125-28, fol. 46', musically unrelated to the Willaert settings;
Le Heurteur *a 2,* in Moderne, RISM 1539-18, 19, fol. 11; also in Rhau, RISM 1542-8, no. 70, and anonymous in Munich MS 260, pp. 57-58 (ed. in Bellingham, *Sixteenth Century Bicinia,* p. 83) where the chanson is attributed either to Claudin or to Le Heurteur). These settings are musically related to Gheerkin's chanson.
Anonymous *a 4,* in Bologna MS Q 21, frontispiece; also in Antico, RISM 1520-3, fol. 29'.
M5. Settings of the text, "Mon pauvre cueur plein de douleur," by
Lupi *a 4* in Attaingnant, RISM 1536-3, fol. 25'
Anonymous *a 3* in Susato, RISM 1544-1, fol. 15.
M6. A setting of the text, "Mon petit cueur, rejouy toy," may be a sacred parody of "Mon petit cueur n'est pas a moy," by Valentin Sohier in Susato, RISM 1539-20, fol. 3. The setting is for three voices.
M7. A setting *a 3* that begins, "Mon povre cueur" is in Oxford MS 213, fol. 67.

55.   Sur Mon mary n'a plus que faire De venir en noz maison   (fol.
58′)

En ce sainct temps salutaire,
Chantons, car il est saison.
Dieu descent pour nous retraire
De l'infernalle maison,
De l'infernalle maison,
    La chose est seure.
Chanter debvons, c'est bien raison
De vois trespure: "Noel."

Une vierge debonnaire,
Heurée sans comparaison,
A voulu ung amy faire,
Qui a tollu la poyson.
Qui a tollu la poyson
  De la morsure,
Car tout est mis hors de prison
Par la mort seure.   Noel.

Au departir de l'amye,
N'a sceu ses yeulx contenir.   (fol. 59)
J'ay desir, ne doubtez mye
De m'amour entretenir,
De m'amour entretenir
    Saulvant nature.
M'amour my faict a mort venir
Soyez asseure.   Noel.

Mon amy la departie
M'est bien dure a soustenir;
Grant douleur m'est impartie;
Je ne sçay que devenir,
Je ne sçay que devenir,
    Paovre esperdue,
Las, doulx Jesus, le souvenir
De vous my tue.   Noel.

J'ay mon ame pertransie
Du fier glayve de douleur;
Quant mon amy on crucie,
Je pers toute ma couleur,
Je pers toute ma couleur,
    Sans joye heureuse,

La dame suis plaine de pleur,
Tresangoisseuse. Noel.

Mon doulx amy et mon maistre,
Voulez mourir sans moy?
La douleur ou vous voy estre
M'a toute transie d'esmoy.   (fol. 59′)
Vous qui estes Dieu et roy
    Plain de puissance
Estes mis en cruel desroy
A grant meschance. Noel.

L'amy respond a l'amy:
"Par amour me fault mourir,
Car de la main ennemye
Fault nature secourir."
"C'est amour me faict languir,"
    Ce dist la dame.
"Mon cueur est tout prest de s'ouvrir
Et rendre l'ame." Noel.

Considerez, gent humaine,
L'amour du benoist Jesus
Et s'amye souveraine,
Et la douleur du parsus;
Il est venu de lassus
    En grant misere.
Prions leurs que amour lieve sus
Nostre priere. Amen.

Additional sources for this texts:

S1.   Daniel, *Noels joyeulx plain de plaisir,* fol. A2 (repr. in Chardon, *Daniel,* pp. 45-47).

S2.   _____, *Noels nouveaulx,* fol. F3′.

S3.   [*Noelz nouveaulx*] (Cat. no. 51), fol. 66′, cites as timbre for the same noël text, "Mon amy n'a plus que faire."

S4.   Jehan Bonfons, *Les Grans noelz,* fol. 58′.

Other parodies:

P1.   Le Moigne, *Noelz nouveau* (ed. by Pichon, p. 105) cites the timbre, "Las, mon amy, le souvenir" for the noël text, "Las, Marie, vostre doulx filz." This noël is missing from the Chantilly print (Cat. no. 36).

P2. Noël no. 82 of this source has the timbre, "Las, mon amy, le souvenir de vous me tue." Its noël text apparently is modelled on the same chanson as this noël, as the opening strophe of no. 82 shows:

Nature n'a plus que faire
Grande lamentation,
Puis que Dieu pour son affaire
A prins incarnation.
A prins incarnation
    De vierge pure
Parquoy avons redemption
La chose est seure.   Noel.

P3. Beaulieu, *Chrestienne resjouyssance,* p. 63, cites the timbre for the Protestant chanson, "Les moynes n'ont plus que faire."

P4. Triguel, *Le Recueil des vieils et nouveaulx cantiques,* fol. 24. has the timbre, "Nos maris n'ont plus que faire de revenir en nos maisons" for the noël, "Helas, je n'ay plus que faire."

Related chanson texts:

C1. *S'Ensuyvent seize belles chansons,* no. 10 (= Jeffery's *16;* ed. in Jeffery, Vol. I, pp. 242-43; also in his *17, 1535, 1537, 1538,* and *1543*) resembles the noël save for the repeated fifth line of each strophe. The entire poem is reprinted below, after the Jeffery edition, because a number of strophes in addition to the first served as models for other parodies:

Nous yrons jouer,
Nous yrons jouer
Sur la verdure,
Ou le mien amy m'atant,
    C'est chose sure.
Et mon amy, et mon amy,
Le souvenir de vous m'y tue.

Mon amy n'a plus que faire
De venir en noz maisons;
Il y en vient bien ung aultre
Plus gorrier et plus mignon
    Par adventure.
Et mon amy, et mon amy,
Le souvenir de vous m'y tue.

Helas, mon Dieu, tant il m'annoyt,
Ne sçay que dois devenir,

De la belle que tant j'amoye,
Que ne la tiens a mon plaisir
    Sur la verdure.
Et mon amy, et mon amy,
Le souvenir de vous m'y tue.

C'est a Paris la bonne ville
Que noz amourettes sont,
Je ne les ay neant perdue,
Si ce n'est par trayson
    Ou par envie:
Et mon amy, et mon amy,
Le souvenir de vous m'y tue.

Mon amy m'a mise en mue,
De cela il ne m'en chault.
Mal chausée et mal vestue,
C'est fait d'ung meschant ribault,
    C'est chose seure.
Et mon amy, et mon amy,
Le souvenir de vous m'y tue.

This text is also printed in Weckerlin, *L'Ancienne chanson,* pp. 384-85.

C2.   The text for the anonymous "Pauvre cueur," *a 4* in Attaingnant, RISM 1528-4, fol. 14 (ed. in Seay, *Thirty Chansons,* pp. 97-105), has variants, but may have served as model for the noël text equally well as the above:

Pauvre cueur, tant il m'ennuie,
Je ne sais que devenir,
Pour la belle qui tant j'aimoye,
Qui m'a planté pour reverdir,
    A l'adventure.
Hé mon ami, Hé mon ami,
Le souvenir de vous me tue.

C'est a Paris, le jolie ville,
Qu'on dit que nos amours sont,
Mais nous ne les perdrons mie,
Si ce n'est par trahison,
    A l'adventure.
Hé mon ami, Hé mon ami,
Le souvenir de vous me tue.

C3.   Listed in Brown, "Catalogue," no. 265 k-n.

C4.   A text in Löpelmann, *Rohan,* no. 579, p. 360, begins "Le souvenir de vous me tue." This is not the same chanson as found above. It has a setting in Laborde, fols. 55'-56, and probably is the same chanson Brown refers to in his "Catalogue," no. 265 b-f. For further concordances for the text in Löpelmann, see Kottick, "The Chansonnier Cordiforme," Vol. I, p. 186; for a transcription of Morton's "Le Souvenir," see Vol. II, p. 87.

Musical settings:

M1. The tenor part book, Paris MS 4599, ascribes a setting of the related text, "Mon amy n'a plus que faire" to M. Gasongne [sic] on fols. 5-6. The noël text fits this melody.

M2. An anonymous setting *a 4* in Attaingnant, RISM 1528-4, fol. 14, has the text incipit, "Pauvre cueur, tant il m'ennuie." (Ed. in Seay, *Thirty chansons,* pp. 97-105), which the noël text fits as well as M1 above. It is independent of M1.

M3. The anonymous "Pauvre cueur, tant il m'ennuie" is related to the setting above. It is in Scotto, RISM 1535-9, no. 10, *a 4* (alto and bassus only) and also accommodates the noël text.

M4. The fragment in the superius of the anonymous fricassée, "A l'aventure," in Attaingnant, RISM 1536-5, fol. 25, is related to the phrase with the same text in the setting cited in M1.

M5. A basse danse with the title, "Branle gay C'est mon amy," is derived from a Janequin chanson in Le Roy et Ballard, RISM 1578-15, fol. 15 (pr. in Heartz, *Preludes, Chansons,* p. 76 and discussed on p. xlvii). It is unrelated to the noël.

56. Sur Dieu te gard, bergiere, en poytou   (fol. 59′)

Bergier et bergiere,
Gardons nos moutons
Par gaye maniere;
"Noel, nau" chanton: "Nau,
Noel, nau" chantons.
    Noel.

Dy hau, Robinet   (fol. 60)
Faictz tu bonne chiere?
Et toy, Colinet,
Avecques Pasquiere,
Veiz tu la lumiere
Comme ardans boyssons,
Qui ceste nuyct clere
Faisoit chantz et sons, nau, nau,
Faisoit chantz et sons?
    Bergier et bergiere.

L'ange qui volloit
Devant et derriere
Si bien gringoloit
Sa doulce gorgere,
Qu'ol estoit gornere
Iquelle chanson;
Marme ol est ouvriere
De bonne façon, nau, nau,
De bonne façon?
    Bergier et bergiere.

Quant j'ogu son chant,
Je fu tant en rievre;
J'acouroys saultant
Comme nostre chevre.
J'eusse prins ung lepvre,
Tant fort courions
Mon chapeau de blevre
Cheut en mes tallons, nau, nau   (fol. 60′)
[Cheut en mes tallons.]
    Bergier et bergiere.

Mouton jubiloit
Avecques Marande;

Claude accordoit
D'une façon grande,
Jehan de Grez sa bande
Avec Morillon.
Chascun faict offrande,
Jubilation, nau, nau,
Jubilation.
    Bergier et bergiere.

La survint Gilquin,
Qui faisoit merveille;
Et soir et matin,
Chose nompareille.
Piné s'appareille,
Jouant si parfons.
La couleur si vermeille
En vint en leurs frons, nau, nau,
En vint en leurs frons.
    Bergier et bergiere.

Chascun escoutoyt
Ceste melodie;
Dieu sçait s'on saultoit
Et menoit grant vie.
J'avoys la pepye
A mes gorgerons,
Quant j'ay prins la pluye
Des jolys flacons, nau, nau   (fol. 61')
Des jolys [flacons.]
    Bergier et bergiere.

Quant fusmes venuz
En la maysonnette,
Chascun print son luz,
Dist la chansonnette.
La dame se haicte
Quant la saluons
De celle disette,
Comme nous faisons, nau, nau,
[Comme nous faisons.]
    Bergier et bergiere.

L'enfant regardoit
Ceste fantasye;

Chascun luy faisoit
Quelque courtoysie:
Chapeau de fayrie,
De rouges boutons,
Par chiere jolye,
Nous luy presentons, nau, nau,
Nous luy [presentons.]
    Bergier et bergiere.

Ung touasse y vint,
O ses grans galoches;
Ung convy y tint,
Des goez et de loches,
De margains en broches,
De godelurons;
Et du boys des roches   (fol. 61′)
Faisions charbons, nau, nau,
Faisions [charbons.]
    Bergier et bergiere.

Quant eusmes assez
Mené la trudaine,
Nous fusmes lassez
Plus que de sepmaine,
Sans qu'on nous en maine.
La chemin prenons,
Dame souveraine,
Do vous nous tenons, nau, nau,
Do vous nous tenons.
    Bergier et bergiere.

Additional sources for this text:

S1. Daniel, *Noels joyeux plain de plaisir,* fol. A3′ (repr. in Chardon, *Daniel,*
     pp. 47-50).
S2. _____, *Noelx nouveaulx,* fol. G.
S3. [*Noelz nouveaulx*] (Cat. no. 51), fol. 67′.
S4. Jehan Bonfons, *Les Grans noelz,* fol. 59′.
S5. Vilgontier MS (Paris MS 14983), fol. 165.

Other parodies:

P1. Le Moigne, *Noelz nouveaux,* fol. K1, has the same timbre for the noël
     "Saluons l'humble vierge" (ed. in Pichon, p. 91).

P2.   Barthélémy Aneau, in *Genethliac noel,* Lyons, 1559, includes a setting *a 2* of a noël, "Dieu te gard, bergiere," p. 26. This is introduced by the rubric, "Interlocutaire Pastoral en Deliberation d'aller veoir l'enfant, en joyeuse danse," in this Nativity play for a school:

> Dieu te gard, bergiere,
> Garde du mouton, don, don,
> A laine legiere
> Blanc comme coton.

> Ne l'as tu point veue
> L'angelique image,
> Ceste nuict venuë
> Avec clair plumage,
> Chanton son ramage,
> Que Dieu pour pardon, don, don,
> A l'humain lignage
> De son filz fait don,
> Et don, don, don.

> J'ay ouy premiere
> Son plaisant dicton, don, don,
> MA GRACE DERNIERE
> FUT d'ouyr tel ton.

> GRACE Y ME FAUT RENDRE
> Aluy immortelle,
> Qui m'a fait entendre
> Sa parolle telle.
> Gloire es cieux: en terre
> La paix, dond le don, don, don,
> FAICT AMENDER GUERRE
> Aux gens du cueur bon,
> Et bon, bon, bon.

(The lines in capitals are anagrams for Marguerite de France, Soeur du roy, Duchesse de Berry.)

The main body of this noël text, with the exception of the refrain words, matches the noël text in the Sergent collection. See ex. 56a.

P3.   Triguel, *Le Recueil,* fol. 20′, has the timbre, "Dieu vous gard, belle bergiere, Vous et vos moutons aussi," for the noël, "A ceste tant belle feste."

Related chanson texts:

C1. A setting *a 4* by Gentian in Du Chemin, RISM 1554-4, fols. 22′-23, has a
     similar text, and one which many have provided the secular model. The
     same text, although slightly corrupt, is in Doussera's setting *a 4* in
     Moderne, RISM 1543-14, fol. 9′:

> Dieu te gard, bergiere,
> Gardant tes moutons, don, don,
> Ta belle maniere;
> M'amour je te donne, don, don.

> Ne l'as tu point veu
> Mon oyseau sauvage?
> Depuis le matin
> Il est au rivage.
> Mon joly faulcon, don, don,
> Qui prend la becasse,
> Connin de faison, don, don,
> Et don, don, don,
> Et don, don, don.

Indeed, Aneau kept several of these lines, and also maintained final
assonances from this secular text in writing his noël text.

C2. The text of a Brumel setting of which three voices remain, in Basevi MS
     2442, pp. 132-36, is similar in its opening lines, but differs in its strophic
     design:

> Dieu te gard berger',
> Et Dieu te gard de mau,
> Revire le vachez
> De nostre preau.
> Et diz a Guillot qui vienne,
> Qu'il apporte son flagot.
> Dieu te gard de mau.

> Dieu te gart, bergere,
> Et Dieu te gard de mau.
> Et danserons ung si belle dance,
> Qu'il ont aporté de la guerre,
> Qu'on appel les trois saulx.

Although this text is related, it could not have provided the model for
the noël text.

C3.   The monophonic chanson in the Bayeux MS (Paris MS 9346), no. 99
      (ed. in Gérold, *Bayeux*, p. 118), has a text which is unrelated, despite the
      similarity of the opening phrases:

> Dieu la gard, la bergerotte
> Qui bien garde ses brebis.
> Elle a une blanche cotte,
> La meilleur de ses habits,
> Et du pain bis,
> Qu'elle tient dedans sa hotte,
> Qu'elle tient dedans sa hotte.

This chanson, both text and music, is the *cantus prius factus* for the
anonymous setting in Copenhagen MS 1848, *a 3*, p. 206, and for the
incomplete setting in Antico, RISM 1520-6, also *a 3*, fol. 7(superius and
bassus only); also in Harley MS 5242, fol. 19'-20, anonymous *a 3*.

C4.   A chanson in Chardavoine, *Le recueil... de chansons,* 1576, p. 191, has
      a variant text beginning, "Dieu vo' gard, belle bergere, Vous et voz
      moutons aussi," which does not match the noël text.

Musical settings:

M1.   Aneau's setting *a 2,* cited in P2 above, will with some adjustments of the
      refrain syllables accommodate Daniel's noël text. The setting is for
      superius 1 and 2, the latter bearing the *cantus prius factus.* The writing
      has a number of barbarisms, including fourths and direct fifths, which
      might be explained by a missing lower part, either vocal or instrumental.
      See ex. 56a.

M2.   P. Doussera's setting *a 4* of "Dieu te garde, bergere" has the *cantus prius
      factus* in the tenor, mainly unornamented and with only an occasional
      cadential extension. It is in Moderne, RISM 1543-14, fol. 9'. It also will
      accommodate the noël text.

M3.   Gentian's setting *a 4* has a contra which is a variant of the *cantus* in both
      Aneau's and Doussera's settings. The setting, which also will
      accommodate the noël text, appears in ex. 56b.

M4.   A setting *a 6* by Nicolas de la Grotte in Berg and Neuber, RISM 1560-1,
      fol. 59; and in Le Roy and Ballard, RISM 1572-2, fol. 61' will also
      accompany the noël text.

M5.   A setting of which only the counter-tenor remains is attributed to De
      Bussy in Le Roy and Ballard, RISM 1575-5, fol. 14'. The contra matches
      the contra in the Gentian setting.

Example 56a.

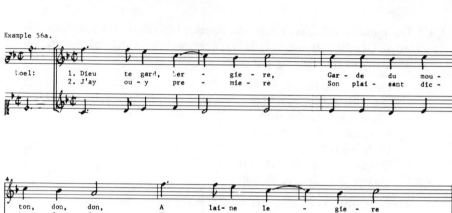

Loel:
1. Dieu te gard, Ler - gie - re, Gar - de du mou -
2. J'ay ou - y pre - mie - re Son plai - sant dic -

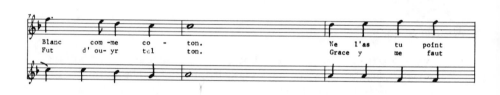

ton, don, don, A lai - ne le - gie - re
ton, don, don, Ma gra - ce der - nie - re

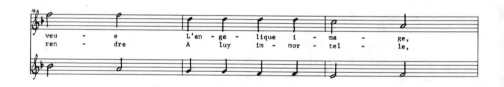

Blanc com -me co - ton. Ne l'as tu point
Fut d'ou- yr tel ton. Grace y me faut

veu - e L'an - ge - lique i - ma - ge,
ren - dre A luy im - mor - tel - le,

Ces - te nuict ve - nu - e   A - vec clair plu -
Qui m'a faict en - ten - dre   Sa pa - rol - le

ma - ge,   Chan - ton son ra - ma - ge,
tel - le.   Gloire es cieulx: en ter - re

Que Dieu pour par - don, don, don,   A l'hu -main li -
La paix, don le don, don, don,   Faict a - men - der

- gna ge   De son filz fait don, Et don, don, don.
guer - re   Aux gens de coeur bon, Et don, don, don.

Example 56b.

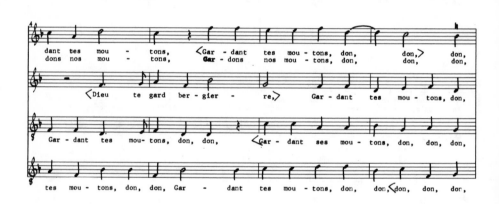

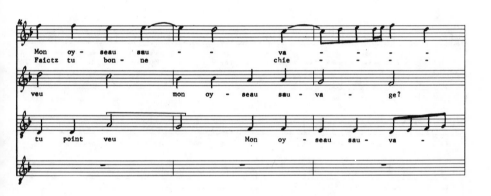

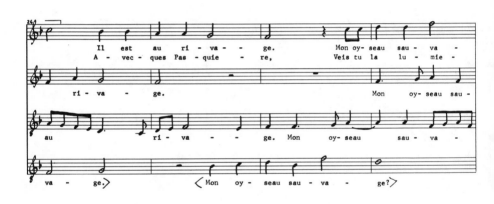

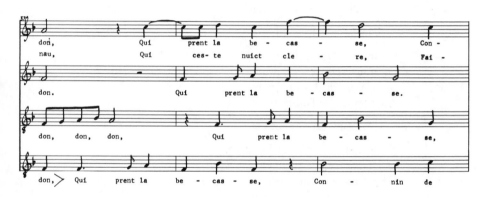

**57.   Chanson en poytou sur Hurlugogu quel doulce dance, Tant le jeu my
semble mignon**   (fol. 61′)

> Le jour est vengu, hay la grant chere,
> Mere, ol est temps de crier: "Nau."

En yn coing d'une bruere,
Pasturant le bestiau,
Est sordu yne lumiere:
Semblant d'ung cressant nouveau.

> Le jour est vengu, etc.

M'armé! Y regardois derriere,
Estourdy comme yn veau,
Quant j'ogu chanter a tere:
"Resveille toy, pastoureau."

> Le jour est vengu, etc.

Sembloit d'une fourmiere
De nous veoir en yn monceau.   (fol. 62)
Mere y ne tardasme quere
A congnoistre Gabriau.

> Le jour est vengu, etc.

Nous dist: "Bergier et bergiere,
Delaissez tout le troupeau.
Dé est en la mengeoure,
Sur du foing en yn rasteau."

> Le jour est vengu, etc.

L'ange s'en retourne arrere,
Vollant comme yn estourneau;
Radobe ma panetere,
Mis ma gueinne en mon cousteau.

> Le jour est vengu, etc.

Galleron et sa commerce,
Et Phelippin du preau,
Ont passé pas la barrere,
Et saultent comme yn veau.

> Le jour est vengu, etc.

Passant par yne bourbere,
Le vray mis le pied en l'eaue,

Y vouestre ma penillere:
M'ermé! o n'estais guere beau.

> Le jour est vengu, etc.

En yn quelle net tant clere,
Nous rendismes a l'houstau
Ol y avoit yne mere
Qui alactoit l'enfanteau.

> Le jour est vengu, etc.

Yquelle gente commere
Est doulce comme yn aigneau;
Regardoit nostre manere;
Le jour estoit feriau.

> Le jour est vengu, etc.

Une cassette dousere
Luy presenta Guilloteau,
Radaboyne ma faurere
Et luy donne yn oyseau.

> Le jour est vengu, etc.

Pesque la feste est entere,
Rigollons ce bon hommeau,
Qui tremble pres la foeyere;
Ol est piteulx chimereau.

> Le jour est vengu, etc.

Adieu madame, vierge antere,
Priez Dé pour nostre mau,
Et que son huys nous appere
Au grant jour judiciau.

> Le jour est vengu, hay la grant chere
> Mere, ol est temps de crier: "Nau."

Additional sources for this text:

S1. Daniel, *Noels joyeulx,* fol. B1′ (repr. in Chardon, *Daniel,* pp. 50-52).
S2. _____, *Noels nouveaulx,* fol. G3.
S3. Jehan Bonfons, *Les Grans noelz,* fol. 61′.

58. Sur Qui en amour veult estre heureulx   (fol. 62′)

En ce sainct temps si precieulx
Que veult florir l'arbre de vie,
Chantons: "Noel" gens gracieux;   (fol. 63)
Sans souhaiter melencolye;
Disons quelque chanson jolye
Pour la vierge royne des cieulx,
A celle fin qu'el nous deslye
Des mains du dyable vicieux.

En son ventre delicieux
Porta la rançon establye
Pour nous tirer des obscurs lieux
Ou raige et dueil font omelye;
Et par sa puissance embellye
A vaincu les chiens envieulx,
Et leur gravité abolye
Pour nous saulver jeunes et vieulx.

La toute belle sur les fleurs,
Du benoist saulveur vraye amye,
Confondit le prince de pleurs,
Rendant sa puissance endormye.
C'est la tour de David fermie,
A[d]ornée de riches couleurs,
Qui encontre nul ne fremye
Et ne craint assaulx ny douleurs.

Le refuge des douleurs
Est celle, je vous certifie,
L'appuy des paovres languoureux,
En qui lyesse vivifie.
Son pere et filz la deiffye   (fol. 63′)
Et d'elle mesme est amoureulx;
Et qui plus est luy notiffye
Faire ses serviteurs heureux.

Intronisée est pour le mieulx
Au lieu de plaisance infinye,
A la dextre du Dieu des dieux
En delectation unye,
Comme emperiere est anoblye,
Oincte de flagrantes liqueurs,

Par privileges ce publye,
Mediatrice des pecheurs.

Levons donc trestous les cueurs
Vers la bonne dame Marie,
Affin qu'el nous rende vainqueurs
Et nul de nous ne varie.
C'est bien raison qu'on la supplie,
Chantant de cueur affectueux,
Que pour nous son povoir desplie,
Si serons trouvez fructueux.   Amen.

Additional sources for this text:

S1. Daniel, *Noels joyeulx,* fol. B2′ (repr. in Chardon, *Daniel,* pp. 52-54). At
      end, "Grace et Amour," fol. B3′.
S2. _____, *Noels nouveaulx,* fol. G4.
S3. Jehan Bonfons, *Les Grans noelz,* fol. 62′.
S4. [*Noelz nouveaulx*] (Cat. no. 51), fol. 69′.

Related chanson texts:

C1. Löpelmann, *Rohan,* pp. 66-67, reprints a chanson text which is closely
      related to the noël text:

Qui en amour veult estre eureux,
Fault tenir train et seigneurie,
Estre prompt et aventureux
Quant vient a monstrer l'armarie;
Porter drap d'or, orfaverie:
Car cella les dames esmeut
Tout sert; mais par Saincte Marie.
Il ne fait pas ce tour qui veult.

Je fuz nagueres amoureux
D'une dame cointe et jolye,
Qui me dist en motz gracieulx:
"Mon amour est en vous ravye;
Mais il faut qu'el soit desservie
Par cinquante escutz d'or, s'on peult."
Cinquante escutz, bon gré, ma vie,
Il ne faut pas ce tour qui veult.

One more verse is followed by the *envoi:*

> Prince d'amours, je te supplie,
> Si plus ainsi elle m'acceult
> Que ma lance jamois ne plie,
> Il ne fait pas ce tour qui veult.

C2.   A variant but related text is in Lotrian, *La Fleur de vraye poesie,* Paris, 1545, fol. C':

> Celluy qui veult en amour estre heureux
> Jamais ne doibt sa dame requerir
> Le bien qu'on dict estre si savoureux,
> Qui faict entre eulx l'amytié amoindrir;
> Car il est seur ainsi que de mourir
> Que tel plaisir leur amytié dechasse;
> Parquoy vault mieulx (en esperant) servir
> Que de jouyr du bien que l'on pourchasse.

59.   Aultre noel sur le chant Le mignon qui va de nuyct(fol. 63′)

Chanton a ce noel joly,
Grans et petis joyeusement:
"Noel" en ung doulx chant poly;
Ne vivons plus piteusement.
  Une pucelle
  De Dieu ancelle,   (fol. 64)
A enfanté, comme l'on bruyt,
Ung beau mignon a plein minuict.

C'est le filz Dieu immortel,
Pour vray sans dubitation,
Lequel c'est faict homme mortel
Pour nous mettre a salvation.
  O quel lyesse,
  Chantons sans cesse,
Car tout nostre malheur s'enfuyt
Pour ce mignon venu de nuyct.

Les anges si en ont droissé
Ung chant si tresmelodieux,
Et les pastoureaulx ont troussé,
D'ung couraige non odieux
  Tout leur bagaige
  Pour donner gaige,
Et l'ont porté comme s'ensuyt
A ce mignon venu de nuyct.

L'ung luy a porté son manteau,
Ung aultre a porté son bourdon,
Et l'aultre a donné son cousteau,
Ung aultre sa bourse en pur don;
  Et a la mere
  Faisoyent grant chere,
Demenans soulas et deduyct
Pour ce mignon venu de nuict.

Trois roys aussi y sont venus   (fol. 64′)
L'ardorer avecques presens
Qu'ilz luy ont faictz, les chiefz tous nudz,
C'estoit d'or, myrrhe, et encens:
  En demonstrance
  D'obeyssance.
Une estoille les a conduyct
A ce mignon venu de nuyct.

Prions luy donc, je vous supply,
Puis qu'il est si notoirement
De si grant puissance remply,
Qu'il nous doint a tous saulvement.
   Et sans demeure,
   Servons tout heure
Celle vierge qui a produict
Ce beau mignon apres minuict.
   Amen. Noel.

Additional sources of this text:

S1.   This combination of text and timbre first appeared in a collection
ascribed to Lucas le Moigne. It is missing from le Moigne's *Noelz
nouveau* (Condé MS IV.C.40, fol. M3), but printed in Pichon's edition
of le Moigne, p. 116. See Cat. no. 36.
S2.   [*Noelz nouveaulx*] (Cat. no. 51), fol. 70'.
S3.   Jehan Bonfons, *Les Grans noelz,* 63'.
S4.   Nicolas Bonfons, *La Grand bible,* fol 39.
S5.   Rigaud, *La Grand bible,* no. 32 (repr. in Vaganay, p. 61).
S6.   Edition in Lemeignen, pp. 3-5.

Other Parodies:

P1.   Daniel, *Noels joyeux,* fol. B3', has the same timbre for a noël text with
an additional two-line refrain:

     Et debbe sur va dy Michau
     Gringueligolons naulet, nau.

Que fays tu la, dy pastoureau?
Du chant ne te souvient-il point
Que nous a faict l'ange d'au ceau,
Tandisqu'on cousoit mon pourpoint,
   Que d'une dame
   En corps et ame
Estoit nasqui yn enfanteau?
Mere, o n'en vy grain de si beau,

     Et debbe sur va dy Michau
     Gringueligolons naulet, nau.

Several more verses follow. At the end, fol. C, "Grace et amour." The
text is also in Daniel, *Noelz nouveaulx,* fol. H.

P2. *Les Ditez des noelz nouveaulx,* fol. C2, has the same timbre for the noël, "Vecy le temps et la saison." This noël text provides a link between the noël above and no. 149 of this source.

P3. The same timbre and text given in P2 are also in the Vilgontier MS (Paris MS 14983), fol. 72′; additional lines for the timbre also given are "Mon pere m'a donné mari/ A qui la barbe grise."

P4. "Ce mignon qui va de nuyct" is cited as the timbre for the noël, "Vien ça, Colin, et toy, Maury," in *S'Ensuyvent plusieurs beaux noelz,* fol. A2.

P5. A fifteenth-century MS, St. Gall MS 647, includes "une chanson de la nativité, vie passion de Notre Seigneur Jesus Christ . . . sur le chant Mon pere m'a donné mary." Further, see Hewitt, "Malmaridade," p. 188, and see the entire article for information on this extensive chanson family.

P6. Cited as the timbre for the Protestant chanson, "Mon pere m'a donné son filz," in Beaulieu, *Chrestienne resjouyssance,* p. 61.

P7. "Mon pere m'a donné mary" is the timbre for the Protestant chanson, "Puisque pour espoux et mary" in *Recueil de plusieurs chansons spirituelles,* 1555, p. 205, and in *Chansons spirituelles,* 1569, p. 157.

Related chanson texts:

C1. An incomplete setting *a 3* in Antico, RISM 1520-6, supranus, fols. 13′-14: bass, fols. 63′-64, tenor lacking, has a text which matches the noël:

> Mon pere m'a donné mary
> A qui la barbe grise point.
> Mauldit soit il qui la nourrit,
> Car de plaisir il n'i a point.
>> Il est infame,
>> Il me veult blasme.
> Il est jaloux, comme l'on dit,
> De ce mignon qui va de nuyct.
> Il est jaloux, comme l'on dit,
> De ce mignon qui va de nuyct.

C2. The text which led Hewitt to name this family of chansons the "chansons des malmaridades" is cited in "Malmaridade et meshouwet," in *Tijdschrift voor Muziekwetanshap,* Deel XVII (1961), 182, p. 188, and comes from the anonymous setting *a 3* in Basevi MS 2442, pp. 123-26 (the bass is lacking):

> Mon pere m'a donné mari
> A qui la barbe grise poinct.
> Je n'ay que quinze ans et demi,
> Ung tel vieillard ne mi plet poinct.

> Il est tant sade
> Et moy tant rade
> D'amoureuse condition:
> Malmaridade, c'est mon nom.

This version is related to the text in C1, and also has the same strophic design as the noël text.

C3. Another version of the same poem appears in Munich MS 1508, no. 119, in an anonymous setting *a 6:*

> Le mal branler suis appeler
> Moy qui apporte la desduict
> De ce mignon qui va de nuyct,
> Mon pere s'y m'a mariée
> A qui la barbe grise point
> Mauldit soit il qui la nourry,
> Car de plaisir il n'y a point,
> Il est vieillart,
> Il est grognart,
> Il est jaloux, se m'a on dict
> De mon mignon qui va de nuyct.
> Le mal branler suis appeler, etc.

C4. The chanson "Malmaridade" is listed as a basse danse in [Moderne], *S'Ensuyvent plusieurs basses dances,* fol. B2; and in Rabelais, *Le 5e livre,* chap. 32 *bis* (ed. Demerson, p. 928).

Musical settings:

M1. A monophonic melody in Symon Cook, *Souterliedekens,* no. 145 (ed. in Mincoff-Marriage, p. 265), will accommodate the noël text.

M2. Two related settings *a 4* in *Canti B* and *Canti C* are based on the melody in M1. Both are without text and bear only short incipits. The setting in *Canti C,* fols. 66'-67, is by Compère and published in *Compère, Opera omnia,* Vol. V, pp. 38-40, ed. by Ludwig Finscher, with the text cited above in C2. A third setting, by Isaac, *a 4* (in *Weltliche Werke,* Vol. I, ed. by Johannes Wolf, p. 96) is also on the same *cantus prius factus.* The setting in *Canti B* is on pp. 208-11 of the Hewitt edition, with text incipits in superius and altus only.

M3. The setting in Antico, RISM 1520-6 cited above in C1 above also accommodates the noël text; it is on an independent melody.

M4. Two fragments of the melody used in the setting in M3 are quoted in Fresneau, "Fricassée," RISM 1538-17, fols. 2'-4. The superius has the opening phrase of the melody in M3, to the text, "Mon pere m'a donné mary," and the tenor has the final phrase of the text, "C'est mon mignon qui va de nuict."

M5. An anonymous setting *a 3* of which only the superius survives is in St. Gall MS 463, no. 33. It begins, "Mon pere m'a donné mary."

60. Chanson de poetevin fort joyeuse. (In table: "Chanson poytevin a plaisir.")   (fol. 64′)

Chantons plus hault que a la foyre
   Ma foy voyre
Disons: "Nolet, nolet, nolet, nau."

Laisse va ta vache noire,
Retire toy du preau.
Or est saison, doibs tu croire,
Et laisser iqueau troupeau.
Laissons et vache et veau
En la pasture pour braire,
   Ma foy voyre,
Courons tous a ung monceau.
   Chantons: "Naulet, [nolet, nolet,] nau."   (fol. 65)

Godillon, Hervé, Grimbelle,*
Bussebran et Joliveau,
Et toue la kyrielle,
Faisons tres tous feu nouveau,
Et mengeons nostre tourteau;
Si aurons talent de boire,
   Ma foy voire,
Avallons nostre morceau.
   Chantons: "Noel, [nolet, nolet,] nau."

Rigollans a chere belle,
Passans et mare et ruysseau
Dieu est nay d'une pucelle,
Ce dist l'ange Gabriau;
C'est le petit roy d'au ceau
Qui nous donnera gloire;
   Ma foy voire,
Allons tous veoir le douceau.
   Chantons: "Nolet, nolet, [nolet,] nau.

De ma doulce pennetere
Ly donneray in chanteau,
Et pour faire yne bavere,

---

*"Graine belle" in Daniel, *Noels joyeulx,* fol. C.

Ce moucet qui est si beau,
Ou pour torcher son museau;
Si aura de moy memoire,
    Ma foy voire
Des prunes in sur sommeau,*   (fol. 65′)
    Chantons: "Nolet, nolet, nolet, nau."

Collette la grant bergiere
C'est tirée pres du rasteau,
Pource qu'elle estoit lectiere,
Du laict plus d'ung plain houseau;
Presenta en ung vaisseau
Qui n'estoit pas faict d'ivoire,
    Ma foy voire,
L'escuelle fut de fousteau.
    Chantons: "Nolet, nolet, [nolet,] nau."

Goffroy de la tricallere
Denigea in passereau;
Margot de sa cramaillere
Ly donna in grae boyau,
Chascun faict present nouveau
D'une pomme ou d'une poire,
    Ma foy voire,
Au petit enfant royau.
    Chantons: "Nolet, nolet, [nolet, nau.]"

Ung grant bon homme de pere,
Ensepelé d'ung manteau,
Regardoit tout ce mystere,
Sembloit qu'il le trouvoit beau;
Marmonnoit ung grant monceau
De grandes, ce debvez croire,
    Ma foy voire,
Tout a l'entour du berseau.   (fol. 66)
    Chantons: "Nolet, nolet, [nolet,] nau."

Chascun dist sa ratellée
Sans bouger du chemineau,
Et pour nostre bien allée,
Gringolasmes in rondeau;

---

*"Sourson meau," in Daniel, *Noels joyeulx,* fol. C.

Dismes adieu au hardeau
Qui rioit de nous veoir faire,
   Ma foy voire
Yn si beau bille bateau.
   Chantons: "Naulet, naulet, [naulet], Nau."

Prions le filz et la mere
Qu'en son logis eternau
Nous loge sans vitupere,
Maulgré le dyable infernau,
Qui tousjours veult faire mau.
Pour la cautelle notoire,
   Ma foy voire
O qu'il est lait le marault.
   Chantons: "Naulet, [naulet, naulet,] nau."

Additional sources for this text:

S1.   Daniel, *Noels joyeulx,* fol. C (ed. in Chardon, *Daniel,* pp. 57-59).
S2.   _____, *Noels nouveaulx,* fol. H3.
S3.   [*Noelz nouveaulx*] (Cat. no. 51), fol. 71'.
S4.   Jehans Bonfons, *Les Grans noelz,* fol. 64'.

Musical setting:

M1.   A notated melody for the basse danse, "La potevine," is in *Le Manuscrit dit des basses dances* (before 1523), no. 39 (ed. by Closson). It is without text, and there is no rhythm indicated. It is not possible to tell whether the text would fit.

61.   Sur En contemplant la beaulté de m'amye   (fol. 66)

En contemplant la beaulté de Mari
La Trinité par institution,
Luy envoya la salutation,
Dont de plaisir sa pensée fut ravye.

"Temple de paix, de pureté polye,   (fol. 66′)
De Dieu te faictz l'annunciation,
Car en toy veult prendre incarnation
Et decorer ta maison jolye."

Le vierge lors vers l'ange se humilie:
"Soit faict selon ta recitation."
Le sainct esperit fist l'operation;
Nature fut pour cest heure endormye.

Neuf moys porta le pris de nostre vie;
Vierge enfanta nostre redemption,
Vierge alecta des roys l'election;
Vierge mourut et encore est en vie.

Lors des puans peres de villenie
Est absorbé: car son infection
N'a point touché le precieulx Syon,
Dont le povoir a sa bourbe honnye.

Mauldit Sathan par fureur brays et crye;
Raige vomis en desperation.
Tousjours auras vituperation,
Douleur, malheur par la vierge esclarcye.

Vierge de pris ou tout bon cueur se fye,
Touche noz cueurs par inspiration,
Que nous puissons avoir salvation
Ou ta beaulté sans cesser clarifye.
                Amen.

Additional sources for this text:

S1.   Daniel, *Noels joyeulx,* fol. C2.
C2.   _____, *Noels nouveaulx,* fol. H4′ (incomplete: fol. J missing).
S3.   [*Noelz nouveaulx*] (Cat. no. 51), fol. 73.
S4.   Jehan Bonfons, *Les Grans noelz,* fol. 66.

Other parodies:

K1. Le Moigne, *Noelz nouveau,* fol. 13, cites the same timbre for the noël, "Nouel chantons pour l'amour de Marie" (ed. in Pichon, pp. 87-88).

K2. *S'Ensuyvent plusieurs beaulx noelz,* fol. A4, has the same timbre and noël text as le Moigne.

K3. Beaulieu, *Chrestienne resjouyssance,* p. 46, cites the same timbre for the Protestant chanson, "En contemplant la grande idolatrie."

Related chanson text:

C1. A chanson *a 3* by Gascongne in the incomplete part books for Le Roy and Ballard, RISM 1578-16, fol. 21', has a matching text. There is only one verse in the setting. Note that the initial and final lines are all but identical to those in the noël:

> En contemplant la beaulté de m'amye
> Au jolys boys en l'ombre d'ung buisson,
> Le rossignol disoit une chanson
> Dont du palisir ma pensé fut ravye.

Musical setting:

M1. The only setting using the chanson text is the Gascongne cited above.

62. Sur Jamais ne m'adviendra brunette   (fol. 66′)

> Jamais ne cessera la feste;
> Tousjours on chantera: "Noel."

J'ay ouy la cryée   (fol. 67)
Des haulx anges chantant,
Qui toute la nuyctée
Ce sont monstré tous blancs.
>   Noel, noel.
> Jamais ne cessera la feste;
> Tousjours on chantera: ["Noel."]

Chantons en assemblée
Ces motz resplendissans:
"Gloire es cieulx soit comblée
Au Roy sur les puissans."
>   Noel, noel.
> Jamais ne cessera la feste;
> Tousjours on chantera: ["Noel."]

Sortez de ceste prée,
Chantez: "Vive bon temps,"
Car avant la vesprée
Serez de Dieu contens.
>   Noel, noel.
> Jamais ne cessera la feste;
> Tousjours on chantera: ["Noel."]

D'une vierge sacrée
Est nay le roy des gens.
Pource nul ne le recrée
Monstrez vous diligens.
>   Noel, noel.
> Jamais ne cessera la feste;   (fol. 67′)
> Tousjours on chantera: ["Noel."]

La tourbe c'est levée,
Esmeuz comme sergens;
Nature est relevée;
Ne soyons negligens.
>   Noel, noel.
> Jamais ne cessera la feste;
> Tousjours on chantera: ["Noel."]

Galliotu et Macée,
Rigault et ses sergens
Ont prins une brassée
De boucquetz si tresgens.
　　　Noel, noel.
　　　　Jamais ne cessera la feste;
　　　　Tousjours on chantera: ["Noel."]

L'ung presente une assée,
L'autre de petis grandz,
La gambade est troussée:
Vivent les bons enfans.
　　　Noel, noel.
　　　　Jamais ne cessera la feste
　　　　Tousjours on chantera: "Noel."

La vierge n'est lassée
De recepvoir presens;
La feste luy agrée.
Chascun faict passetemps.
　　　Noel, noel.
　　　　Jamais ne cessera la feste,
　　　　Tousjours on chantera: ["Noel."]

L'estoille orientée
Par divins mouvemens
A faict une amenée
De trois roys de grans sens.
　　　Noel, noel.
　　　　Jamais ne cessera la feste,
　　　　Tousjours on chantera: "Noel."

L'offre fut presentée
D'or, de myrrhe et d'encens.
Herodes par Judée
Deffaict les innocens.
　　　Noel, noel.
　　　　Jamais ne cessera la feste,
　　　　Tousjours on chantera: "Noel."

A la bonne journée,
Soyons en Dieu fervens
Que paix nous soyt donnée
Comme a loyaulx servans.
　　　Noel, noel.

Jamais ne cessera la feste,
Tousjours on chantera: ["Noel."]

Additional sources for this text:

S1. Daniel, *Noels joyeulx,* fol. C2′ (repr. in Chardon, *Daniel,* pp. 60-62).
S2. _____, *Noels nouveaulx,* fol. J2.
S3. [*Noelz nouveaulx*] (Cat. no. 51), fol. 73′.
S4. Jehan Bonfons, *Les Grans noelz,* fol. 73′.

Other parodies:

P1. Le Moigne, *Noelz nouveau,* fol. L4 (ed. in Pichon, pp. 110-14), has a
     variant timbre:

Crac, crac, crac,
Jamais ne m'adviendra
Ma mere gay...

for a variant noël text:

Déa, déa, déa,
Chanter il nous fauldra
Ensemble ce nouel
A la venue de Noel.

P2. The same timbre and text as in P1 above are in [Lotrian], *Les Grans
     nouelz,* fol. 171.

Related chanson text:

C1. A text given in the single surviving part, a tenor, in Hague MS 74.H.7,
     fol. 8′, may have served as a model for the noël:

Jamais ne m'adviendra, jamais.
Jamais ne m'adviendra.

Il estoyt ung bon homme
En l'aage de vingt ans;
Il a la barbe grise
Et le cheveulx tant blanc.
Et crac, crac, crac,
Et crac, crac, crac,
Jamais ne m'adviendra.
Jamais ne m'adviendra, jamais,
Jamais ne m'adviendra.

The extra lines of the chanson text might be matched by additional repetitions of the word, "Noel." The part can accommodated the noël text with some adjustment.

C2. The chanson is listed in Brown, "Catalogue," no. 191.

Musical setting:

M1. The setting cited in C1 can accommodate the noël text with some adjustment.

63. Sur le chant D'ou venez vous, Madame Lucette   (fol. 68)

Or vous tremoussez, pasteurs de Judée;
Chantez parmy le preau: "Nolet, nolet, nolet";
Chantez parmy le preau: "Nolet, nolet, nau." (fol. 68')

Pasquer et Foucault et Macé Prunelle
Ilz ont faict ung sault jusque la venele
Ou est nay le Messiau: Nolet, nolet, [nolet],
[Ou est nay le Messiau: Nolet, nolet, nau.]

Godon est venu o sa sucerolle.
M'armé ol est tout nu, icau se rigolle y trepe
Comme ung chevreau. Nolet, nolet, [nolet],
[Comme ung chevreau: Nolet, nolet, nau.]

Ung joly muset in oyseau embroche,
Et puys quant j'ay fait de ma grant garoche
Yn fremaige a l'enfanteau: Nolet, nolet, [nolet,]
[Yn fremaige a l'enfanteau: Nolet, nolet, nau.]

Heurtault luy donna yn quignon de beure;
Tienurine bailla yn bouchon de feure;
Floquet bailla son tourteau: Nolet, nolet, [nolet,]
Floquet bailla son tourteau: Nolet, nolet, [nau.]

Ol est grant pidé de sa paovre couche;
De l'autre costé a in beuf qui rouche;
Et Martin a son rasteau: Nolet, nolet, nolet,
Et Martin [a son rasteau: Nolet, nolet, nau.]

Si fut a Poicters, vray Dé de nature,
Ou en noz quaters, Luczons ou Bressure,
Il eust eu in bel hostau: Nolet, nolet, nolet,
Il eust eu in bel hostau: [Nolet, nolet, nau.]

Ol y fust venu de belles bourgeoises,
Et si eust ogu prunes et framboises,
Vin telmondoys en tonneau: Nolet, nolet, nolet,
Vin telmondoys [en tonneau: Nolet, nolet, nau.]

Sa mere faisoit amoureuse chiere,   (fol. 69)
Et nous regardoit de bonne maniere.
Besez son enfant royau: Nolet, nolet, nolet,
Besez son enfant [royau: Nolet, nolet, nau.]

Ol y vint aussi, que ne congnoys mye,
Trois de loing d'icy, en grant seigneurie.
Tous dorez sont leurs houseaulx: Nolet, nolet, nolet,
Tous doret [sont leurs houseauls: Nolet, nolet, nau.]

In ray tout ruffain icquelz gens menasse,
Et envoye bien loing leur cloire la place;
Mais il s'en vont sans nul mau: Nolet, nolet, nolet,
Mail il s'en vont [sans nul mau: Nolet, nolet, nau.]

Prions hardiement et de bon couraige
La mere, l'enfant, qu'en leur heritaige
Nous puissons avoir estau: Noelt, nolet, [nolet,]
[Nous puissons avoir estau: Nolet, nolet, nau.]
                Grace et amour.   Jo. Danielus.

Additional sources for this text:

S1.   Daniel, *Noels joyeulx,* fol. C3 (repr. in Chardon, *Daniel,* pp. 63-64).
S1.   _____, *Noels nouveaulx,* fol. J2'.
S3.   [*Noelz nouveaulx*] (Cat. no. 51), fol. 75.
S4.   Jehans Bonfons, *Les Grans noelz,* fol. 68.
S5.   Rigaud, *La Grand bible,* no. 33 (ed. in Vaganay, p. 61).

Other parodies:

P1.   The same timbre is given for a noël by Lucas le Moigne in *Noelz
       nouveau,* fol. 03'. The noël text begins in the same way as Daniel's but
       differs after the first line (ed. in Pichon, pp. 138-41).
P2.   The same timbre is given for the noël, "Chantons tous: 'Noel' d'une
       pucellette," in Nicolas Bonfons, *La Grand bible,* fol. 40.

Related chanson text:

C1.   Weckerlin, *L'Ancienne chanson,* p. 137, has the following text, which he
       dates 1537, and which may have provided the model for the noël:

                Et nic, nic, nic, nic, nic, et nic et nau,
                Et nic, nic, nic, nic, nic, et nic et nau,
                Et nic, nic, nic, nic, nic, et nic et nau.

        Et d'ou venez vous, Madame Lucette?
        Je reviens des champs jouer sus l'herbette;
        Le rains m'y font si grant mau: Nic, nic, nic, et nique,
        Le rains m'y font si grant mau: Et nic, nic, nic, et nau.

Las, frappés tout beau car je suis tendrette.
Si vous m'y blessés je vous feray mettre
En la prison du chasteau: Et nic, nic, nic, et nau,
En la prison de chasteau: Et nic, nic, nic, et nique.

The layout of the poem has been rearranged to conform to that of the noël. This involved very little change: the refrain triolet was placed before the verse, and the number of repeated lines was adjusted to match the noël.

C2. Listed in Brown, "Catalogue," no. 111.

Musical settings:

M1. A fully texted setting by Moulu *a 3* in Antico, RISM 1536-1, fol. 11', is also of the same verse (modern ed. in Brown, *Theatrical Chansons*, pp. 63-66 with text in tenor only).

M2. A setting *a 4* by Gascoigne in Scotto, RISM [1535]-9, no. 4, lacks the tenor. For the location of the superius, see Bernstein, *"La Courone et fleur," JAMS*, Vol. XXVI (1973), 22, note 57.

M3. A setting *a 4* by Verdelot in Scotto, RISM [1535]-9, no. 3, also lacks the tenor.

M4. An instrumental setting *a 4* is in Attaingnant, IM 1557-3, fols. 20'-21, where it is called "Almande."

M5. A setting *a 5* by Lasso is in Leroy and Ballard, LB 107, fol. 12.

M6. There are a number of related settings in addition to those above listed in: Brown, "Catalogue," no. 111; Bernstein, *"La courone et fleur,"* p. 65; and Heartz, "Les goûts réunis," p. 103, fn. 22.

M7. The tune and text of "D'ou vient cela, belle, je vous supply," are unrelated to the timbre for this noël (in *Souterliedekens*, ed. Mincoff-Marriage, p. 291; also in Chapman, Vol. II, pp. 278-81).

64.   Sur S'Esbahist on se j'ay perdu mon tainct   (fol. 69)

S'esbahist on si malheur est attaint,
Et que l'on voit France tant diffamée
D'avoir perdu la fleur tant renommée.
C'est par erreur qu'on seuffre qui nous tainct.
    Noel.

Chantons: "Noel," priant de cueur non fainct
Que plus ne soit heresie estimée,
Et les villains qui par tont l'ont semée
Puissent avoir de brief le bruyt estainct.
    Noel.

Mere de Dieu qui portez le fruyct sainct
Du redempteur: Villains vous ont blasmée.
Malgré leurs dens vous serez reclamée
L'oeil de pitié qui nous embrasses et ceinct.
    Noel.

Tant que l'herreur incapables estainct,
France se a de malheur consommée,
Qui a esté des nations aymée;
Mais maintenant le roy de nous se plaint.
    Noel.

O nobles cueurs, ne soit faulx conseil craint.
Requerons Dieu ceste saincte journée,
Que seure paix soit en France ordonnée,
Et nostre roy soit avec nous emprainct.
    Amen.   Grace et amour.

Additional sources for this text:

S1.   Jehan Daniel, *Noels nouveaulx,* fol. J3' (ed. in Chardon, *Daniel,* p. 65);
        text is incomplete.
S2.   [*Noelz nouveaulx*] (Cat. no. 51), fol. 75'.
S3.   Jehan Bonfons, *Les Grans noelz,* fol. 69.

Related chanson texts:

C1.   [Lotrian], *S'Ensuyvent plusieurs belles chansons,* 1535, fol. 55 (=
        Jeffery's *1535;* ed. in Jeffery, Vol. II, p. 236; also in his *1537,* 1538, and
        1543) has the following single verse:

S'esbahist on se j'ay perdu mon tainct,
Veu que a mon cueur tant de douleur je porte
La bouche close, dont trop de deuil je porte;
Mais on supplie assez quant on se plaint.

C2. The text for the setting in Attaingnant, RISM 1529-4, fol. 7′, a work
which is anonymous and *a 3* is similar, and matches the noël text.

Musical settings:

M1. The setting cited in C2 above accommodates the noël text. See ex. 64.
M2. An anonymous setting in Munich MS 1516, no. 128, fol. 63, is also for
three voices, and except for minor variants is a concordance for the
Attaingnant setting. It is without text except for the incipit,
"Sebaithon."

Example 64.

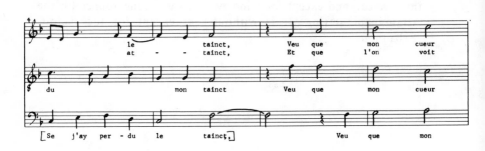

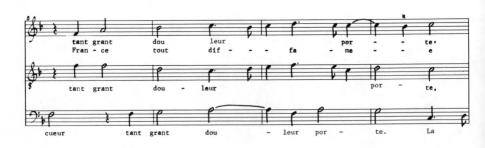

Example 64 (conclusion).

La bouche est clo - - - se, dont trop de deuil sup-
D'a - voir per - du la fleur tant re - nom -

La bouche est clo - se, dont trop de deuil

bouch' est clo - se, dont trop de deuil

e - - - - - por - te; Mais on sup - er -
C'est par er -

sup - - por - - te; Mais on sup -

sup - por - te; Mais on sup -

pli' as - sés quant on se plainct.
reur qu'on seuf- fre qui nous tainct.

pli' as - sés quant on se plainct.

pli' as - sés quant on se plainct.

65. Chanson de noel sur le chant de Nostre chamberiere et nostre varlet   (fol. 69′)

Adam nostre pere,
Quant tu seras deceu
Par la faulx vipere,
Ce fut mal conceu.
"Ce fut par ma femme, en somme,"
Dis le paovre Adam,
"Ce ne m'eust baillé la pomme,
Pas ne fusse a damp."

> Ainsi fut perdu le monde   (fol. 70)
> Quant Dieu nous forma.
> Ce fut le serpent immonde
> Qui les suborna.

Eve, simple femme,
Dit qu'el s'en repent,
Et donne la blasme
Du tout au surpent.
Il me donna, las, a entendre,
En ses plaisans lieux,
Si je voulois du fruyct prendre,
Que nous serions dieux.

> Ainsi fut perdu le monde
> Quant Dieu nous forma.
> Ce fut le serpent immonde
> Qui les suborna.

Las, nature humaine,
Ton bien est forclos,
En tourment et en peine
Paradis t'est clos.
De la vision divine
Privée tu seras,
Et en la profonde abisme
Cinq mil ans seras.

> Ainsi fut perdu le monde
> Quant Dieu nous forma.
> Ce fut le serpent immonde   (fol. 70′)
> Qui les suborna.

La misericorde
Du Messye j'atens,
Sa paix et sa concorde
En ung prefix temps,
Q'une pucelle royalle
Enfantera Crist.
C'est ma destinée fatalle,
Comme il est escript.

> Ainsi fut perdu le monde
> Quant Dieu nous forma.
> Ce fut le serpent immonde
> Qui les suborna.

Car les sainctz prophetes,
Voyans mon mespris,
En faisant prou festes,
De bonté espris,
M'ordonnent la recreance
Du delivrement,
Et parfaicte delivrance
De mon grief tourment.

> Ainsi fut perdu le monde
> Quant Dieu nous forma.
> Ce fut le serpent immonde
> Qui les suborna.

Justice et concorde
Paix et equité,   (fol. 71)
Et misericorde,
Amour, verité,
Pour parfaicte medecine
M'ont y adressé
Une immaculée racine,
Sortant de Jessé.

> Ainsi fut perdu le monde
> Quant Dieu nous forma.
> Ce fut le serpent immonde
> Qui les suborna.

De celle racine
Ung laict vierge ystra
De toute vermine

De peché jectera
Plus doulce que syname
Aromatisant,
Plus que le myrrhe ou balsme,
Odeur athisant.

Ainsi fut perdu le monde
Quant Dieu nous forma,
Ce fut le serpent immonde
Qui les suborna.

Prions la pucelle
Et son filz Jesus
Que guerre mortelle
Vueille ruer jus,   (fol. 71')
Et par sa divine grace
Nectoye noz delictz,
Et que port et ayde el face
A la fleur de lys.

Ainsi fut perdu le monde
Quant Dieu le forma.
Ce fut le serpent immonde
Qui les suborna.

Finis.

Additional sources for this text:

S1.   Jehan Olivier, *Noelz nouveaulx imprimez nouvellement,* fol. A2.
S2.   [*Noelz nouveaulx*] (Cat. no. 51), fol. 76.
S3.   Jehan Bonfons, *Les Grans noelz,* fol. 69'.

Other parody:

P1.   [*Noelz nouveaulx*] (Cat. no. 51), fol. 121', has the same timbre for the
      noël text, "Belle chamberiere."

Related chanson texts:

C1.   Weckerlin, *L'Ancienne chanson,* p. 138, gives the following refrain and
      verse:

Et moulinet, vire, tourne,
Vire, tourne toy.

Nostre chamberiere
A mal a ung doy,
Et nostre valet
Souvent la revoyt.

Et moulinet, vire, tourne,
Vire, tourne toy.

If both lines of the refrain are repeated in the pattern: abab, this duplicates the design of the noël.

C2. A text in Basevi MS 2442, p. 44, is set by Ninot le Petit; it is also in *Odhecaton,* fols. 34′-35 (ed. in Hewitt, pp. 288-89) where it is complete and *a 4,* but with text incipits only for all four voices. The text resembles but does not match both the noël text and the text in C1 above.

C3. Brown, in his "Catalogue," no. 117, cites "Et moulinet tourne vire," and in no. 122, "Et tourne vire, tourne toy," but does not connect the two incipits with "Nostre chamberiere."

Musical settings:

M1. A setting *a 4* in Attaingnant, RISM 1528-4, fol. 9, has a text similar to that quoted in C1 above; however, there are significant differences. As a result, the musical setting will not accommodate the noël text.

M2. An anonymous setting *a 4* in Florence MS XIX.164-67, no. 50, is based on the same melody as the setting cited in C2 above, and does not accommodate the noël text.

66.   Aultre noel sur le chant Terremue tu, gentil fillette (fol. 71′)

Une vierge nette et pure,
Qu'en dictes vous, dame nature?
Sans aulcune corrumpture
A enfanté.
Qu'en dictes tu, dame nature,
Qu'a ce esté?

Une humaine creature,
Qu'en ditz tu, dame nature?
Qui a prins forme et figure
En deité.
Qu'en ditz tu, dame nature,
Qu'a ce esté?

En la creiche froide et dure,
Qu'en ditz tu, dame nature?
Le petit mignon endure
Estre bouté.
Qu'en ditz tu, dame nature,
Qu'a ce esté?

Au vent, la pluye, et froydure,   (fol. 72)
Qu'en dictz tu, dame nature?
Soubz une paovre masure,
En paovreté.
Qu'en dictz tu, dame nature,
Qu'a ce esté?

Pour reparer la morsure,
Qu'en dictz tu, dame nature?
D'Adam qui a la mort sure
Estoit jecté.
Qu'en dictz tu, dame nature.
Qu'a ce esté?

D'une si belle adventure,
Qu'en dictz tu, dame nature?
La nuict qui estoit obscure
A prins clarté.
Qu'en dictz tu, dame nature,
Qu'a ce esté?

Anges, par chant de mesure,
Qu'en dictz tu, dame nature?

Ont pasteurs sur la verdure
Admonnesté.
Qu'en dictz tu, dame nature,
Qu'a ce esté?

Gloire au Dieu de droicture,
Qu'en dictz tu, dame nature?
Et aux hommes la paix demeure
En equité,
Qu'en dictz tu, dame nature,　　　　　　　　(fol. 72′)
Qu'a ce esté?

Une divine closture,
Qu'en dictz tu, dame nature?
Sans aulcune corrumpture?
A enfanté.
Qu'en dictz tu, dame nature,
Qu'a ce esté?

Pasteurs courez grant alleure,
Qu'en dictz tu, dame nature?
Le veoir vostre part demeure
A saulvéte.
Qu'en dictz tu, dame nature,
Qu'a ce esté?

Ilz ont laissé leur pasture,
Qu'en dictz tu, dame nature?
Et l'enfant, la chose est seure,
Ont visité.
Qu'en dictz tu, dame nature,
Qu'a ce esté?

Troys roys de noble facture,
Qu'en dictz tu, dame nature?
A la noble geniture
Ont presenté.
Qu'en dictz tu, dame nature,
Qu'a ce esté?

Myrrhe pour la sepulture,
Qu'en dictz tu, dame nature?
Or et encens transfigure
Purité.
Qu'en dictz tu, dame nature,
Qu'a ce esté?

Herodes, tyrant parjure,
Qu'en dictz tu, dame nature?   (fol. 73)
Leur a cuydé faire injure
Et faulseté.
Qu'en dictz tu, dame nature.
Qu'a ce esté?

Prions l'immense structure
[Qu'en dictz tu, dame nature?]
De l'enfant qui nous procure
A tous santé.
Qu'en dictz tu, dame nature,
Qu'a ce esté?

Finis.

Additional sources for this text:

S1. Jehan Olivier, *Noelz nouveaulx imprimez nouvellement,* fol. A4.
S2. [*Noelz nouveaulx*] (Cat. no. 51), fol. 77'.
S3. Jehan Bonfons, *Les Grans Noelz,* fol. 71'.

Other parody:

P1. "Te remues-tu, gentil fillette" is cited as the timbre for the Protestant chanson, "Dormoy tu, dy, grosse beste" in Beaulieu, *Chrestienne resjouyssance,* (ed. in Bordier, p. 127):

Dormoy tu?
Dormoy tu, dy, grosse beste,
Dormoy tu?
Lorsqu'on t'offrit ta gran creste
Dormoy tu?
En la mettant sur la teste,
Dormoy tu?
Dormoy tu, dy, grosse beste?

Several more verses follow.

Related chanson texts:

C1. A matching text is in *La Fleur des chansons,* no. 48 (ed. in Jeffery, Vol. II, pp. 74-75; = Jeffery's *La Fleur 110;* in *Joyeusetez,* Vol. XIII, p. 62):

Entre Paris et La Rochelle,
Te remutu, gente fillette,
Il y a troys jeunes damoyselles,
Te remutu, gente fillete.

Il y a trois jeunes damoyselles,
Te remutu, gente fillette,
La plus jeune est m'amyete;
Te remutu, gente fillette.

C2. Weckerlin, in *L'Ancienne chanson,* p. 23, reprints a similar text. The incipit is a variant one, and the strophic design is unclear. Weckerlin probably copied the text from the polyphonic setting by Jacotin *a 4* in Attaingnant, RISM 1530-5, no. 14, fol. 7':

A Paris a troys fillettes,
Te remutu, te remutu,
Te remutu, gentille garsette,
La plus jeune et m'amiette;
    Te remu, te remu tu,
    Te remu tu.

En son sain a deux pommettes;
Te remu tu, te remu tu,
Te remu tu, gentille garsette.

Despite the variants, this is undoubtedly the same chanson.

Musical settings:

M1. The Jacotin setting cited above can, with some adjustments, accommodate the noël text (ed. in Seay, *French Chansons,* Summy-Birchard, 1967, octavo), pp. 3-7.

M2. A fragment in the tenor line from the Fresneau "Fricassée" *a 4* in Moderne, RISM 1538-17, fol. 2'-4, repeats a phrase from the Jacotin setting.

**67.   Chanson de noel sur Voicy lamant, helas, voicy l'amant qui tient mon
cueur**   (fol. 73)

Voicy l'amant, helas, voicy l'amant,
Le saulveur de nature,
Le filz de Dieu haultain et triumphant,
Qui mourra par injure.
   Tu dors, helas, pecheur tu dors,
   Ton Christ pour toy labeure.

Le terre et l'air, helas, la terre et l'air,
L'ont obey en droicture.
Anges s'en vont aux pastoureaux parler
Et noncer l'adventure.
   Tu dors, helas, pecheur tu dors,
   Ton Christ pour toy labeure.

Dessus du foin helas, dessus du foin,
A la pluye et froydure,   (fol. 73′)
Tremblant de froit et gemmissant de fain,
Il gist pres la masure.
   Tu dors, helas, pecheur tu dors,
   Ton Christ pour toy labeure.

Le doulx mignon, helas, le doulx mignon,
N'a pas grant nourriture;
Il n'a flambe, ne feu, ne lumignon,
Linceul, ne couverture.
   Tu dors, helas, pecheur tu dors,
   Ton Christ pour toy labeure.

Partir luyfault, helas, partir luy fault;
Innocens a mort seure,
Par Herode tyrant subtil et cault,
De mort ont la mort sure.
   Tu dors, helas, pecheur tu dors.
   Ton Christ pour toy labeure.

Quarante jours, helas, quarante jours
Son humaine stature
A enduré de jeusner les sejours
Comme vraye creature.
   Tu dors, helas, pecheur, tu dors,
   Ton Christ pour toy labeure.

Pylate a faict, helas, Pylate a faict
Sur luy grant forfaicture
En condemnant l'innocent tresparfaict
A souffrir la mort dure.
  Tu dors, helas, pecheur tu dors,   (fol. 74)
  Ton Christ pour toy labeure.

D'ung pesant fust, helas, d'une pesant fust
Sa croix luy faict pressure.
Son tendre corps dessus estendu fut,
Brisant nerf et joincture.
  Tu dors, helas, pecheur tu dors,
  Ton Christ pour toy labeure.

D'ung fer persant, helas, d'ung fer persant,
On luy faict ouverture,
De son costé degouste l'eaue et sang
Par si aspre poincture.
  Tu dors, helas, pecheur tu dors,
  Ton Christ pour toy labeure.

Ces chers amys, helas, ces chers amys,
L'ont mis en sepulture.
Vierge Marie, tu pleures et gemis
En voyant sa figure.
  Tu dors, helas, pecheur tu dors,
  Ton Christ pour toy labeure.

Nous deprirons, helas, nous deprirons,
Sa nativité pure
Que par sa croix face que nous tyrons
En joye qui tousjours dure.
  Tu dors, helas, pecheur tu dors,
  Ton Christ pour toy labeure.

Additional sources for this text:

S1. Jehan Olivier, *Noelz nouveaulx nouvellement imprimez,* fol. B2.
S2. [*Noelz nouveaulx*] (Cat. no. 51), fol. 79′.
S3. Jehan Bonfons, *Les Grans noelz,* fol. 73.
S4. Nicolas Bonfons, *La Grand bible,* fol. 40′.
S5. Rigaud, *La Grand bible,* no. 34 (ed. in Vaganay, p. 62).

68. Sur Que dit on en France etc.   (fol. 74′)

Que dit on en Surie,
Damace et Sophene?
Ung chascun dit et crie
Que le sophy est né.
Le haultain filz de pere
D'une vierge a conceu,
Et si est vierge et mere,
Ce qui ne fut onc sceu.

Qu'en dit la bergerie
Des paovres pastoureaulx
Que l'ange a voix serie
A chante chantz nouveaulx?
Disant: "Pasteurs, en somme,
Courez sans faire arrest
Veoir l'enfant Dieu et homme
Nasqui en Nazareth."

Lors j'ay prins ma houlaite,
Heurtault son tabourin,
Et la belle Jenette
Ung floury roumarin;
Perot sa challemye,
Qui souffla fort dedans;
Margot c'est endormye;
Elle avoit mal aux dentz.

Nous partons tous ensemble,
Laissans chiens et coliers;
Collette de froit tremble,   (fol. 75)
Car el n'a nulz soliers;
Et Robine reculle,
Qui se plaint griefvement
Pour une paovre nulle
Et faict son testament.

Il leva une estoille
Trop plus clere que azur,
Plus que or tissu en toille,
Nous conduysant asseur
En ung paovre habitacle,
Estable ou cabaret,

Qui n'est fermé ne bacle
Aupres de Nazareth.

La veismes ung poupart
Que sa mere, la baysant,
Et avoit d'aultre part
Avec luy ung paysant
Qui tenoit la chandelle,
Et l'enfant esbatoit,
Puis la vierge pucelle
Doulcement l'alectoit.

Nous fismes la grant chere
De fruyct et de tourteaulx,
Et ne nous cousta guere
Sus du foyn deux bosteaulx,
Je donnoys une guingue   (fol. 75′)
Au beau petit naulet,
De sa main me fist signe
Que point il n'en vouloit.

Apres q'usmes dancé
Et l'a faict baulde chere,
Le goubelet trousse
Aupres de la commerce,
Nous luy dismes: "Marie,
Partir il nous convient,
Car en la bergerie
Sans pasteur maint mal vient."

Or deprions la mere
Et son filz precieulx
Qu'en la fin nous soyt mere
Pour nous guider es cieulx,
Et que la paix prospere
A tous vrays chrestiens,
Et mette a impropere
Tous faulx lutheriens.   Finis.

Additional sources for this text:

S1.   Jehan Olivier, *Noelz nouveaulx imprimez nouvellement,* fol. B3′.
S2.   [*Noelz nouveaulx*] (Cat. no. 51), fol. 80′.
S3.   Jehan Bonfons, *Les Grans noelz,* fol. 74.

Other parodies:

P1. Nyverd, *Les Grans noelz,* fol. A1', cites the same timbre for the noël, "Que dict on en France Du daulphin de hault nom" (in Cat. nos. 34 and 35; missing from Cat. no. 33).

P2. Sergent, *Les Noelz nouveaulx reduys sur le chant,* fol. A', cites the timbre for the same noël in P1 above.

P3. Nourry, *S'Ensuyvent plusieurs belles chansons,* fol. A3, cites the same timbre for a topical chanson with the rubric, "selon la bataille devant Pavie," a battle which took place in 1525 at the end of which Francis I was taken prisoner by the forces of Charles V:

> Que dictes vous ensemble,
> Chevalier de renom,
> Du noble roy de France
> François premier du nom?
> Car pour les nobles affaires
> De son noble pays
> Prins a esté en guerre
> Sans vouloir departir.

There are five more octains which describe the battle. The text also appears in [Lotrian], *S'Ensuyvent plusieurs belles chansons,* 1535, fol. 34' (= Jeffery's *1535;* ed. in Jeffery, Vol. II, pp. 87-88).

P4. Marguerite de Navarre, *"Chansons spirituelles,"* in *Les Marguerites,* Bk. II, 1547, pp. 159 ff. (= p. 179 of the facsimile ed.) includes this "Chanson de Noel":

> Sur: Las! qu'en dit-on en France
>   Des gentes de Luxembourg
>
> Changeons tristesse en joye
> Et en chant nostre dueil;
> A fin que mieux en croye,
> Ouvrons de l'esprit l'oeil
> Laissons ceste chaire morte,
> Qui tant nous desconforte
> Avec son vieil Adam:
> De vive voix et forte.
> Chantons a chasque porte:
> "Noel" pour fin de l'an.

Several more strophes follow. Because this parody has ten lines, it may be on a variant version of the chanson, or perhaps repeat two lines of the music with another text.

69. Aultre noel sur Noel des hayes   (fol. 75′)

> Dançons, chantons, saultons, esbatons la sonnette!
> Et ho, houete!

Or escoutez ung dicte solempnel
D'une chanson faicte de beau noel
Transmis du ciel en une pucellette; houette!
>   Dançons, chantons, [saultons, esbatons la sonnette!
>   Et ho, houete!]

C'est la messye a noz peres promis   (fol. 76)
Qui est venu pour saulver ses amys,
Lequel s'est mis en une vierge humblette, houete!
>   Dançons, chantons, [saultons, esbatons la sonnette!
>   Et ho, houete!]

L'ange l'a faict sçavoir aux pastoureaulx,
Lesquelz gardoyent leurs brebis et aigneaulx
Joyeulx et beaulx et couchez sur l'herbette, houete!
>   Dançons, chantons, [saultons, esbatons la sonnette!
>   Et ho, houete!]

Les pastoureaulx se sont mis en chemin
Pour aller veoir Jesus, l'enfant begnin.
Chascun de cueur humain son present luy apporte; houete!
>   Dançons, chantons, [saultons, esbatons la sonnette!
>   Et ho, houtete!]

En une creiche et lieu peu triumphant
Ilz ont trouvé la vierge et son enfant
De froit tremblant. Le bon Joseph la traicte, houete!
>   Dançons, chantons, [saultons, esbatons la sonnette!
>   Et ho, houete!]

Nous prions tous Jesus le roy divin
Qu'il nous preserve de peste et de venin,
Et a la fin noz ames au ciel mette, houette!
>   Dançons, chantons, [saultons, esbatons le sonnette!
>   Et ho, houete!]

Additional sources for this text:

S1. La Carronne, *Noelz nouveaulx,* Paris, n.d., fol. A.
S2. [*Noelz nouveaulx*] (Cat. no. 51), fol. 80′.
S3. Jehan Bonfons, *Les Grans noelz,* fol. 75′.

Related chansons:

C1. Rabelais lists "les hayes" among the dances performed in *Le 5e livre,* Chap. 32 *bis.* (ed. Demerson, p. 931).

C2. A chanson by Janequin in Attaingnant, RISM 1530-4, fol. 1' (Janequin, *Chansons polyphoniques,* Vol. I, ed. by Merritte and Lesure, pp. 175-80; Janequin, *Trente chansons,* Paris, 1928, ed. Cauchie, p. 10, has a text that begins:

> Chantons, sonnons trompettes,
> Tabourins, phifres, et clérons,

and ends: "Vive les enfans du noble roys Françoys." It is not the model for the noël text.

70. Sur M'amye m'a donné ung baston   (fol. 76)

Peres aux bas limbes reclus,   Bis.
Soyez de tristesse forclus,
La harpe soyt touchée;
Chantons et ne souspirons plus;   Bis.
Marie est acouchée.

Du pere Adam le premier mors.   [Bis.] (fol. 76')
Par lequel nous fusmes tous mors;
La faulte en est laschée,
Chantez en gracieulx recors: [Bis.]
Marie est acouchée.

Nature qui as tant esté   [Bis.]
Cinq mil ans en adversité,
Aux noirs, latz attachée,
Repprent present, joyeuseté: [Bis.]
Marie est acouchée.

La sainct archange Gabriel,   [Bis.]
Transmis du trosne supernel
A la vierge honnerée,
Luy a dit en salut nouvel: [Bis.]
"*Ave* la bienheurée."

"Tu concepvras Emanuel   [Bis.]
En ton sainct ventre virginel
Sans longue demeurée
De par le roy celestiel.   [Bis.]
Ave la bienheurée."

"Gabriel, dictes moy comment   [Bis.]
Ce fera cest enfantement
Las, se peult il bien faire?
Jamais en faict n'en pensement   [Bis.]
D'homme je n'euz affaire.

"Marie, ne t'esbahys point,   [Bis.]
Car le sainct esprit en ce point
Ta grace preservée.   (fol. 77)
Tout ainsi que la fleur qui point   [Bis.]
Par luy est preservée."

"Et comme le soleil reluyt   [Bis.]
Par le voirre et point ne luy nuyst.

Tu concepveras, Marie,
Et sera de part oy produyt   [Bis.]
Jesus le fruyct de vie."

Adonc la vierge respondit: [Bis.]
"Soit ainsi faict que tu l'as dit,
Je suis sa paovre ancelle."
Et enfanta sans contredit,   [Bis.]
Vierge mere et pucelle.

Additional sources for this text:

S1. La Carronne, *Noelz nouveaulx,* fol. A1'.
S2. [*Noelz nouveaulx*] (Cat. no. 51), fol. 82'.
S3. Jehan Bonfons, *Les Grans noelz,* fol. 76.

Related chanson text:

C1. [Lotrian] *S'Ensuyvent plusieurs belles chansons,* 1535, fol. 20 (=
     Jeffery's *1535,* ed. in Jeffery, Vol. II, pp. 186-78; also in his *1537, 1538,*
     and *1543* [incomplete]; in *Joyeusetez,* Vol. XIII, p. 53):

M'amye m'a donné des soulliers
Fermez de cordelette,
Tout par amourette
Coincte et joliette
Mais de ce bas, ce jolis mignon bas,
Gardez le moy, m'amye.
Et de ce bas, ce jolis mignon bas,
A d'aultre que a moy, ne le prestez pas.

Six more strophes follow. The strophic design does not match the noël
text.

71.   Sur De mon triste et desplaisir   (fol. 77)

David, Jacob, Ezechias,
Chantez, le filz de Dieu est né.
Abraham, aussi Helias,
Le mal faict vous est pardonné.
    Lort chien dampné
    Est condampné
    Au nois palut;
    Est estonné,
    Puis que donné
    Vous est salut.

Nature humaine, esjouys toy,
Pour l'advenement de ton Crist,
Qui t'estoit promis en la loy
Longtemps par propheticque escript.   (fol. 77′)
    Prens ton rescript
    Du mors perscript
    Du pere Adam,
    Lequel mena
    Et condampna
    Le monde en dam.

Le paranymphe Gabriel
En fist l'annunciation
Transmis du cloistre supernel
Pour la saincte conception.
    Comme en Syon
    Le hault Syon,
    De deité
    A prins de fait
    Pour le forfait
    Humanité

Neuf moys au ventre virginal
Fut sans virille action,
Et puis enfanté a Noel
Sans alcune corruption.
    Tel action
    Ne paction
    Onc hom ne sceut.
    Vierge enfanta,
    Vierge alecta,
    Vierge conceupt.

Les anges ont esté ouys;   (fol. 78)
Les cieulx augmentent leur clarté;
Les plaintifz limbes resjouys;
Les humains prins transquilité.
     La trinité,
     Par sa bonté,
     Y resplendit
     La deité
     Felicité
     Au lieu rendit.

Les judaycques pastoureaulx,
Gardons leurs brebis et moutons,
Ont ouy bruyre mons et vaulx
D'angelicques et divers tons.
     De leurs chansons
     Preez et champs, sons
     Ont estrené.
     La coururent
     Et congneurent
     Christ estre né.

Son naistre trois roys d'orient,
Congneurent par magicque sens,
Qu'il luy vindrent faire presens
D'or, myrrhe, et precieulx encens.
     Les innocens
     De ce innocens,
     En ont souffert.   (fol. 78′)
     Leur corps est mort,
     Par dur effort
     En fut offert:

Nous prirons la mere et le filz
Qu'ilz gardent l'université,
Et cil qui nous a desconfis
Par mort c'est y mis cité.
     Par concité
     Et incité
     Est l'ort crapault.
     La mort l'aura;
     Il en voirra
     Bien tost l'assault.

     Amen.   Noel.

Additional sources for this text:

S1. La Carronne, *Noelz nouveaulx,* fol. A2'.
S2. Jehan Olivier, *Noelz nouveaulx... Plat d'argent,* Paris, n.d., no. 12, according to Oulmont who lists timbres only but not texts, and states that Olivier copied this noël from La Carronne along with three others ("Sur un recueil de Noëls...," p. 57).
S3. [*Noelz nouveaulx*] (Cat. no. 51), fol. 83'.
S4. Jehan Bonfons, *Les Grans noelz,* fol. 77.
S5. [Noëls] (Les Mans, RISM 1974-5), no. 6.
S6. [Noëls] (Le Mans, RISM 1974-6), fol. C3'.
S7. Vilgontier (Paris MS 14983), fol. 118.
S8. Hubert MS (Paris MS 1895), fol. 51'.

Other parodies:

P1. Malingré, *S'Ensuyvent plusieurs belles et bonnes chansons,* no. 11 (ed. in Bordier, *Le Chansonnier huguenot,* pp. 15-20); *Recueil de plusieurs chansons spirituelles,* 1555, p. 33; and *Recueil de plusieurs chansons spirituelles,* 1569, p. 62, cite this timbre for the Protestant chanson, "Des assauts que Satan me fait."
P2. A noël text to an unidentified melody (see below, M2) in [Moderne], *La Fleur des noelz nouvellement notés,* fol. C4, has matching text:

Chantons: "Noel" par grand desir,
Et soyons de liesse pleins,
Et reprenons nos appetiz,
Et laissons nos tristes complains.
   O cueurs humains,
   Levez vos mains,
   Chantons: "Noel,"
   Tous d'ung accord,
   Sans nul discord:
"Noel, noel, noel, noel, noel."

Several more verses follow. For the music, see ex. 71a below, which has a melody that matches settings cited in M1, M3-7.
P3. The two settings cited below in M3 and M4, are Protestant parodies which paraphrase Psalm 113.
P4. According to John Ward, "The Lute Music of MS Royal Appendix + 58," in *JAMS* Vol. XIII (1960), 123, Henry VIII's "Pastime with good company," cited in M7 below is a parody of "De mon triste desplaisir"; as the text below shows, the two poems have the same strophic design:

Pastime with good company
I love and shall until I die.
Gruch who lust, but none deny;
So God be pleased, thus live will I.
For my pastance,
Hunt, sing, and dance;
My heart is set
All goodly sport
For my comfort:
Who shall me let?

Two more verses follow. The superius matches voices in all other settings cited below.

P5. Beaulieu, *Chrestienne resjouyssance,* p. 42, cites this timbre for the Protestant chanson, "De mon triste desplaisir."

P6. *Le Second livre des chansons spirituelles,* 1555, p. 25, and *Chansons spirituelles,* 1569, p. 220, cite the same timbre for the Protestant chanson, "La papauté est contre Christ."

P7. Doré, *Les Cantiques deschantées,* fol. C3', gives this timbre for the Counter-Reform text, "Quand je suis tout a par moy."

Related chanson texts:

C1. *S'Ensuivent plusieurs belles chansons nouvelles,* no. 13 (= Jeffery's *16;* ed. in Jeffery, Vol. I, pp. 245-47; also in his *17, La Fleur 110, 1535, 1537, 1538,* and *1543,* and in Viviant, *S'Ensuyvent plusieurs belles chansons,* fol. E4 (ed. in Silvestre, *Collection de poésies, romans, chroniques,* Vol. I, p. 23):

De mon triste et desplaisir
A vous, belle, je my complains;
Car vous traictez tout mon desir
Si tresmal que je m'en plains.
Entre voz mains
Souffre maulx maintz
Sans nul confort;
Dont sur ma foy,
Comme apperçoy,
Vous avez tort.

Four more verses follow.

C2. [Moderne], *S'Ensuyvent plusieurs basses dances,* fol. B2, lists this chanson and states that it is "ceulx que souvent on dance maintenant."

Musical settings:

M1. Richafort's setting *a 4* is in Attaingnant, RISM 1529-3, fol. 3; also in Munich MS 1516, fol. 27', no. 43; and in Cambrai MS 125-28, p. 126 (ed. in Brown, *Theatrical Chansons.* pp. 45-47; in Maldeghem, XVe Année [1879], nos. 22 and 23, with the incipit, "La Nature offre"; in Kabis, Vol. II, pp. 504-6). The tenor is in Munich MS 260, fol. 51'.

M2. A monophonic melody not identified as "De mon triste [et] desplaisir," but nevertheless clearly a variant of Richafort's superius, is in [Moderne], *La Fleur des noelz nouvellement notés,* fol. C4. See ex. 71a.

M3. A similar monophonic melody with the text, "In Exitu Israel de Egipto," is in Cock, *Souterliedekens,* Ps. 113 (ed. in Mincoff-Marriage, p. 287) and is ex. 71b.

M4. Clément setting *a 3* of the same psalm is in Jacobus Clemens von Papa, *Opera omnia,* Vol. II: *Souterliedekens* (Rome, 1953), p. 88.

M5. Jean Cortois's setting *a 6* is in Munich MS 1508, no. 115. The composer's name, in the bassus part, was read by both John Ward in "The Lute Music of the MS Royal Appendix 58," 123-24, and by Brown in his "Catalogue," no. 70k, as Toulois. It can also be read as Cortois, a variant spelling of the composer's name, according to Nanie Bridgman, "Jean Courtois," *Die Musik in Geschichte und Gegenwart,* ed. Friedrich Blume, Band 2, Kassel, 1952, cols. 1747-48.

M6. Instrumental settings of this chanson include a transcription for lute for Richafort's four-voice setting in Milano, RISM 1546-7, no. 8; and in Phalese, RISM 1547-19, fol. G4', no. 40.

M7. Henry VIII's setting *a 3,* "Pastime with good company," in London MS 5665, fols. 138'-39, uses a variant version of the superius, as does his setting of the same text in London MS 31922, fols. 14'-15 (ed. in Stevens, *Music at the Court of Henry VIII.* p. 11). The parody relationship between "Pastime" and "De mon triste desplaisir" is discussed in Ward, "The Lute Music," 123-24, and by Nigel Davison, "The *Western Wind* Masses," *MQ,* Vol. LVII (1971), 429.

M8. The descant only is in Munich MS 260 (ed. in Bellingham, *Sixteenth-Century Bicinia,* p. 129.

Example 71ᵃ.

Noël* Chan - tons: "No -el" par grand de - sir,
Noël** Da - vid, Ja -cob, E - ze -chi - as,

Et soy- ons de li - es - se pleins,
Chan - tez, le filz de Dieu est ne.

Et re- pre -nons nos ap - pe - titz,
A - bra- ham, aus-si He - li - as,

En lais- sant nos tri - stes com - plains.
Le mal faict vous est par - don - ne.

O cueurs hu - mains, le -
Lort chien damp - ne Est

vez vos mains, Chan- tons: "No - el,"
con - damp - ne Au noir pa - lut;

Tous d'ung ac -cord, Sans nul dis - cord,
Est es - ton - ne, Puis que don - ne

No -el, no- el, no-el, no - el, no - el.
Vous est sa- lut, Vous est sa - lut.

* [Moderne], La Fleur des noelz nouvellement notés, fol. C4.
**Sergent, Les Grans noelz, no. 71.

Example 71b.

Chanson: De — mon tri - - ste
Noël: Da - - vid, Ja - - cob,

des — - plai - sir A vous,
E - ze-chi - as, Chan- tez,

bel - le je my com - plains.
le filz de Dieu est né.

Car vous traic - tez tout mon de-
A - bra - ham, aus - si Hé- le -

sir Si tres - - mal que
as, Le mal faict vous est

je my plains, En - tre vos
par - don - né. Lort chien damp-

mains Souf- fre maulx mains Sans
ne Est con- damp - né Au

nul con - fort; Dont sur ma
noir pa - lut; Est es - ton -

foy, Com - me ap - per - coy, Vous
ne, Puis que don - né Vous

a - vez tort.
est sa - lut.

72. Sur C'est en ce jolys moys de may   (fol. 78′)

En mon dormant ouvre mes yeulx,
Je vey pastoureaulx en la plaine,
Chantons: "Noel" a voix haultaine,
Remercyant le Roy des cieulx.   Bis.
    Noel.

Je me rendy avecques eulx
Pour aller veoir le vray Messye,
Noble Syon, filz de Marie
Et plasmateur Roy glorieulx.
    Noel.

En Bethléem pays fructueulx
Nous trouvasmes le Roy de gloire
Enveloppé sus la lictiere
Entre deux trespaovres linceulx.   (fol. 79)
    [Noel.]

Le bon Joseph gay et joyeulx,
Le doux mignon a bonne chere
Adoroit, et aussi sa mere,
L'asne et le beuf a deux genoulx.
    Noel.

De noz biens ung chascun de nous
Luy donna par bonne aliance.
Colin Georget pour sa deffence
Luy donna son billard de houx.
    Noel.

Il y vint ung meschant hydeux,
Descrepain ou de sainct oumaine,
Lequel luy donna sa mistaine;
Guillot luy donna les sabotz vieulx.
    Noel.

Je ne voulu pas faire pis que eulx:
Je luy donnay pour son estraine
Ung bon chappeau de noire laine
Pour garder le vent de ses yeulx.
    Noel.

Ung chant tresfort amoureulx
Anges chanter en voix doulcette

Je ouy: chose qui estoit nouvellette;
C'estoit ung chant melodieulx.
    Noel.

Nous prirons tous le Roy des cieulx
Qu'il nous doint la gloire infinie,
Et que puissons en ceste vie
Faire oeuvre qui soit fructueulx.
    Amen. Noel.

Additional sources for this text:

S1. [*Noelz nouveaulx*] (Cat. no. 51), fol. 85.
S2. Jehan Bonfons, *Les Grans noelz,* fol. 78'.

Related chanson texts:

C1. A text in Paris MS 9346, no. 1 (ed. in Gérold, *Bayeux,* p. 1), matches the
noël:

> C'est a ce jolly moys de may
> Que toute chose renouvelle
> Et que je vous presentay, belle,
> Entierement le cueur de moy.
>
> Les arbres par leur grant beaulté
> Se sont trestous couvers de verd.
> Les oyseyllons y ont chanté
> La nuit, le jour, comme il apert.

Three more strophes follow.
C2. Listed in Brown, "Catalogue," no. 47.
S3. A chanson *a 4* by Janequin (ed. in Merritt and Lesure, *Chansons
polyphoniques,* Vol. III, no. 97, pp. 102-4), has a text which begins like
the timbre but does not match the strophic design of the noël:

> A ce joly moys de may
> Faisons tous bonne chere.
>
> Resveillons nous, ne dormons plus.
> Dansons, ballons, et au surplus,
> Chascun fasse son esgay
> Pour serve la coupiere.
>
> A ce joly moys de may, etc.

Musical setting:

M1. The monophonic melody in Paris MS 9346, no. 1, cited in C1 above, accommodates the noël text. See ex. 72.

Example 72.

73. Sur Voicy le may   (fol. 79)

Chantons: "Noel,"   (fol. 79')
Le doulx gentil Noel,
Petis, jeunes et vieulx
    En chant nouvel,
Gracieulx et solemnel,
Pour le Roy glorieulx.
        Noel.

Quant Marie eut neuf moys
Porté le Roy des roys,
Elle enfanta sans peine.
Du maint pasteur galloys
Si la voulut bien veoirs,
Passant mainte montagne,

    Colin, Hucbault,
Et Robin Loquebault,
Deux pastoureaulx joyeulx,
    Firent maint sault,
Tant que chascun grant chault
Avoit quant fut aux lieulx.
        [Noel.]

En beaulx habitz divers
Leurs corps estoyent couvers,
En toute fringuerie
Pourpointz faictis ouvers,
Beaulx bonnetz a revers,
Sentans leurs bergerie.

    Chappeaulx frisez,
Leurs manteaulx divisez,
Comme ont amoureux,
    Sans pertuysez,
Gorrierement troussez,
C'estoit a qui mieulx mieulx.
        Noel.

Chascun c'est presenté
Devant la majesté   (fol. 80)
Du bon roy de nature,
Lequel mal apoincté,
En grant necessité,
Enduroit la froydure.

Lubin le beau
Luy donna son manteau,
Pleurant et peu joyeulx,
    Et dist: "Hardeau,
Reçoy ce pastoureau
Au temps qu'il sera vieulx."
      Noel.

Apres y vint Triquart,
Trenchant du loriquart
Le boucquet sur l'oreille
Qui dist: "Lourdeaulx appart,
Je ne suis point quoquart:
Je apporte la bouteille."

    Et puis Heurtault
Luy donna sans deffault
Ung gasteau faict aux oeufz,
    Et qui mieulx vault,
Ung bon pasté tout chault
Luy donna Jehan du Creux.
      Noel.

Joseph estoit present,
Nostre faict regardant,
Faisant piteuse chere,
Le beuf veoir rongeant,
Et son asne mengeant,
Jesus sur lictiere.   (fol. 80′)

    Marie pensoit,
Son regard adressoit
Souvent effoys au cieulx.
    Le beau douillet
Aussi blanc comme laict,
Estoit la sans linceulx.
      Noel.

Troys princes de regnom,
D'estrange region,
Luy firent reverence:
De l'or ung milion,
Et du myrrhe a foison,
Encens a souffisance.

Lors le tirant,
Herodes le meschant,
Sur Jesus envieulx,
Vilainement
Il fist maint innocent
Meurdrir devant ses yeulx.
Noel.

Le Roy nay de nouveau,
Enfant qui est si beau,
Forgé de Dieu le pere,
Ensemble Sainct Michau,
Vray archange docau,
Vous voyez nostre affaire.

Remettez bas
Et si ne souffrez pas
Que le mal venimeulx,
Pesté, en tout cas   (fol. 81)
Ne nous prenne en ces lacs;
Mais tous soyons joyeulx.
Amen. Noel.

Additional source for this text:

S1. Jehan Bonfons, *Les Grans noelz,* fol. 79.

Related chanson texts:

C1. *Les Chansons nouvelles que on chante de present* [= Jeffery's *90(b)*], no.
4: Jeffery combines this incomplete print with a fragment from
S'Ensuivent xii. chansons nouvelles [= Jeffery's *12*], no. 8, to make the
following text [ed. in Jeffery, Vol. I, pp. 179-80]:

Voicy le may,
Le jolis moy de may
Tant doulx, frisque et joyeulx,
Mignon et gay,
Vert comme ung papegay,
Amoureux, gracieux.

Dessoubz ung esglantier
Pres d'un petit sentier,
Sans faire aucun dommage,

Me trouver avant hyer
Quasi ung jour entier,
Oyant le chant ramage.

M'amye et moy,
Nous fusmes sans esmoy
Maulgray les envieux,
Cueillir le may,
Ce joly moy de may
Au chant melodieux.

Plus two more verses with the same respective strophic designs and refrains. This chanson matches the noël text. No musical setting has been located.

C2.   The text for the monophonic chanson in the Bayeux MS 9346, no. 81, does not match the noël text:

Vecy le may,
Le jolly moys de may,
Qui nous demaine.
Au jardin mon pere entrai,
Vecy le may,
Le jolly moys de may.
Trois fleurs d'amours y trouvay
En la bonne estraine,
Vecy le may,
Le jolly moys de may,
Qui nous demaine.
Qui nous demaine.

A similar text appears in the setting by Moulu *a 4* in Attaingnant, RISM 1530-5, no. 20, fol. 9′. Thus this music and the monophonic setting in Bayeux will not fit the noël text, even though there may be a relationship between the texts.

74. Sur Le cueur est mien qui oncques ne fut prins   (fol. 81)

Vrays chrestiens qui estes attentifz
De veoir Noel en sa propre figure,
Preparez vous, car la saison est dure.
De bien chanter point ne soyez crainctifz,
    [Noel.]

Le bon Noel si c'est bien bas soubmis
Quant a voulu naistre sur terre dure
Pour reparer le tort et forfaicture
Qui commirent noz parens et amys,
    Noel.

Et les pasteurs, en leurs gaillars habis,
Ont voulu veoir ou estoit sa demeure;
S'en sont partis sans sçavoir a quelle heure,
Et ont laissé leurs moutons et brebis.
    Noel.

Frazette y fut, Alizon, et Beatrix
Et Perrichon a sa belle saincture,
Qui dueil n'avoit; et sans soucy ne cure
Les conduist marchans a pas haltiz.
    Noel.

En cheminant entre eulx y eut maintz dictz
Car l'ung disoit: "La chose m'est obscure."
L'autre respond:"J'ay ouy tout a cest heure
Le plus beau chant qu'onques fuy ouy jadis."
    Noel.

Ung des pasteurs, qui eut nom Aloris,   (fol. 81')
Moult bien retint de l'ange le parleure,
Car il disoit: "La paix a ouverture,
Et si est nay le roy de paradis."
    Noel.

"Venons au point:" se leur a dit Beatrix,
"Marchons plus fort; nul de nous ne demeure;
Il me semble que j'ay ouy l'enfant qui pleure."
En ce disant, apperçut le logis.
    Noel.

Riens ne servoyent courtines ne tapis;
Tout est brisé, sans nulle couverture,

Et la Noel enduroyt la froydure
Joseph prent, et Marie moult pensifz.
Noel.

Enfant moult bel, qui estes pere et filz,
Si nul de nous a commis forfaicture,
Nous te prions ne le prens a injure,
Mais ayez pitié de nous, paovres captifz.
Amen. Noel.

Additional sources for this text:

S1. [*Noelz nouveaulx*] (Cat. no. 51), fol. 86.
S2. Jehan Bonfons, *Les Grans noelz,* fol. 81.

Other parodies:

P1. Cited as timbre for the Protestant chanson, "Toute ma vie en la foy bien
     appris," in Malingré, *Noelz nouveaulx,* 1533, fol. C.
P2. Cited as timbre for the Protestant chanson, "Le cueur est mien, qui
     oncques ne fut pris," in Beaulieu, *Chrestienne ressjouyssance,* p. 33; also
     in *Chansons spirituelles,* 1569, p. 261.

Related chanson text:

C1. *S'Ensuivent viii belles chansons,* no. 15 (= Jeffery's *8(a);* also in his *8(b),*
     8(c), La Fleur 110, 1535, 1537, 1538, and *1543;* ed. in Jeffery, Vol. I, p.
     190; in *Joyeusetez,* Vol. XIII, p. 23) has a text that matches the noël:

     Le cueur est mien qui oncques ne fut prins
     Fors en ung lieu où il fait sa demeure
     Et y sera jusques à ce qu'il meure,
     Car de longtemps ainsi l'a entreprins.

     Three more strophes follow. The text above is after Jeffery's edition.
C2. This may be the chanson Brown refers to in his "Catalogue," no. 259.
C3. Listed as a basse danse in [Moderne], *S'Ensuyvent plusieurs basses
     dances,* fol. B2'; and in Rabelais, *Oeuvres complètes* (ed. by Demerson),
     p. 928.

Musical settings:

M1. An anonymous setting *a 3* is in Attaingnant, RISM 1529-4, fol. 4'. See
     ex. 74.

M2. An ornamented version of the setting in M1 above is in Attangnant, RISM 1531-7, fol. 64 (transcr. in Seay, *Chansons for Keyboard,* p. 110).

M3. A fragment in the "Fricassée" *a 4* by Fresneau in Moderne, RISM 1538-17, fols. 2'-4, altus, is the same as the superius opening in M1 above, but transposed up a fourth.

M4. An anonymous setting *a 4* is in Munich MS 1516, no. 93, fol. 51'. The same setting is in Attaingnant, RISM 1528-7, fol. 10. The text begins, "Le cueur est mien ou tout malheur abonde." and its strophic design differs: Lines 1 and 4 have eleven rather than ten syllables.

M5. A setting by Leschenet *a 6* in LeRoy and Ballard, RISM 1572-2, fol. 61, has the incipit, "Le cueur est mien qui jamais ne fut prins," for a canonic setting. The setting is based on the same *cantus prius factus* as in M1.

M6. An anonymous setting *a 4* in Attaingnant, RISM 1528-7, fol. 10, has the text: "Le cueur est mien ou tout malheur abonde," which also may be a textual parody.

Example 74.

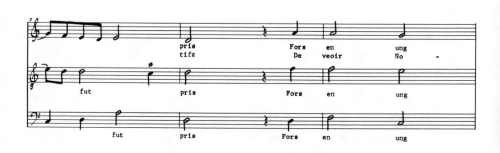

Example 74 (cont.)

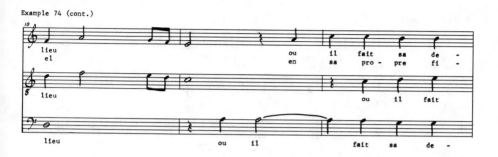

Example 74 (conclusion)

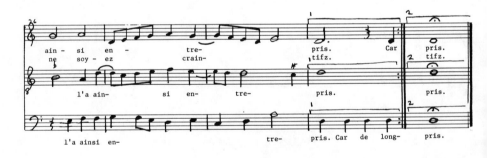

75. Sur Quoy qu'on en dye des nouveaux amoureulx, Qui pert s'ayme etc.   (fol. 81′)

> "Nau," je vous prie
> Chantons en chant joyeulx,
> "Nau," pour Marie,
> La princesse des cieulx.

Comment fist Adam le mortel?
Dictes le nous, Marie.
Ce fut par l'ennemy mortel
Qui fist celle follye;
Mais infinye
Pitié du Dieu des cieulx   (fol. 82)
A rendu vie
Aux humains vicieulx.

> "Nau," je vous prie
> [Chantons en chant joyeulx,
> "Nau" pour Marie,
> La princesse des cieulx.]

Comment confortez vous Noel?
Dictes le nous, Marie.
En Bethléem, paovre hostel
En paovre compagnye,
Dieu se humilie,
Quant en ung lieu venteux
Ou faisoit pluye
Il fut nay sans linceulx.

> ["Nau," je vous prie
> Chantons en chant joyeulx,
> "Nau" pour Marie,
> La princesse des cieulx.]

Comment fut adoré l'aignel?
Dictes le nous, Marie.
Pasteurs vindrent du cueur ignel,
Chantant en melodie;
Et d'Arabie,
En adorant les lieux,
Firent saillye
Trois roys pecunieulx.

"Nau" pour Marie,
Chantons en chant joyeulx,
"Nau" pour Marie,
La princesse des cieulx.

Comme fut son regne actuel?
Dist le nous, Marie.
D'humble et par acte annuel
Je fuz de luy servye;
Puis il publie
L'escripture des vieulx
Et clarfie
Les faictz miraculeulx.

"Nau" pour Marie
[Chantons en chant joyeulx,
"Nau" pour Marie,
La princesse des cieulx.]

Comment souffrit tourment creul?
Dictes le nous, Marie.
Les juifz au jour solemnel
L'occirent par envye.   (fol. 82′)
La fut garie
Par son sang precieulx
La maladie
Du cueur pernicieulx.

["Nau" pour Marie
Chantons en chant joyeulx,
"Nau" pour Marie,
La princesse des cieulx.]

Comment nous fera il acueil?
Dictes le nous, Marie.
Observer son precepte vueil
Et ensuyvir sa vie.
L'on nous supplie,
Dame de cueur piteux,
Soyez amye
A tous calamiteux.

["Nau" pour Marie
Chantons en chant joyeulx,

"Nau" pour Marie,
La princesse des cieulx.]

Amen. Noel.

Additional sources for this text:

S1. [*Noelz nouveaulx*] (Cat. no. 51), fol. 87.
S2. Jehan Bonfons, *Les Grans noelz*, fol. 81′.

Related chanson text:

C1. *S'Ensuivent plusieurs belles chansons*, no. 33 (= Jeffery's *53;* ed. in Jeffery, Vol. I, p. 147), has a text that Jeffery relates to the building of a chateau in Gaillon between 1500 and 1510 for Cardinal Georges d'Amboise. The editing of the text is Jeffery's:

> Quoy qu'on en die
> Des ribaulx mariez,
>   Qui pert sa mye
> Ne la peult oublier.
> Comment passeray je Lyon?
>   Dictes le moy, m'amye,
> Car il y a garde au pont,
>   Qui ont sur nous envie.
>   Mais se j'avoye
>   Du vin ung plain flacon,
>   Moy et ma mye,
>   Lion nous passerion.
>   Quoy qu'on en die, &c.
>
> Comment passeray je Gaillon?
>   Dictes le moy, m'amye,
> Car les mascons si sont dedans,
>   Qui sur nous ont envie.
>   Mais si j'avoye
>   Ung petit court baston,
>   Moy et m'amie,
>   Gaillon nous passerion.
>   Quoy qu'on en die, &c.

Five more verses and a refrain follow.

76. Sur J'ay mis mon cueur en ung lieu   (fol. 82′)

J'ay mis mon cueur en une seullement;
C'est la vierge qui a voulu porter
Le roy des roys pour nostre saulvement,
   Noel.

Vierge elle fut devant l'enfantement.   Bis.
Semblablement fut vierge a l'enfanter,
Et demeura vierge eternellement.   Bis.

Elle a voulu bien maternellement   Bis.
Le doulx Noel de son laict sustanter,
Le congnoissant le roy du firmament.   Bis.

Povres pecheurs sont mis hors de tourment,   Bis.
Car pour Noel ont esté racheptez.
Chascun le doibt croire bien fermement.   Bis.

Royne des cieulx, je vous pry humblement   Bis.
Du bon du cueur que nous vueillez garder
Quant ce viendra nostre passement.   Bis.

Pour vous chantons: "Noel" joyeusement.   Bis. (fol. 83)
Vierge royal, pour nous interceder,
Prenez en gré ce doulx esbatement,   Bis.

      Amen.   Noel.

Additional sources for this text:

S1. [*Noelz nouveaulx*] (Cat. no. 51), fol. 88.
S2. Jehan Bonfons, *Les Grans noelz,* fol. 82′.

Related chanson texts:

C1. The anonymous setting *a 3* in Attaingnant, RISM 1529-4, fol. 6, has a
     three-line text that matches the noël.

     J'ay mis mon cueur en ung lieu seulement,
     Si tres avant qui ne s'en peult sortir;
     Mais nonobstant j'aymeray loyaulment.

C2. The following have four-line strophes which will not accommodate the
     noël: Viviant, *S'Ensuyvent plusieurs belles chansons,* no. 36;
     Souterliedekens, no. 117 (ed. Mincoff-Marriage, p. 285); Paris MS

9346, no. 22; and two settings in Brown, *Theatrical Chansons,* pp. 92-96, one by Gascoigne and one anonymous. Both are *a 3* and have text in the tenor only.

C3. Listed in Brown, "Catalogue," no. 194.

Musical setting:

M1. The setting *a 3* cited in C1 above accommodates the noël text. See ex. 76.

M2. The opening of the setting in M2 is repeated as a fragment in the anonymous fricassée *a 4* in Attaingnant, RISM 1531-1, fol. 11′.

M3. The monophonic setting in *Souterliedekens,* Ps. 1, matches the four-line version of the chanson text, and thus does not match the noël.

Example 76

Example 76 (Cont.)

Example 76 (conclusion).

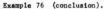

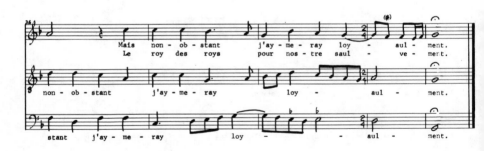

77. Dyalogue sur Resjoyssons nous, tous loyaulx amoureulx   (fol. 83)

Nature.

Resjouys toy es limbes tenebreaux
Adam, pere de tous jeunes et vieulx,
A la venue du roy de majesté.
Venu est il pour bons souffreteux
De mon genre remettre en ces haulx lieux
Celestielz dont tu estoys privé.
  "Letabundus,"
  Cantet chorus;
  Le soleilz nous esclaire
  Saluons la mere
  Cuius fructus benedictus.

Adam.

J'ay ouy ung sons, doulx et amoureulx
La plus plaisant et le plus gracieulx
Qui fut jamais se me semble chanté
Freres humains, suysmes bien heureulx.
Resjouyssons, car ouvers sont les cieulx
Par le vouloir de haulte Trinité.
  "Letabundus,"
  Cantet chorus;
  Le soleilz nous esclaire
  Cuius fructus benedictus.

[Nature.]

Mes bons enfans le temps solacieux
Reparatif ou forfaict vicieux
Par le hault roy vous est distribué
Son doulx enfant, Messyas precieulx,   (fol. 83′)
A envoyé; chantez, soyez joyeulx,
Par qui sera mon siecle rachepté.
  "Letabundus,"
  [*Cantet chorus;*
  Le soleilz nous esclaire
  Saluons la mere
  Cuius fructus benedictus.]

Adam.

Ne oyez vous pas nature en ses bas lieu,
Qui nagueres en souspirs douloureulx
Tant lamentoit. Son cueur est excité
A joye mener. Ses motz sont gracieulx,
Exoratifz a faire ris et jeux,
Car elle et Dieu ensemble ont apoincté.
    "Letabundus,"
    [*Cantet chorus;*
    Le soileilz nous esclaire
    Saluons la mere
    Cuius fructus benedictus.]

Nature.

Chanter, Adam, ne soyez curieulx
De mener dueil, rendez le au furieulx.
Esperit mauldit, qui le vous a baillé
Son art maglin et ignominieulx
Rendu confus, est au lac stitieux.
Remercyez la haulte deité.
    "Letabundus,"
    [*Cantet chorus;*
    Le soleilz nous esclaire
    Saluons la mere
    Cuius fructus benedictus.]

Adam.

O roy divin, puissant et glorieulx,
Qui nous oster des lieux caligineux,
Haultement soyt ton nom magnifié.
Subjugué est l'ennemy orgueilleux,
Et mon peché, infect et tant hydeux,
De ta face remys et effacé.
    "Letabundus,"
    Cantet chorus;
    [Le soleilz nous esclaire
    Saluons la mere
    Cuius fructus benedictus.]

Additional sources for this text:

S1.   [*Noelz nouveaulx*] (Cat. no. 51), fol. 88'.
S2.   Jehan Bonfons, *Les Grans noelz,* fol. 83.

Other parody:

P1. Nyverd, *Les Grans noelz,* fol. B3', has the same timbre for the noël, "Resjouyssons nous tous, chantons de cueur joyeulx."

Related chanson text:

C1. The monophonic chanson in Paris MS 12744, no. 115, fol. 78' (pr. in Paris et Gavaert, p. 64), provides the textual model for the noël:

> Resjouissons nous tous loyaulx amoureulx,
> Chantons ensemble tout d'un vouloir jouyeulx
> A la venue de ce doulx temps d'esté.
> Esperons donc ung chacun d'avoir mieulx
> Et ne soyons plus melencolieux
> Puisque nous suymes mis hors d'aversité.
>> Reculés vous,
>> Soucy de nous,
>> Arriere, arriere,
>> Faisons grant chere
>> Sans estre recuillié de vous.

C2. An anonymous setting *a 6* in Royal MS 31-35, fol. 42' has a text that begins like the one above, "Resveillez vous, tous plaisans amoureulx...," but is a quatrain. Thus the texts do not match.

C3. A setting *a 4* by Crecquillon (transcr. in Trotter, Vol. II, no. 81, p. 349), has a text which begins, "Resveillez vous, tous amoureux." The strophic design, however, does not match that of the noël.

Musical setting:

M1. The monophonic chanson in Paris MS 12744 fits the noël. See ex. 77.

Example 77.

78. **Sur L'autruy jour parmy ses champs Oyant des oyseaulx le chant,**
etc.   (fol. 83')

Chantons: "Noel," petis et grans, petis et grans, (fol. 83; *recte* 84)
A ce joyeulx advenement, advenement,
Et prenons tous bon chemin
Pour mieulx venir a la fin
De nostre paovre vie,
De lacquelle tous les jours
La mort nous maine au decours,
Et n'en amendons mye.   [Bis.]

Le bon Noel nous a monstré, nous a monstré
L'ensuyvre par humilité, humilité.
Quant il a voulu nasquir,
Nous a monstré que souffrir
Estoit voye propice.
Ceulx qui aller apres luy
Veullent sans y faillir
Comment laisser tout vice.   [Bis.]

Chascun doibt louer l'effect, louer l'effect
De ce que pour nous il a faict, il a faict,
En naissant si paovrement
A porté paciamment
De nostre malladie
Les calamitez fors grans,
Pour deslyer noz parens
Du diable et sa mesgnie.   Bis.

Puis qu'il nous fut apparu, apparu,
Et qu'il fut homme congneu, homme congneu,
Sur terre a tousjours souffert   (fol. 84)
Pour acquiter le forfaict
De l'offense infinie
Par Adam commise estoit,
Dont pource mourut en croix,
Par les juifz plains d'envye.   Bis.

Les pasteurs y sont venus, y sont venus,
Les roys y sont apparus,
Les bestes et elemens,
Tous l'ont adoré vrayement
En icelle nuyctée,

Tous l'ont offert beaulx presens
D'or, myrrhe et d'encens
A la vierge honnorée.   Bis.

Prions luy tous d'ung accord, tous d'ung accord,
Qu'il nous pardoint a la mort, et a la mort
En maniere que puissons
Estre du nombre des bons
Et de la compaignie,
Avec les bienheurez
Nous puissons "Noel" chanter
En tresdoulce armonie.   Bis.

Additional sources for this text:

S1.   [*Noelx nouveaulx*], (Cat. no. 51), fol. 89'.
S2.   Jehan Bonfons, *Les Grans noelz,* fol. 83'.

Other parody:

K1.   Le Moigne, *Noelz nouveau,* fol. M4, cites this timbre for the noël, "Or
      chantons de cueur ignel" (ed. Pichon, pp. 118-21).

Related chanson texts:

C1.   *S'Ensuyvent quatorze belles chansons,* no. 13 (= Jeffery's *14;* also in his
      La Fleur 110, Nourry, 1535, 1537, 1538, and *1543;* ed. in Jeffery, Vol. I,
      pp. 230-31; listed on title page but missing from text of *La Fleur 110*) has
      a matching chanson text:

         L'aultre jour parmy ces champs
         Oyant des oysseaulx le chant,
         Rencontray en mon chemin
         Ung gorgias musequin,
         Une jeune fillette,
         Mis la main sur son tetin,
         Luy broully son parchemin,
         Car elle estoit seullette,

         Quant la fillete entendit
         Ce jeu d'aymer ung petit,
         Elle m'a dit sans peu de plait:
         "Recommancez s'il vous plait,
         Je suis tout ravie."

En l'ombre d'ung buissonnet
Chante le rossignollet
Menant joyeuse vie.

Two more strophes follow.

C2. There are many chansons with similar incipits. The closest text to the one above is in the setting *a 3* by Du Buisson in LeRoy et Ballard, RISM 1553-22, fol. 8'-9:

L'autre jour jouer m'alloye parmy ces champs;
En mon chemin rencontray un vert gallant.
Il heurt a moy et moy a luy;
Il fut plus fort; il m'abattit.
Il m'abbatit maulgré mes dens.
Mauldit soit ce mauvais garçon
Qui bat les gens.

However, the strophic design of this chanson does not match the noël.

79. Aultre noel en dyalogue compose sur *Confiteor* la grosse verolle, Que j'ay gaignee   (fol. 84′)

Adam commence.

Confiteor que je suis l'homme
Que Dieu fist premier de ses mains,
Et que pour ung morceau de pomme   (fol. 85)
J'ay desollé tous les humains.
J'en ay souffert des douleurs mains
Par la folle adulation
Et mainte admonition
Que Eve me fist, dont je me plains.

[Eve]

Mea culpa, bon gré, ma vie,
Par ma faulte j'ay tout perdu;
Mais du serpent fut par l'envye
Que mengé du fruyct deffendu.
J'ay faict ce qu'il n'estoit pas deu,
Car pour moy la dolente mere,
Tout vivant fut, par mort amere,
En enfer la bas descendu.

Les peres des limbes.

Helas, Adam, nostre grant pere.
Et vous, Eve, premierement,
Trop tost creustes la vipere
En son mauldit enchantement;
Car par ce dur transgressement
Cinq mil ans a que sommes cy,
Tenus prisonniers sans mercy,
Privez de joye entierement.

Gabriel.

Peres sainctz, ayez pacience
Et prenez consolation.
Dieu le pere, par sa clemence,   (fol. 85′)
A prins de vous compassion,
Car il veult que incarnation
Son filz prenne pour verité
En une vierge de bonté;
Parquoy aurez salvation.

Les peres.

O qu'elle sera bienheurée
Celle qui ce filz portera
Mais Gabriel, sans demourée,
Dictes nous en quel temps sera,
Aussi le lieu ou nasquira
Ce glorieulx et sainct enfant,
Qui sera sur tous trimphant.
Bienheureulx est qui le voirra.

Gabriel.

Peres en Bethléem Judée,
Tout le mystere se sera;
Mais quant sera ceste nuyctée
Que Marie l'enfantera;
Dont chascun de vous chantera:
"Noel" a son advenement,
Et de bon cueur, devotement,
Sa doulce mere on mercyra."

Additional sources for this text:

S1.   [*Noelz nouveaulx*] (Cat. no. 51), fol. 90', has the timbre: "*Confiteor* de la verolle."
S2.   Jehan Bonfons, *Les Grans noelz,* fol. 84'.

Related chanson texts:

C1.   [Lotrian], *S'Ensuivent plusieurs belles chansons,* 1537, no. 151 (= Jeffery's *1537,* also in his *1538,* and *1543;* ed. in Jeffery, Vol. II, pp. 328-29), has a text that matches the second strophe of the noël precisely, and the remaining strophes with differences of one syllable in the 6th and 7th lines:

Confiteor de ma jeunesse
Et de mon fol gouvernement.
Fortune m'a mis en destresse
En me livrant peine et tourment.
Nuyt et jour crie incessament:
"Helas, il est faict de ma vie!
Secourez moy, Vierge Marie,
Ou je mourray bien briefvement."

> *Misereatur,* quoy qu'il en aile,
> Vous aurez vostre payement.
> Souvent celuy qui autruy raille
> Se trouve raillé plainement.
> Le temps passé, ne sçay comment,
> Avez parlé de la verolle;
> Maintenant vous estes du rolle
> Des verolleux plains d'ogrement.

Several strophes follow. The edition above is after Jeffery.

C2.   *S'Ensuyvent quatorzes belles chansons,* no. 12 (= Jeffery's *14;* also in *La Fleur 110* and *1538;* ed. in Jeffery, Vol. II, pp. 229-30) is clearly related; however, the noël is an octain while the chanson is a septain:

> *Confiteor* a vous, ma dame:
> Depuis le temps que ne vous vis
> Mon pouvre cueur, aussi mon ame,
> Mes esperitz sont tous ravis,
> Et si n'en ay soulas ne joye.
> Seray vostre loyal amy.

Three more strophes follow.

C3.   Sergent's *Le Fleur de vraye poesie,* 1545, fol. C5′, has an octain that begins, "A cinq cent dyables la verolle." The strophic design differs from that of the noël.

C4.   [Lotrian], *S'Ensuyvent plusieurs belles chansons,* 1535, fol. 56 (= Jeffery's *1535;* ed. in Jeffery, Vol. II, pp. 111-12) has a parody of "La chanson de la verolle" with an eight-line strophe but a different syllable count, which thus does not match the noël. The text is after Jeffery's edition:

> Au jardin de plaisance entray
> Pour jouyr de m'amye.
> Ou la verolle je trouvay
> Tenant sa confrarie;
> Pource que honneur ne luy portray
> Comme a subject mescrie,
> "Ha, fier gallant, bien vous rendray
> Humble a ma seigneurie!"

Three more strophes follow.

80.   Sur Que t'es tu levé faire, nostre asne a ce matin   (fol. 85′)

> Que t'es tu levé faire,   (fol. 86)
> Pastoureaulx amenet,
> Que raige as tu braire
> Si fort: "Nolet, nolet."

Est ou point acouchée
La femme y quette net,
As tu tué ta trée,
Ta tré tou ton goret?
J'ay l'a te tuée;
Je ne dormy annet.

Qu'est y queue qui appelle?
Est ou toy, Robinet?
Beuffe en ta chalemye;
Souffle en ta flajollet;
Chante de la pucelle
Et du roy nouvellet.

Qu'est ou que tu clamasses?
Tu as mout de caquet;
Tu n'as pas beu aux tasses;
Tousjours né au godet
Tu as soufflé aux tasses:
Raince le gobelet.

Par le vray Dé, compere
Y queu y n'a pas faict,
Je fais ainsi grant chere
Pour l'amour de Nollet.
Si tu me vouloys croire   (fol. 86′)
Nous ferons grant het.

Apresme ton oreille;
Leve non baguenet;
Apporte ta bouteille
Et ton tabeurinet.
Je te diray merveilles;
Tu riras a plain bec.

Marie s'en est allée
Au pays de Nazareth.
Joseph l'en a menée

En Bethéem tout droict,
La ou elle est acouchée
D'ung beau petit valet.

Les pasteurs de Judée
Luy vont faire ung bancquet
De cornes en jonches
Et de serpolet;
Mais ceulx de Galilée
Luy font ung gastelet.

Je voy venir a chere
Trestus ceux de mayet
Ceulx de la Court Sainct Pere
Si on vont de bon hayt,
Mais Grollier, le bon pere,
Enraige qu'il ny vet.

Quant j'euz dit ses parolles,
Au paovre Rigollet,   (fol. 87)
Il a prins sa pibolle
Et se mist en corset;
A petit qu'il ne volle,
De grant joye qu'il avoit.

G'y apperceu Noguette
Qui filloit au rouoit
Il s'en vint de Rallette,
Et la print au droguet
Au son de la musette;
Dieu sçait comment il trinquet.

J'entrasmes tous ensemble
Au petit cabaret;
La on n'a feu [ne] flambe
Et faisoit si grant froid.
Helas le petit tremble
Tendre comme ung poullet.

Nous fismes une queste
Pour le petit miguet.
Jamais ne vy telle feste;
Tout le monde bailloit.
L'enfant baissoit la teste
Et nous remercyoit.

Je prens ma challemye
Et sonnay ung bon traict;
Mais Maurrot eut envye
De jouer au palail   (fol. 87')
Et m'osta ma vessye.
Mauldit soit le follet.

Je m'en vois a Marie
Demander en secret
S'elle estoit point marrye
Dequoy on s'esbatoit:
"Nenny, je vous affye,
Jamais ne m'en ennuyrois."

Quant j'ouy sa responce,
Le cueur me gasillet.
A peu que ne deffonce
De joye mon tabouret.
Je vins mettre une ronce;
Florie a mon bonnet.

Pas ne me vouloys faindre,
Ne moy, ne Colinet;
Mais le jour vint a poindre;
Le petit s'endormoit.
Cela nous fist contraindre
De vuyder le parquet.

Quant Joseph nous fist signe
Que l'enfant reposoit,
Chascun ploya sa bouzine,
Sa veze et son rebec,
Vera le petit's s'encline,
Disant: "Adieu, nolet."

Que t'es tu levé faire,   (fol. 88)
[Pastoureaulx amenet,
Que raige as tu braire
Si fort: "Nolet, nolet."]

Amen.

Additional sources for this text:

S1. Jehan Bonfons, *Les Grans noelz*, fol. 85'.
S2. Hernault, *Le Recueil*, fol. A8.

S3.   Vilgontier MS (Paris MS 14983), fol. 51, without a timbre.

S4.   Le Moigne, *Noelz nouveau,* fol. D3 (ed. Pichon, pp. 38-44), has a different 8th strophe. Also, between strophes 11 and 12 there are two additional strophes not in Sergent's *Les Grans noelz.* The Pichon edition also indicates that a noël refrain is to be sung after each strophe. Finally, there are a number of minor variants.

S5.   [Sergent,] *Noelz nouveaulx en poetevin,* fol. E4, follows the Pichon edition. The timbre differs as well: "Que c'est il levé faire, nostre asne advant jour."

Musical setting:

M1.   The noël text as Sergent gave it appears in the late collection, Paris Rés. 884, with a notated melody, transcribed in ex. 80.

Example 80.

Que t'es tu le - vez fai - re, Pas -
tou - reaulx a me - net, Que rage et tu li -
brai - re Si fort: "No - let, no - let." C'est
au point ac - cou - chē - e, La fem -m'y que - ri - e- net.

81.   Sur Ilz sont bien pelez, Ceulx qui ont [sic] la gorre (fol. 88)

Gentil pastoureau,
Souffle en ta chevrere,
Vroille en ton chappeau,

Prens ton taboureau,
Pren ton ribendeau,
Chante: "Naulet, nau."   Bis.

L'autruy m'en venoys
Trouve les galoys
Qui perigaudoyent
S'en venoyent de het,
Et voguerent bere.
Chascun gringotoit:

Devers Boulevere
De la busardovere
De telle maniere;
A changé tout droit,
Brolier y estoit;
"Naulet, naulet, nau."   [Bis.]

Quant j'eu bien rouglé
Tantost j'avisay
Et luy demanday
Il torsit le groing.
Remply de navere.
Qui ne chante grain

Devant et derriere,
Venir Jehan Collyere
Qu'au perue in olere
M'appella villain,
Voy de ce chagrain
Naulet, naulet, nau.   [Bis.]

Iqueu me fascha.
Mais il s'affourcha
Et me remembra
Quant j'oy les motz,
Vroills ma cornere
Chante par sus tous:

Ne me haitta guere;
Sur une barriere;
Trestout le mystere.   (fol. 88')
Claque mes sabotz,
Trynquoys par dessoubz:
"Naulet, naulet, nau."   [Bis.]

Il me dist que Adam
Eve et Sathan
Il n'y gaigna rien:
Par icou gobeau
Et tant de misere;
Descendit sa bau:

Mordit en la pere,
Luy firent faire.
Et luy fut bien chiere.
Nous vint tant mau
Mais le messiau
C'est ne naulet nau.   Bis.

Quant fut a gouster
Ne pogut passer
Il la margouillet
Le meschant folleau
Mais la pepinere
Il n'avoit pas beau

De la pomme amere,
Le nou de l'herbere.
Par la gargatere.
Mordit sans cousteau,
Le print au subleau.
Chanter: "Naulet, nau."   [Bis.]

Quant il eut forfaict
Il conguent son faict,
Il devint plus let
Se trouva tout nu;

Pour cuider complaire,
Fist pidouse chiere;
Que une ratouere.
Il cacha son cul

Et sa panilliere
Qui y a pourveu:

Long temps escouta
Et puys envoya
Quant Marie trouva
Il la salua
Trestout le mystere
De joye s'escrya:

Le nuyctée de Nau
Enfanta le nau
Le paovre thoreau
Luy faisoyent honneur,
En la mengeouere
Rongient a l'entour

Avant qu'il fust jour
Qu'elle eschauffa tous,
Et a grant gellotz
Depuis Connaray,
Et de Boulouere
En lieu de Hauvoy

Marie faisoit
Joseph chabusoit
Chascun d'eulx tiroit
Luy donnoyent loreaulx,
Frommaige et milliere,
Disoient des flageaux:

Les Roys d'orient
Qui apperceurent
Et plus reluysant
Prindrent leur present,
Sur les tramedere,
Et en l'adorant

Prions d'ung escot
Qu'elle face accord
Qu'il nous gard de mort
Tant que le troupeau
La hault en sa gloire
Au royaulme eternau:

Mais Dieu est venu
C'est le naulet nau.   [Bis.]

Noz parens a braire,
L'ange messagere
En son oratoire.   (fol. 89)
Et luy racompta
A s'espermenta,
"Naulet, naulet, nau."   [Bis.]

Sans feu ne lumiere,
Dessus la lictiere.
Et l'asne bastere
Luy donnant chaleur
Et par grant amour.
Au doulx naulet nau.   [Bis.]

Vint si grant clarere
Pastour et bergere,
Acourent en atere.
Tous ceulx d'Ardenay
Dansoyent ay balay
Chantoyent: "Naulet, nau."   [Bis.]

Une bersouere;
Une baignoire;
A la migaliere.
Gros godebilleaux,
Boudins de porceaulx,
Naulet, naulet, nau.   [Bis.]

Estoyent en priere,   (fol. 89')
L'estoille plus claire
Que la poussiniere,
Vindrent franchement
Chascun se descend
Chantoyent: "Naulet, nau."   Bis.

Iquelle commere
Envers Dieu le pere
Et du faulx rimoire.
A beau chalumeau,
Puissons chanter: "Nau"
Amen. Naulet, nau.   Bis.

Additional sources for this text:

S1.   Le Moigne, *Noelz nouveau,* Paris, 1520, fol. Bi′ (ed. in Pichon, p.14, with a different first strophe and minor variants.
S2.   [Sergent], *Noelz nouveaulx en poetevin,* fol. Fi′ has a different secord strophe and lacks strophe 9.
S3.   Jehan Bonfons, *Les Grans noelz,* fol. 88.

Related chanson texts:

C1.   The text of the monophonic chanson in Paris MS 12744, no. 129, fols. 1028′-29 [sic] (pr. in Paris et Gevaert, p. 71; and in *La Fleur,* p. 691), matches that of the noël:

Ilz sont bien pelez	Ceulx qui font la gorre;
Ilz sont bien pelez	Et d'argent vuidez.
Ces mignons gorriers,	Quant vient le dymanche,
Ilz semblent fourriers,	Atout leurs grants manches,
Pour point descouppez,	Pour aller en danse,
C'est pour attraper	Filles a marier.

C2.   This chanson has been identified by Gérold in *Bayeux,* no. 83, p. 100, as a parody of "Adieu mes amours":

A Dieu, mes amours,	A Dieu vous commant.
A Dieu mes amours,	Jusques au printemps.
Je suis en soucy	De quoy je vivray;
La raison pourquoy,	Je vous la diray:
Je n'ay point d'argent.	Vivray je de vent?
Se l'argent du roy	Me vient plus souvent,
A Dieu mes amours,	A Dieu vous commant.

Further on this relationship, see Reese, *Music in the Renaissance,* 2nd ed., p. 206. The extra refrain lines in the noël might be accommodated by repeat of the refrain, in both "Ilz sont bien pelez," and "Adieu mes amours."
C3.   Listed in Brown, "Catalogue," no. 181.

Musical settings:

M1.   The monophonic setting of "Ilz sont bien pelez" (see C1 above) is transcribed in ex. 81.
M2.   An anonymous setting *a 4* in Petrucci, *Canti C,* no. 103 (ed. in Brown, *Theatrical Chansons,* pp. 89-91), uses the same melody as in M1.

M3. The monophonic version of "Adieu mes amours" is in Paris MS 9346, no. 83 (ed. in Géold, *Bayeux*, p. 100).

M4. Josquin's setting *a 4*, Petrucci, *Odhecaton*, fols. 16'-17 (ed. in Hewitt; *Odhecaton*, pp. 249-51), is based on the monophonic chanson in MS 9346.

M5. Two settings of "Adieu mes amours" are in *Music at the Court of Henry VIII*, ed. by John Stevens. One is by Cornish *a 4*, p. 12; the second by Henry VIII *a 4*, p. 13. The texts differ after the first lines.

M6. For further sources of settings of "Adieu mes amours," see Brown, "Catalogue," no. 181e.

Example 81.

Chanson: Ilz sont bien pel - lez
Noël: Gen - til pas - tou - reau,
Noël: Et vo - gue - rent bere.

Ceulx qui font la gor - re,
Prens ton ta - bou - reau,
Brol - lier y es - toit;

Ilz ont bien pe - lez Et d'argent vui - dez,
Souf - fl'en ta che - vere, Pren ton ri - ban - deau,
Chas - cun grin - go - toit: "Nau - let, nau - let, nau,"

Ilz sont bien pe - lez, Ceulx qui font la gor - re,
Vroill'en ton chap - peau, Chan - tè: "Nau - let, nau,"
Chas - cun grin - go - toit: "Nau - let, nau - let, nau,"

Ilz sont bien pe - lez Et d'ar-gent vui - dez.
Vroill'en ton chap - peau, Chan - te: "Nau - let, nau."
Chas - cun grin - go - toit: "Nau - let, nau - let, nau."

Ces mi - gnons gor - riers Quant vient le dy - man - che.
L'au - truy m'en ve - noys De - vers bou - le - ve - re,

Ilz sem - blent four - riers A - tout leurs grants man - ches
Trou - ve les ga - loys De la bu - sar - do - ve - re

Pour - point des - coup - pez Pour al - ler en dan - se
Qui pe - ri - gau - doyent De tel - le ma - nie - re:

C'est pour at - tra - per Fil - les a ma - ri - er.
S'en ve - noyent de het, A chan - gé tout droit,

82. Sur Las mon amy, le souvenir de vous me tue   (fol. 89′)

Nature n'a plus que faire
Grande lamentation,
Puis que Dieu pour son affaire
A prins incarnation.   Bis.
    De vierge pure
Parquoy avons redemption,
La chose est seure. Noel.

Symeon le sainct prophete
L'avoit long temps attendu
Quant la vierge tresparfaicte
Entre ses mains l'a rendu.   Bis.
    Ton cueur en sera fendu   (fol. 90)
Quant le voirras en croix pendu,
La chose est seure. Noel.

Se fut la paovre nouvelle
Que receupt de son enfant
Qui luy fut griefve et cruelle,
Veu qu'estoit si trumphant.   Bis.
    Et sans laydure
Jamais n'en fut de si plaisant,
La chose est seure. Noel.

Mais les faulx juifz plains d'envye,
D'ung accord assemblement,
Luy firent perdre la vie
A grant tort certainement,   Bis.
    Dieux qu'elle injure
C'estoit pour leur saulvement,
La chose est seure. Noel.

Ches Anne, puis ches Cayphe
L'ont mené moult durement,
Qui pour lors estoit pontifie.
La receupt trop durement   Bis.
    Griefve batteure,
Et fut accusé faulcement,
La chose est seure. Noel.

Allant a la mort amere,
Pour aggraver son tourment,
Il va rencontrer sa mere,   (fol. 90′)

Qui plouroit moult tendrement,
Et luy dit piteusement:
   "Voy ta porteure,
Qui va mourir honteusement,
La chose est seure." Noel.

Quant Jesus par telle guyse
Fut emmy la croix pendu,
Ung chevalier sans faintise
Luy a le costé fendu,   Bis.
   Par telle mersure
Qu'il a sang et eaue respandu,
La chose est seure. Noel.

Marie fut en grant destresse,
Voyant son chier filz en croix,
En grant douleur et tristesse,
Moult tendrement souspiroit,   Bis.
   Cheut, estendue:
"Las, mon chere filz, le souvenir
De vous me tue." Noel.

Le bon Dieu pardon nous face
Des pechez qu'avons commis,
Et en paradis, face a face
Avec les bons soyons mis   Bis.
   En la clausure,
Si nous fuysmes de ses amys,
La chose est seure. Amen. Noel.

Additional sources for this text:

S1.   [*Noelz nouveaulx*] (Cat. no. 51), fol. 91'.
S2.   Jehan Bonfons, *Les Grans noelz,* fol. 89'.

Related chanson texts:

C1.   For all further information on this noël, see the comments for no. 55 of
this source, which is a parody of the same chanson, "Mon amy n'a plus
que faire." The timbre given above is the refrain of the chanson verse.

83. Sur Maistre Pierre du Quinet (in table: Quignet) (fol. 90′)

Venez, venez, venez, venez,   (fol. 91)
Venez bergiers au cueur dehait,
Voicy le temps qu'il fault vueillez.
Si vivre voulez a son hait,
Venez au son du flageollet
Veoir le petit enfant nollet.   Noel.

Ni faillez, Janin, Fagot,
Et vous Bietrix la jolye,
Perrichon, Alix, Margot;
Pour fuyr melencolye,
      Amenez, o vous amenez
      Jehannin Cournet o son grant nez,
      Jaquet Frangeul, o Robichon,
      Gonnor Gaumer son Allichon,
      André Parine, Jaquet Millet
      Veoir le petit enfant nollet.   Noel.

Apportez barate et laict,
De la craisme et du fromaige,
Ung coing de buerre, ung oeuf mollet,
Ung rossigneul en une caige;
      Bailler d'accord et n'y faillez.
      Dancer de cueur, chanter, saillez,
      Chascun face le ratery,
      Sans oublyer le trihory,
      Mais faictes venir moncelet
      Veoir le petit enfant nollet.   Noel.

Lors les pasteurs sont venus
En notable compaignie;   (fol. 91′)
Autant les grans que les menus
Chantoyent par doulce armonie.

      Ne demandez sans commande
      Quant furent la tous a bende.
      Les ungs chantoyent;
      Aultres dançoyent;
      De joye le cueur leur vollet
      Veoir le petit enfant nollet.   Noel.

Puis chascun fist son present
A son povoit sans faillie.

Joseph, qui estoit present,
Les receupt a chiere lye,
 Et la tresdoulce Vierge aussi,
 Qui leur rendit grace et mercy;
 Pareillement le doulx enfant,
 Qui les va trestous benissant,
 Dont ung chascun se consoloit,
 Veoir le petit enfant nollet. Noel.

Or, prions devotement
La vierge tresdebonnaire
Qu'elle nous garde entierement
De mal dire et mal faire,
 Affin que quant fauldra finer
 Ne soyons point exterminez
 Pour les vices que avons commis;
 Mais puissons avec ses amys,
 En la couchette ou au grant liet,
 Veoir le petit enfantelet.   (fol. 92)
 Amen. Noel.

Additional sources for this text:

S1. La Carronne, *Nouelz nouveaulx,* fol. B3'.
S2. [*Noelz nouveulx*] (Cat. no. 51), fol. 92'.
S3. Jehan Bonfons, *Les Grans noelz,* fol. 90'.

Related chanson text:

C1. The chanson text which provides the model for this noël is in
  S'Ensuyvent plusieurs chansons nouvelles, Paris 1535, fols. 16-18 (=
  Jeffery's *1535;* also in his *1538;* ed. in Jeffery, Vol. II, pp. 176-78):

   Venez, venez, venez, venez,
   Veoir Maistre Pierre du Quignet,
   Venez, boyteux et contrefaictz,
   Tortus, rompus, maraulx infectz,
   Bossus, acropis sans collet,
   Venez, venez, venez, venez
   Veoir Maistre Pierre du Quignet.

   Venez y trestous les mestiers
   Devant qu'allez a la besongne

Et ne chauffez nuls patins
Car a grans gens tousjours y songne
    Soustenez son nom, soustenez
    Bourgeoys, marchans, clercz et gens laictz,
    Gasteurs de pane du palays,
    Vendeurs de tasses et gobeletz,
    Allez premier que marmouetz
    Veoir Maistre Pierre du Quignet.

Seven more strophes follow.

C2.   The text of Claudin's setting *a 4* in Attaingnant, RISM 1536-4, fol. 2′ (pr. in Lesure, *Anthologie,* p. 13) does not match the noël text.

C3.   The text for the tenor of the combinative chanson, "Rolet ara la tricoton / Maistre Pierre / La tricotée" in Escorial iv.a.24, fol. 66′ (pr. in Brown, *Theatrical Chansons,* pp. 170-71) is unrelated to either (1) or (2) above.

84.   Sur Ave, maris stella   (fol. 92)

> Belle estoille de mer,
> Tout homme qui est nay
> Bien te doibt saluer
> Du beau salut, *Ave.*
>
> L'ange en fut messagier
> Quant de toy fut nay
> Qui nous a dilivré
> Par ta virginité.
>
> Eve nous a dampnez;
> Marie nous a saulver;
> Son nom voulut muer
> De Eve en *Ave.*
>
> Tu te fais appeller
> Mere de charité.
> Vostre filz pour nous priez,
> Qui a Noel fut nay.
>
> Tu es vierge sans per,
> Fontaine de pitié
> Efface noz pechez,
> Par ta virginité.
>
> Vous plaise enseigner
> La voye de verité
> Et le chemin trouver
> De la divinité.
>
> Jesus debvons prier,   (fol. 92′)
> Aussi la trinité
> Pere et filz honnerer,
> L'esperit en unité.
>
> Amen   Noel.

Additional sources for this text:

S1.   [Vve. Trepperel ?], *Les Grans noelz,* fol. 37.
S2.   [Lotrian], *Les Grans nouelz nouveaulx,* Paris, n.d., fol. 34′.
S3.   [*Noelz nouveaulx*] (Cat. no. 51), fol. 93′.
S4.   Jehan Bonfons, *Les Grans noelz,* fol. 92.
S5.   Nicolas Bonfons, *La Grand bible,* fol. 19′.
S6.   Rigaud, *La Grand bible,* no. 9 (ed. in Vaganay, p. 51).

Related chanson text:

C1. The noël text is a paraphrase of the Marian hymn:

> Ave, maris stella,
> Dei mater alma
> Atque semper virgo,
> Felix caeli porta.
>
> Sumens illus "Ave"
> Gabrielis ore,
> Funda nos in pace
> Multans Evae nomen.
>
> Solve vincla reis,
> Profer lumen caecis,
> Mala nostra pelle,
> Bona cuncta posce!
>
> Monstra esse matrem,
> Sumat per te preces
> Qui pro nobis natus
> Tulit esse tuus.
>
> Virgo singularis,
> Inter omnes mitis,
> Nos culpis solutos
> Mites fac et castos.
>
> Vitam praesta puram,
> Iter para tutum,
> Ut videntes Jesum
> Semper collaetemur!
>
> Sit laus Deo patri,
> Summum Christo decus,
> Spiritui Sancto
> Honor, Tribus unus!

Source: Wilhelm, *Medieval Song,* 377-78.

Musical settings:

M1. For the chant text and melody, see Stäblein, *Hymnen,* pp. 40, 519 ff.
M2. A vernacular paraphrase of the text, in Provençal, is in the St. Martial Codex, Paris MS 1139, fol. 49:

> O Maria, Deu maire,
> Deus t'es e fils e paire:
> Domna, preia per nos to fil,
> Lo glorios, singularis,
> Pietatis oculo.

The chant melody is rhythmicized and ornamented; the texts of the original Latin and of the paraphrase do not match as to syllable count, but this is a product of the melodic elaboration of the chant melody (ed. in Gennrich, "Internationale mittelalterliche Melodien," p. 268).

M3. Another vernacular paraphrase is without music, in Paris MS 12467, fol. 54′, a thirteenth-century MS which includes poems by Baudoin de Condé. This vernacular version is more closely related in syllable count and strophic design to the paraphrase above than to the Latin text.

> Diex te faut estoile de mer
> Tous le monde te doit amer
> Car tu es mere Jesuchrist
> Le roi de gloire qui nous fist
> Mater et vierge apellée...

M4. A setting of the chant is anonymous and *a 3* in the Apt MS, fol. 15′, where the *cantus firmus* is in the superius (ed. in Gastoué, *Trésor d'Apt,* p. 60).

M5. A setting *a 3* by Dunstable has the elaborated *cantus firmus* in the superius (ed. in Dunstable: *Works,* ed. by Bukofzer, p. 95).

M6. Two settings *a 4* and *a 3* by Dufay are in *Das Chorwerk,* Heft 49, ed. by Gerber, pp. 18 and 28 respectively. The first is a fauxbourdon setting with the chant in the superius and a "contra au fauxbourdon." The second setting has a "contra sine fauxbourdon" and an elaborated chant melody in the superius.

M7. Nine settings of this hymn are in the Trent codices. For details of this, see Haydon, "*Ave maris stella* from Apt to Avignon," p. 84.

M8. For information on three complete and several *alternatim* settings by Carpentras, see Haydon, p. 87.

M9. A setting *a 4* by Agricola in *Agricola: Opera omnia,* Vol. III, pp. 20-22 is chant-based.

M10. A setting *a 4* by Willaert in *Willaert: Opera omnia,* Vol. VII, pp. 107-8, has the elaborated *cantus firmus* in the superius.

M11. An anonymous setting *a 4* in Turin I.27, fol. 51, is also chant-based.

M12. Several instrumental settings *a 2* and *a 3* are by Cabezon in IM 1578-3, fols. 2ff.

M13. Further on this chant and its use as a popular tune, see Gastoué, *Le Cantique popularie,* pp. 34-37.

M14. *Das andernacher Gesangbuch,* Cologne, 1608, p. 388, has the chant in neumes with both the Latin and a German text.

85.   Aultre noel sur A solis ortus cardine   (fol. 92′)

Du levant ou couchant soleil
Chantons pour Christ a nostre acquit,
Lequel, par ung cas non pareil,
De Marie vierge nasquit.

Luy qui fut du monde aucteur
D'ung corps servile se vestit,
Par chair de chair fut redempteur,
Ne voulant perdre ceulx qu'il fist.

Car Christ, qui grace celeste est,
Ou ventre de la vierge entra,
Qui porta, par divin apprest,
Le secret qui Dieu luy monstra.

Le ventre du pudic cueur fut
Faict bien tost le temple de Dieu,
Car par parolle ung filz receupt,
Sans oeuvre d'homme en chaste lieu.

Ung enfant, doncques, enfanta,
Comme Gabriel avoit dit,
Et lors que en ses flans le porta,
Sainct Jehan au ventre le sentit.

La court triumphant des cieulx
S'esjouyst, et louenges font   (fol. 93)
A Dieu les pasteurs tresjoyeulx,
Qui de ce filz congnoissance ont.

Il souffrit naistre sur le foin,
Et la creiche ne abhomina.
De petit laict peult au besoing
Onc la nourrisse ne myna.

                    Amen.

Additional sources for this text:

S1.   [Lotrian], *Les Grans nouelz,* fol. 176′; the text is incomplete; fol. 177 is
       missing.
S2.   [*Noelz nouveaulx*] (Cat. no. 51), fol. 94.
S3.   Jehan Bonfons, *Les Grans noelz,* fol. 92′.

S4. Nicolas Bonfons, *La Grand bible,* fol. 20.
S5. Rigaud, *La Grand bible,* no. 10 (ed. in Vaganay, p. 51).

Related chanson text:

C1. Joannem de la Caille, *Antiphonarum romanum,* Paris, 1566, p. 25, "Hymn for Lauds on Christmas Day."

> A solis ortus cardine
> Ad usque terre limitem,
> Christum canamus principem,
> Natum Maria Virgine.
>
> Beatus auctor saecli
> Servile corpus induit:
> Ut carnem liberans,
> Ne perderet quos condidit.

Six more strophes follow. (Also printed in *Liber Usualis* Tournai, 1947, pp. 400-401.) The noël is a paraphrase of the hymn.

C2. Dreves, *Analecta hymnica,* Vol. XX, p. 37.

Musical settings:

M1. See Stäblein, *Hymnen,* pp. 81, 178, for text and chant melodies.
M2. The monophonic melody is in the Caille antiphonary cited in C1 above, in white square notation.
M3. Text and monophonic melody are in Leisentritt, *Geistliche Lieder und Psalmen,* 1567, fol. 25.
M4. The chant melody also is in *Das andernacher Chorbuch,* Cologne, 1608, p. 106, with Latin text and German paraphrase.
M5. A chant-based setting in fauxbourbon style is by Binchois, *a 3* (see Reese, *MR,* p. 90).
M6. A setting *a 3* by Binchois has the *cantus firmus* in the tenor (publ. in Marix, p. 188).
M7. An anonymous setting of which the superius survives is in St. Gall MS 463, no. 107. The chant melody is elaborated.
M8. A setting *a 4* by Agricola is chant-based (publ. in *Agricola: Opera omnia,* Vol. III, pp. 17-19, ed. by Lerner).
M9. The setting by de la Farge *a 5* is in Moderne, RISM 1542-5, fol. 7. The text which is not the same begins, "A solis ortu ad occasum."

86. Sur Fille qui va seulle   (fol. 93)

Chantons tous: "Noel."
Voyons en cy le temps
Quant le premier homme
Au jardin plaisant
Mordit en la pomme,
Fist ung mal tresgrant.

Car Dieu nostre pere,
Par commandement,
Eut la chose chere
En luy deffendant.

Chantons [tous: "Noel,"] etc.

Mais Dieu en son siege,
L'a ma remembrant
Voulut naistre en vierge
Et nous racheptant.

[Chantons tous: "Noel," etc.]

La vierge Marie
Neuf moys fut portant
Le doulx fruyct de vie
De ventre luysant.

[Chantons tous: "Noel," etc.]

Mais quant vint au naistre
Pas bien bonnement,   (fol. 93')
Ne sçavoit ou mettre
Jesus son enfant.

Chantons [tous: "Noel," etc.]

En belle commune
Pour hebergement,
O le beuf et l'asne
Fut nay paovrement.

[Chantons tous: "Noel," etc.]

Pas chault ne faisoit
Du quartier du temps

Car Joseph souffloit
En ses doigtz souvent.

[Chantons tous: "Noel," etc.]

A minuyct fut l'heure
De l'enfantement,
Et la nuyct fut clere
Com soleil levant.

[Chantons tous: "Noel," etc.]

L'ange aux pastours
Si s'en va disant:
"En Bethléem tous
Allez veoir l'enfant."

[Chantons tous: "Noel," etc.]

Tous par compaignie
Si s'en vont chantant;
Dieu sçayt quelle gamye
Demenoyent les gallans.

[Chantons tous: "Noel," etc.]

L'ung donna sa miche
Et l'autre son gand;
D'entre eulx le plus riche
Pas n'avoir ung blanc.

[Chantons tous: "Noel," etc.]

Troys roys de noblesse   (fol. 94)
Du pays d'orient
Vindrent sans oppresse
Luy faire present.

[Chantons tous: "Noel," etc.]

Lors le roy Herodes,
La chose craignant,
Envoya ses gens
Tout isnellement.

[Chantons tous: "Noel," etc.]

Mais pas assez cault
Ne luy ne ses gens

Ne fut; car du hault
Vint l'ange disant:

[Chantons tous: "Noel," etc.]

"Allez en Egypte
Et portez l'enfant."
Joseph print le fuytte
Et fist du vaillant.

[Chantons tous: "Noel," etc.]

Prions donc la mere
Et le doulx enfant
Que de mort amere
Chascun soyt exempt.

Chantons tous: "Noel."
Voyez en cy le temps
[Quant le premier homme
Au jardin plaisant
Mordit en la pomme,
Fist ung mal tresgrant.]

Amen.   Noel.

Additional sources for this text:

S1.   [Vve. Trepperel?]. *Les Grans noelz,* fol. 129'.
S2.   [Lotrian], *Les Grans nouelz,* fol. 117'.
S3.   Jehan Bonfons, *Les Grans noelz,* fol. 93'.
S4.   [*Noelz nouveaulx*] (Cat. no. 51), fol. 94'.
S5.   Vilgontier MS (Paris, MS 14983), fol. 63.

87.   Sur le chant de Jehanne la Mistoudine   (fol. 94)

> Noel, nau, nau, nau, nau,
> Noel, nau, nau, nau, nau,   (fol. 94′)
> Noel, noel, noel, noel,
> Noel, nau, nau, nau, nau,
> Noel, nau, nau, nau, nau,
> Noel, noel, noel, noel.

Chanton: "Noel" par amour, je vous prye,
Pour Marie, tant jolye,
Plaine de toute bonté,
Qui a porté neuf moys, je vous affie,
Le messye, fruyct de vie,
Par sa grant humilité
Elle l'a porté, pour verité,
En son corps pur et net sans mal,
Puis enfanté et alaicté
De son laict virginal.
     Noel, nau, [nau, nau, nau, etc.]

En la cité de Betheléem nommée,
Bien famée en Judée,
Fut né le doulx Jesuchrist.
La vierge estoit trespaovrement logée,
Hebergée, mal couchée,
Joseph tresfort, s'en marrist,
Le doulx enfant pur innocent
Mis en la creiche, sans drappeau;
Le beuf luy rit, lasne hanist,
Le chauffant du museau.
     Noel, nau, [nau, nau, nau, etc.]

Les pastoureaulx estans en la prarie
Reverdie, bien florie,
Jouant de leurs chalumeaulx,   (fol. 95)
S'en sont venus menant joyeuse vie.
Melodye, hermonye,
Et laisserent leurs troupeaulx,
Des chantz nouveaulx, si bons, si beaulx,
Remplirent tout l'hostel nouvel,
Sans nul drappeaulx et sans berseau
Trouvent Emanuel.
     Noel, nau, [nau, nau, nau, etc.]

Laban donne premier au filz Marie
Chalemye et toupye
Et son grant baston pelé.
Job presenta aussi je vous affye
Au messye, fruyct de vie,
Ung lopin de l'art sallé.
Il saulte et puis dance.
Chantons trestous: "Noel, noel."
Prenant congé, si sont allez
Garder leurs aigneletz.
    Noel, nau, [nau, nau, nau, etc.]

Trois nobles roys remplis d'obedience,
De prudence, de vaillance,
Vindrent veoir le nouveau né.
Or et encens et myrrhe en habondance,
Par prudence, sans doubtance,
Chascun son don a donné,
Par cruaulté et mauvestyé
Herodes et ses faulx tyrans
Ont molesté et mal traicté   (fol. 95′)
Les paovre innocens.
    Noel, nau, [nau, nau, nau, etc.]

Nous prirons tous la vierge tressacrée,
Bienheurée, honnorée,
Et son filz tresglorieux,
Qu'a nostre fin, nostre ame soit portée,
Presenté et boutée
En son royaulme des cieulx;
Et bien heureux et fort joyeulx
Celluy qui bien faict il aura.
Le malheureux et vicieux,
En enfer s'en yra.
    Noel, nau, [nau, nau, nau, etc.]

Additional sources for this text:

S1. Le Moigne, *Noelz nouveau,* fol. K2 (ed. Pichon, pp. 95-99).
S2. [Noelz nouveaulx] (Cat. no. 51), fol. 96′.
S3. Jehan Bonfons, *Les Grans noelz,* fol. 94.
S4. [Lotrian], *Les Grans nouelz,* fol. 178. The text is incomplete, for it begins on the fourth strophe. Fol. 177 is missing.

Other parody:

P1. *Les Ditez des noels nouveaulx,* fol. C4', cites the same timbre for the noël,
      "C[h]antons: 'Noel' par amour, je vous prie."

88.   Noel sur le chant de La, la, la, la, La gentille nonette, la   (fol. 95′)

> Naulet pour la pucellete,
> La fillette jolyette,
> Nau, nau, nau, nau,
> Pour la pucellette.

Voulez vous que je vous compte,
Ung mistere bien nouveau
D'ung seigneur plus grant q'ung compte
Qui est né tout de nouveau
D'une jeune mignonnette,
Tant doulcette, joliette?
Nau, nau, nau, nau,
Nau pour la pucellette, nau.
> Naulet etc.

La vierge est accouchée
En une paovre maison
De tous costez deffermée   (fol. 96)
Et ne latte ne chevron.
La print elle sa couchette,
Sa chambrette est la creichette.
Nau, nau, nau, nau,
[Nau] pour la pucellette, nau.
> Naulet, etc.

Gabriel, ceste nuyctée,
Alla dire aux pastoureaulx,
Lesquelz estoyent en Judée,
Gardant aux champs leurs troupeaulx,
Leurs moutons et brebiettes,
Tant frisquettes et doulcettes.
Nau, nau, nau, nau,
[Nau] pour la pucellette, nau.
> Naulet, etc.

Quant ilz sceurent les nouvelles,
Chascun y est accouru.
Ilz entrerent en l'estable,
Trouverent Jesus tout nud.
La pucelle la pastelle
En luy baillant sa mamelle.
Nau, nau, nau nau,

Pour la pucellette, nau,
    Naulet, etc.

Pernot luy donna une poire,
Et Jacob son grant chappeau;
Alory, en lieu de boire,
Luy donna de son tourteau;
Et Rachel, la bergerette,   (fol. 96′)
Sa houlette jolyette.
Nau, nau, nau, nau,
[Nau] pour la pucellette, nau.
    Naulet etc.

Alix, Marion, Tisbée
Si dirent une chanson,
En dançant la Tricotée
A la veze et au bedon
Pour resjouyr la fillette
Tant humblette, tant doulcette.
Nau, nau, nau, nau,
[Nau] pour la pucellette, nau.
    Naulet, etc.

Trois roys d'estrange contrée
Desparties d'orient,
Sont venus sans demourée
Tout droit jusques en Bethléem,
Pour visiter la fleurette
Et le bouton qu'elle allaicté.
Nau, nau, nau, nau,
[Nau] pour la pucellette, nau.
    Naulet, etc.

Melchior, comme il me semble,
Presenta myrrhe et encens;
Balthasar aussi ensemble
Des escus plus de cinq cens;
Jaspar donna la barrette,
Sa chainette et saincturette.
Nau, nau, nau, nau,
[Nau] pour la pucellette, nau.   (fol. 97)
    Naulet, etc.

Quant Herodes le faulx prince,
Sceut que l'enfant estoit nay,
Il fist parmy la province

Mettre a mort tout premier nay;
En Egipte la fillette
S'en va, dessus son asnette,
Nau, nau, nau, nau,
[Nau] pour la pucellette, nau,
    Naulet, etc.

Prions tous la vierge mere,
Et le filz qu'elle a porté.
Qu'ilz nous gardent de misere
Et d'enfer la potesté;
Qu'en son paradis nous mette
Quant sonnera sa trompette.
Nau, nau, nau, nau,
[Nau] pour la pucellette, nau.
    Amen.

Naulet, etc.

Additional sources for this text:

S1.   [Lotrian], *Les Grans nouelz,* fol. 173'.
S2.   [*Noelz nouveaulx*] (Cat. no. 51), fol. 101'.
S3.   Jehan Bonfons, *Les Grans noelz,* fol. 95'.

Other parodies:

P1.   *Les Ditez des noelz nouveaulx,* fol. B3, has a timbre, "Il estoit une
      nonnette" (cited in the table as "La nonnette jolyette") for the noël,
      "Chantons: 'Nau' d'une nonnette." The text has a design similar to
      Sergent's text; although it lacks the opening refrain:

    Chantons: "Nau" d'une nonnette
    Qui estoit en ung monstier,
    La plus gentille godinette
    Qui jamais leut en psautier,
    Contemplant en ses heurettes.
    Le nonnette joliette,
    La, la, la, la,
    Gabriel la salua: "Noel."

    "Marie, saiche pour vray
    Que tu es de grace pleine.
    Jesus est avec toy,

De cela soyez certaine.
Tu concepveras, ma fillette."
La nonnette joliette,
La, la, la, la,
En ce sermon ce troubla. Noel.

"Gabriel, dy moy comment
Se peult telle chose faire,
Car certes en mon vivant,
D'homme je n'ay eu affaire."
"Le sainct esprit, m'amyette,
La nonnette jolyette,
La, la, la, la,
En ton sain et corps descendra."

Several more strophes follow.

P2. [Moderne], *La Fleur de noelz nouvellement notés,* no. 5 fol. B2 (pr. in Babelon, *"La Fleur,"* pp. 381-82) gives no timbre, but a text with notated melody. The text is related to Sergent's text, but probably based on a variant version of the chanson:

"Noel" a la pucellette
Chanterons a ceste feste
A l'honneur du roy celeste, Entendz-tu?
Entendz-tu, jeune fillette? Entendz-tu?
Gabriel, herault celeste,
Dit a Marie tres belle:
"Je t'annonce grand' nouvelle. Entendz-tu?
Entendz-tu, Marie tres belle, Entendz-tu?

Car tu concevras pucelle,
Entendz-tu, Marie tres belle?
Grace as trouvé telle. Entendz-tu?
Entendz-tu, Marie doulcette, Entendz-tu?
Elle oyant celle nouvelle,
Entendz-tu, herault celeste?
Eust en telle grant merveille. Entendz-tu?
Entendz-tu, herault celeste, Entendz-tu?

Several more strophes follow. Some of the differences between the two noël texts may result from omission of repeated words and phrases. A chanson model has not been found. The closest fit is the text of the anonymous chanson in M2 below.

P3. [Lotrian], *Les Grans nouelz,* fol. 79', cites as timbre, "Vray Dieu de la nonnette," for the noël text which differs somewhat from Sergent's:

>Noel a la fillette
>Qui a Jesus porté,
>Demeurant pucellette.
>Quant Adam nous submist
>A l'infernalle main,
>A Dieu grant pitié print
>Du noble genre humain.

P4. Arnoullet, *Noelz nouveaulx nouvellement faitz,* no. 6 (ed. in Vaganay, p. 39) begins like the Sergent text but has a variant design. No timbre is cited.

>"Noel" a la pucellette,
>Marionnette,
>A ce noble jour de Nau,
>Chantons: "Nau" de par Dieu, "Nau,"
>Hommes et femmes et fillettes
>Marionnette,
>Hommes, femmes, et fillettes,
>Marion.

P5. [Livre de noëls] (Paris MS 2368), fol. 19′, has a variant opening for a noël text that is similar, but not based on the same model: "Noel a la haulte pucelle, Vierge royne de paradis." No timbre is cited.

P6. [Livre de noëls] (Paris MS 2506), fol. 15′, has the same text as above.

Related chanson texts:

C1. An anonymous setting *a 3* in Antico, RISM 1520-6 tenor, fols. 20′-21; bassus fols. 71′-72; superius lacking, has a verse that resembles Sergent's but a variant refrain. The text begins:

>La nonnette, la nonnette
>La, la, la, la,
>La gente nonnette, la,
>La gente nonnette, la.

>Nous estions troys nonnettes,
>Toutes troys en ung moustier,
>Advint a la plus jeunette
>Qu'elle a perdu son psalltier,
>Son psaltier et ses heurettes,

>>La nonnette, la nonnette,
>>La, la, la, la,

La gente nonnette, la,
La gente nonnette, la.

One more verse and refrain follow.

C2.   Benedictus's setting *a 4* in Cambrai MS 125-28, fol. 122, has a similar refrain, but a verse that does not match the noël:

Qui l'ara, l'ara, l'ara
La gentille brunette,
Qui l'ara, l'ara, l'ara
La gentille brunette.

L'autre jour m'y cheminoys;
Sur la riviere d'amours
Je trouvay dans ma bois
Faisant chapeau des fleurs.
L'amy fut de son amours si
Pour la dame qui est la plus belle pucelle
Qui soyt a point jusques a tour.

C3.   The monophonic chanson in Paris MS 12744, no. 117, fol. 79′ (ed. in Paris and Gevaert, p. 65) is a quatrain without refrain and therefore cannot have served as the model for Sergent's noël:

Nous estions troys jeunes fillettes
Qui toutes troys avions amy
Dont j'en estoys la plus jeunette;
De mes amours ne peux jouyr.

Musical settings:

M1.   The setting *a 3* in Antico, RISM 1520-6 cited in C1 may accommodate the noël text. Unfortunately, one of the voices is missing.

M2.   St. Gall MS 463, fol. 17′, has a single line that matches the tenor in M1 above.

M3.   Moderne's noël cited in P2 above can, with the aid of text repetitions accommodate the refrain of Sergent's noël. See ex. 88.

Example 88.

Noel I:*   "No - el" a   la   pu-cel - let   - te
Noel II:**   "No - el" pour   la   pu-cel - let   - te,

Chan -te - rons   a   ces - te   fes   - te
La   fil - let   - te   jo -- ly - et   - te,

A   l'hon - neur du   roy ce -   les -te, En - tendz tu?"
"Nau, nau , nau, nau,[nau, nau.   nau, nau,   nau, nau, nau,"

En-tendz tu, jeu - ne   fil - let - te, En - tendz   tu?
["Nau"] pour la   pu - cel - let - te, ["Nau - let,   nau."]

* Text from [Moderne], La Fleur des noelz nouvellement notés, fol. B2.
** Text from Sergent, Les Grans noelz, no. 88.

89.   Sur L'Ordre de Sainct Babouyn   (fol. 97)

Nous sommes de l'ordre
Du corps Jesuchrist.
L'ordre ne dit mye
Qu'on dorme au matin,
Lever devant prime,
Aussi a minuyct;
   Noel, noel,
Pour avoir sa gloire
Qui dure sans fin.

Matines fault dire
De la passion,
En ayant memoire
De sa mesprison
Contre le faulx traistre.   (fol. 97')
Judas, sans raison,
   Noel, noel,
Le livra aux princes
De la region.

A l'heure de prime,
Comment il fut mené
Par devant Pilate
Pour estre jugé,
Des juifz a grant tort,
Il fut accusé;
   Noel, noel,
Son vis et sa face
Ordrement craché.

A tierce tout crye:
"Soit crucifyé!"
De pourpre vestu,
Et de luy mocqué,
D'espines poignantes
Il fut couronné,
   Noel, noel,
Ses tendres espaulles
La crois ont porté.

Et quant vint a sixte
En crois fut pendu

Entre deux larrons
Tout nud estendu;
Vinaigre et fiel
Ilz luy ont rendu,
    Noel, noel;
Quant il eust gousté,
Plus n'en a voulu.

Et quant vint a none
Il a expiré,
Et a haulte voix
A Hely cryé;
Longis de sa lance
Persa son costé,
    Noel, noel;
Le soleil obscure;
La terre a tremblé.

A l'heure de vespre   (fol. 98)
Hors la croix fut mis
Par Joseph et aultres
De ses bons amys,
O sa doulce mere
Et les trois Maries,
    Noel, noel,
Qui de son angoisse
Estoyent bien marrys.

Quant vint a complye
Fut ensepvely,
Ou sepulchre mis
Doignement poly.
A saincte escripture
N'en povoir mentir,
    Noel, noel.
Vraye prophetie,
Tout est acomply.

Or prions luy tous
Par sa passion
Qu'il nous face a tous
Grace et pardon,
Affin que puissons
En sa region,
    Noel, noel,

Chantons tous ensemble
Par bonne union.

Amen.   Noel.

Additional sources for this text:

S1.   [Vve. Trepperel?], *Les Grans noelz,* fol. 92, has the same timbre plus an alternate, "Or sus, or sus, buvier." Noel no. 125 of this study also has the timbre, "Or sus, or sus, buvier," but a different strophic design. It is possible that the second timbre is a mistake. [Trepperel?] has the same noël text as Sergent.

S2.   [Lotrian] *Les Grans nouelz,* fol. 85', has the same noël text and two timbres as Trepperel?.

S3.   [*Noelz nouveaulx*] (Cat. no. 51), fol. 103.

S4.   Jehan Bonfons, *Les Grans noelz,* fol. 97.

S5.   Vilgontier MS (Paris, MS 14983), fol. 108.

Related chanson text:

C1.   *S'Ensuivent plusieurs belles chansons,* no. 7 (= Jeffery's *53*; ed. in Jeffery, Vol. I, pp. 123-26):

Nous sommes de l'ordre
De Saint Babouin;
L'ordre ne dit mye
De lever matin;
Dormir jusque a prime!
Et boyre bon vin!
        Et din, din, din,
Et dire matines
Sur ung pot de vin!

A nostre disner
Le beau chapon gras,
La souppe au jaunet
Comme au mardi gras,
La piece de beuf
Et la gras mouton.
        Et don, don, don,
Et voyla la vie
Que nous demandons.

Several more strophes follow. This is the last:

A nostre lever
Les beaulx instrumens,
Trompetes et clarons,
Tabourins d'argent,
Enfans sans soucy
Jouans du bedon,
    Et don, don, don,
Et voyla la vie
Que nous demandons.

C2. Cited in Brown, "Catalogue," no. 313.

Musical setting:

M1. The setting *a 4* by Compère in *Odhecaton,* no. 37 fol. 40'-41, (ed. in
Hewitt, pp. 299-301) has incipit only, "Nous sommes de l'ordre d[e] saynt
babuyn." It seems to be an instrumental setting; however, the first section
to measure 35 accommodates the chanson text and therefore also the
noël text. Other modern editions of this chanson include: *Compère:
Opera omnia,* Vol. V, p. 41; Ambros, *Geschichte der Musik,* Vol. V, pp.
186-89.

Further on this text, see Hewitt, *Odhecaton,* p. 147, for concordances.

90.   Sur O Genovefa respice   (fol. 98)

Chantons: "Noel" devotement
De Jesus, nostre redempteur,
A son joyeulx advenement,
En le congnoissant a seigneur.

Pour reparer le grant peché
Que Adam commist premierement,
Donc chascun estoit entaché,   (fol. 98')
Il descendit du firmament.

A Marie vint Gabriel
Porter la salutation:
"Tu concepvras Dieu eternel
Sans humain corruption."

La vierge respond humblement:
"Soit faict du tont a son plaisir;
Je suis a son commandement
Et toute preste d'obeyr."

A celle voix d'humilité
La vierge conceupt Jesuchrist
Sans rompre sa virginité,
Par la vertu du Sainct Esprit.

Neuf moys apres en paovre lieu,
Sans mal ne sans oppression,
La vierge enfanta le vray Dieu,
Nostre vraye redemption.

O Jesus nostre createur,
A ta saincte nativité,
Nous te prions comme saulveur;
Oste nous de captivité.

Les pasteurs si l'ont visité
Par une grant affection,
Et de leurs biens sont invité,
Cuydant qu'il print refection.

Trois roys d'estrange region
Y sont venus en grant honneur,   (fol. 99)
Et luy ont faict oblation
Comme a leur vray roy et seigneur.

Alors Herodes ordonna
Qu'on tuast tous les innocens;
Mais Jesus tost se destourna,
Et avec luy mena ses gens.

Trente ans vesquit en paovreté,
Preschant par grant devotion,
Pour abolir l'iniquité
Des juifz et l'abusion.

Les faulx juifz sans enquerir,
Et sans avoir occasion,
L'ont faict en une croix mourir,
Et souffrir dure passion.

Or, prions donc a joinctes mains
La belle dame et son chier filz
Qu'il ayt pitié de tous humains,
Et nous mette a son paradis.

Amen.   Noel.

Additional sources for this text:

S1.   [Lotrian], *Les Grans nouelz,* fol. 172'.
S2.   [*Noelz nouveaulx*] (Cat. no. 51), fol. 99'.
S3.   Jehan Bonfons, *Les Grans noelz,* fol. 98.
S4.   Nicolas Bonfons, *La Grand bible,* fol. 20'.
S5.   Rigaud, *La Grand bible,* no. 11 (ed. in Vaganay, p. 51).

Related chanson texts:

C1.   Dreves, *Analecta hymnica,* Vol. XI: *Hymni inediti des Mittelalters,* p. 140, has the following text:

Genovefae preconia
Vox una promit omnium
Laude redundent labia
Vocem praeformet gaudium.

Verse 5 of this hymn provides the incipit as cited in Sergent:

O Genovefa, respice
Nos pietatis oculo
Consors lucis angelicae
Coelesti clara intilo.

The hymn is in honor of Ste. Geneviève, the patron saint of Paris. The noël text is a contrafactum, not a paraphrase of the hymn.

C2. The text is listed in Chevalier, *Repertorium*, Vol. I, pp. 431-32, no. 7212, as a verse of "Genovefae praeconia."

C3. The hymn text appears in a modern source, *Office propres du diocèze de Paris*, Paris, n.d., pp. 3-6, 8-9. It is for First Vespers on the Feast of Ste. Geneviève on January 3rd.

Musical setting:

M1. *Offices du propre diocèze de Paris*, Paris, n.d., has two melodies for this text, pp. 3-6, 8-9. I am grateful to Mlle. Simone Wallon for locating this source.

91.   Sur Ut queant laxis   (fol. 99)

O noel, noel, noel, noel, noel,
O noel, noel, noel, noel, noel,
O noel, noel, noel, noel, noel,
O noel, noel.

O freres humains, chanton: "Noel" mains
Au naistre du filz qui fut en croix affix   (fol. 99′)
Cloué piedz et mains, par juifz inhumains:
O doulx crucifix.

Ce fut Jesuchrist, duquel le sainct esperit
Faisant mention: c'est le digne Syon
Contre l'antechrist qui chair humaine prist
Pour redemption.

C'il qui les pasteurs furent o leurs atours,
Veoir en Bethléem: qui y a souffroit Aham
Pour briser les tours d'enfers dont les voltours,
Tenoyent enclos Adam.

En noble arroy luy offrirent trois roys
Grans dons et puissans: or, myrrhe et encens,
Dont a plains charroys furent a grans desroys
Tuez les innocens.

Pour le grief meffait d'Adam et d'Eve infect
Du tout reparer: Dieu voulut preparer
Lieu sainct et parfaict: qui en vierge fut faict
Sans rien separer.

O vierge digne, Marie benigne,
Mere de Jesus: par qui fut mise sus
Nostre ruyne: prens en gré ceste hympne
Pour cil de lassus.

Saincte Trinité, seul Dieu en unité,
Donne nous par don: de noz vices pardon
A perpetuité pour la solempnité
Que nous te rendon.

Amen.   Noel.

Additional sources for this text:

S1.   [Mareschal and Chaussard], *Les nouelz,* no. 4 (repr. in part in Vaganay, p. 12; and complete but unedited in *Le Spectateur Catholique,* t. IV [1898] p. 127).

S2. [Vve. Trepperel?], *Les Grans noelz,* fol. 65'.
S3. [Lotrian], *Les Grans nouelz,* fol. 59.
S4. [*Noelz nouveaulx*] (Cat. no. 51), fol. 97'.
S5. Jehan Bonfons, *Les Grans noelz,* Paris, n.d., fol. 99.

Other parody:

P1. Doré, *Les Cantiques deschantées,* fol. B8', gives "Ut queant laxis" as the timbre for a topical chanson, "Faictes justice, ma cause discernez."

Related chansons text:

C1. Stäblein, *Hymnen,* p. 94, provides a text and melody from a twelfth century Parisian MS:

Ut queant laxis	resonare fibris
Mira gestorum	famuli tuorum,
Solve polluti	labii reatum,
Sancte Johannes.	

Other versions of the hymn tune in the same volume are on pp. 158, 233, 259, 295, 352, 393, 474, 475.

C2. *Liber usualis* (Tournai, 1947), p. 1504, has a version of the chant melody close to that of Guido d'Arezzo (pr. in Reese, *Music in the Middle Ages,* p. 150). This is not the melody used in the settings cited below. For comments on how this hymn tune changed since pre-Tridentine times, see Reese, *Music in the Renaissance,* 2nd ed., p. 83, fn. 238. The text, however, has remained virtually unchanged. The melody used in the polyphonic settings below has survived as "O nimis felix," in *Antiphonale Monasticum,* 1934, p. 926.

Musical settings:

M1. A setting *a 3* in descant-tenor style has the *cantus firmus* in the superius, in the Apt MS (ed. in Gastoué, *Trésor d'Apt,* p. 64).
M2. Another setting *a 3* is by Dufay, in *Das Chorwerk,* Heft 49, p. 16. The superius has the chant melody, with elaborations. This setting is also in descant-tenor style, but mm. 11-14 are in fauxbourdon style.
M3. A setting *a 3* by Binchois is in fauxbourdon style throughout (pr. in Marix, p. 226, and in Wolf, *Music of Earlier Times,* p. 38). Two voices only are notated.
M4. An anonymous setting *a 3* in London MS 35087, fols. 34'-35, is polyphonic, with the slightly ornamented *cantus firmus* in the superius (transcr. in McMurtry, pp. 274-75; critical commentary p. 276). Text incipits only are given.

M5. Another setting of the hymn by Dufay is *a 3* and pr. in Adler, *Sechs trienter Codices,* Vols. 14-15, p. 167.

M6. Two settings are in Turin MS I.27. One is *a 3* on fol. 13; the second is *a 4* and canonic, on fol. 67.

M7. Three composers' settings of the hymn are described in Reese, *Music in the Renaissance,* 2nd ed: by Obrecht *a 5* with three voices treated canonically, p. 191; by Palestrina *a 4* and *a 5* in an *alternatim* setting, p. 467; by Lassus whose setting of the text is free, p. 693.

M8. A contrafactum, "Virgo celesti" is the text for a setting *a 5* by Compère, on the tune of "Ut queant laxis," in Petrucci, *Canti B,* no. 2 (ed. in Hewitt, *Canti B,* pp. 92-93; commentary on p. 25; see also Smijers, *Muziekgeschiedenes,* pp. 113-14).

92.   Sur Pour avois mis la main au bas   (fol. 99′)

Mettons noz cueurs tous en soulas   (fol. 100)
Et chantons: "Noel" a plaisance,
Que chascun de chanter savance
Pour l'honneur du doulx messyas.

Joseph si a faict son amatz
Pour mener la vierge plaisante
Et payer a Cesar sa rente
En Bethléem, paovres estatz.

Considerez le paovre cas
Sans feu dessus la terre lente
En une estable tresmeschante,
Elle enfanta le messyas.

Les anges y sont a grant tas
Venuz par grant resjouyssance,
Et par divine preference
L'ont adoré en grant soulas.

Aux pastours qui gardoyent leurs parcs
L'ange a denoncé la naissance,
Chantant par grant magnificence:
"Gloire soyt aux hommes s'a bas."

Les pastoureaulx faisans esbatz
Et pastourelles a plaisance,
Ilz ont dancé ung tour de dance
En adorant le messyas.

Les faulz juifz sont bien au bas.
Quant, par leur inique meschance,
Ils n'ont pas faict obeissance   (fol. 100′)
Et n'ont receu le messyas.

Trois roys en sumptueulx estatz.
Pour veoir de messye l'apparance,
Sont venuz en grant diligence
En Bethléem faire ung repas.

Jaspar donna mille ducatz,
Melchoir myrrhe en habondance,
Et Baltazar en obeissance
Offrit encens deux plains hanaptz.

> Herodes fist venir souldars,
> Gensdarmes de son ordonnance,
> Les envoyant mettre a oultrance
> Les innocens par toutes partz.
>
> Joseph, voyant le piteulx cas,
> Sur baudet monta le regente
> Et sans tenir chemin ne sente,
> En Egypte s'en vont grant pas.
>
> Pour impetrer joye et soulas
> Nous prirons des cieulx la regente
> Qu'elle nous tienne soubz sa tente,
> Nous preservant du Sathanas.
> Amen.   Noel.

Additional sources for this text:

S1.   [Lotrian], *Les Grans nouelz,* fol. 169'.
S2.   [*Noelz nouveaulx*] (Cat. no. 51), fol. 19'.
S3.   Jehan Bonfons, *Les Grans noelz,* fol. 99'.

Other parody:

K1.   Moderne, *La Fleur des noelz nouvellement notés,* fol. E2 (ed. in Vaganay, p. 30), gives the same timbre for the noël, "Chantons noel et prenons noz esbas."

Related chanson text:

C1.   *S'Ensuyvent seize belles chansons nouvelles,* no. 12 (= Jeffery's *16;* also in his *17, La Fleur 110,* and *1538;* ed. in Jeffery, Vol. I, p. 245; in *Joyeusetez,* Vol. XIII, p. 57; in Mincoff-Marriage, Ps. 74, no. 161, p. 293):

> Pour avoir mis la main au bas,
> Ung peu plus bas que n'est la fente,
> Deussiez vous estre mal contente
> Quant vous voyez que je m'estabtz?
>
> Se je m'esbatz et prens soulas
> Avec ma dame et ma maistresse,
> Fault il mener si grant rudesse
> Pour avoir mis la main au bas?

Musical settings:

M1. The monophonic melody in *Souterliedekens* cited above accommodates the noël text. See ex. 92a.

M2. A setting *a 3* in Munich MS 1516, no. 132, fol. 65, has text incipits only in all three voices. The superius is closely related to the melody in *Souterliedekens,* having only minor variants. See ex. 92b.

M3. A setting *a 4* in Cambrai MS 125-28, fol. 124', by Phillippe Lapperday has incipit only in the four voices. It is imitative, and is also based on the same tune as in the two settings above, with the melody elaborated in all voices.

Example 92b.

Chanson: Pour a - voir mis
Noël: Met - tons noz cueurs tous en sou -

- - - las Et chan - tons:"No - el" a plai -

san - - - - - - - ce, Que chas - cun de chan - ter

s'a - van - ce Pour l'hon - neur, Pour l'hon - neur

du doulx Mes - sy - as, Pour l'hon - neur

Pour l'hon - neur du doulx Mes - sy - as.

93. Aultre noel sur Tire tes chausses, Guillemette   (fol. 199′)

Tire toy la, Colin, Greguille,
Tappe ton huys et la cheville;
On l'y a bruyt en la ville.
Tout le monde se greguille   (fol. 101)
A l'entouz dou treffonau.

Jogu, chantez: "Naulet, nau."
Vien va ça, Colin Georget,
Oyz tu jamais tau caffage
Ne huchez si fort, naulet, nau,
A l'entouz d'icau villaige.
L'ung pibolle en sa musette,
L'autre vroulle sa cornate,
Lerigot faict la jambette,
Floquet joue a la quillate
Chascun chante: "Naulet, nau."
A l'entouz dou treffonau.

Colin luy a respondu
Hugrement, a plaine teste:
N'es tu pas bien malotru
Le vray Dé: tu es bien beste.
Pren ta cleute et ta clegeolye,
Claque des dens sur la pibolle,
Ou mest advis que je volle.
Tout le monde se rigolle
A l'entouz dou treffonau,
Jogu, chantez: "Naulet, nau."

Je fu si trebertourné
Quant je vy Colin si hugre.
Il me dist que Dé est né
En nostre propre nature.   (fol. 101′)
J'emmanchay la chalemye;
Je saultais comme une pie
Ou la pastoure jolye,
Et demenais joyeuse vie;
Et chantasmes: "Naulet, nau"
A l'entouz dou treffonau.

Le petit nous regardoit;
Nous faisions bonnes mines,

Mais avant que j'eussons faict,
J'ouysmes sonner matines.
Trigot reprint sa vielle;
Nous trinsquames de plus belle,
Je prins Margot soubz l'esselle,
Je ne sçay s'elle est pucelle.
Et chanton: "Naulet, nau"
A l'entouz dou treffonau.

Chascun faisoit son effort
De rigoller la commere
Dy qui juca a Rocheffort.
Le monde y venoit a there,
Mais on n'y dit onc chaloyne,
Abbé, evesque ne moyne.
De bergiers la creche est plaine.
Chascun trepe et se demaine
Et gringollet: "Naulet, nau"
A l'entouz dou treffonau.

Le beuf et l'asne corgnoyent   (fol. 102)
Et laisserent leurs pasture.
Je croy, moy, qu'ilz congnoissoyent
Qu'oul est le Dé de Nature.
Goguelu print sa trompette;
Je lache mon aguillette.
Tire tes chausses, Guillemette.
Ou ne m'en chault ou je me mette;
Je saultays comme ung chevreau
A l'entouz dou treffonau.

Joseph estoit acropy
Et trembloit a la venelle.
Il estoit yqui tapy,
Car il tenoit la chandelle
Luy donne de ma fouasse;
Il me fist bonne grimasse.
Le feis triquer par la place,
Mais le pignot me menasse;
Dequoy je veulx chanter: "Nau"
A l'entouz dou treffonau.

Je vy venir ung villain
Qui apportoit une assée.
Le petit n'en vougut grain:

Le tappon l'avot emblée.
Et voicy Micheau Trudaine,
Qui luy donna sa mitaine.
Il ne cregnot pas sa maine.   (fol. 102′)
Il courgut a grant a paine
Pour dire en son chalumeau:
"Naulet, naulet, naulet, nau."

Ou il trouva ung nigault
Qui a nom Croque-Chaftaine,
Qui cria: "Nau" si treshault,
Que n'en l'ouyt de Mortaigne.
Il apporta sans doubtance
Laict et mil en habundance.
J'en fourny si bien ma pance;
Je petais parmy la dance.
Guillot Chinfreneau me tance,
Dequoy je veulx chanter: "Nau"
A l'entouz dou treffonau.

Quant se vint au point du joz,
Chascun se vougut: etraire.
Je regardions tretoz
L'effant qui tetot la mere.
J'aperceu bin sans demeure
Qui voulut dormir sur l'heure.
Mais sa mere rit et pleure,
Dont il fault que son filz meure.
Pour icau failly gobeau
Que Adam mordy sans cousteau.

Avant que nous departiz,
Chascun offrit a oultrance
Rasles, pingeons et mausviz,   (fol. 103)
Godbilleaux a puissance.
Floquoit donnit une miche,
Mariolet ne fut pas chiche;
Je n'avoye que une saulcisse,
La ou n'avoit grant espice.
Tout fus mis en communeau,
Pour mieulx chanter: "Nolet, nau."

Les compaignons d'Icernay
Apporterent une veze,
Et vindrent de Fontenay

Par de plus de vingt et seize;
Ou l'y avoit une grant piffre
Qui sentot comme une guyvre,
Je croy, moy, qu'il estoit yvre.
Il chantot la tirelire
Pour esgourgis l'enfonteau.
Naulet, naulet, nau.

Quant Joseph eut amassé
Les torteaulx et lectaige,
Il se mist seur le costé
Pour mieulx tirer le fruictage.
Il gicta le ragnenail,
Mist le millotz en son mirail
S'acoupit sur son genoil
Et print ung poy de son mail
A l'entouz de l'enfanteau.   (fol. 103')
Naulet, naulet, nau.

A la circoncision,
La petit mignon s'escrye,
Dont eut grant compassion
Le tendre cueur de Marie.
Je vy venir ung grant presbstre,
Qui ouvrist une fenestre
Et a prins en sa main destre
Ung cousteau dont il penestre
De petit naulet peau.
Naulet, naulet, nau.

Troys roys de moult grans haultoz
Vindrent apres a la faiste
Sur je ne sçay quant amadoz,
Ou l'est une soude beste.
Chascun luy fist son present
De myrrhe, d'oz, et d'encens,
Et rigollerent l'enfant.
Chascun riot en plourant
De veoir en si paovre hostau
Ce beau petit naulet nau.

Quant ilz furent retournez
En leur estrange contrée,
Herodes a faict tuer
Tous les enfans de Judée.

Le traistre creul tyrant
Cuydot attrapez l'enfant,   (fol. 104)
Joseph en sentit le vent
Et print capietement
Iqueu petit roy nouveau
Dont nous chanton: "Naulet, nau."

Par de qui vouldrot chantez
D'yqui a la Mazelaine,
Il ne sçaurot racontez
Le chere et la rigaudaine.
Les petis jeux et les sornettes,
L'esbat et les chansonnettes,
Les taboureaulx et les musettes.
Allons nous en, la feste est faicte.
Chascun ploya son flageau.
Adieu jusqu'a l'autre Nau.

   Amen.   Naulet, nau.

Additional sources for this text:

S1. Le Moigne, *Noelz nouveau,* fol. C (ed. in Pichon, pp. 24-32).
S2. Jehan Bonfons, *Les Grans noelz,* fol. 100'.

Other parody:

P1. Roux, *Vieux noels,* fol. G3'. The timbre is given:

   "Tyre tes chausses pas derriere
   Il n'a pas argent qui veut
   Et y a en la chanson demander au pasticiens
   Les corneilles qui sont noyres, sont elles
   bonnes a manger."

The noël text differs from the Sergent:

   "Chausse tes bottes, Guillaume Alaire,
   Pour nous passer les ruysseaux,
   Gardans brebis et aigneaux..."

Related chanson text:

C1. Moderne, *S'Ensuyvent plusieurs basses dances,* cites a chanson, "Tire
     toy la, Guillot," fol. C2', which may be related. The incipit is cited as a
     basse danse in Rabelais, *le 5e livre,* chap. 32 *bis* (ed. Demerson p. 929).

94.   Aultre noel sur le chant de Da hury hau freion ion, S'a dit Marion(fol. 104)

> Chanton: "Nau" par esgau
> Et: "Nolet, nau" chanton.

Reveille toy, compaignon,
Dors tu la hau Guilloteau?
N'as tu pas ouy le son?
> "Nau" chanton,
D'ung ange venant du ceau?
> Chanton: "Nau" par esgau,
> "Nolet, nau" chanton.

N'as tu pas ouy le son
D'ung ange venant du ceau,   (fol. 104′)
Qui disoit en sa chanson:
> "Nau" chanton,
"Il est nay le messiau."
> Chanton: "Nau" [par esgau,
> "Nolet, nau" chanton.]

Qui disoit en sa chanson:
"Il est nay le messiau
Pour nous mettre hors de prison,
> "Nau," chanton,
"Hors du gouffre infernau."
> Chantons: "Nau" par esgau,
> ["Nolet, nau" chanton.]

Pour nous mettre hors de prison,
Hors du gouffre infernau,
Prins a incarnation,
> "Nau" chanton,
En ung ventre virginau.
> Chanton: "Nau" [par esgau,
> "Noelt, nau" chanton.]

Prins a incarnation
En ung ventre virginau.
Il fault que nous avancion,
> "Nau" chanton,
Courir droit jusque a l'hostau.
> Chanton: "Nau" [par esgau,
> "Nolet, nau" chanton.]

Il fault que nous avancion,
Courir droit jusque a l'hostau.
Reverence luy feron,
    "Nau" chanton
Entre l'asne et le veau.
        Chanton: "Nau" par esgau,
        ["Nolet, nau" chanton.]

Reverence luy feron
Entre l'asne et le veau.
De beaulx dons nous luy donron,
    "Nau" chanton,
Ma fleuste et ton chalumeau.
        Chantons: "Nau" [par esgau,
        "Nolet, nau" chanton.]

De beaulx dons nous luy donron,
Le fleuste et ton chalumeau,
Et luy donray ung pigeon,   (fol. 105)
    "Nau" chanton,
Et du pain bis ung loreau,
        Chanton: "Nau" [par esgau,
        "Nolet, nau" chanton.]

Je luy donray ung pigeon,
Et du pain bis ung foreau,
Et la nous rigolleron,
    "Nau" chanton,
O Joseph, le bon hommeau.
        Chanton: "Nau" [par esgau,
        "Nolet, nau" chanton.]

Et la nous rigolleron
O Joseph le bon hommeau
Et: "Naulet" nous chanteron,
    "Nau" chanton,
Tout autour de treffonau,
        Chanton: "Nau" par esgau,
        ["Nolet, nau" chanton.]

Et: "Naulet" nous chanteron,
Tout autour du treffonau.
Roys d'estrange region,
    "Nau" chanton,
J'ay veu la par grant monceau.

Chanton: "Nau" par esgau,
["Nolet, nau" chanton.]

Roys d'estrange region
J'ay veu la par grant monceau,
Qui luy ont faict a foyson,
 "Nau" chanton,
D'or, myrrhe, encens offrentau.
 Chanton: "Nau" [par esgau,
 "Nolet, nau" chanton.]

Qui luy ont faict a foyson,
D'or, myrrhe, encens offrentau.
Herodes ce faulx felon,
 ["Nau" chanton,]
Tuer vouloir le roy de ceau.
 Chanton: "Nau" par esgau,
 "Nolet, nau" chanton.   (fol. 105ʳ)

Herodes ce faulx felon
Tuer vouloir le roy du ceau.
Occist par confusion,
 "Nau" chanton,
Tous les enfans du berseau.
 Chanton: "Nau" [par esgau,
 "Nolet, nau" chanton.]

Occist par confusion
Tous les enfans du berseau.
Prions par devotion,
 "Nau" chanton,
De la vierge l'enfantau.
 Chanton: "Nau" [par esgau,
 "Nolet, nau" chanton.]

Prions par devotion
De la vierge l'enfantau
Qu'il nous doint a tous pardon,
 "Nau" chanton,
A ce sainct beau jour de Nau.
 Chanton: "Nau" [par esgau,
 "Nolet, nau" chanton.]

 Amen. Finis.

Additional sources for this text:

S1. Le Moigne, *Noelz nouveau,* fol. G2 (ed. Pichon, pp. 65-70).
S2. [*Noelz nouveaulx*] (Cat. no. 51), fol. 104'.
S3. Jehan Bonfons, *Les Grans noelz,* fol. 104.

Other parodies:

P1. *Les Ditez des noelz nouveaulx,* fol. A3, cites this timbre for the noël, "Pastoureau, chanter: 'Nau, Nolet nau' chanton."

Related chanson texts:

C1. *S'Ensuyvent xii chansons nouvelles,* no.2 (= Jeffery's *12;* also his *90(b);* ed. in Jeffery, Vol. I, pp. 169-72), has a matching text. In his version, the first strophe is the only one that has seven lines. The balance have five. However, following the pattern of the noël text, it is possible to complete all the strophes by repetition of the third and fifth lines of the preceding verse, which provide the first two lines of the next verse:

> Je m'y levay par ung matin,
> Ma cotte de vert vestue,
> Mon amy la me donna,
>   La, la;
> Dieu luy doint bonne adventure.
>   Da hureho lahay freionion,
>   S'a dit Marion.

> [Mon amy la me donna,
> Dieu luy doint bonne adventure,]
> Il ne ma l'a point donnée,
>   Or allez!
> Il me l'a bien cher vendue,
>   Da hureho lahay freionion,
>   S'a dit Marion.

> [Il ne me l'a point donnée;
> Il me l'a bien cher vendue,]
> J'en ay couché maintes nuitz,
>   Or allez!
> Entre ses bras toute nue,
>   Da hureho lahay freionion,
>   S'a dit Marion.

Several more strophes follow. When the strophes are completed as above, the same musical settings will accommodate all verses. Despite the refrain, "Or allez," this chanson is not related to the chanson which served as model for noël no. 31 of this source.

C2.   A setting *a 4* by Delafage in Florence XIX.117, fols. 79'-80, has a text that is a variant of the strophe cited in C1 above:

> M'y levay par ung matin,
> Ma coste de vert vestue,
> Ma saincture la dessus,
>   La dessus,
> Qui estoit d'argent batue.
>   Da hu ri hau frelonton,
>   Ce dist Marion.

Note: The opening line, "M'y levay par ung matin," is found in a number of chansons, e.g., no. 21 of this source, which nevertheless continue entirely differently.

Musical setting:

M1.   The setting *a 4* by Delafage cited in C2 accommodates the noël text. See ex. 94.

Example 94.

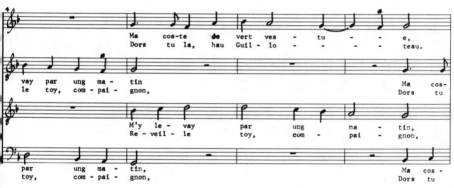

Example 94 (cont.)

Example 94 (conclusion).

95.   Sur le branle de Saulmur: Quant la vengeance fut jouée   (fol.
105′)

Pourtant si avons chanté: "Nau"
Toute l'autre sepmaine,
Si fault ou bonter de plus beau
A yquette thyphane,
Marie n'alla a messe
Jucq a chandeloz, vrayboz,
Moult en fachons que cesse
De chanter nuyct et jour quel sotz.   (fol. 106)
Au moins si n'a essoyne,
C'est ung fol sans cerveau luneau;
Qui s'en faint est bien cosneau;
Dieu luy doint malle estraine.

La typhayne, pour dire
M'est pas d'icau pays maugrois,
Et fut vierge et martyre
Et mere des troys roys pour vroys,
Et nasquit au demayne
Aussi vroy que ung nouveau ytau.
Tu ne croy pas, dy, valourdeau;
Oul c'est chouse certaine.

La typhayne a avanceau
Les troys roys si tres triumphaulx;
Herodes les cuyda abuser.
Certainement pourtant
Il longea la fredayne
Et leur fist beau, beau tant qu'au
Cuydant happer le doulx aigneau
Et prendre sans mytayne.

Chascun d'eulx apporta
De precieux presens et grans
Et si luy presenta
Or, myrrhe, et encens fumant.
Mere il ont prins grant peine
Pour veoir le roy nouveau tant beau,   (fol. 106′)
Car sans boyre et menger morceau
Vindrent a grant alaine.

L'enfant leur faisoit chere
Et les recongnoissoit dehet,

Et sa benoiste mere,
Aussi les cherisset de fet.
Joseph fut capitaine
Pour loger le trouppeau royau
Mes tramadoire ne chameau
N'en mengea oncq d'avoyne.

Tantost apres l'offerte,
Chascun c'est endormy d'ennuy.
Joseph n'y eut pas perte,
Ne le petit aussi, nenny.
Puis l'ange les rameine
Chascun a son hameau sans mau;
Sans perdre jument ne chevau,
S'en vont en leur dommaine.

Quant Herode le sceut,
A poy qu'il n'en mourut despit,
Le malheureux s'esmeut
Et si fist sans respit esdit
Que sans pitié humaine
Tout petit enfanteau janureau
Fut mis a mort tost, sans reppeau.
C'estoyt ribon, ribayne.

Lors eussez veu les femmes   (fol. 107)
Crier a haulte voix en l'air,
Car les tyrans infames
Ne les povaint avoir de droitz,
Leur mort fut bien soubdaine
Et le faict bien cruau, mortau.
Ou n'y eut lance de bourreau
Qui n'en feust toute pleine.

Mais la vierge honnorée
Y a si bien pourveu et veu,
Que sa doulce portée
Oncques mal n'en a eu ne sceu,
Le bon Joseph les maine
En Egypte ou l'asneau bureau,
Et mest ou giron maternau
La bonté souveraine.

Le grous ventriez Herode
En fut paye soubdain en bain.
Sa chair devint si orde,

Qu'il puet comme ung dain villain;
Il persa sa bedaine,
Ou ung failly couteau pregau,
Et rendit tripes et boyau:
C'est une mort vilaine.

Joseph fut en Egypte,
Et la mere et l'enfant, sept ans,
Tant que l'ange l'excipte: (fol. 107ʹ)
Et luy dist en dormant, ronflant:
"Dy a la vierge raine
Que Herode le porceau meseau
Est mort. Vas t'en a ton hosteau
Tu ne crains plus personne."

Prions d'une alliance
Le doulx roy nouvellet douillet
Qu'il nous doint habundance
Du fromaige et de lect moillet,
De fritaige et de laine,
Pour faire ung rebandeau de nau
A vroiller parmis mon chapeau
Le jour de la typhaine.

Amen.   Noel.

Additional sources for this text:

S1.   Le Moigne, *Noelz nouveau,* missing from the body of the text, but listed
        in the table. The text is in Pichon's edition of *Le Moigne,* p. 47.
S2.   Jehan Bonfons, *Les Grans noelz,* fol. 105ʹ.

Other parodies:

P1.   [*Noelz nouveaulx*] (Cat. no. 51), fol. 11, cites the same timbre for the
        noël, "Joseph menoit Marie Bien tard en Bethléem."

96.   Aultre noel sus Verdelet   (fol. 107′)

"Noel, noel" par melodye
    Chanton, je vous prie,
Chanton et nous resjouysson.
Le temps le veult et la sayson.
"Noel, noel, noel, noel" chanton,
A la venue du filz Marie;
    Chanton, je vous prie.

Adam, par sa tresgrant follye,
    Chanton, je vous prie,
Tous nous mist a dampnation,
Mais nous avons salvation.
"Noel, noel, [noel] noel" chanton,
Dont nature est fort resjouye,   (fol. 108)
    Chanton, je vous prie.

Aux pastoureaulx par voix jolye,
    Chanton, je vous prie,
L'ange a faict salutation,
Disant pour la redemption:
"Noel, noel, [noel] noel" chanton,
Vierge a produyct la fruyct de vie;
    Chanton, je vous prie.

Lors eussiez grant compaignie,
    Chanton, je vous prie,
De pastoureaulx a grant foyson;
Qui tout par grant affection
"Noel, noel, [noel,] noel" chanton,
Couroyent tout droict en Bethanie;
    Chanton, je vous prie.

Trois nobles roys pour courtoysie,
    Chanton, je vous prie,
Ont offert par devotion
D'or, myrrhe, encens ung riche don,
"Noel, noel, [noel,] noel" chanton,
En adorant le filz Marie;
    Chanton, je vous prie.

Mais Herodes en eut envye,
    Chanton, je vous prie,
Innocens plus d'ung million,

Mist a mort sans compassion,   (fol. 108')
"Noel, noel, noel, noel" chanton,
Exerçant sa grant tyrannie;
    Chanton, je vous prie.

Or prions tous le filz Marie,
    Chanton, je vous prie,
Qui pour nostre redemption
En croix a souffert passion,
"Noel, noel, noel, noel" chanton;
Qu'il nous doint sa gloire infinie;
    Chanton, je vous prie.

    Amen.   Noel.

Additional sources for this text:

S1. Le Moigne, *Noelz nouveau,* fol. F4.
S2. [*Noelz nouveaulx*] (Cat. no. 51), fol. 106.
S3. Jehan Bonfons, *Les Grans noelz,* fol. 107.
S4. Rigaud, *La Grand bible,* no. 35.

Other parodies:

P1. [Moderne], *Noelz nouveaulx faitz et composez,* no. 6, has the same
     timbre, "Verdelet," for the noël, "Chanton: 'Noel,' filz de Marie," which
     has the same strophic design as this noël.
P2. *Noelz nouveaulx composez nouvellement* (Cat. no. 45), fol. B2', cites as
     timbre in the table, "Helas je l'ay perdue / Celle que j'amoys" but in the
     body of the text, the timbre is "Verdelet." Although the text differs from
     Sergent's it has the same strophic design, with the exception of the first
     line of the first strophe:

    Chanton: "Noel" pour l'honneur de Marie,
        Pucelle jolye.
    Voicy le temps et la saison
    Que la dame de grant regnom,
    Noel, noel, plain de perfection
    A enfanté, je vous affye:
        C'est le fruyct de vie.

    Gabrielle nous annoncée,
        Par sa vois jolye,
    Quant a la vierge dist: "*Ave,*

Tu concepvras en verité,
Noel, noel, l'enfant de grant renom;
En ton ventre il prendre vie
Et sans villenie."

Many more verses follow. It is likely the that timbre given in the table is a mistake. "Helas, je l'ay perdue," the timbre for no. 15 of this source, is a quatrain.

K3. [Sergent], *Noelz nouveaulx reduys sur le chant,* fol. B2′, has the same text and timbre as in P2.

K4. *Les Nouelz nouvellement faitz et composez,* no 17, has the timbre, "La chanson de Verdelet / Que mauldicte soit la journée." This refers to a chanson told in the first person about a man named Verdellet who was hanged in Paris in 1507. The poem is in *S'Ensuyvent plusieurs belles chansons* (ed. in Jeffery, Vol. I, pp. 52-53) and is in quatrains:

Que mauldit en soit la journée
Que jamias homme je baty.
J'en ay frapé, j'en ay meurdry,
Parquoy la mort m'est ordonnée.

Ten more strophes follow. This is an independent poem, unrelated to the timbre "Verdelet" cited above.

97. Sur le chant Se j'ayme mon amy Trop mieulx que mon mary   (fol. 108′)

Chantons, grans et petis
Ensemble, je vous prie,
Pour l'honneur de Marie.
Soyons tous rejouys;
Chantons tous a haulx cris:
"Noel" par melodie.

Aux pasteurs ceste nuyct
L'ange du ciel a dit
Sur les mons de Judée:
"Demenez grant deduyt,
Car d'ung enfant petit
La vierge est acouchée."   Bis.

Pastours o leurs flageaulx
Chantons par mons et vaulx.   (fol. 109)
Nature est bienheurée;
Elle est hors de tous maulx,
Hors de gouffres infernaulx:
C'est par telle portée.   Bis.

Je laissay mon tropeau
Pour courir pas esgau
Tout droict en Galilée,
Pour veoir le roy nouveau
Entre l'asne et le veau,
O la belle acouchée.   Bis.

Robin luy a donné
Des dons a grant planté;
Soudart sa chalemye,
Procurant sa santé;
Je luy ay presenté
Plain ung pot de boullye.   Bis.

Puis trois roys d'orient
Luy ont offert present
En signe de memoire,
D'or, myrrhe, aussi d'encens,
Humblement l'adorant
Le filz de Dieu le pere.   Bis.

Chascun soit diligent
Prier ce doulx enfant,
Aussi la doulce mere;
Nous doint bien largement   (fol. 109')
A la fin saulvement
Lassus en la grant gloire.   Bis.

     Amen. Noel.

Additional sources for this text:

S1. Le Moigne, *Noelz nouveau,* fol. G1 (ed. in Pichon, *Le Moigne,* p. 63).
S2. [*Noelz nouveaulx*] (Cat. no. 51), fol. 107.
S3. Jehan Bonfons, *Les Grans noelz,* fol. 108'.

Other parodies:

P1. The same timbre was cited by Marguerite de Navarre in *Comédie des
     Innocents,* p. 181 (p. 190 of facsimile ed.), a mystery play which forms
     part of a Nativity cycle. The chanson is sung by the "souls of the
     Innocents" and is an extended poem, the first and final strophes of
     which follow:

    Chantons sur le chant
    Si j'ayme mon amy

    Dieu pere de tous,
    Misericors et doux,
    Nous te rendons louanges,
    Qui nous as retirez
    Du monde et attirez
    Au reng du benoistz anges.

    . . . .

    Chantons: "Noel, noel,"   (p. 183)
    Pour le salut nouvel.
    Qu'un chascun le recorde
    Qu'a nous Innocents fait
    Le Seigneur tout parfait
    Par sa misericorde.

P2. The chanson is cited as timbre for a chanson spirituelle in Beaulieu's
     Chrestienne resjouyssance, no. 58 (referred to in Honegger, Vol. II, p.

30): "Si j'ayme Jesus Christ." The same parody is in *Chansons spirituelles,* 1569, p. 272.

Related chanson texts:

C1. *S'Ensuivent plusieurs belles chansons,* no. 36. fol. C8 (= Jeffery's 90(a); also in his *53, 1535, 1537, 1538,* and *1543;* ed. in Jeffery, Vol. I, pp. 89-90); in Paris MS 12744, no. 118 (ed. in Paris and Gevaert, p. 65):

> Si j'ayme mon amy
> Trop plus que mon mary,
> Ce n'est pas de merveille.
> Il n'est ouvrier que luy
> De ce mestier joly
> Que l'on fait sans chandelle.
>
> Mon amy est gaillard
> Et mon mary fetard,
> Et je suis jeune dame.
> Mon cueur seroit quoquart
> D'aymer ung tel vieillard,
> Veu qu'il est tant infame.

Three more strophes follow.

Musical settings:

M1. The monophonic melody in Paris MS 12744, no. 118 fol. 98' (ed. in Paris et Gevaert, p. 65) accommodates the noël text. See ex. 97a.

M2. An anonymous setting *a 3* in London MS 35087, fols. 24'-25, has the same melody in the superius as in M1 above (transcr. in McMurtry, Vol. II, p. 257; concordances in Vol. II, p. 138). See ex. 97b.

M3. An anonymous setting *a 3* in St. Gall MS 462, fol. 45 (ed. in Geering, *Das Liederbuch,* p. 87), with text in all voices, is unrelated to the setting in M1 and M2 above. Note that Picker has associated this melody with "In minem sin," and also with "Entré je suis en grant pensée," in "Polyphonic Settings c. 1500 of the Flemish chanson, 'In minem sin,'" *JAMS,* Vol. XII (1959), 94-95. See also no. 148 of this source.

M4. An anonymous setting *a 4* in Florence XIX.117, fols. 68'-69, accommodates the noël text.

M5. A superius in Harley MS 5242, fol. 22', is an elaborated version of those in M1 and M2 above, except for a variant in the last strain. There are no other voices in the MS.

Example 97a.

Chanson: Si j'ay-me mon a - my Trop plus que mon ma -
Noël: Chan-tons grans et pe - tis En -sem -ble, je vous

ry, Ce n'est pas de mer- veil - - - - le.
prie,Pour l'hon-neur de Ma - ri - - - - e.

Il n'est ou - vrier que luy De ce mes - tier jo -
Soy- ons tous res- jou - ys; Chan -tons tous a haulx

ly Que l'on fait sans chan del - - - le.
cris:"No - el" par me - lo - di - - - e.

Example 97b.

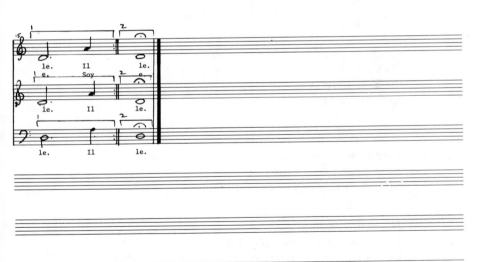

98.   Aultre noel sur Vostre beaulté, doulce, plaisante et belle. Vau de vire.   (fol. 109′)

Vostre beaulté, doulce vierge Marie,
Tous humaines a mis hors de desespoir,
Quant Dieu voulut de vostre corps avoir
L'humanité pour nous saulver la vie.
     Noel.

L'amour de vous, vostre grace et support,
L'humilité dont eustes largement,
Cause a esté de nous donner support
Nous preservant de l'eternal tourment.
     Noel.

Pour parvenir a la gloire infinie,
Nous estions de joye desemparer,
Quant vostre fils pour maulx comparer
Mourut en croix par tresgrant agonie,
     Noel.

Vostre sçavoir tousjours multiplie.
Bien monstrastes quant l'ange Gabriel
Vous salua du mot celestiel
Du sainct esperit vous fustes bien remplye.
     Noel.

Long temps avoit on bien ouy parler
Aux prophetes du temps de leurs vivant,   (fol. 110)
Aussi le bruyt commun parler
Que debviez concepvoir ung enfant.
     Noel.

Pour reparer d'Adam la grant follye,
Bien vous debvons servir et honnorer,
Incessament vostre fruyct adorer,
Si nous voulons que noz pechez oublie.
     Noel.

Dame des cieulx de bon cueur vous supplie,
Priez pour nous vostre filz glorieulx
Qu'il soyt doulx, begnin, et gracieulx,
Quant de noz corps l'ame sera partie.

          Amen.   Noel.

Additional sources for this text:

S1. Le Moigne, *Noelz nouveau,* fol. K3′, has the same timbre for a slightly
varied beginning, "Vostre bonté, doulce vierge Marie," which then
continues with the same text as in Sergent, *Les Grans noelz.* (The
reedition of the Le Moigne is in Pichon, p. 99.)
S2. *S'Ensuyvent plusieurs beaulx noelz,* fol. B3, has the same noël text with
minor variants, and the timbre, "Vostre beaulté, belle, cointe, et jolie.
Vau de Nire [sic]."
S3. [*Noelz nouveaulx*] (Cat. no. 51), fol. 108.
S4. Jehan Bonfons, *Les Grans noelz,* fol. 109′.

Related chanson texts:

C1. Viviant, *S'Ensuyvent plusieurs belles chansons,* fol. B3 (facs. ed. in
Silvestre, *Collection de poésies, romans, chroniques,* p. 10):

> Vostre beaulté, belle, cointe et jolye,
> A mis mon cueur en ung si grant esmois
> Que nuyt et jour me fault faire le gayt,
> Tant suis pour vous mis en melencolye.

Four more strophes follow.
C2. The chanson is listed in the table of *Les Chansons nouvelles* but missing
from the body of the book. See Jeffery, Vol. I, p. 114.
C3. Paris MS 9346, no. 13 (pr. in Gérold, *Bayeux,* p. 14) resembles the text
above with minor variants:

> Vostre beaulté, gente et jollye,
> A mis mon cueur en si grant desespoir,
> Que nuit ne jour je ne puis reposer,
> [Et] tant suis de vous en grant melencollie.
>
> L'amour de vous me tient en desconfort,
> Et si ne puis l'avoir aulcunement,
> J'avoy plus chier a desservir la mort
> Que de vivre en ce point longuement.

C4. The text in the anonymous setting *a 3* in Susato, RISM 1544-1, fol. 8, is
different both in syllable count and verse length. However, the last line
has a threefold repetition, which would make up a second quatrain; and
melismas make it possible to set a text of larger syllable count. Thus this
is a possible, if not an obvious, fit for the noël text:

> Vostre beaulté, plaisant et lye,
> Me donne recreation;
> Vostre gorgette une harmonie
> Qui si tresfort vous me lye,
> Que je suis en oppression,
> Pensant a vous par amitié.   Bis.

C5.   Cited in Brown, "Catalogue," no. 405.

Musical settings:

M1.   The monophonic melody in Paris MS 9346, no. 13, accommodates the
      noël text. See ex. 98a.
M2.   The setting *a 3* by Jacotin uses the same text as in M1 above, with the
      cantus prius factus in the tenor. This setting is in: Antico, RISM 1536-1,
      fol. 14': in Petrius, RISM 1541-2, no. 60, attributed to Jaquotin, in Berg,
      RISM 1560-1, no. 30. See ex. 98b.
M3.   An anonymous setting *a 5* with text incipits only, is in Vienna MS 18746,
      fol. 30'. Its tenor is based on the melody in Paris MS 9346.
M4.   An anonymous setting *a 3* in Paris MS 1597, fols. 38'-39, has a text
      which begins, "Vostre beaulté a fait de mon cueur prise." The music may
      be related to the melody in Paris MS 9346 (transcr. in Shipp, pp. 397-
      99).
M5.   An anonymous setting *a 3* is in Susato, RISM 1544-1, fol. 8. The text
      begins, "Voste beaulté, plaisant et lye." Despite the similar beginning,
      the text's six-line strophe does not match that of the noël. The musical
      setting is independent of the melody in Paris MS 9346. A textless setting
      a 4 is based on the same melody in Cambrai MS 125-28, fol. 121. The
      title is "Vostre beaulté." No other text is given.

Example 98a.

Example 98b.

Example 98b (cont.)

99. **Sur Vray dieu d'amours, Mauldit soyt la journée Qu'oncques jamais a homme je servy**   (fol. 110)

Adam.

Chantons: "Noel," chantons ceste journée,
Chantons: "Noel" trestous grans et petis,
Chantons: "Noel," car paix nous est donnée,
Donc ung chascun doibt chanter d'apetis!
　　Douleur, soucy.　　Dangier, ennuy,
　　　　De nostre destinée
Sont aujourdhuy, d'avec nous bannys.

Nature.

Adam, Adam, d'ou vient ceste follye
Que vous chantez et vous deussies gemir　　(fol. 110′)
Le rossignol chante sur le fueillye,
Mais en la caige, il ne faict que fremir.
　　De tous le fruyctz　　De paradis,
　　　　Mesme du fruyct de vie,
Par voz pechez vous en estes banny.

Adam.

Si je chante, ma tresdoulce amye,
J'ay bien cause de fort me resjouyr.
Car j'ay vescu tout le temps de ma vie
En larmes pleurs, en douleur et soucy,
　　Mais celuy　　　　Qui tient en luy
　　　　Sapience infinie
A proposé; mes douleurs abollir.

Nature.

Quant est de moy, je suis la desolée,
Bannye d'amours, fortraicte a mon amy;
Nature suis humaine ainsi nommée,
Hors de plaisir, aussi de tout credit,
　　Car mon amy　　Le plus jolye
　　　　Pers par vostre follye,
Car voz pechez m'ont faict de luy banny.

Adam.

Si j'ay forfaict je ne le vous nye mye;
J'en ay esté bien griefvement pugny;

J'en ay ploré mille foy en ma vie;*
J'en ay jeusne; helas, j'en ay languy;
  Encores pys,   Ma fault mourir,
    Et moy et ma lignée.   (fol. 111)
Helas, m'amye, il vous debvroit suffir.

  Nature.

Adam, Adam, mauldit soit la journée
Qu'oncques jamais, vous fustes si hardy
De mieulx aymer, plaire a vostre espousée
Que d'offencer celluy qui vous produyst.
  Tous ces maulx cy   En sont sortis;
    L'heure malfortunée,
Helas, vous fustes a ça coup trop hastif.

  Adam.

Mon doulx enfant, ma fille bienheurée
Doresnavant il vous fault resbaudir,
Car vostre amy est nay ceste nuyctée;
Il est venu pour nous prendre a mercy.
  A mon advis   Que j'ay ouy,
    D'anges belle assemblée
Qui en chantent: *"Gloria in excelsis."*

  Nature.

Je chanteray en l'honneur de Marie,
Qui a porté ce bel enfant icy.
Mon vray espoux, mon soulas et ma vie,
Tout mon espoir, ma joye et mon desir,
  Tous mes habitz,   De vert ou gris,
    Portera ceste année,
En priant qu'il nous doint paradis.

  Amen.

Additional sources for this text:

S1. Le Moigne, *Noelz nouveau,* 1520, fol. H1′, cites as timbre, "Amours,
     mauldit soit le journée" (repr. in Pichon, p. 74).
S2. *Noelz nouveaulx composez nouvellement,* fol. A4′, gives the noël text
     without a timbre, but with four additional strophes.

---

*Line missing from this source is restored from [Sergent], *Noelz nouveaulx en poetevin,* fol. F3.

S3.   [Sergent], *Noelz nouveaulx en poetevin,* fol. F3 gives the same noël text without a timbre, and with two additional strophes and several variant lines.

S4.   [Sergent], *Les Noelz nouveaulx reduys sur le chant,* fol. A4', gives the same noël text, with no timbre, but with four additional strophes.

S5.   [*Noelz nouveaulx*] (Cat. no. 51), fol. 108'.

S6.   Jehan Bonfons, *Les Grans noelz,* fol. 110.

S7.   Vilgontier MS (Paris MS 14983), fol. 65'.

Related chanson text:

C1.   *S'Ensuyvent plusieurs belles chansons,* fol. B5 (= Jeffery's *53,* ed. in Jeffery, Vol. I, p. 132) provides a text which matches the noël. It is not, however, the first, but rather the second, verse that matches the noël's strophic design:

> Vray dieu d'amour, mauldit soit la journée
> Que oncques jamais m'a servi.
> Car maintenant suis fille desollé,
> Seulle suis sans point avoir amy.
>   Amy, amy   Amy je n'ay,
>   Dont suis mal fortuné;
> Or n'a mon cueur si non pleurs et soucy.
>
> Ou est le temps, le jour et la nuitée
> Que estois seulle avecques mon amy,
> Au verd buisson, au boys soubz la ramé,
> En ung vert pré soubz l'aubepin floury?
>   Celuy failli,   Et finir il est,
>   Dont suis desconfortée,
> Dueil, peine, et ennuy si m'ont le cueur saisi.

One more strophe follows.

Musical settings:

No musical setting of this text has been located. A large number of chansons in this period have identical or similar beginnings, and these are noted below:

M1.   A setting *a 5* by Descaudain is in Munich MS 1508, no. 87, (ed. in Bonfils, *Chansons françaises pour orgue,* pp. 13-19, with the chanson in organ tablature from the Munich MS 2987). The text which is printed below, includes seven lines of verse; like the noël, however, two are repetitions. The distinctive hemistich design of line 5 of the noël, and of the matching chanson, is missing:

> Vray dieu d'aymer, mauldit soit la journée
> Qu'oncques en ma vie amoureuse fus.
> Car maintenant je suis desolée
> Seulette suis et si n'ay point d'amy,
> Fault il qu'ainsi je soie.
> Seulette suis et si n'ay point d'amy,
> Seulette suis et si n'ay point d'amy.

Thus, although close in some respects, this text could not have been the model for the noël. The same text is in a setting by Mouton *a 5* in Le Roy and Ballard, RISM 1572-2, fol. 8.

M2. A closely related setting *a 5* is in *Missa in musica,* Paris Rés. 851, p. 516. It has no text but the incipit, "Vray dieu d'amours" and is attributed to Mouton. A full text is in Mouton's setting in Le Roy and Ballard, RISM 1572-2, fol. 8.

M3. A setting *a 2* in Gero, RISM 1541-14, p. 39, has the same text as the Descaudain chanson, and is musically related as well, and therefore is not a setting that will accommodate the noël.

M4. An anonymous setting *a 4* in Attaingnant, RISM 1528-4, fol. 2'-3, has another text that begins similarly but does not have the strophic design of the noël:

> Vray dieu d'amours, mauldit soit la journée
> Que mon las cueur vous a voulu servir,
> Car maintenant je suis femme desolée,
> Puis que m'avez du tont mis en oubly.
> M'amour, mon cueur, vous m'avez delaissé
> D'ennuy je meurs et de melencolie.
> Le lict de pleurs me convient pourchasser,
> Et faut finer de dure mort ma vie.

This setting is independent musically of those in M1 and M2 above.

M5. Hilaire Penet's setting in Le Roy and Ballard, RISM 1557-15, fol. 13, uses the same text as in M4.

M6. A setting *a 6* by Certon in *Les Meslanges,* Duchemin, 1570, p. 110, uses the same *cantus prius factus,* as the setting in M4 above.

M7. The monophonic chanson. "Vray dieu d'amours, confortez moy," in Paris MS 12744, no. 123 (pr. in Paris et Gavaert, p. 68) has a text that is totally unrelated to the noël after the first half line. There are several settings which are related to this chanson. They include:

    a.   Brumel's setting *a 3* in St. Gall Ms 461, fol. 55 (ed. in Giesbert, *Ein altes Spielbuch,* pp. 64-65), which has a text close to that in the anonymous setting in (3) above, but is melodically related to the monophonic melody in Paris MS 12744, no. 123.

   b. The melody in Egnolff, RISM [1535]-14, no. 49, which has incipit only: "Vray dieu d'amours," is closely related to that in (a).
   c. A setting *a 4* of a chanson with incipit only, "Vray dieu d'amours," which may be by Josquin, is in Ulm MS 237, fol. 25'. It is musically related to the melody in (a).
   d. A setting closely related to that above is in Heilbronn MS X.2, fol. 18. It is anonymous and has incipit only.

M8. Three other monophonic chansons in Paris MS 12744 begin with the same few words, but are unrelated to the noël:

   a. "Vray Dieu qui m'y confortera," fol. 83', no. 121.
   b. "Vray Dieu qu'amoureux ont de peine," fol. 84, no. 122 (listed in Brown, "Catalogue," no. 412).
   c. "Vray dieu d'amours reconfortez ma dame," fol. 84'.
   d. "Vray dieu d'amours, reconfortez ma dame," fol. 85'.

M9. a. An anonymous chanson *a 3* in Seville MS 5-I-43, fols. 9'-10', and 95'-96' (transcr. in Moerk, Vol. II, p. 276). This text is: "Vray dieu d'amours, qui vrais amans resloye." The same chanson is in Florence MS XIX.59, without foliation and with incipit, "Vray Dieu d'Amours" only; in the "Chansonnier Cordiforme," fols. 48'-49.

   b. A chanson which is musically virtually identical to this but which has a different text, is in Pixérécourt, fols. 147'-148. The text begins, "Vray dieu d'amour, je suis en grant tristesse."

M10. A setting by Richafort *a 3* is in Munich MS 1516, no. 140, fol. 69. It has only the incipit, "O vray Dieu," and is musically unrelated to any cited here (ed. in Edward Kottick, *The Unica in the Chansonnier Cordiforme,* American Institute of Musicology, 1967, p. 12).

100. Aguillenneuf sur le chant Puis qu'en amours   (fol. 111′)

Aguillenneuf de cueur joyeulx,
Tous ensemble l'on vous demande
Pleine une bourse d'escus vieulx,
Nous les prenderons et sans amande,
Pour resjouyr toute la bende.
Si vous plaist les mettre en jeu,
Nous en dirons: "Aguillenneuf."

Nous sommes plusieurs compaignons
Assemblez d'une alliance,
Qui tous deliberé avons.
De tresbien garnir nostre pance.
S'il vous plaist vous ferez l'advance,
Car nous n'avons pas grant adveu.
Puis nous dirons: "Aguillenneuf."

Or sont vuydez tous noz gippons,
Parquoy n'avons cause de rire;
Donnez nous poulles ou chappons;
Esclerez pres pour nous conduire.
Donnez de quoy rostir ou frire,
Ou ung jambon pour mettre au feu;
Nous en dirons: "Aguillenneuf."

D'andoulles point nous ne voullons;
Nous ne ferons pas grans prieres;
Pour mieulx faire nous les laissons
Gardez les a voz chamberieres.
Frottez leurs en bien les derrieres   (fol. 112)
Et vous aurez partie au veuf;
Puis nous en dirons: "Aguillenneuf."

Adieu filles aux blancs tetins
Et frisquettes chamberieres.
Que d'andouilles et gros boudins
L'on vous puisse faire croupieres;
Vous en seriez beacoup [sic] plus fieres
Quant auriez senty le jeu;
Et donnez nous aguillenneuf.
        Amen.   Noel.

Additional sources for this text:

S1. Le Moigne, *Noelz nouveau,* fol. M1' (ed. in Pichon, p. 114).
S2. Jehan Bonfons, *Les Grans noelz,* (fol. 111')
S3. [*Noelz nouveaulx*] (Cat. no. 51), fol. 110.

Related chanson texts:

C1. "Puis qu'en amour suis malheureux," which may be the chanson that provided the model for the noël, is listed as a basse danse in [Moderne], *S'Ensuyvent plusieurs basses dances,* fol. D3'; and in Rabelais, *Le 5e livre,* chap. 32 *bis* (ed. by Demerson, p. 931).
C2. The chanson text, "Puis qu'en amours," which is the model for no. 35 of this source, is not the same chanson. The syllable count differs, as well as the number of lines per strophe.

101. Sur Il faict bon aymer l'oyselet   (fol. 112)

Il est venu ung oyselet,
Le plus beau de nature,
Le sainct esperit blanc comme laict
A la vierge trespure.

    Bon faisoit escouter le chant
    De Gabriel quant apportoit
    Le salut, nostre cas touchant.
    Tel oyselet jolys estoyt.*

Oncques ne fut tel rossignollet,
Chantant a la verdure.
Adam avoit esté follet,
Dont souffrir peine dure.

    Si est il delivré pourtant,
    D'enfer ou la prison tenoit,
    La estoit soy confortant,
    Attendant Jesus qui venoit.

Il est venu le bon naulet,
Et si a faict fracture
Du cloistre d'enfer ort et laid,
Plein de feu et d'ordure,

    Sainct Jehan estoit allé devant,
    Car Dieu devant luy l'envoyoyt.
    Mort estoit ung peu paravant;
    Dieu descendit apres seulet.

. . . .

Et si fist ouverture
O les piedz les dyables fouloit
En faisant la fracture.

    Le quarantiesme jour apres,
    Comme prophetisé estoit,
    Les prisonniers le poursuyvant,
    Monta es cieulx comme est droit.

Galilée le regardoit,
Qui de telle ascensure

---

*The Sergent text lacks any separation between strophes. However, the text has the same syllable count as the chanson given below. There is no indication that the first quatrain is to be repeated, virelai-fashion.

Tresgrandement s'esmerveilloit;
C'estoit supernature.

Prince parfaict au ciel regnant,
En qui tout vray chrestien croit,
En ton sainct trosne dominant,
Fol seroyt qui ne croyroyt.

Sang humain que jadis souloyt
En la prison obscure
Tenir enfer, qui tout brusloyt,
A trouvé par toy cure.

Amen.   Noel.

Additional sources for this text:

S1.   [Vve. Trepperel?], *Les Grans noelz,* fol. 174'.
S2.   Le Moigne, *Noelz nouveau,* fol. N2 (ed. in Pichon, p. 123).
S3.   [*Noelz nouveaulx*] (Cat. no. 51), fol. 110'.
S4.   Jehan Bonfons, *Les Grans noelz,* fol. 112.

Other parodies:

P1.   [Vve. Trepperel?], *Les Grans noelz,* fol. 173, has the timbre, "On doibt
      bien aymer l'oisellet" for the noël, "Nous devons tous chanter: 'Nouel."
P2.   [Lotrian], *Les Grans nouelz,* fol. 158, has the same text and timbre as in
      P1 above.

Related chanson texts:

C1.   *S'Ensuivent plusieurs chansons nouvelles,* no. 30 (= Jeffery's *90(a);* also
      in *90(b), 53,* and *1538;* ed. in Jeffery, Vol. I, pp. 82-83):

    Il faict bon aymer l'oysellet,
    Qui chante par nature,
    Ce moys de may, comment qu'il soit,
    Tant comme la nuyt dure.

        Il fait bon escouter son chant,
        Plus qu'a nul aultre, sur ma foy;
        Car il resjouyst maintes gens,
        Je le sçay bien, quant est a moy,

    Il s'appelle rossignollet,
    Qui met toute sa nature
    A bien chanter son chant plaisant;
    Aussi c'est sa cure.

Three more strophes follow.

C2.   Paris MS 9346, no. 12 (ed. in Gérold, *Bayeux,* p. 13) has a text closely resembling that above. However, the editor, on the basis of identification of the chanson as a virelai, has inserted repeats of the initial strophe:

> On doibt bien aymer l'oysellet
> Qui chante par nature
> Ce mois de may sur le muguet
> Tant comme la nuit dure.

>> Il faict bon escouter son chant
>> Plus que nul aultre en bonne foy,
>> Car il resjouit mainct amant;
>> Je le sçay bien quant est a moy.

>> Il s'appelle roussignolet
>> Qui mect toute sa cure
>> A bien chanter et de bon het,
>> Aussy c'est sa nature.

> On doibt bien aymer l'oysellet, etc.

>> Le roussignol est soubs le houlx
>> Qui ne pence qu'a ses esbats;
>> Le faulx jaloux se siet dessoubz
>> Pour luy tirer son mathelas.

>> La belle qui faisoit le gueit
>> Luy a dict par injure:
>> "Hellas, que t'avoit-il meffaict,
>> Meschante creature?"

> On doibt bien aymer l'oysellet, etc.

C3.   A third and closely related text is in Paris MS 12744, nos. 109, fols. 68'-69, and 109 *bis* (pr. in Paris et Gevaert, pp. 59-60). It differs from those above in only minor ways, while keeping the same syllabic count and strophic design. The editors have not added a repeat of the first quatrain however.

C4.   A timbre given for noël no. 123 of this source is: "Il faict bon aymer, loyaulment servir. . . . " The syllabic count and the strophic design differ from those given above. Therefore, despite the similarity of incipits, noël no. 123 is undoubtedly on another model, yet to be identified.

C5.   Listed in Brown, "Catalogue," no. 173.

C6.   Cited as a basse danse in Moderne, *S'Ensuyvent plusieurs basses dances,* fol. C1; and in Rabelais, *Le 5e livre,* chap. 32 *bis,* (ed. by Demerson, p. 930).

Musical settings:

M1. The monophonic setting in Paris MS 9346, cited in C2 above, accommodates the noël text. See ex. 101a.

M2. The two settings in Paris MS 12744, also cited above. The two nos. 109 and 109 *bis,* are a bicinium, according to Rahn, "Virelais," p. 10. However, when the two voices are put together, there are a few faulty resolutions and unprepared dissonances. See mm. 10-11 and 22-23. The upper voice, no. 109, bears the *cantus prius factus,* and can be compared to the monophonic tune in Paris MS 9346. The first four lines of music in both sources are closely related, revealing only minor variants. The second strains are distinctly different. However, because the texts of both MS 9346 and MS 12744 are identical in syllabic count and strophic design, the noël text will fit either equally well. See ex. 101b.

M3. A setting *a 3* by Antoine de Févin is in Pepys MS 1760, fols. 60'-61; and in Harley MS 5242, fols. 39'-39 (*recte* 38'-39) (transcr. in Clinkscale, Vol. II, p. 464; and printed in Brown, *Theatrical Chansons,* pp. 82-84). This setting has the *cantus prius factus* in the tenor, and is related to the version in Paris MS 9346.

M4. The setting *a 3* by Hilaire Penet is complete but partially illegible (on microfilm) in LeRoy et Ballard, RISM 1553-22, fols. 18'-19, and lacking the tenor in LeRoy et Ballard, RISM 1578-14, fols. 19'-21. This setting is in two parts, the first of which sets the refrain, and the second of which sets the verse. It is based on the version of the chanson in Paris MS 9346.

M5. A setting *a 4* which has text incipits only in all four voices, is no. 55 in *Das Liederbuch des Johannes Heer von Glarus* (ed. in Geering and Trümpy, pp. 90-91). The opening phrase differs from all other versions, but thereafter the piece bears clear resemblance to both Paris MS 9346 and Paris MS 12744 versions. This is so because only the refrain is set.

M6. A monophonic chanson in Paris MS 12744, no. 67, p. 37, has the text, "Il est venu le petit oysillon, Ce moys de may certeinement...." There is resemblance between texts and tunes; however, there are enough differences in both to eliminate this chanson as a possible model for the noël.

Example 101a.

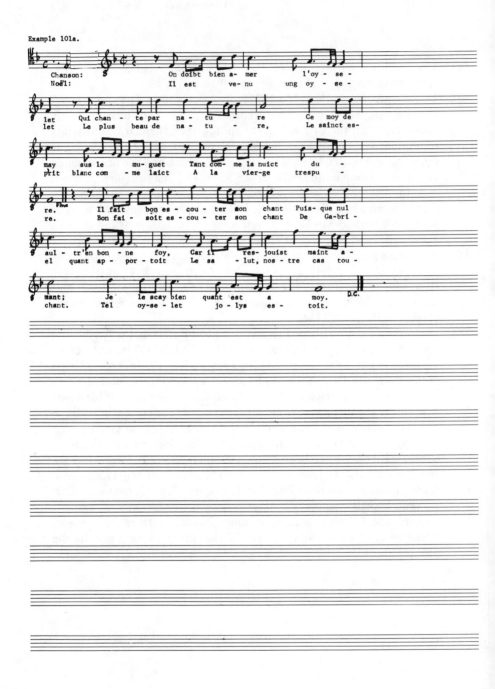

Chanson: On doibt bien a- mer   l'oy - se -
Noël: Il est ve- nu   ung oy - se -

let   Qui chan - te par na - tu - re   Ce moy de
let   Le plus beau de na - tu - re,   Le sainct es-

may sus le   mu- guet Tant com - me la nuict   du -
prit blanc com - me laict A la   vier- ge trespu -

re.   Fine Il fait bon es - cou - ter son chant Puis- que nul
re.   Bon fai - soit es - cou - ter son chant De Ga- bri -

aul - tr'en bon - ne foy, Car il res- jouist maint a -
el quant ap - por- toit Le sa - lut, nos - tre cas tou -

mant; Je le scay bien quant est a   moy. D.C.
chant. Tel oy- se - let jo - lys es - toit.

Example 101b.

Chanson: Il fait bon ay - mer l'oy - sel- let Qui
Noel: Il est ve - nu ung oy - se - let Le

Chanson: Il fait bon ay - mer l'oy -sel- let Qui

chan - te par na - tu - - re, Ce mois de
plus beau de na - tu - - re, Le sainct es -

chan - te par na - tu - - re Ce moys de

may com - me qui soit, Tant com - me la nuit
prit blanc com - me laict A la vier - ge tres-

may com - me qui soit, Tant com - me la nuict

du - - re. Il faict bon es - - cou - ter son
pu - re. Bon fai - soit es - - cou - ter son

du - - re. Il fait bon es - - cou - ter son

chant plus que nul aul - -tr'en bon - ne foy. Car
chant quant Ga - - bri - el quant ap - por - toit Le

chant Plus que nul aul - - - - tr'en bon - ne foy. Car

il res - jouist mainct a - - mant Je
sa - - lut, nos - - tre cas tou - chant. Tel

il res - jouist mainct a - - mant Je

le sçay bien quant est a moy.
oy - se - let jo - lys es - toit.

le sçay bien quant est a moy.

102. Sur le chant de Bastienne   (fol. 113)

Chantons tous: "Noel" dehait,
De cueur gay sans diffame.

Joseph si mena Marie
Sur son asne en Bethléem;
Pleine estoit du fruyct de vie.
Le bon Joseph le sceut bien.
Logis ne peurent trouver
A prester, sur mon ame.
  Chantons [tous: "Noel" dehait,
  De cueur gay sans diffame.]

En une estable commune
Sont mis pour passer la nuict,
On n'avoit coytte ne plume
Fors la terre pour leur lict.
Le doulx Jesus il fut né
Et posé empres l'asne.
  Chantons [tous: "Noel" dehait,
  De cueur gay sans diffame.]

L'ange, par divine essence,
Descendit aux pastoureaulx,
Et leur dit en peu d'instance:
"Soyez tous joyeulx et beaulx;
Or est le vray messias
En soulas d'une dame."
  Chantons [tous: "Noel" dehait,
  De cueur gay sans diffame.]

Colin, Guillot, et Grimbelle,
Perrot, Thibault, Briant,
Prenons nostre chalemelle
Et dançons joyeusement,
Avec Bietrix et Margot
Tous d'accord, et Jehanne.
  Chantons [tous: "Noel" dehait,
  De cueur gay sans diffame.]

Servons tous a chere lye   (fol. 113′)
L'enfant qui est nouveau né
De la benoiste Marie,
Comme Dieu l'a ordonné.
En Bethléem la cité

Fut trouvé, sans nul blasme.
    Chantons [tous: "Noel" dehait,
    De cueur gay sans diffame.]

Les pasteurs donc s'en allerent
Pour veoir le petit aigneau.
En la creche le trouverent
Entre l'asne et le veau,
Sans l'ange et sans drappeau,
Sans berseau, sur mon ame.
    Chantons [tous: "Noel" dehait,
    De cueur gay sans diffame.]

Rogier luy donna du beurre
Plain ung petit coffineau,
Et Huguelin tout en l'heure
Luy donna son grant cousteau;
Ilz n'avoyent aultre joyau.
Chanton: "Nau" tous ensemble.
    Chantons [tous: "Noel" dehait,
    De cueur gay sans diffame.]

Si vendrent faire hommaige
Et apporter leur present
Trois roys de noble parage
Desparties d'orient.
Luy donnent or, et encens
Qui bon sent, et du basme.
    Chantons [tous: "Noel" dehait,
    De cueur gay sans diffame.]

Il fist tresbeau mystere
Aux nopces d'Architriclin
Quant de tresbelle eaue clere
Il en fist de tresbon vin,   (fol. 114)
Donc le compaignie tasta
Et gousta mainte dragme.
    Chantons [tous: "Noel" dehait,
    De cueur gay sans diffame.]

Prions l'enfant et la mere
Qui doulcement l'alaicta,
Et pour nous avec luy traire
Cruelle mort endura,
Qu'en repos vueille bouter,
Et loger nostre paovre ame.

> Chantons [tous: "Noel" dehait,
> De cueur gay sans diffame.]
> Amen.   Noel.

Additional sources for this text:

S1. [Lotrian], *Les Grans nouelz,* fol. 140.
S2. [*Noelz nouveaulx*] (Cat. no. 51), fol. 111.
S3. Jehan Bonfons, *Les Grans noelz,* fol. 113.
S4. Hubert MS (Paris MS 1895), fol. 49′, gives the noël text without a timbre.

Other parodies:

P1. Le Moigne, *Noelz nouveau,* fol. N3, has the timbre, "Bastienne, vostre mary" for the noël text, "Mes ou s'en est allé nau, / Nau, nau, nollet nau." The same text and timbre are in Hernault, *Le Recueil,* fol. B6. A late MS source, Paris Rés. 884, pp. 45-46, has the same text, "Mais ou s'en est allé Nau," without timbre, but with a notated monophonic melody.

Related chanson texts:

C1. An anonymous setting which is incomplete is in Scotto, RISM 1535-9, no. 11. Its text is similar to that of the setting cited below in (2). The minor variants, differences in single words, do not change the strophic design.
C2. An anonymous setting *a 3,* previously attributed to Janequin, is in Gardane, RISM 1541-19, fol. 52, no. 19. The text below is copied from the tenor, which has the clearest phrase structure of the three voices:

> Bastienne, Bastienne,
> Vous avez changé d'amis;
> Vous avez laissé Guillaume
> Pour prendre petit Denis.
> Vous avez laissé Guillaume
> Pour prendre petit Denis.
>> Il ne vous fringuera pas,
>> Pas, pas, pas, sur mon ame,
>> Bastienne,
>> Il ne vous fringuera pas,
>> Pas, pas, pas, Bastienne.

Although there are differences between the noël text and this chanson text, in practice the differences can be resolved primarily by repetition of lines, and by starting with the verse of the noël rather than the refrain. See the transcription below.

C3.   Cited as basse danse in Rabelais, *Le 5e livre,* chap. 32 *bis* (ed. Demerson, p. 927).

Musical settings:

M1.   The incomplete setting (alto and bass only) in Scotto, RISM 1535-9, no. 11, is the model for the setting below. (Further, see Bernstein, "Cantus firmus," p. 356).

M2.   The setting *a 3* cited in C2 accommodates the noël text. It is based on the same *cantus prius factus* as the setting in M1. Merritt and Lesure, in Jannequin, *Chansons polyphoniques,* Vol. VI, p. 182, state that the attribution to Janequin is false or doubtful. See ex. 102.

M3.   An anonymous setting *a 3* is in Munich MS 1516, no. 146, fol. 72. It is entitled "Bastian," and is otherwise without text (transcr. in Whisler, "Munich 1516," Vol. III, p. 378). This setting is musically unrelated to these cited above, and the lack of text makes the process of underlying the noël text questionable.

Example 102.

Example 102 (cont.)

Example 102 (cont.)

Example 102 (conclusion)

103. Sur Chasteau gaillard, Dieu te mauldye   (fol. 114)

[Adam.]

O faulx Sathan, Dieu te mauldye,
A tout jamais sans avoir fin;
Tu m'as faict, moy et ma complyce,
Pecher contre le roy divin.   Bis.

    Eve.

Adam, Adam, n'y pleurez mye,
Car j'ay ouy l'ange Gabriel
Disant aux pasteurs de Judée:
"Paix en la terre et gloire au ciel."   Bis.

    Adam.

J'ay ouy pastoureaulx, se me semble,
Qui chantoyent chantz moult doulcement,
Et si couroyent trestous ensemble
En la creiche veoir ung enfant.   Bis.

    Eve.

C'est celuy pour qui nostre offence,   (fol. 114′)
C'est d'une vierge, et sans tourment,
Nasqui pour tout humain lignaige,
Qui couroit tout a damnement.   Bis.

    Adam.

L'ung des pasteurs de sa houllete
Luy a faict present, qui est tresbel,
Et l'autre une pirouete
A donné a ce roy nouvel.   Bis.

    Eve.

Ilz ont trestous faict une dance
Et ont chanté joyeusement;
Ilz ont aussi faict une queste
Pour donner a ce bel enfant.   Bis.

    Adam.

Ung peu apres j'ay ouy ung ange
Qui alloit moult hastivement
A troys roys, et si leur commande
Qu'ilz viennent adorer l'enfant.   Bis.

    Eve.

Ilz y sont venuz par noblesse
En luy presentant des joyaulx.
L'ung luy a donné de la myrrhe,
L'autre de l'encens, et l'autre de l'or.   Bis.

    Adam.

J'ay veu ung roy, par felonnye,
Qui les a voulu mettre a mort.
Les innocens a faict destruyre,   (fol. 115)
Voulant tuer ce roy nouveau.   Bis.

    [Eve.]

Quant il a sceu ceste machine
De ce faulx meurtrier et tyrant,
En Egypte a prins la fuytte,
Ou en paix a esté sept ans.   Bis.

    Adam.

Long temps y a que les prophetes
Avoyent de luy prophetize
Qui viendroit cy en noz tenebres
Pour tous nous mettre a saulvement.   [Bis.]

    Eve.

Prenons donc tous joye et lyesse,
En remercyant humblement
Jesus, aussi sa doulce mere,
Par qui serons a saulvement.   Bis.

    Amen.   Noel.

Additional sources for this text:

S1.   Le Moigne, *Noelz nouveau,* fol. P1 (ed. in Pichon , p. 141).
S2.   [Noelz nouveaulx] (Cat. no. 51), fol. 113.
S3.   Jehan Bonfons, *Les Grans noelz,* fol. 115.

Related chanson texts:

C1.   This noël matches the strophic design of no. 26 of this source, "Noel
pour l'amour de Marie," to the timbre of "Faulce trahison." Thus all
related texts and music for that noël apply as well to this one.

**104. Aultre noel sur le chant Avez vous point veu mal assignée, Celle de quoy
on parle tant** (fol. 115)

Noel nouveau de ceste année,
Chantons, gentilz bergiers des champs,
Par musique bien ordonnée
En voix seraine et deschantz.
Car anges nous ont dit en chantz,
Nous denonçans
Que gloire si nous est donnée   (fol. 115′)
Par ung enfant que allons cherchans,
Dont fault que nous soyons marchans
En Bethléem ceste journée.

Troussons sacqueletz et malettes,
Fleuttes, flajolz, et chalumeaulx,
Pannetieres, coffins, hollettes;
Et marchons avec noz aigneaulx
Et tous noz instrumens nouveaulx
Jolys et beaulx,
Accordans, disans chansonnettes,
Le mercyant de cueurs loyaulx,
Nous offrant ces paovres vassaulx:
Chantons: "Noel" en chansons nettes.

Offrons luy nos corneumusettes,
Et de moutons les troupeaulx,
Aigneaulx, brebis, et brebisettes,
Chievres, cabris et capriaulx;
Et dessus ces beaulx vers preaulx
Faisons les saultz
Avecques ces gays bergerettes
Qui font de fleurettes chapeaulx,
Si disons ballades et rondeaulx:
Chantons: "Noel" en chansons nettes.

Chanton: "Noel," nature humaine,
De nouveau tant gentellet,
Et de la vierge souveraine,
Qui l'a alaicté de son laict,   (fol. 116)
Car venu est comme aignelet,
Doulx popinet,
Descendre en ce mortel demaine.
Pour gouster le jus verdelet

Que Adam, pour ung cas vil et layt,
Debvoit boyre, et porter le peine.

Prions luy par sa saincte grace,
De cueur devot, gay et joyeulx,
Que mercy et pardon nous face
De noz pechez tant vicieulx,
Et que misericordieulx
Et curieulx
Il soyt de nous donner la place
En son paradis glorieulx,
Affin que ung noel gracieulx
Puissons chanter devant sa face.
        Amen. Noel.

Additional sources for this text:

S1.   [*Noelz nouveaulx*] (Cat. no. 51), fol. 114.
S2.   Jehan Bonfons, *Les Grans noelz,* fol. 115.

Related chanson texts:

C1.   A setting *a 4* by Susato in Susato, RISM 1544-12, fol. 13′, has a ten-line
        poem that matches the noël:

        N'avez point veu mal assenée
        Celle de quoy on parle tant?
        Ma mere l'avoit envoyée
        Garder les brebisettes au champ.
        Et son amy qui va devant,
        Luy demandant:
        "Serrez vous mon assotée?"
        "Nennin," dict elle, "Mon amy,
        Je n'oseroye en bonne foy,
        Mais fringue moy sur la rousée."

C2.   Richafort's setting *a 3* in Antico, RISM 1536-1, fol. 17, has the same text
        as Susato, except for minor variants.

Musical settings:

M1.   Susato's setting cited in C1 accommodates the noël text. See ex. 104a.
M2.   Richafort's setting cited in C2 also accommodates the noël text. The
        setting is also in: Formschneider, RISM 1538-9, no. 17, fol. 11,

anonymous and untexted except for incipits; Petreius, RISM 1541-2, fol. 67, attributed to Richafort and fully texted; Le Roy and Ballard, RISM 1553-22, fol. 26', attributed to Gardane; Berg, RISM [1560]-1, no. 27 (ed. in Kabis, Vol. II, pp. 515-17); Le Roy and Ballard, RISM 1578-14, fol. 22'. For further sources for Richafort's setting, as well as other settings, see Bernstein, *"La Courone et fleur,"* 67. Ex. 104b.

M3.   Le Brun's setting *a 5* in Le Roy and Ballard, RISM 1572-2 fol. 41', and in Bologna MS Q 26, no. [18], is based on the same *cantus prius factus* as the settings in M1 and M2.

Example 104a (cont.)

Example 104a (conclusion)

Example 104b.

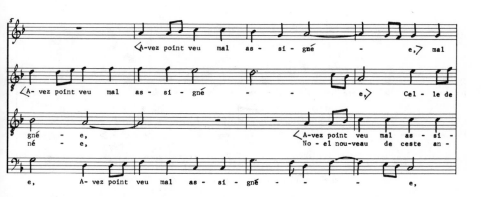

Example 104b (cont.)

Example 104b (cont.)

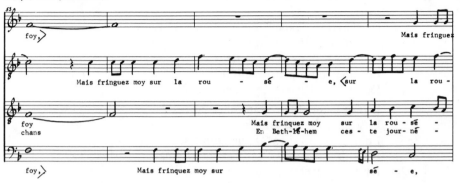

105. La brebis morel porte laine noyre   (fol. 116)

Or chantons: "Noel" tous en bonne estraine
De l'enfant qui est nay de la vierge royne,
Qui en ses flans porta la fleur souveraine,
Fut pour rachepter nature humaine
Des peines d'enfer; Or chantons: "Noel."

L'ange Gabriel par grant obeissance,
Descendit du ciel sans faire distance,
Pour dire a Marie: "Dame de plaisance,
Ung filz concepvras, car c'est l'ordonnance   (fol. 116')
Du roy souveraine!" Or chantons: "Noel."

La vierge plaisante fut toute paoureuse
Quant elle entendit la voix glorieuse,
Et luy respondit: "Depuis ma naissance
D'homme qui fut nay je n'euz congnoissance,
Et jamais n'auray." Or chantons: "Noel."

Et quant Joseph veit Marie enceincte:
"Se n'ay je pas faict," dit en sa complaincte.
Les anges congneurent sa paovre ignorance.
Le paovre Josephe print en patience;
Tousjours Dieu prioit; Or chantons: "Noel."

Or s'en va Joseph et Marie ensemble
Droict en Bethléem; c'est pour logis prendre;
La vierge enfanta dedans une grange,
Ou le doulx Jesus voulut entreprendre
Sa nativité; Or chantons: "Noel."

Les trois nobles roys, tous d'une alliance,
Vont querant le roy a grant diligence;
L'estoille du ciel leur fist demonstrance;
Les roys l'ont trouvé et a grant reverence
Si l'ont adoré; Or chantons: "Noel."

Or, prions le roy et sa doulce mere
Qu'il nous doint s'amour et povoir acquerre
Trestous paradis et sa benoiste gloire,
Affin que puissons trestous debonnaire
Ensemble chanter; Or chantons: "Noel."

Amen.   Noel.

Additional sources for this text:

S1. Ashburnham MS 116, fols. 35'-37, has three noëls, of which this is one. The text is close to the one above, having only minor variants. It has the same timbre (pr. in Aebischer, pp. 365-66).

S2. [Mareschal et Chaussard], *Les Nouelz,* no. 7 (partial ed. in Vaganay, p. 13; complete unedited edition in *Le Spectateur Catholique,* Vol. IV (1898), p. 130.

S3. [Vve. Trepperel?], *Les Grans noelz,* fol. 9.

S4. Arnoullet, *Noelz nouveaulx nouvellement faitz,* no. 7, fol. B1.

S5. [Lotrian], *Les Grans nouelz,* fol. 8'.

S6. [*Noelz nouveaulx*] (Cat. no. 51), fol. 115.

S7. Jehan Bonfons, *Les Grans noelz,* fol. 116.

S8. De Tournes, *Noelz vieux et nouveaux,* p. 34.

S9. Hernault, *Le Recueil,* fol. C4'.

S10. Vilgontier MS (Paris MS 14983), fol. 28.

Musical setting:

M1. A musical setting of the noël text appeared without timbre indication in the late MS collection of noëls, Paris Rés. 884, pp. 191-92. See ex. 105.

Example 105.

Or chan - tons "No - el"

Tous en bonne es - trai - ne, D'un en - fant qui

est né D'u - ne vier-ge rei - ne,

Qui en ses flancs por - ta La fleur sou - ve-

rai - ne. C'est pour ra - che - ter

na - tu-re hu - mai - ne De por - tes d'en -

fer Or chan - tons: "No - el."

106. Bruyez, bruyez, grosses bombardes   (fol. 117)

Su bout, su bout, qu'on se resveille
Pour l'honneur de Noel qui vient;
Ne dormons, faisons la veille,
Et chantons, car il le convient.
Toutes le foys qu'il nous souvient
Que Dieu revient, chanton grant erre.
A luy seul louenge appartient
Pour paix acquerre.

Chantons doncques de corps et d'ames,
Grans et petiz, au filz de Dieu
Et a sa mere, nostre dame,
Qui enfanta de cueur pieu,
En Bethléem en paovre lieu,
De nuyct sans feu a plaine terre,
Aupres ung asne et ung beuf,
Pour paix acquerre.

Pour reparer le mors de pomme
Voulut prendre incarnation
Et soy faire vray Dieu et homme,
Et vierge sans corruption,
Puis souffrir mort et passion
Le doulx Syon en tresgrant serre
Par judaycque nation,
Pour paix acquerre.

Par sus tous les vaillans gens d'armes
De son corps il a faict escu,   (fol. 117′)
Ou sont painctes ses rouges armes,
Monstrans que le diable a vaincu.
En une croix il fut pendu.
Le doulx Jesus pour toy, pecherre,
Et es enfers est descendu,
Pour paix acquerre.

Lucifier et sa grant puissance
Fut destruyct par sa saincte mort.
Sa couronne, croix, cloux, lance,
Les cueurs des bons chrestiens mort,
Quant conscience les remort
Du grant effort a cruelle guerre
Que pour nous a endura a tort,
Pour paix acquerre.

Enfans d'Adam qui par baptesme
Avez esté regenerez,
Et enoyngtz du sainct huylle et cresme,
Le doulx Jesuchrist reclamez.
Et en sa grace demourez,
Et vous pourrez les cieulx conquerre,
Ou avecques luy vous serez,
Pour paix acquerre.

    Amen.   Noel.

Additional sources for this text:

S1. [Mareschal et Chaussard], *Les Nouelz,* no. 6 (partial ed. in Vaganay, p. 13; complete but unedited in *Le Spectateur Catholique,* Vol. IV (1898), p. 129).

S2. [Vve. Trepperel?], *Les Grans noelz,* fol. 67.

S3. Arnoullet, *Noelz nouveaux nouvellement faitz,* no. 16.

S4. [Lotrian], *Les Grans nouelz,* fol. 60'.

S5. Jehan Bonfons, *Les Grans noelz,* fol. 117.

S6. [*Noelz nouveaulx*] (Cat. no. 51), fol. 116.

107. Sur En douleur et tristesse languiray je   (fol. 117′)

Chantons en grant noblesse
Pour l'honneur de Jesus
Qui est né en lyesse,
Dont ennemys sont confus.   (fol. 118)
Ilz en ont grant envye,
Mais le doulx Jesuchrist
Nous gardera la vie
Et de faulx antechrist.

Helas, quant voulut naistre
En Bethléem la cité,
Bien tost se fist congnoistre
Par tresgrant amytié.
Aux pasteurs, sans demourée,
L'ange vint annoncer
Qui venissent a l'heure
L'adorer sans cesser.

Incontinent s'en vindrent,
Chantant joyeusement,
Et a chemin se misrent.
Venans hastivement.
Et laisserent leurs bestes
Aux champs sans nul pasteur,
Pour faire a Dieu la feste
Comme vray redempteur.

Quant arrivez ilz furent
En la noble citez,
Si privez ilz se tindrent
Et si bien invitez,
Qu'ilz se misrent en voye
Pour adorer leur Dieu,   (fol. 118′)
Se jectans tous a terre,
En ung bien paovre lieu.

Puis treize jours apres
Que Marie eust enfanté,
De loing, non pas de pres,
Vint grant solempnité
De trois roys bien estranges,
Qui vindrent jour et nuyct,
Sans sejourner en granges,
Ne croucher en nul lict.

Une clarté luysante
Leur monstroit le chemin,
Qui estoit apparente,
Gracieuse et divin,
En leur monstrant la voye
La ou ilz debvoyent venir
Adorer en grant joye
Le saulvent Jesuchrist.

En lieu moult miserable
Trouverent l'enfançon,
En une paovre estable,
O le beuf et l'asnon.
Et la luy presenterent
Des dons a grant foyson:
Myrrhe et or luy donnerent,
Et encens qui sent bon.

Prions le filz Marie   (fol. 119)
Qu'il vueille recepvoir,
Quant nous perdrons la vie,
Nostre ame en son manoir.
Tous noz pechez pardonne,
Et nous vueille octroyer
De son pays la couronne,
Sans jamais nous l'oster.

    Amen.   Noel.

Additional sources for this text:

S1. [Vve. Trepperel?], *Les Grans noelz,* fol. 113.
S2. *Les Ditez des noelz nouveaulx,* fol. A1'.
S3. [Lotrian], *Les Grans nouelz,* fol. 102.
S4. [*Noelz nouveaulx*] (Cat. no. 51), fol. 117.
S5. Jehan Bonfons, *Les Grans noelz,* Paris, n.d., fol. 117'.
S6. Vilgontier MS (Paris MS 14983), fol. 59'.

Other parodies:

P1. [Livre de noëls] (Paris MS 2368), fol. 70', gives the timbre, "En deul et
     tristesse," for the noël, "Le roy de noblesse."
P2. *Recueil de plusieurs chansons spirituelles,* 1555, p. 154, cites the same
     timbre for the Protestant chanson, "En soulas et liesse, Je finiray mes
     jours."

P3. *Chansons spirituelles,* 1569, p. 378, has the timbre, "Languiray je plus gueres," for the Protestant chanson, "En douleur et tristesse."

Related chanson text:

C1. The text given in Paris MS 12744, no. 91 fol. 61 (pr. in Paris and Gevaert, p. 50), matches the noël text:

En douleur et tristesse
Languiray je tousjours,
Si je pers ma maistresse,
Ma dame par amours.
M'amour luy ay donnée,
Jamés ne l'oubliray.
En parle qui qu'en groigne,
Tousjours la serviray.

Two more strophes follow.

C2. Listed in Brown, "Catalogue," no. 94.

Musical settings:

M1. The monophonic setting is cited in C1 above, in Paris MS 12744, no. 91. See ex. 107.

M2. An anonymous setting *a 4* in Brussels MS 11239, fol. 29' (ed. in Picker, *Chanson albums,* pp. 458-60; Brown, *Theatrical Chansons,* pp. 51-53) has a version based on a variant of the monophonic melody in Paris MS 12744, cited above.

M3. A setting *a 5* by Noel Bauldewyn in Vienna MS 18746, fol. 11', and in Susato, RISM 1545-14, fol. 6 (modern eds. in Lenaerts, *Mon. Mus. Belg.,* Vol. IX, pp. 76-77; in Brown, *Theatrical Chansons,* pp. 55-58). A monophonic melody printed in Gérold, *Chansons populaires,* p. 11, is based on the Bauldewyn version of the tune, which is a variant of the monophonic tune in Paris MS 12744. This melody also appears in Honegger, Vol. I, p. 16, with the Protestant text, "En soulas et liesse."

M4. A setting *a 6* by Willaert in Le Roy and Ballard, RISM 1572-2, fol. 55, and in *Misse in Musica* (Paris Rés. 581), p. 500, is musically unrelated to the versions cited above.

M5. Additional settings are in Brown, "Catalogue," no. 94.

Example 107.

Chanson: En dou - leur et tris - tes
Noël: Chan - tons en grant no - bles

se Lan - gui - ray tous -
se Pour l'hon- neur de Je -

jours. Se je pers ma mais - tres
sus Qui est ne en ly - es

se, Ma da - me par a -
se. Dont en - ne - mis sont con -

mours. M'a - mour luy est don - ne -
fus. Ilz en ont grant en - vy -

e, Ja - mais ne l'ou - bli -
e, Mais le doulx Je - sus -

ray En par - le qui qu'en groi - gne
christ Nous gar - de - ra la vi - e,

Tous - jours la ser - vi - ray.
Et de faulx an - ti - christ.

108. [Trenassez, vous trenassez]   (fol. 119)

Trenassez, vous trenassez,
Cappons remply de navery,
Ridallez vous par le lict
Quant on fault chanter:
"Naulet, n[aulet], n[au]."

Je ne sçay, moy, qu'ou peult estre
Ou l'y a loup ou regnart.
Jamais ne vy tau biessextre;
Ilz huchant de toutes pars;
A Poytiers ou a Tonars
Et a la couppe clamers,
Depuis le sainct bonet
Jusques au chesne corbet,
       Trenassez, etc.

Jauaulx de la chessoualle
Font ung merveilleux ravau.
Ilz auront quisse ou elle,
S'ilz rencontrent le chaufau.   (fol. 119')
Y partirent bien, mon bault,
Par tres la gille breuiere
Ou l'est le chemin tout vrel
Pour aller en Nazareth.
       Trenassez, etc.

Nous agronasmes ensemble
En la ville de Cosay,
Janot me dist: "Qu'on t'en semble?
Par ma frere, je nou sçay.
Seroit bien quo que Pernet
Jamais ne vy tou lumiere.
Leve ung poy son baquenet;
Tu verras jousque acholet."
       Trenassez, etc.

Dy qu'on avoys grant vesarde;
Ne sçavoys quant part tourner.
De tous quartiers je regarde;
J'ogu ung oyseau chanter;
Hé de quou nous fist ester,
Quant on dist: "Endure, endure."
Venez au roy nouvelet,

Qui est nasqui cest net.
    Trenassez, etc.

Quant j'ouysmes la nouvelle,
De Saiche si tout alla.
Chascun print sa challemye,
Frise lyron, lyron, lyra.   (fol. 120)
Quant le trepeau se brenla
L'on l'ouyt de la blouere.
C'estoit a qui mieulx dirol:
"Naulet, naulet, naulet, nau."
    Trenassez, etc.

Ou ne sceu rien congnoistre
Et grons nigualt de petou.
Ol estot tresmechalorte;
Ainsi fonde comme ung loup.
Le truault estot si sou,
Qu'on gromplot de l'erbere,
Ou lesse au gibet,
Car le ventre luy tiroit.
    Trenassez, etc.

Quant ou fusmes au villaige
Ou estoit le petit roy
Nous trouvasmes beau mesnaige,
Joseph faisoit l'apparay;
Je m'a persvin au chappay
Vy l'enfant sur la letere,
Si beau, si doulx, et si douillet.
Helas, ou trembloit de fret.
    Trenassez, etc.

La doulce vierge Marie
L'alettot si doulcement.
Marme o l'estot bien marrye
De le voirs si povrement.
Le beuf s'inclinot davant,   (fol. 120')
Et laissa sa mengouere,
Et le povre baudet
Devant l'enfant se voytrois.
    Trenassez, etc.

La nettée fut merveilleuse,
Veu la saison qu'ou lettot.
Le rosier porta la rose
Et le bouton vermeillot.
Yne fontaine rendot

L'huylle jusques a la riviere,
Et le temple machonnet
Chut a plat, y colle net.
    Trenassez, etc.

Joseph nous donna a boyre
De bon petit vin nouveau.
Je luy donnay yne poire
Et yene boudin de pourceau.
Je baille mon challemeau
Au petit, qui me fist chere,
O entre nous se gazillot
Comme si nous congnoissot.
    Trenassez, etc.

Quant veismes qu'on luy hette,
Nous primes a chanter,
A dire la musette,   (fol. 121)
A dancer et chanter,
Tant qu'on ay caudecasse,
Ma pibolle ou chevroye.
Tretout le troppeau y repest
Au son d'yn tabourinet.
    Trenassez, etc.

Y trincasmes a nettée,
Et danssimes au Sabat,
D'yquou au vollée d'affie
Ou faisoit beau voirs l'esbat
Mais ou ly eut grant debat
A departir la miliere
Chascun en print son gobet
Jamais n'y vy tau banquet.
    Trenassez, etc.

Noquette ne fut pas vaisne,
Ou si porta hugrement
Ou donna yne disaine
De chataignes a l'enfant,
Ou la peau ainsi blanc
Comme yne irée gronere,   '
Par dessus son beau droguet
Fringue de jaulne et de vert.
    Trenassez, etc.

A dist plus d'yne vingtaine   (fol. 121')
De chansons au pré passé
O petit compons comme yn moyne

Tout estoit empulenté.
Ou ly eur bien ricasse
Quant ou vroulla sa corniere
Layssez passez yn gros pet
Pour dancer au chapelet.
          Trenassez, etc.

Dicou ne fist pas grant compte
Ou tyra a tousjours avant;
Je luy cuyde faire honte
O len fist encoire autant;
Vessisot si asprement
O len brulla sa cropere;
A che cou pas quou faysot
Le ort chantre respondot.
          Finis.

Additional sources for this text:

S1.   Le Moigne, *Noelz nouveau,* fol. P2 (ed. in Pichon, pp. 144ff.).
S2.   Jehan Bonfons, *Les Grans noelz,* fol. 119.

109. Mauldit soit le petit chien   (fol. 121′)

> Mauldit soy le maulvais chien
> Qui abaye, abaye, abaye
> L'ame de chascun chrestien.

Ce maulvais chien cerberique,
Aux parens originaulx,
Bailla la pomme intoxique,
Dont ilz eurent plusieurs maulx,
Car Adam le sentit bien.
> Mauldit soit [le maulvais chien
> Qui abaye, abaye, abaye
> L'ame de chascun chrestien.]

Par orgueil dyabolique,
Lucifer et ses vassaux,   (fol. 122)
De la place aquilonique,
Vindrent aux lieux infernaulx;
C'est leur centre terrien.
> Mauldit soit [le maulvais chien
> Qui abaye, abaye, abaye
> L'ame de chascun chrestien.]

Jesus, verbe deifique,
Pour reparer noz deffaulx,
En une vierge pudique
Fist ses beaulx pallays royaux;
Ce fut pour nostre tres-grant bien.
> Mauldit soit [le maulvais chien
> Qui abaye, abaye, abaye
> L'ame de chascun chrestien.]

L'ange, en doulx chant armonique,
Aux pasteurs a revellé.
Allez, dansant la morisque,
Plus n'y ait dissimulé,
Jusques dedans Bethléem.
> Mauldit soit [le maulvais chien
> Qui abaye, abaye, abaye
> L'ame de chascun chrestien.]

Troys roys a la mode antique
Presenterent troys jouaulx
De richesse manifique,

Tant excellens et tant beaulx
Com ne sçait dire combien.
    Mauldit soit [le maulvais chien
    Qui abaye, abaye, abaye
    L'ame de chascun chrestien.]

Herodes, roy tyrannique,
Fist occir les jouvenceaux.
Lesdictz roys, par voye unique
Reprindrent aultres bateaulx;   (fol. 122′)
Donc Herodes ne sceut rien.
    Mauldit soit [le maulvais chien
    Qui abaye, abaye, abaye
    L'ame de chascun chrestien.]

La vigne vers Arabie
Porta fleur et fruictz nouveaulx.
Du grant temple magnifique
Cheurent pierres et carreaulx
Contre le rommain maintien.
    Mauldit soit [le maulvais chien
    Qui abaye, abaye, abaye
    L'ame de chascun chrestien.]

Pour peste venenosique,
Qui nous faict tant de travaulx,
Prions Sainct Roch en publique,
Car c'est l'ung des principaulx,
Avec Sainct Sebastien. Amen.
    Mauldit soit [le maulvais chien
    Qui abaye, abaye, abaye
    L'ame de chascun chrestien.]

Additional sources for this text:

S1.   [*Noelz nouveaulx*] (Cat no. 51), fol. 118.
S2.   Jehan Bonfons, *Les Grans noelz,* fol. 121′.
S3.   Vilgontier MS (Paris MS 14983), fol. 82′.

Other parodies:

P1.   *S'Ensuyvent plusieurs beaulx noelz* (Cat. no. 66), fol. B3′, has the same timbre for the noel text, "Mauldit soit le petit chien / Et Dieu soit loué du bien."
S2.   *Les Noelz notez,* fol. A4, has the same timbre and noël as P1.

P3.   *Chansons nouvelles en lengaiges provensal,* fol. A2 (ed. in *Les Chansons du Carrateyron,* Nice, 1873, ed. by Huguette Albnernhe-Ruel and Philippe Gardy, p. 19) gives the monophonic melody with a Provençal text. See also ex. 109.

> Maudit sio tant de ratun
> Que tant roygon, roygon, roygon,
> Que tant roygon, roygon lo commun.

> En Provenso ha uno villo
> Ques pleno de tant de bens
> Tout lo monde y habito
> Bonos et malvaysos gens
> Tous les jours en ven caucun.
> > Maudit sio tant de ratun, etc.

P4.   Beaulieu, *Chrestienne resjouyssance,* p. 66, has the same timbre for the Protestant text, "Mauldit soit le faulx crestien."

P5.   Marguerite de Navarre, *Les Marguerites,* Book 3 of the 1547 edition (ed. by Felix Frank, 1873; this ed. in turn repr. in facs. by Slatkine, 1970, p. 171 of the facsimile ed.):

> Mauldit soit le cruel chien
> Qui abbaye, abbaye, abbaye,
> Et si n'ha povoir de rien!

> En son passetemps et sa joye
> C'est de nous venir tenter,
> Et que Dieu se fourvoye
> Par desespoir tourmenter,
> S'il le tient en son lien:
> > Mauldit soit le cruel chien! etc.

Seven more strophes follow.

Related chanson text:

C1.   *Les Chansons nouvelles,* no. 6 (= Jeffery's *90(b);* ed. in Jeffery, Vol. I, pp. 109-10) provides the matching secular text:

> Mauldit soit le petit chien
> Qui aboye aboye, aboye,
> Qui aboye et ne voit rien!

> Pleust à la Vierge Marie
> Et à son doulx filz Jesus
> Que ces jaloux plains d'envye

Fussent au gibet pendus,
Et nous ne perderions rien.

Mauldit soit le petit chien, etc.

There are five additional strophes. Below is strophe 4, which is the text
for a setting cited in M2:

Je m'en allay voir m'amye
Ung jour qu'elle my manda.
Quand je fus hault en sa chambre,
Ung petit chien m'aboya,
Et Monsieur l'entendit bien!

Mauldit soit le petit chien, etc.

Five additional strophes follow.

C2.   Listed in Brown, "Catalogue," no. 207.

Musical settings:

M1.   The monophonic melody in *Chanson nouvelles en langaiges provensal,*
cited in P3 above accommodates the noël text. See ex. 109.

M2.   A slightly varied version of this melody appears in the tenor of the
anonymous chanson *a 3* in Florence XIX.117, no. 5, fols. 4'-5 (transcr.in
Brown, *Theatrical Chansons,* pp. 111-12). The text, in the tenor only
begins, "Je m'en allay veoir m'amye," and is a slightly varied version of
Verse 4 of the chanson cited above.

M3.   A fragment of the melody is in Fresneau, "Fricassée," *a 4* in Moderne,
RISM 1538-17, fol. 2, superius, with the text, "Maudit soit le petit
chien."

Example 109. Canson novello dau carrateyron: sus le cant de Maudissio
le petit chien.

Chanson: Mau- dit sio tant de ra-
Noël: Maul - dit soit le maul - - vais

tun Que tant roy- gon, roy- gon, roy- gon,
chien Qui a - baye, a - baye, a - bay - e

Que tant roy- gon lo com- mun. Fin.
l'a - me de chas - cun chres- - tien.

En Pro- ven- so ha u- no vil- lo Ques ple- no de
Ce maul - vais chien cer - be - ri - que, Aux pa - rens e -

tant de bens, Tout lo mon- de
ri - gi - naulx, Bail - la le pomme

y ha- bi- to Bo- nos et mal- vay- sos gens.
in - to - xi- que, Dont ilz eu - rent plu - sieurs maulx,

Tous les jours en ven - cau- cun. D.C.
Car A - dam le sen - - tit bien.

110. Sur le chant de Mon cueur jolyet fringue sur la roze(fol. 122′)

> Mon cueur jolyet fringue sur la feste,
> Mon cueur jolyet fringue sur nolet.

Pleust a Dieu qu'il m'eust
Cousté mon jaquette
Que Adam point heu n'eust
La langue friquette.
Chascun de nous fust
La haulte en l'ombrette,
La ou Adam estoit:
Au lieu joliet,
> Mon cueur joliet fringue sur la feste,   (fol. 123)
> [Mon cueur jolyet fringue sur nolet.]

Je eusse faict portez
Ma belle musette
Pour faire triquez
Perruche et Noguette.
J'eussions beau fringuez
La sus l'herbette,
Au son jolyet
Du rossignolet,
> Mon cueur jolyet [fringue sur la feste,
> Mon cueur jolyet fringue sur nolet.]

Mais quant l'on m'a dit:
"La follie est faicte,"
Par beau fin despit,
Rompy mon houlette.
Adam s'abusit
D'ugne sotinelle
Pavi tant qu'elle avoit:
Le cueur joliet.
> Mon cueur [jolyet fringue sur la feste,
> Mon cueur jolyet fringue sur nolet.]

Mais j'ay entendu
Que la paix estoit faicte
Et qu'il est venu
Ung nouveau prophete,
Qui est descendu
En la pucellette,
Ou sainct jardinet:
Du cueur joliet.

[Mon cueur joliet fringue sur la feste,
Mon cueur joliet fringue sur nolet.]

Tout incontinent
Je prins ma chevrete;   (fol. 123′)
M'en allé, disant
Une chansonette.
J'aloys gringollant
Par soubz la couldrette,
Et chantoys: "Naulet,"
Du cueur jolyet.
     Mon cueur jolyet fringue sur la feste,
     [Mon cueur joliet fingue sur nolet.]

Quant les pastoureaulx
Ont sceu la sornette,
Laisserent aigneaulx,
Moutons, brebiettes,
Et a grans troupeaulx
Vindrent a la feste.
Chascun gringollet:
Du cueur joliet,
     Mon cueur joliet fringue sur la feste,
     [Mon cueur joliet fringue sur nolet.]

J'entrasmes trestous
En my la logette.
Le petit seignoz
Dort en la crachette.
Avant qu'il fust joz,
Il voulgut la teste.
Marie l'alette
De cueur jolyet.
     Mon cueur joliet fringue sur la feste,   (fol. 124)
     [Mon cueur joliet fringue sur nolet.]

Robin s'avisa
De luy faire offerte,
Rigault luy donna
Ung poy de bienfaicte,
Frigollet bailla
Une pirouette:
Chascun luy donnet
De cueur joliet.
     Mon cueur joliet fringue sur la feste,
     [Mon cueur joliet fringue sur nolet.]

Voicy arrivez
Perruche et Lorette,
Qui vouloyent dancez
Par sus la cornette,
Je leur fis sonner
Une bergerette
A beau flajollet
De cueur joliet.
 Mon cueur joliet fringue sur la feste,
 [Mon cueur joliet fringue sur nolet.]

J'avise Joseph
Darré la couchette
Que pleumoit ung oeuf
Pardé de poulette
Si fy je le beuf,
Que baissoit la teste;
Mais l'asne rioit
Du cueur joliet.
 Mon cueur joliet fringue sur la feste, (fol. 124′)
 [Mon cueur joliet fringue sur nolet.]

Avant au'eussion faict,
J'ouy l'alouette,
Qui se gazillet
Dessus l'espinette.
J'appelle Triguet,
Cloquet et Frazette,
Car le jour poignoit
Cler et joliet.
 Mon cueur joliet [fringue sur la feste,
 Mon cueur joliet fringue sur nolet.]

Nous prismes trestous
Congié de ralatte.
Chascun par honoz
Ousta sa barrette.
Trousse mes sabotz
A ma saincturette,
Claque du jaret
De cueur joliet.
 Mon cueur joliet [fringue sur la feste,
 Mon cueur joliet fringue sur nolet.]

Prions sans sejoz
La vierge doulcette

Quel tiengne en bandoz
Vallet et fillette,
Qui par bonne amoz
Chanterent yquatte,
En disant: "Naulet"
Du cueur joliet.
    Mon cueur joliet fringue [sur la feste,
    Mon cueur joliet fringue sur nolet.]
        Amen.   Noel.

Additional sources for this text:

S1. Le Moigne, *Noelz nouveau,* fol. C4', gives the timbre, "Monsieur Joliet
fringue sur la roze" for the same noël text (repr. in Pichon, p. 32).
S2. [*Noelz nouveaulx*] (Cat. no. 51), fol. 119.
S3. Jehan Bonfons, *Les Grans noelz,* fol. 122'.

Related chanson text:

C1. [Lotrian], *S'Ensuyvent plusieurs belles chansons,* 1535, fol. 22, no. 41 (=
Jeffery's *1535;* also in *1537, 1538,* and *1543;* ed. in Jeffery, Vol. II, pp.
188-89):

    Fringuez, moynes, fringuez: Dieu vous fera pardon,
    Et tousjours maintenez vostre religion.

Il estoit ung gris moyne
Qui revenoit de Romme,
En son chemin rencontre
Une si belle nonne.
Trois foye il l'a fringuée
A l'ombre d'ung buisson,
Et puis la ramenée
En sa religion.
    Fringuez, moynes, fringuez: Dieu vous fera pardon,
    Et tousjours maintenez vostre religion.

The syllable count is not the same for the chanson as for the noël; there
may be a relationship even though this chanson cannot have been the
model for the noël.

111. **Aultre noel sur la chanson de La belle chamberiere**(fol. 125)

La belle chamberiere
Du hault roy souverain
A respondu a l'ange
Du filz Dieu primerain: Noel.
    "Je suis sa paovre ancelle,
    Vierge estant pucelle,
    Soit soir ou matin."

A ces sainctes parolles
Le filz de Dieu certain
Est descendu en elle;
Le cas n'est incertain. Noel.
    Oncq ne veis chose telle:
    L'essence immortelle
    Print lignaige humain.

La vierge par honneur,
Ayant le cueur enclin
Au sainct fruyct de son ventre,
Dont son corps estoit plain, Noel.
    Enfanta, je l'asseure,
    Et environ l'heure
    Du minuyct soubdain.

Les purs anges celestes
En firent beau retin
Et aux pasteurs champestres
Menans leur petit train, Noel.   (fol. 125′)
    Denoncerent la joye
    Et la paix en voye
    Faicte toute a plain.

Au jour qui fut treziesme,
Trois roys, j'en suis certain,
Vindrent veoir l'acouchée,
Et l'enfant pur et sain, Noel.
    Qui gisoit sur la paille,
    Sans grande vitaille,
    Dessur feurre ou foing.

Leurs beaulx tresors ouvrirent;
Or, myrrhe et encens,
Et presens luy en firent
Par don moult triumphant. Noel.

Et puis s'en retournerent;
Gueres ne tarderent,
L'ange les menant.

Prions la vierge pure
Qui fist l'enfantement
Que tout bien nous procure
Et en fin saulvement, Noel.
En chantant par grant cure,
Tant que ce temps dure,
De l'advenement.   Amen.

Additional sources for this text:

S1. [Sergent], *Noelz nouveaulx* (Cat. no. 43), fol. A3.
S2. [*Noelz nouveaulx*] (Cat. no. 51), fol. 121', gives "Belle chamberiere" as timbre in the table, and "Nostre chamberiere" as the timbre in the body of the text.
S3. Jehan Bonfons, *Les Grans noelz*, fol. 125.

Other parody:

P1. The refrain incipit, "Venez, venez, venez y toutes" is cited as timbre for the Protestant chanson, "Venez, venez, venez y toutes," in Beaulieu, *Chrestienne resjouyssance,* p. 148, and in *Le second recueil de chansons spirituelles,* 1555, p. 49.

Related chanson texts:

C1. [Lotrian], *S'Ensuyvent plusieurs belles chansons,* 1535, fol. 12 (= Jeffery's *1535;* also in *1543;* ed. in Jeffery, Vol. II, pp. 106-7):

La belle chamberiere
C'est levée au matin;
A prins trois boisseulx d'orge
Pour aller au moulin.   Bis.
Venez, venez, venez, y toutes,
Je vous feray mouldre
A nostre moulin.   Bis.

Several more strophes follow.
C2. Nourry, *S'Ensuyvent plusieurs belles chansons,* fol. E3 (= Jeffery's *Nourry;* also in *1535, 1537,* and *1543;* ed. in Jeffery, Vol. II, pp. 104-5; also in Weckerlin, *L'Ancienne chanson,* pp. 369-71):

> Nostre chamberiere
> Se lieve de matin;
> Elle a prins son sac d'orge
> Et s'en va au molin.
>> Venez, venez, venez, venez y toutes:
>> Nous vous ferons mouldre
>> A nostre meusnier.

Several more strophes follow.

C3. Sohier's setting *a 4* in Attaingnant, RISM 1534-13, fol. 5', has a text similar to those in C1 and C2.

C4. An anonymous setting *a 4* in Petrucci, *Odhecaton,* no. 32, fols. 34'-35 (ed. in Hewitt, *Odhecaton.* pp. 288-89) begins: "Nostre chamberiere si malade elle estois." This is a different poem. Further, see noël no. 65.

Musical setting:

M1. Sohier's setting cited in C3 accommodates the noël text. See ex. 111.

Example 111.

Example 111 (cont.)

Example 111 (cont.)

moul - dre   En   nos - tre   mou - lin.
cel - le,   Soit   soir   ou   ma - tin. "

moul - dre   En   nos - tre   mou - lin.

Et   l'on vous fe -ra moul - dre - En   nos - tre   mou - lin.

- nès y tou - tes,   Et l'on vous fe - ra moul.- dr'en nos - tre   mou - lin.

La   pre - mier qu'el - le trou - va,   Le mous - nier
A   ces   sainc - tes   pa - ro - les Le filz   de

Le   pre - mier qu'el - le trou - va   Le   mous - nier ren -

Le   pre - mier qu'el - le trou - va   Le

Le   pre - mier qu'el - le trou - va,   Le   mous - nier

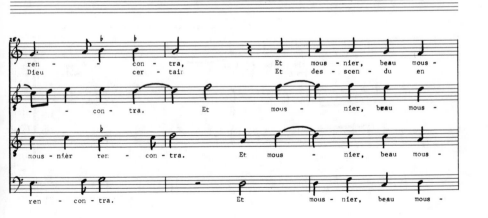

ren -   con - tra,   Et   mous - nier, beau mous -
Dieu   cer - tain   Et   des - scen - du   en

- con - tra.   Et   mous - nier, beau mous -

mous - nier ren - con - tra.   Et   mous - nier, beau mous -

ren - con - tra.   Et   mous - nier, beau mous -

Example 111 (conclusion).

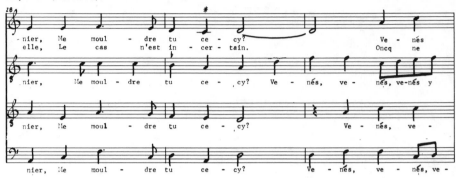

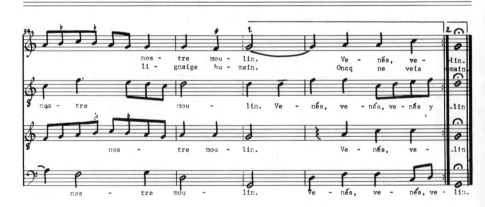

112. Aultre noel sur Allegez moy doulce plaisant brunette   (fol. 125′)

"Noel" d'ung accord chantons,   (fol. 126)
De la nativité
De Jesuchrist et en joyeuseté.
Levons noz cueurs et nous resjouyssons
Par grant solempnité.

Isaye, Abacuth, Hieremye
Long temps avoyent escript
D'une vierge plaine du Sainct Esperit
Le filz de Dieu naistra, n'en doubtez mye,
Pour nostre grant prouffit.

Ainsi fut faict, ce n'est pas mocquerie:
Pure verité est.
Qui ne le croit, de prouver suis tout prest.
Tesmoing Sainct Luc, qui dit en l'Evangille:
"Gabriel missus est."

En la vierge, de Joseph espousée,
Qu'on appelle a droict nom
Marie, extraicte de David la mayson,
En la cité de Nazareth nommeé,
Comme en escript trouvon.

Trouva la vierge royalle, fleur des fleurs,
Sur toutes aultres fleurs,
Quelles que soyent né, de quelles couleurs.
Elle fut conceue; et de bonne heure née
Pour entre nous pecheurs.

Sainct Gabriel la salua humblement,
En luy disant: *"Ave,"*   (fol. 126′)
Plaine de grace *semper et sine ve,*
Tu concepvras le filz de Dieu, vrayement
De brief sera prouvé."

Adonc respond la vierge par humblesse,
De bonne voulenté:
"Coment seroit ce que m'as recité,
Car vierge suis, et en ay faict promesse
A perpetuité."

A la vierge respondit Gabriel:
"En toy si descendra
Le sainct esperit; ainsi il adviendra,

Et la vertu du createur du ciel
Si te confortera."

Lors humblement respond: "Vecy l'ancelle
De Dieu a son vouloir;
Encontre luy nully n'y a povoir.
Ainsi soit faict tout selon ta nouvelle
Que m'as faict assavoir."

En ce moment conceupt la souveraine
Dame le roy des roys,
Et le porta en son ventre neuf moys,
Puis l'enfanta sans souffrir mal ne peine
En ung paovre palays.

Prions la vierge qu'elle soyt gardienne
De nous entierement,
Et qu'elle prie son filz benignement
Qu'il nous octroye paradis la joye   (fol. 127)
Et nous doint saulvement.

   Amen. Noel.

Additional sources for this text:

S1. [Vve. Trepperel?], *Les Noelz nouveaulx,* fol. A7'.
S2. [_____], *Les Grans noelz,* fol. 7'.
S3. [Lotrian], *Les Grans noelz,* fol. 7'.
S4. Nyverd, *Les Grans noelz,* fol. B4'.
S5. [*Noelz nouveaulx*], (Cat. no. 51), fol. 122.
S6. Jehan Bonfons, *Les Grans noelz,* fol. 125'.
S7. Nicolas Bonfons, *La Grand bible,* fol. 43'.
S8. Rigaud, *La Grand bible,* no. 37 (repr. in Vaganay, p. 63).

Other parody:

P1. [Mareschal and Chaussard], *Les Nouelz,* no. 25 (unedited in *Le Spectateur Catholique,* Vol. IV (1898), p. 145), gives the same timbre for the following noël:

Chantons: "Nouel" a la Nativité,
"Nouel, nouel,"
Joyeusement du roy de Trinité
Qui est venue pour nostre sauvement,
Nouel, nouel.

Several strophes follow. This has a strophic design that differs from that in Sergent, *Les Grans noelz.*

Related chanson texts:

No related chanson texts have been found, with or without music. There are a number of chansons which begin similarly, but do not match. These include the following:

- a. Anonymous *a 4* in Attaingnant, RISM 1528-4, fols. 3'-4, which begins with the text, "D'un nouveau dard je suis frapé," and closes with a section on the text, "Allegez moy, doulce plaisant brunette."
- b. Josquin's setting *a 6* is in Le Roy and Ballard, RISM 1572-2, fol. 68' (ed. in *Werel. Werken,* Afl 5, pp. 36-37).
- c. An anonymous setting *a 4* pr. in Phalèse, RISM 1560-6, p. 47 (ed. in Brown, *Theatrical Chansons,* pp. 1-2).
- d. Listed in Brown, "Catalogue," no. 9.

113. Le perier qui charge souvent   (fol. 127)

       "Noel" chanton benignement
       De la doulce vierge Marie
       Et de son benoist chier enfant.

Ne plus ne moins comme la fleur
Il descendit du mont Aval.
Elle enfanta le redempteur
Sans souffrir peine ne mal.
       Et puis les troys roys d'Orient,
       Chascun d'eulx ung don luy donnerent,
       Pour monstrer qu'il est roy puissant.

Herodes par ses officiers,
Plus vermeil que n'est cendal,
Cent cinquante et quatre miliers
En fist tuer par nombre egal,
       Et les meres s'en vont plorant
       Par la cruaulté tresdolent
       Que leurs faisoyent les faulx tyrans.

Jesus, qui par sa grant amour
Souffrit en la croix passion,
Nous vueille donner a trestous
De noz pechez remission,
       Et a la fin, joyeusement,
       Il nous vueille donner sa rente.   (fol. 127')
       La monta es cieulx sans finement.
           Amen.

Additional sources for this text:

S1.   [Vve. Trepperel?] *Les Grans noelz,* fol. 21'.
S2.   [Lotrian], *Les Grans nouelz,* fol. 20'.
S3.   [*Noelz nouveaulx*] (Cat. no. 51), fol. 123'.
S4.   Jehan Bonfons, *Les Grans noelz,* fol. 127'.
S5.   Vilgontier MS (Paris MS 14983), fol. 147'.

Other parodies:

P1.   [Livre de noëls] (Paris MS 2368), fol. 48', where the same timbre is given
for the noël text, "Nouel chantons joyeusement, Et demenons soulas et
joye."

P2.   [Livre de noëls] (Paris MS 2506), fol. 54', with the same noël text as above.

P3.   *Les Noelz notez,* fol. A3, has the timbre, "Le poyrier qui change souvent," for the noël, "Nous devons bien joyeusement."

Related chanson texts:

C1.   Lotrian, *S'Ensuyvent plusieurs belles chansons,* 1535, fol. 59 (= Jeffery's *1535;* also in *1537, 1538,* and *1543;* ed. in Jeffery, Vol. II, p. 243):

> Le perier qui charge souvent
> Doibt bien avoir soulas et joye
> Quant le dieu d'amours si attend,
> Ent, ent, ent, ent.

> En ce perier y a une fleur,
> Qui est plus blance que cristal
> Et plus vermeil la couleur
> Que n'est ne rose ne sendal;
>> Et tout entour boutons d'argent
>> Qui sont penduz en latz de soye,
>> L'on y prent son esbatement
>> Ent, ent, ent, ent.

C2.   The Bayeux MS (Paris MS 9346), no. 52 (ed. in Gérold, *Bayeux,* p. 62) provides a slightly variant text with music which accommodates the noël text. See ex. 113.

C3.   The monophonic chansonnier (Paris MS 12744), no. 41, fol. 28' (ed. in Paris et Gavaert, p. 23) provides a similar text and melody that also accommodates the noel text.

C4.   Listed in Brown, "Catalogue," no. 261.

Musical settings:

M1.   The monophonic melody in Paris MS 9346 cited in C3 above. See ex. 113.

M2.   The monophonic melody in Paris MS 12744, cited above C4.

M3.   An anonymous setting *a 4* in the Pixérécourt MS (Paris MS 15123), fols. 160'-161 (ed. in Brown, *Theatrical Chansons,* pp. 147-51).

Example 113.

Chanson: Le poy - rier qui char - ge sou -
Noël: "No - el" chan - ton be - ni - gne -

vent   Doibt bien a -
ment   De la doul -

voir sou-latz et joy - - - e   Quant
ce vier-ge Ma - ri - - - e   Et

le jeu d'a - mer si a - prend
de son be -noist cher en- fant

A ce poy - rier a u - ne fleur
Ne plus ne moins, com-me la fleur

Qui est plus blan-che que cris-tal.   Et plus vermeil est
Il des-cen- dit du mont A - val.   Elle en-fanta le

la cou - leur   Que n'est la ro - se ne chan - dal.
re - demp -teur Sans souf-frir pei - ne ne mal.

Et tout en - tour bou- tons d'ar - gent
Et puis les troys roys d'o - ri - ent

Le rous- si - gnol y
Chas- cun d'eulx ung don

est qui chan - te   Et y prent
luy don - ne - rent   Pour mon -strer

son es - ba - te - ment.
qu'il est roy puis- sant.

114. Quant je partis de Fougeres   (fol. 127′)

Nous fusmes en tenebres
Ung peu trop longuement
Sans ouyr des nouvelles
De nostre saulvement.
Par la desobeyssance
D'Adam et le forfaict,
Ayez en remembrance
Quel bien Dieu nous a faict.

Par amour souveraine,
En grant affection
A prins nature humaine
Pour la redemption
D'icelle, en une vierge
Sans nul corrumpement.
Chascun met en memoire
Son doulx advenement.

La paovre pucellette,
Quant fut a l'enfanter,
N'avoit lict et couchette,
Ne femme a la traicter.
Sur du foing en la creiche
Sans douleur le posa.
Mettez tous en rebreche
Comment Dieu nous ayma.

Joseph son bon espoux   (fol. 128)
Si la reconfortoit,
Combien qu'il eust grant paour,
Pourtant qu'il congnoissoit
Que c'est de Dieu l'ouvraige,
Nom pas d'homme mortel.
Ayez en voz couraige
Le Dieu Emanuel.

Les troys roys d'Arabie
A Dieu firent present
L'ung d'or, l'autre de myrrhe
Et puis l'autre d'encens.
Lors Marie sa mere
Grant joye eut en son cueur.
Ayez tous en memoire
Dieu nostre createur.

Tantost si fut muée
Sa joye en douleur,
Quant on luy dist: "Marie,
Le glaive de douleur
Le transpercera ton ame
Quant le verras mourir."
Chascun de nous reclame
Jesus de Dieu le filz.

Reduyson en memoire
Par grant compassion,
Comment le roy de gloire   (fol. 128′)
A soufert passion.
Nully ne se rigolle
Servez Dieu sus et jus;
Ayez tousjours en roulle
Le filz de Dieu Jesus.

O tresprecieulx ventre
Qui Dieu avez porté,
O benoistes mamelles
Qui l'avez alaicté,
O royne souveraine,
Conserve tes servans.
Chascun sa mette peine
Le servir en son temps.

Prince qui soubz ta main
Garde et protection
As tout le genre humain,
Paix nous requeron
Fay qu'en terre tabesse
Donne nous paradis.
"Noel" chantons sans cesse,
"Noel" grans et petis.

      Amen.   Noel.

Additional sources for this text:

S1.   [Vve. Trepperel?], *Les Grans noelz,* fol. 41.
S2.   [Lotrian], *Les Grans noelz,* fol. 38.
S3.   [*Noelz nouveaulx*] (Cat. no. 51), fol. 124.
S4.   Jehan Bonfons, *Les Grans noelz,* fol. 127′.

Other parodies:

P1. Nicolas Chrestien, *Noelz nouveaulx,* Paris, 1556, fol. B3, has the timbre, "Quant je party de ceste ville," for the noël, "Quand je party de Bethanie."

P2. Nourry, *S'Ensuyvent plusieurs belles chansons,* no. 19 (= Jeffery's *Nourry,* ed. Jeffery, Vol. II, pp. 102-3), has a matching text with the rubric:

"Chanson nouvelle sur le chant Quant party de Rivolie Et aussi le chant de Gentil fleur de noblesse."

Qui veult avoir lyesse
Et avecques Dieu part
Aux sainctz escriptz s'addresse
Desquelz tous bien despart.
D'iceulx la grande richesse
Peult chascun contenter
Et si faict toute angoisse
Patiemment porter.

En telz draps Dieu habite
La le fault adorer
Toute aultre loy escripte
N'a sceu guere durer.
Mondain sens tresfragile
A varié tousjours
Et le Sainct Evangille
Maulgré erreur a cours.

Strophe 4:

En vain portons chandelles
Offrandes et dons,
Si sommes infidelles
Ou si nous descordons.
Nostre cueur est le temple,
Nostre foy la clarté
Que Dieu trop plus contemple
Que humaine vanité.

Several more strophes follow.

Although the chanson collection is ostensibly a secular one, this chanson is a chanson spirituelle. It was also printed in *Recueil de plusieurs chansons spirituelles,* Geneva, 1555, no. 12; and in *Chansons spirituelles,* 1569, p. 110; and placed on the *Index librorum prohibitorum* of Toulouse, in 1548. See Ernest de Fréville, *De la police des livres aux XVIe siècle,* Paris, 1853, p. 26.

Related chanson text:

C1.   Listed in Brown, "Catalogue." no. 139d.

115. Sur Combien en vault le boisseau d'amours qui bien les mesure (fol. 128′)

A la venue de nau,
Nau, nau, [nau]
Faisons trestous bonne chere.

Adam fut ogu bon homme   (fol. 129)
S'il n'oguist ja faict de mau,
Mais il mordit en la pomme;
Il n'avoit grain de cousteau.
    Il en mengea ung morceau,
    Donc do ceau
    Nous fismes tous mis arriere.

Mais nostre povre nature,
Qui longuement supporta
D'Adam la grant forfaicture,
Piteusement s'escrya
    Au pere celestiau:
    "Vien ça, vau,
    Et nous oste de misere."

Le bon roy et ly bon sire
Qui tout sçavoit, ja pieça,
Luy mesmes forma sa mere
Et puis dedans se bouta;
    Et se fist homme mortau,
    Eternau,
    Et luy mesmes fut son pere.

Ainsi la vierge pucelle
Le doulx saulveur enfanta.
Joseph luy tint la chandelle.
Qui tout tremblant regarda
    Jesus, le vray Messiau,
    Roy des ceaulx,   (fol. 129′)
    Qui de tout estoit son pere.

Les pastours celle nuictée
Ouyrent les angelotz
Et toute la contrée
Courguirent o leurs esclotz,
    Ou estoit l'enfant nouveau,
    Comme aigneau,
    Sur ung petit de littiere.

Pource estoit maistresse
De l'ousteau ou Dieu nasquit
Et fut sa gouverneresse
Jusques a tant qu'il vesquit
    Les malheureulx tenebraux,
    Infernaux,
    Et leur maistre Lucifer.

Aussi bien voguerent vere
Son petit hebergement,
Foy et hommaige luy faire,
Troys roys de grant parement
    Du pays orientaulx,
    Sur chevaulx,
    Ce fut ung tresgrant mystere.

Sçavez vous qu'il vougui faire?
Il fist chef d'oeuvre divin.
Pour a sa mere complaire,
Il convertit l'eaue en vin.
    L'ouvraige est bon et beau,
    Et nouveau,
    Bien le vouldroye sçavoir faire.

Or n'en fault ja trop enquerre
Du faict de Dieu si avant,
Mais en luy fermement croire
Et l'aymer parfaictment,
    Et luy prier que noz maulx
    Criminaulx
    Luy plaise du tout deffaire.

Prions tous nostre grant pere
Qui tout le monde crea,
Et pour nous a luy attraire
Cruel mort endura,
    Qui nous mette en ces ceaulx
    Quen tant beaulx,
    Ou nous demourions a tere.
        Amen.   Noel.

Additional sources for this text:

S1.   [Livre de noëls] (Paris MS 2368), fol. 68', has the noël text without
     indication of a timbre.

S2. [Vve. Trepperel?], *Les Grans noelz,* fol. 58.
S3. Le Moigne, *Noelz nouveau* (ed. in Pichon, p. 2).
S4. [Lotrian], *Les Grans nouelz,* fol. 52'.
S5. [*Noelz nouveaulx*] (Cat. no. 51), fol. 125.
S6. Jehan Bonfons, *Les Grans noelz,* fol. 128'.

116. En ce doulx temps d'esté que le, etc.   (fol. 130)

Chantons trestous: "Noel"
Et menons bonne vie
Au doulx Emanuel,
Qui est nay de Marie,
Pour nous saulver la vie,
C'est faict homme mortel.
Noel, noel, noel.

Le benoist Gabriel   (fol. 130′)
A la vierge Marie
Fist ung dicte tresbel,
Disant: "*Ave,* Marie,
Du sainct esperit remplye,
Sera ton cueur ignel."
Noel, noel, noel.

Doulce plus q'ung aignel,
Respond de Dieu l'amye:
"Jamais homme mortel
N'aura ma compaignye,
Car m'y suis establye,"
Dist au doulx Gabriel.
Noel, noel, noel.

Le hault Dieu immortel,
A qui seras unye
Sans homme naturel,
Sera mere et amye.
Ne t'en esbahys mye,
Car ainsi sera faict.
Noel, noel, noel.

Ung mystere nouvel
Est, dont suis esbahye.
"Au vray Dieu immortel
Suis et seray ma vie;
Soit fact, puis qu'il luy plaist,
Je n'y veult reffuser."
Noel, noel, noel.   (fol. 131)

Du trosne supernel
Fut sa parolle ouye.
Du roy celestiel
Tantost elle fut garnie

De l'enfant, qui la vie
Nous doint la hault, au ciel,
Noel, noel, noel.

    Amen.   Noel.

Additional sources for this text:

S1. [Vve. Trepperel?], *Les Grans noelz,* fol. 52′.
S2. [Lotrian], *Les Grans nouelz,* fol. 48.
S3. [*Noelz nouveaulx*] (Cat. no. 51), fol. 126′, has the timbre, "Ce joly temps d'esté," for the same noël text.
S4. Jehan Bonfons, *Les Grans noelz,* fol. 130.

117. Aultre noel sur Adieu vous dy les bourgoyses de Nantes   (fol. 131)

Chantons: "Noel" a haulte voix jolye,
Regracions Jesus, le filz Marie,
Et luy crions tous: "Mercy et pardon."
Chanton: "Noel, noel, noel" chanton.

Vierge pucelle, conduysez nous en voye,
Pour parvenir a la mayson de joye,
Et regardez nostre couraige bon.
Chanton: "Noel, noel, noel," chanton.

Nostre maistre en Bethléem, Judée
Est voulu naistre de Jessé la lignée,
Pour acomplir nostre redemption.
Chanton: "Noel, noel, noel," chanton.

Les myracles ont monstré la naissance
Du Manuel, qui au moys de decembre
C'est apparu, pour payer la rançon.
Chanton: "Noel, noel, noel," chanton.

Tous les anges du ciel feirent grant joye,   (fol. 131')
Louant le Dieu descendit en la voye.
Aussi menoyent *in celo gaudinum,*
Chanton: "Noel, noel, noel," chanton.

Le roy des roys tous d'ung accord benigne
Fust adoré, en ung lieu tresindigne,
Des pastoureaulx disant une chanson.
Cnaton: "Noel, noel, noel," chanton.

Trois nobles roys luy porterent chevance,
Myrrhe, encens et or a grant puissance,
Par l'estoille qui est de grant regnom,
Chanton: "Noel, noel, noel," chanton.

Mere de Dieu, tresoriere de grace,
Nous te prion que pardon a nous face
Celluy par qui chanton: "Noel, noel."
Amen. Noel. Chanton: "Noel, noel."

    Amen.   Noel.

Additional sources for this text:

S1.   [Mareschal et Chaussard], *Les Nouelz,* no. 14 (ed. in Vaganay, p. 15; in *Le Spectateur Catholique,* Vol. IV [1898], p. 136).

S2.   [Vve. Trepperel?], *Les Grans noelz,* fol. 72.
S3.   [Lotrian], *Les Grans nouelz,* fol. 66.
S4.   [*Noelz nouveaulx*] (Cat. no. 51), fol. 127'.
S5.   Jehan Bonfons, *Les Grans noelz,* fol. 131.

Related chanson texts:

C1.   The chanson is listed in Brown, "Catalogue," no. 4. Brown gives two
      lines for the chanson, "Adieu vous dis, les bourgeoises de Nates; Voz
      chambrieres sont bien de vous contentes," and cites the Farce, *Savetier
      nommé Calbain* as the source. In addition to the noël collections cited
      above, Brown gives no other possible sources for the chanson. There are
      many chansons which begin. "Adieu vous dy" and among them are some
      with the same strophic design as the noël. None, however, has the full
      incipit cited above. Below are those which match the design:
      a.   Anthoine Verard, *Jardin de plaisance,* fol. 112:

            Adieu vous dy, ma tresbelle maistresse,
            Adieu vous dy, mon souverain plaisir,
            Adieu vous dy, ma joye et ma liesse,
            Adieu vous dy, mon amoureux desir.

      b.   In the same source, fol. 89:

            Adieu vous dy, la lerme a l'oeil,
            Adieu, ma tresgente, mignonne;
            Adieu, sur toutes la plus bonne,
            Adieu vous dy, qui m'est grant dueil.
                 Adieu, adieu, m'amour, mon vueil,
                 Mon pauvre cueur vous laisse et donne.
            Adieu vous dy, la lerme a l'oeil, etc.
C2.   A chanson in Weckerlin, *L'Ancienne chanson,* pp. 5-6, has the following
      which does not duplicate the strophic design, but begins similarly, and
      mentions Nantes:

            Adieu ma mie, je m'y en vas.
            Adieu ma mie, je m'y en vas.
            Je m'en vas faire un tour à Nantes,
            Puisque le roi me le commande.
C3.   Listed in Brown, "Catalogue," no. 4.

Musical settings:

M1.   An anonymous chanson *a 3* in Chansonnier "Cordiforme" (Rothschild
      MS 2793), no. 38, fols. 52'-54, begins, "Adieu vous dy, L'espoir de ma
      jonesse" (ed. in Kottick, *The Unica in the Chansonnier Cordiforme,* p.
      15).

M2. A chanson *a 3* by Guillamus Malbecque is in Oxford MS 213, fol. 21. It begins: "Adieu vous di, mes seigneurs et amis," but has a strophic design that does not match the noël.

M3. An incomplete setting (alto in Florence Ashb. 1085, fol. 20, tenor in Paris Cons. Rés. 255, p. 41) has the text:

> Adieu je dis a toute l'esperance
> Qui a nourri jusque toy mon amour
> Luy promettant par sa perseverance
> Quelque bon ton.
>
> Adieu je dis aux yeux dont l'influence
> As en pouvoir forcée mes voluntez,
> Car je les voy d'une autre violence
> Trop surmontez.

Four more verses follow. The short last line will not accommodate the noël text.

118. Aultre noel sur Que voulez vous donc dire de moy?(fol. 131')

Les bonnes gens vont disant
Que par le divin mystere
Marie apres son enfant
Si demoura vierge et mere,
Or, ont ilz dit verité.
Elle avoit bien merité
Produyre si noble joueau.
    Que voulez vous, que voulez vous dire,
    Produyre si noble joueau.   (fol. 132)
    Que voulez vous rien dire plus beau?

Aupres de Hierusalem
Les pasteurs faisant leurs festes,
Trouverent en Bethléem
Jesuchrist entre deux bestes.
Sa noble nativité
Fut tout en humilité
Plus doulx estoyt q'ung aygneau,
    Que voulez vous, que voulez vous dire,
    Plus doulx estoyt q'ung aygneau,
    Que voulez vous rien dire plus beau?

Midy fut faict a minuyct,
Qui grant chose testifie.
Le temple rommain fendit
Et la vigne fructifie.
Les trois roys ont visité
Jesus et luy presenté
Chascun ung present nouveau.
    Que voulez vous, que voulez vous dire
    Chascun ung present nouveau.
    Que voulez vous rien dire plus beau?

Que voulez vous, gens humains,
Que voulez vous que je vous dye,
Fors servir Dieu et les sainctz?
Voulez vous plus belle vie?
Si vivons en charité,
Chascun sera herité   (fol. 132')
Es cieulx en ung beau chasteau,
    Que voulez vous, que voulez vous dire,
    Es cieulx ung beau chasteau:
    Que voulez vous rien dire plus beau?
        Amen. Noel.

Additional sources for this text:

S1. [*Noelz nouveaulx*] (Cat. no. 51), fol. 128.
S2. Jehan Bonfons, *Les Grans nouelz,* fol. 131'.

Other parodies:

P1. [Vve. Trepperel?], *Les Grans noelz,* fol. 76', has the timbre, "Se j'ay perdu mon amy," the incipit of the matching chanson cited below, for the noël, "Marie fuis royne des cieulx." On the fol. 164', Trepperel? gives the same timbre for the noël, "Bons gens qui cy dormez."
P2. [Lotrian], *Les Grans nouelz,* has the same two texts as Trepperel? on fols. 69 and 150' respectively.
P3. Vilgontier MS (Paris MS 14983), fol. 238, has the timbre, "Se j'ay perdu mon amy" for the noël, "Marie vierge, royne des cieulx."

Related chanson text:

C1. The text for the monophonic chanson in Paris MS 12744, no. 95, fol. 63, (ed. in Paris et Gevaert, p. 52; and in Geróld, *Chansons populaires,* pp. 26-27) matches the noël:

> Sy je perdois mon amy
> Pas n'aurois cause de rire
> Je l'ay si longtemps servi
> Vray Dieu qu'en voulez-vous dire?
> Il y a un an et demy
> Que sur tous l'avoye choisi;
> Morte suis si je ne lay:
> > Qu'en voulez vous dire,
> > Morte suis si je ne l'ay;
> > Qu'en voulez vous donc dire de moy?

C2. The setting *a 3* by Josquin in Antico, RISM 1536-1, fol. 12, has a text which varies from that in C1 only in detail.
C3. Listed as a basse danse in *Antonius Arena...ad suos compagnones studiantes,* Lyons, 1572, fol. 41'.

Musical settings:

M1. The monophonic chanson cited in C1 above can accommodate the noël text. See ex. 118a.
M2. The setting *a 3* by Josquin cited in C2 above can accommodate the noël text. For this setting, Bernstein, in *"La Courone et fleur,"* p. 65, provides

the following concordances: Paris MS 1597, fol. 47′-48; St. Gall MS 461, p. 34; Le Roy and Ballard, RISM 1578-15, fol. 10′ (pr. in Josquin, *WW,* Afl LIV, p. 37; and in Giesbert, *Ein altes Spielbuch,* p. 34). See ex. 118b.

M3.   An anonymous setting *a 4* is in Cortona 95-96, fol. 54. I have not seen this setting, having identified the chanson model long after examining the Cortona MS.

Example 118a.

Example 118b.

Chanson:

Chanson:
Noël: Si / Les   je / bon - nes   per - /   dois / gens

Chanson: Si   j'ay per - du   mon

Si   j'ay   per - du

mon a- / vont di-   my / sant   Je / Que   n'ay / par   le

a-   my   Je

mon a-   my,

pas [cau- / le di-   se de ri- / vin my- ste-   re,] / re   Je / Que   n'ay / par

n'ay pas   Je   n'ay pas cau -

Example 118b (cont.)

Example 118b (cont.)

Example 118b (cont.)

Example 118b (cont.)

Example 118b (cont.)

Example 118b (cont.)

Example 118b (conclusion)

re,   Et   que vou -lez vous donc   di - re   de

que vou-lez vous donc,   Et   que vou -lez vous donc   di -
que vou-lez vous rien,   Et   que vou -lez vous rien   di -

Et   que vou -lez vous donc   di -   re,

moy?   Et que vou -lez vousdonc   di - re   de   moy?

re,   Et que vou -lez vous donc di - re   de   moy?
re,   Et que vou -lez vous rien di - re   plus beau?

Que vou-lez vous,Que voulez vous donc di - re   de   moy?

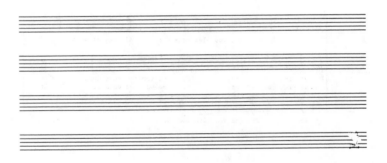

119. Sur Que ferons nous, povres gens d'armes?   (fol. 132′)

Que ferons nous, humains gens d'armes,
Si vaillamment ne combattons.
Contre Sathan et ses guisarmes
Qui nous darde ses viretons?
Si contre luy nous resistons,
Tousjours serons jolis et gentz.
Louenges a Dieu presentons:
C'est le façon des bonnes gens.

Il y a ung prince aux Tartares
Qui se faict nommer Lucifer,
Es Thessalloniques barbares,
Lieux scabreux et pallus d'enfer.
La tousjours faict ardre et chauffer
Les ames des pecheurs lugens.
Contre luy nous fault estouffer:
C'est la façon des bonnes gens.

Ne vous fiez en l'aspidique
Qui fist mourir Eve et Adam
Par son conseil diabolique,
Nous fusmes tous livrez a damp,   (fol. 133)
Car eulx et le bon Abraham,
Furent aux limbes indigens,
Armon nous tous contre Sathan:
C'est la façon des bonnes gens.

Celuy qui fist mettre a martyre
Et mourir maint petit enfant
Fut Herode, cuydant occire
Jesus, filz du roy triumphant.
Mais Joseph l'emporta, fuyant
Hors de la voye de ses regens,
Servons Dieu tous en bien vivant:
C'est la façon des bonnes gens.

             Amen.   Noel.

Additional sources for this text:

S1.   [*Noelz nouveaulx*] (Cat. no. 51), fol. 129.
S2.   Jehan Bonfons, *Les Grans noelz,* fol. 132′.

120. Sur C'est simplement donné congié (fol. 133)

C'est simplement donné congié,
    O noel,
C'est simplement donné congié
A ung sien amy, quant on l'a,
Par ung maulvais; et dire: "Va
Je te laisse, c'est mal changé,"
    Noel, noel,
"Je te laisse, c'est mal changé."

Adam que Dieu avoit formé,
    O noel,
Adam que Dieu avoit formé
Si parfaict Dieu habandonna
Par le fruyct que Eve luy donna,
Duquel il fut mal informé,
    O noel,
Duquel il fut mal informé.

Le bon ange a tout reformé,
    O noel,
Le bon ange a tout reformé
Quant Dieu en Eve reforma,
Voyant que l'homme qu'il forma
Estoyt en enfer condampné,
    O noel,
[Estoyt en enfer condampné.]

L'ange, qui ne fut estonné,
    O noel,
L'ange, qui ne fut estonné,
Estoyt en enfer condampné.
A la vierge, apres alla.
Et luy dist: "*Ave, Maria,*
De toy le saulveur sera né,"
    O noel,
["De toy le saulveur sera né."]

La vierge eut l'esperit estonné,
    O noel,
La vierge eut l'esperit estonné,
A peu qu'el ne s'esmerveilla,
Et dist: "Comme seroit cela?
Oncques en homme ne songe,"
    O noel, (fol. 134)
"Oncques en homme ne songe."

Mais que tes motz sont itelz,
    O noel,
[Mais que tes motz sont itelz,]
A respondre: "*Ecce ancilla;*
Bien me doibt esjouyr cela.
Ma personne vouloir a gré,"
    O noel,
"Ma personne vouloir a gré."

Lors descendit du hault de gré,
    O noel,
Lors descendit du hault de gré
Celluy qui le monde crea,
En la vierge qui l'enfanta,
En son paradis est entré,
    O noel,
En son paradis est entré.

Affin que chascun presente
    Noel, noel,
Affin que chascun presente
Soyt en la fin *in gloria,*
Ou tout plaisir et gloire y a,
Chanton: "Noel" a grant plante,
    O noel,
Chanton: "Noel" a grant plante.

            Amen.   Noel.

Additional sources for this text:

S1.   [Vve. Trepperel?], *Les Grans noelz,* fol. 75.
S2.   *Les Ditez des noelz nouveaulx,* fol. G5.
S3.   [Lotrian], *Les Grans nouelz,* fol. 68.
S4.   [*Noelz nouveaulx*] (Cat. no. 51), fol. 129'.

Other parody:

P1.   Le Moigne, *Noelz nouveau,* fol. A4 (ed. in Pichon, p. 9), cites the same
      timbre for the noël, "Chanter fault par joyeuseté: 'Nouel.'"

Related chanson texts:

C1.   *S'Ensuivent plusieurs belles chansons,* no. 2 (= Jeffery's *90(a);* also in
      1535, 1537, 1538, and *1543;* ed, in Jeffery, Vol. I, p. 44). There are no
      indications for repeated lines, a feature of the noël, nor for the

acclamations that constitute lines 2 and 7 of the noël. However, the two texts are clearly related and the noel repeats much of the language of the chanson below:

> C'est simplement donné congé
> A ung sien amy quant l'a;
> A tout le moins feusse dit: "Va,
> Pourvoyer vous, car j'ay changé."

> "Helas, je n'eusse pas cuydé
> Que vous fussiez de ces gens là;
> Mais, belle, quant il vous plaira
> De vostre amour on jouyra."

> C'est simplement donné congé, etc.

Two more verses plus refrains follow. *1543's* text, on fol. 82', is similar, except that the first and final lines of each strophe are repeated.

C2.   The text in Paris MS 12744, fol. 52', no. 77 has a similar strophic design, but with different music for each of the repeated lines of text, and with a short "tail" at the ends of lines 1 and 5. These tails, lacking in the text above, can accommodate the acclamations in the noel. See M1 and ex. 120.

C5.   The chanson is listed as a basse danse in [Moderne], *S'Ensuyvent plusieurs basses dances,* fol. B4', and in Rabelais, *Le 5e livre,* chap. 32, *bis* (ed. Demerson, p. 924).

Musical settings:

M1.   The monophonic version of the chanson is in Paris MS 12744, fol. 52'; no. 77 (pr. in Paris et Gevaert, pp. 43-44). See ex. 120.

M2.   A fragment of the text appears in the anonymous fricassée, "A l'aventure," *a 4* in Attaingnant, RISM 1536-5, fol. 25', in the superius. The melodic fragment to which the text is sung may be a variant of a phrase of the chanson in Paris MS 12744.

Example 120.

Chanson: C'est faul - ce - ment
Noël: C'est sim - ple - ment

don - ner con - gié, C'est
don - ner con - gié, O no - el, C'est

faul-ce - ment don - ner con - gié
faul- ce - ment don - ner con - gié

A ung sien a - my quant on l'a A
AA ung sien a - my quant on l'a Par

tout le moyns j'eus-se dit: "Va, Pour-
ung maul- vais, et di - re: "Va, Je

voy-er vous car j'ay chan-gé
te lais- se c'est mal chan-gé, No - el,

Pour- voy -er vous car j'ay chan- gé.
Je te lais- se, c'est mal chan - gé.

121. Aultre noel sur M'amour, vous ay donnée   (fol. 134)

Longtemps fut desirée   (fol. 134')
La venue de Jesus.
Symeon de ses yeulx
Veit la treshonnorée,

Celle qui le porta
En son ventre neuf moys,
Puis apres l'enfanta.
En la creiche non pas,
En ville reparée,
Naistre il ne voulyt,
Mais en ung lieu petit
Il fist sa demourée.

Las pastoureaulx veillans,
De voix celestiaux
Ilz ont ouy les chantz,
Et s'en vont a monceaulx.
Ont faict une assemblée
Et vont par grans troupeaulx
Et laissent leurs aigneulx
Par toute la contrée.

Grant joye menée y fut
Sur les champs des pastours;
Bergerie laissée fut,
Pour veoir les grans atours
De la vierge Marie,
Qui acoucha la nuyct,
De cil qui racheptit
D'Adam la grant lignée.   (fol. 135)

Quant assemblez ilz furent
Tous, ilz ont faict honneur
A Marie, qu'ilz trouverent,
Et aussi au saulveur.
Moult cler fist la nuictée,
Qui l'hostel esclarcist.
Jolyet luy offrit
Plain ung plat de millée.

Grambault, tout a ung sault,
Riens il n'y espargnit.
Ung morceau de pain chault

A l'enfant apportit.
La couche appareillée
Fut sur ung peu de foing.
Rigollet tout son pain
Et sa fleutte a donnée.

L'estoille si luysit
Aux roys moult clerement,
Lesquelz estoyent partis
De leurs pays, noblement.
Ung chascun sans faintise
A vostre enfant offrit
Or, myrrhe, encens aussi,
En noble compaignye.

Amen.   Noel.

Additional sources for this text:

S1. Nyverd, *Les Grans noelz,* fol. E2′.
S2. [Lotrian], *Les Grans nouelz,* fol. 84′.
S3. [*Noelz nouveaulx*] (Cat. no. 51), fol. 130′.
S4. Jehan Bonfons, *Les Grans noelz,* fol. 134.

Other parodies:

P1. [Vve. Trepperel?], *Les Grans noelz,* cites the same timbre for the noël on
     fol. 109, "Noel ceste nuyctée, Noel le gracieulx."
P2. [Lotrian], *Les Grans nouelz,* fol. 98′, has the same timbre and text as in
     P1.

Related chanson text:

C1. The monophonic melody in Paris MS 12744, no. 110, fol. 84′-85, (ed. in
     Paris and Gevaert, p. 61) has a matching text:

     M'amour vous ai donnée,
     Mon amy se m'ait Dieulx,
     Et sy ne pourroie mieulx
     Pour estre bien heurée.

     Le jour que ne vous voy,
     Me dure plus de cent,
     Et sy ne sçay pourquoy
     Ne vous voy plus souvent.

Je n'ai aultre pensée
Ne de jour ne de nuit,
Je vous par mon amy
Que point ne soit changée.

C2. Listed as a basse danse in *Antonius Arena...ad suos compagnones studiantes,* Lyons, 1572, fol. 41'.

Musical settings:

M1. The melody in Paris MS 12744 cited above accommodates the noël text. See ex. 121.

M2. The melody in Closson, *Le Manuscrit dit des basses dances,* no. 20, "M'amour," is related to the melody in Paris MS 12744, although there are important differences. There is no text.

Example 121.

Chanson: M'a - mour vous ai don -
Noël: Long - temps fût de - si -

né - - - e   Mon a - my se m'ait
ré - - - e   La ve - nue de Jé -

Dieux   Et sy ne pour-roie mieulx Pour es-
sus   Sy - me - on de ses yeulx Veit la

tre bien - heu - ré - - - e. Fine
tres - hon - no - ré - - - e.

Le jour que ne vous   voy Me
Cel - le qui le por - - ta En

du - re plus   de cenβ; Et sy ne
son ven - tre neuf moys, Puis a - pres

sçay pour - - - quoy   Ne
en - fan - - - ta.   En

vous voy   plus   sou - vent. D.C.
la crei - che   non pas.

122. Sur le pont de lyesse   (fol. 135′)

"Noel" en grant lyesse
Chantons, jeunes et vieulx,
Pour l'amour de l'hostesse
Du doulx saulveur Jesus.

Qui voulut naistre d'elle
Pour nous remettre sus
De la peine infernelle,
Ou estions perdus,

Ce fut une merveille
Ou juifz sont confus,
Ou a la vierge Marie
L'ange vint de lassus,

Dire: "Tu sera celle
Qui concepveras Jesus.
La court celestielle
Si la du tout conclus."

"Helas," dist la pucelle,
"je n'en fais pas reffus.
Je suis bien son ancelle;
Tousjours seray et fus.

Mais en jour de ma vie
Homme je ne congneu."
L'ange dist a Marie:
"Sera l'oeuvre de Dieu."

Lors a celle parolle,
La vierge conceupt,
Puis l'enfanta pucelle,   (fol. 136)
Comme il estoit conclud.

C'est chose supernelle,
Qui procede de Dieu
Sans oeuvre naturelle;
Pour ce n'en doubtez plus.

Prions tous la pucelle
Et son chier filz Jesus
Qu'en paradis nous mette,
Au royaulme des cieulx.

         Amen.   Noel.

Additional sources for this text:

S1. [Vve. Trepperel?], *Les Grans noelz,* fol. 108′.
S2. [Lotrian], *Les Grans nouelz,* fol. 97′.
S3. [*Noelz nouveaulx*] (Cat. no. 51), fol. 131′.
S4. Jehan Bonfons, *Les Grans noelz,* fol. 135′.
S5. Nicolas Bonfons, *La Grand bible,* fol. 44′.
S6. Rigaud, *La Grand bible,* no. 38.

Other parody:

P1. The timbre cited is probably a contrafactum of "Sur le pont de Lyon," and/or "Sur le pont d'Avignon," whichever was earlier. Further on this, see no. 150 of this volume.

Related chanson text:

C1. *S'Ensuivent plusieurs belles chansons,* no. 34, fol. C7 (= Jeffery's *53;* ed. in Jeffery, Vol. I, pp. 149-50) has the matching chanson text:

Sus les pons de lyesse
Je ouy l'autruy chanter
Ung si belle fille,
La fille d'ung bourgois.

Elle peygnoit sa perruque
Dessoubz ung olivier,
Son peigne cheut a terre;
Ne le sceut redresser.

Six more quatrains follow. This is the only source, with or without music, which has the incipit, "Sur le pont de liesse." However, except for the reversal of masculine and feminine endings, the strophic design is identical to "Sur le pont de Lyon," and "Sur le pont d'Avignon." There may of course have been an independent model for this parody.

123. Sur Il faict bon aymer   (fol. 136)

> Il faict bon aymer,
> Loyaulment servir
> La vierge Marie
> Et Jesus son filz.

> Marie, marie, les gens vont disant
> Que vous estes grosse d'ung petit enfant,
> D'ung petit enfant, d'ung enfant petit,
> Car tous les prophetes ainsi l'ont escript.

> Hé, benoiste dame, moult heureux sera
> Qui de corps et d'ame vous obeyra,
> Et vous servira de bon appetit.
> Bien fault qu'on reclame vostre enfant petit.

> Moult fustes heureuse du salut nouvel,
> Vierge glorieuse que fist Gabriel.
> Or chantons: "Noel" trestous de grant desir;
> Or mere piteuse prenez y plaisir.   (fol. 136')

> A celle naissance vindrent pastoureaulx,
> En obeissance, offrir leurs aigneulx,
> Et les trois roys y vindrent aussi
> Offrir leurs joyaulx a vostre mercy.

> Anges et archanges si vindrent des cieulx
> Pour faire louenges au roy gracieulx,
> Si tresprecieulx. A la mort s'est mis
> Pour les maulx estranges qu'avion commis.

> O vierge tant belle, vous avez produit,
> Demourant pucelle, ung tresnoble fruict;
> Tout le monde en bruyt et s'en resjouyst,
> Car telle nouvelle jamais on n'ouyt.

> Marie, Marie, a tant ferons fin
> Que chascun vous prie, vierge de cueur fin,
> Tout le peuple, affin que vostre doulx filz
> Apres ceste vie que nous doint paradis.
>   Amen.   Noel.

Additional sources for this text:

S1. Nyverd, *Les Grans noelz,* Paris, n.d., fol. E3'.
S2. Jehan Bonfons, *Les Grans noelz,* fol. 136.
S3. [*Noelz nouveaulx*] (Cat. no. 51), fol. 132'.

Other parodies:

P1. [Vve. Trepperel?], *Les Grans noelz,* fol. 181', has the same timbre for the noël, "'Nouel' chantons joyeusement Pour la vierge honorée." The strophic design does not match that of the Sergent's noël.

P2. [Lotrian], *Les Grans nouelz,* fol. 166', has the same timbre for a noël text that begins, "Chantons: 'Noel' joyeusement, Pour la vierge honorée," a variant of the noël in [Trepperel?]

P3. Vilgontier MS (Paris MS 14983), fol. 14, has a text similar to Lotrian's.

124. Sur Jolys boys, reverdis toy mon cueur   (fol. 136′)

Pastoureaulx, reveillez vous
Et menez joye.
Ensemblement chanton: "Nau"
Mon cueur s'esjoye.   Bis.

En gardent mes brebiettes,
L'ange chante ung nouveau chant,
En disant de voix doulcette:
"Nasqui est ung bel enfant."   Bis.
C'est chose vraye.   (fol. 137)
Dist a tous en Bethléem:
"Prenez la voye."   Bis.

Tantost la commande faicte,
L'ung a prins son flageollet,
Ung aultre a prins sa musette.
Je prins ung joly bouquet   [Bis.]
Que je faisoye,
De marjolaine et de muguet,
Lyé de soye.   Bis.

Trois princes de haulte paraige
Offrirent or, myrrhe et encens.
De mon corps luy fis hommaige,
Car je n'avois point d'argent,   Bis.
Ny de monnoye.
Se j'avoye cent mille escus,
Les luy donroye.   Bis.

Mes compaignons s'esmerveillent,
Rendant graces a Jesus
Des grans miracles qu'ilz voyent:
Et richesses levez sus,
Que je veoyoye,   Bis.
Ont donné de oultre plus,
Chascun sa proye.   Bis.

Prions tous la vierge Marie,
Et son doulx enfant Jesus,
Que nous puissons leur complaire   (fol. 137′)
Lassus au royaulme des cieulx.
Ou est la joye   Bis. [sic])
Chantons donc de cueur joyeulx,
Et menons joye.
    Amen.   Noel.

Additional sources for this text:

S1.   [Vve. Trepperel?], *Les Grans noelz,* fol. 79.
S2.   [Lotrian], *Les Grans nouelz,* fol. 71.
S3.   [*Noelz nouveaulx*] (Cat. no. 51), fol. 133.
S4.   Jehan Bonfons, *Les Grans noelz,* fol. 136'.
S5.   Vilgontier MS (Paris MS 14983), fol. 75.

125. Or sus, or sus, bouvier, Dieu te doint bonne estraine(fol. 137′)

Seigneurs grans et petis
De la conté du Maine,
Or levez sus, ne dormez plus,
C'est assez sommeillé,
Que "Noel" soit chanté,
Car la feste s'approche.
Naulet noel, le roy du ciel,
Sera ou lundy né
D'une belle pucelle.

Son ange envoya
A la belle fillette,
Luy annoncer que Dieu du ciel
Choisie pour mere l'a,
Et qu'elle n'en doubtast ya
Son virginité perdre,
Or levez [sus, ne dormez plus,
C'est assez sommeillé,
Que "Noel" soit chanté.]

"Marie, je te salue,
Tu es de grace plaine,
Dieu est o toy," dist Gabriel,
Quant avec elle fut;
"Tu concepvras l'aignel,
Le puissant roy de gloire."   (fol. 138)
[Or levez sus, ne dormez plus,
C'est assez sommeillé,
Que "Noel" soit chanté.]

Quant la vierge entendit
La joyeuse nouvelle
Que l'ange dist, sans contredict,
Doulcement respondit:
"Soit faict selon ton dict,
Jesus de Dieu ancelle."
[Or levez sus, ne dormez plus,
C'est assez sommeillé,
Que "Noel" soit chanté.]

Si tost qu'elle eut donné
La responce doulcette,
Sans nul respit le sainct esperit

Eut en elle incarné
Tout parfaict et formé,
Sans jonction charnelle.
[Or levez sus, de dormez plus,
C'est assez sommeillé,
Que "Noel" soit chanté.]

Puis alla visiter
Sa cousine germaine,
Helizabeth, qui estoit grosse
Plus presté d'enfanter
Combien qu'elle eust esté
Par moult long temps brehaigne.
[Or levez sus, ne dormez plus,
C'est assez sommeillé,
Que "Noel" soit chanté.]

De Si tost qu'elle l'a vit,
De grant joye fut remplye.
"Je te salue, benoist es tu,
Et benoist est ton fruict.
Le mien c'est esjouy,
Quant a ta voix ouye."
[Or levez sus, ne dormez plus,
C'est assez sommeillé,
Que "Noel" soit chanté.]

Marie moult doulcement
Servit a sa cousine,   (fol. 138′)
Troys moys ou plus avec elle fut
En servant proprement;
La garde doulcement
En tout sa gesine.
[Or levez sus, ne dormez plus,
C'est assez sommeillé,
Que "Noel" soit chanté.]

      Amen.   Noel.

Additional sources for this text:

S1.   [Vve. Trepperel?], *Le Grans noelz,* fol. 97.
S2.   [Lotrian], *Les Grans nouelz,* fol. 87.
S3.   [*Noelz nouveaulx*] (Cat. no. 51), fol. 134, where the timbre is given is the
      table: "Bouvier, Dieu te doint bonne estraine."

S4.   Jehan Bonfons, *Les Grans noelz,* fol. 137'.

Related chanson texts:

No related chanson texts have been found.

Musical settings:

M1.   The setting by Bulkyn in *Canti B,* no. 36, fol. 40 (pp. 193-94 in Hewitt edition), is *a 4,* and has the incipit, "Or sus, or sus, bovier," in the superius. The two upper voices are in canon in this imitative setting, and the noël text fits the two canonic voices with ease. Hewitt lists no concordances for this chanson. Ex. 125 is after Hewitt's edition.
M2.   Janequin's setting *a 3* in Copenhagen MS 1848, pp. 439-40, has a text which begins similarly, but has a different strophic design: "Or sus, or sus, vous dormez trop, Madame Joliette." It does not accommodate the noël text.

Example 125.

Example 125 (cont.)

sus, ne dor-- - mez plus, C'est as - sez

dor - mez plus, C'est as - sez som-meil-

som-meil-lé, As -sez som - meil - lé.

lé, As - sez som - meil - - lé.

Que "No - el" soit chan -

Que "No - el" soit chan - ter

Example 125 (cont.)

Example 125 (conclusion)

126. Le dit de la conception Nostre Dame sur le chant Mauldit soit jalousye (fol. 138′)

Levons trestous la teste
Par grant devotion:
Ennuyct avons la feste
De la conception.
Ou pays de Normendye
Ung duc jadis regnoit:
Bastard n'en doubtez mye,
Du roy de France estoit.

Herault, roy d'Angleterre,
Avoit fille espousé
De France dont fut guerre
Et debat commence.
L'angloys par meurtrerie
La fist a mort livrez;
Donc commença tuerye
Ou maint furent navrez.

Adonc le duc Guillaume
En Angleterre alla.
Pour venger celuy blasme,
Le roy la l'envoya.
Avec grant armée   (fol. 139)
Guillaume feist assault,
Et par sa regnommée,
Tua le roy Herault.

Adonc fut Angleterre
En la main des Normans,
Et si fina la guerre,
La paix dura deux ans.
Depuis le roy de Dace,
Qui estoit grant et fort,
Les Normans fort menace,
Qui n'avoit point d'effort.

Adonc le roy Guillaume,
Duc Normant, roy Angloys,
Gaigna le roy de Dace,
Allié d'aultres roys.
Pour faire pacience
Ung abbé envoya.

Elsin de grant prudence
Ambassade la alla.

Lors passa la mer sade;
En Dace s'en alla.
Comme bon ambassade
Son messagier parla.
Quant eut faict son messaige,
Sur la mer s'adressa.
Tantost vint grant oraige: (fol. 139')
Tempeste tout froissa.

Peril de mer et tonnerre,
La navire volla.
Nul ne vouloit enquerre
Qu'il ne demourast la.
Elsin pria Marie
Par grant devotion,
Disant: "Je te prie,
Reçoy mon orayson."

Tantost, par grant miracle,
Veirent ung esperit blanc,
Les beaulx yeulx et la face
Comme soleil luysant
Qui leur dist en voix belle,
Si par devotion
Font feste solempnelle
De la conception.

Qui les mainroit a vie,
S'ilz faisoyent mention
De la vierge Marie
Et sa conception,
En prenant le service
De la nativité.
L'abbé ne fut pas nice;
Or y mist voulenté.

Or y est eschappé
Et vint au port de mer.   (fol. 148; *recte,* fol. 140)
Il a par tout presché
Qu'on doibt craindre et aymer
Le doulx nom de Marie
Et sa conception.

Louons la, je vous prie.
Par grant devotion.

    Amen. Noel.

Additional sources for this text:

S1. [Vve. Trepperel?], *Les Grans noelz,* fol. 146′.
S2. [Lotrian], *Les Grans nouelz,* fol. 134.
S3. Jehan Bonfons, *Les Grans noelz,* fol. 138′.
S4. Rigaud, *La Grand bible,* no. 41.

Other parody:

P1. Nourry, *Noelz nouvellement composez,* fol. A′, has the same timbre for
the noël, "Beniste soit la feste De la Nativité."

Related chanson texts:

C1. [Lotrian], *S'Ensuyvent plusieurs belles chansons,* 1535, fol. 26′ (=
Jeffery's *1535,* also in *1537, 1538,* and *1543;* ed. in Jeffery, Vol. II, p. 200;
in Weckerlin, *L'Ancienne chanson,* p. 306), has a chanson that is closely
related, although the strophes are irregular. The first two strophes are:

    Mauldict soit jalousie
    Et qui jaloux sera.   Bis.
    J'avois faict une amye
    Depuis trois jours en ça,   Bis.
    Mais s'elle m'a laissé,
    Et faict nouvel amy,
    Dont vint la congnoissance
    De m'amye et de moy.

    En dansant une dance
    M'estraint le petit doy.
    La dame luy demande:
    "Serez mon amoureux."
    Le galland luy respond:
    "Ma dame, je le voulx."

Four more strophes follow.

C2. An anonymous setting *a 3* in Florence MS XIX.59, without foliation, has
a text which is similar, although lines 1 and 5 are each a syllable shorter
than the noël text's parallel lines:

Mauldit soit envye,
Et jalousie aussi,
Car ce ne fut en vie,
J'eusse faire autr'amy.

Hors des Angiers
Je fusse aupres de luy.
Helas, je suis en ce,
Seulette, sans amy.

C3. Nourry, *S'Ensuyvent plusieurs belles chansons,* fol. 4' (= Jeffery's *Nourry)* has a chanson text with a nine-line strophe (ed. in Jeffery, Vol. II, pp. 82-83). It does not match the noël:

Mauldict soit jalousie
Et qui jaloux sera.
J'avoys faict une amye
Depuis troys moys en ça,
Mais elle m'a laissé
A faict nouvel amy;
Se elle est par moy battue,
J'en ay le cueur marry.
Helas, mon cueur vit en soucy.

Several more strophes follow.

Musical setting:

M1. The setting, cited in C2 above, which is fully texted in the superius, can accommodate the noël text because of the melismas. The tenor is without text, and the contratenor has the incipit, "Mauldicte soy." See ex. 126.

Example 126.

Chanson: Maul- dic - te soit en - -
Noël: Le - vons tres - tous la

vi - - e Et jau - lo - - sy - e
tes - - te Par grant de - - vo - tion:

Maul - dic - te soit en - vi - e, Et
Le - vons tres - tous la tes - te par

Example 126 (cont.)

jau-lo-sy- e   aus -   si,]   Car ce
grant de - vo -   tion:]   En - nuyct

ne fust   en vi -   -   e. J'eus-se   faire
a - vons   la fes -   -   te De la

au - tr'a - - - my [J'eusse   faire   au - tr'a -
con - cep - - - tion, [De la   con - -   cep -

Example 126 (cont.)

my... Hors des An - giers
...tion. Ou pa -ys de Nor - man-

Je fus - s'au - pres de luy, L -e fus-
dye, Ung duc ja - dis re - gnoit, l -ung duc

s'au - pres de luy Hel -
ja- dis re - gnoit; Bas -

Example 126 (conclusion)

127. Sur Dy moy, more   (fol. 148, *recte* 140)

Dy moy, more, par ta foy,
Avoys tu ferme creance
Que l'enfant estoyt le roy
De paradis, sans doubtance,
Qui tout le monde rachepter
Vint, et enfer desheriter,
Le roy de toute puissance
A aymer et a doubter?

Dy, Herode malheuré,
Tout plain d'oultrecuidance,
Que n'as tu Dieu adoré
En humble reverence,
Qui pour toy et nous rachepter,
Humain lignaige conforter
A souffert mainte souffrance.
Ne le sceus tu jamais noter?

Dy, Baltazar, parle a moy,
Dont te vient le congnoissance   (fol. 148'; *recte* 140')
D'aller adorer le roy?
Et par quelle demonstrance
La nuyct en umbre vey clarté,
En l'estoille l'enfant noté,
Trois eusmes signifiance
Que une vierge avoit enfanté?

Herodes de faulx arroys,
Tout fin plain d'oultreuidance,
Que n'allas tu, o les roys,
A Jesus faire obeissance?
Tu en as honte maintenant:
Tu es en enfer bien avant,
En miserable souffrance.
Pas ne pensoys paravant.

Dy, Melchior, noble roy,
De quel don feis obeissance,
D'encens que je portay o moy,
A Dieu de toute me puissance,
Qui tout le monde faict trembler,
Maulvais douloit, bons consoler,
Le hault juge d'infaillance,
Contre qui nul n'ose parler?

> Or, chantons de cueur gay
> Pour l'amour de la naissance
> De Jesus, loy, foy, et roy,
> Qui fut mis en la balance;
> Pour le monde balancer,   (fol. 141)
> Maulvais dampner, bons solacer,
> Et pour nostre delivrance
> A voulu la mort passer.
>
> Amen.   Noel.

Additional sources for this text:

S1. [Lotrian], *Les Grans noelz,* fol. 138'.
S2. [*Noelz nouveaulx*] (Cat. no. 51), fol. 135.
S3. Jehan Bonfons, *Les Grans noelz,* fol. 140.
S4. Nicolas Bonfons, *La Grand bible,* fol. 46.
S5. Rigaud, *La Grand bible,* no. 42.

Other parodies:

P1. [Vve. Trepperel?], *Les Grans noelz,* fol. 151', has the same timbre for the noël, "Dy moy, Jasper, par ta foy."
P2. Nyverd, *Les Grans noelz,* fol. C3, has the same timbre for the noël, "Chantons tous: 'Noel' chanton, Pastoureaulx et pastourelles."
P3. *Chansons spirituelles,* 1569, p. 272, has the same timbre for the Protestant chanson, "Or di, Pape, sur ta loy."

Related chanson texts:

C1. A fragment of the chanson appears in the anonymous fricassée *a 4* in Attaingnant, RISM 1531-1, fol. 12, no. 19, in the bassus. It bears a relationship to the parallel phrase in the Bayeux MS, cited in C2 below:

C2. Bayeux chansonnier (Paris MS 9346), Chanson 96 (ed. in Gérold, *Bayeux,* p. 116) has a text which may be related to the noël:

> M'ermé, je n'ay point a nom Johanne,
> Mais mon mary a nom Jouen,
> Mais mon mary a nom Jouen.

"Dy moy, Jouen, par ta foy,
N'as tu voit de femme?"
"Nenny, mais j'ay dame.
Qui est venu d'Avignon,
Du pont Trocquart ou environ."
M'ermé, je n'ay point a nom Jouenne,
Mais mon mary a nom Jouen,
Mais mon amy a nom Jouen.

The syllable count for several of the lines of this chanson does not match that of the noël. It is possible to adjust the text to fit the chanson melody, however. See ex. 127.

Musical setting:

M1. The monophonic melody in Paris MS 9346 cited in C2 above accommodates the noël text with some adjustment. See Ex. 127.

Example 127.

128. Aultre noel sur L'amour de moy si est enclose dedans ung petit jardinet (fol. 141)

Vray Dieu, il n'est si doulce chose
Que de chanter trestous: "Noel,"
Car c'est ung testament nouvel,
Comme l'escripture l'expose.

Adam commist maulvaise chose
Quant il menegeit ung morcelet
Donc plus de cinq mil ans apres,
La porte de paradis fut close.

    Vray Dieu, il n'est si doulce chose, etc.

Mais pour reparer ceste chose,
Dieu si assembloit son proces:
Justice, Verité, et Paix
Et y estoyt misericorde.

    Vray Dieu, il n'est si doulce chose, etc.

Ensemble ont conclus, c'est la glose,
Que le filz Dieu rachepteroit
Nature humaine, qui en destroit   (fol. 141')
Estoyt, avoyt ya longue pose.

    Vray Dieu, il n'est si doulce chose, etc.

Gabriel plus cler que alose,
A Marie s'en vint tout droict;
En la saluant, luy disoit:
"Tu concepveras la passerose."

    Vray Dieu, il n'est si doulce chose, etc.

Marie luy dit en prose
Par quelle maniere se feroit,
Car en privé ne en secret
Homme ne congneus pour telle chose.

    Vray Dieu, il n'est si doulce chose, etc.

Mais l'ange plus avant propose:
Regardez moy Helizabeth,
Qui a conceu ung bel enfançonnet,
Pourquoy Zacharie parler n'ose.

    Vray Dieu, il n'est si coulce chose, etc.

En Bethléem, sans porte close,
Elle acouchit de cest enfançonnet.

Celle nuyct faisoyt si grant froit,
Que c'estoit merveilleuse chose.   (fol. 142)
   Vray Dieu, il n'est si doulce chose, etc.

L'amour de Marie est enclose
Dedans ung petit jardinet,
Ou l'arbre de Jessé florissoit:
Donc en yssit la passerose.

   Vray Dieu, il n'est si doulce chose
   Que de chanter trestous: "Noel,"
   Car c'est ung testament nouvel.
   Comme l'escripture l'expose.

     Amen.   Noel.

Additional sources for this text:

S1.   [Vve. Trepperel?], *Les Grans noelz,* fol. 180'.
S2.   [Lotrian], *Les Grans nouelz,* fol. 165'.
S3.   Nyverd, *Les Grans noelz,* fol. 82'.
S4.   [*Noelz nouveaulx*] (Cat. no. 51), fol. 136.
S5.   Jehan Bonfons, *Les Grans noelz,* fol. 141.

Other parody:

P1.   Mathieu Malingré, *Noelz nouveaulx,* fol. C2, cites the chanson as timbre
     for the Protestant chanson, "Je chanteray: 'Noel' ma pose," a paraphrase
     of Ps. 130, Vulgate 129.

Related chanson texts:

C1.   *S'Ensuivent plusieurs belles chansons,* no. 6 (= Jeffery's *90(a);* also in his
     90(b); ed. in Jeffery, Vol. I, p. 48):

L'amour de moy si est enclose
Dedans ung joly jardinet,
Ou croist la rose et le muguet,
Et aussi fait la passe rose.

Le jardinet est si plaisant,
Il est garny de toutes fleurs;
Le rossignol si est dedans,
Qui chante la nuyt et le jour.

Or n'est il riens si doulce chose
Que le chant du rossignollet,

Qui chante au soir et au matinet:
Quant il est las, il se repose.

[L'amour de moy si est enclose, etc.]

Two more quatrains follow.

C2. A variant version of the text is in [Lotrian], *S'Ensuyvent plusieurs belles chansons,* 1535, no. 148 [= Jeffery's *1535;* also in his *1537, 1538,* and *1543;* ed. in Jeffery, Vol. II, p. 270).

C3. Further sources for the text are listed in Brown, "Catalogue," no. 241.

Musical settings:

M1. The monophonic versions of the melody on which all of the following polyphonic settings are based are in the Bayeux MS (Paris MS 9346), no. 27 (pr. in Gérold, *Bayeux,* p. 30); and in Paris MS 12744, fol. 20; no. 27 (pr. in Paris and Gevaert, p. 15; see ex. 128). The text for both of these is that given above, with minor variants. The melodies differ only in detail, the main variant being the repeat of the last line of the refrain, in 9346, which is lacking in 12744. Both accommodate the noël text.

M2. A monophonic melody in Paris MS 12744, no. 51, "Jamés je n'auré envie," is the same after the opening phrase as those in M1 above. It also will accommodate the noël text.

M3. The monophonic melody in *Souterliedekens,* Ps. 31 (ed. in Mincoff-Marriage p. 132), has a melody which is identified as "L'amour de moy," but is independent of all those cited above. Nevertheless, it too can accommodate the noël text.

M4. Clément's setting *a 3* of the same Ps. 31 is in *Souterliedekens,* Vol. II of Jacobus Clemens non papa, *Opera omnia,* Vol. II, p. 22, with the *cantus prius factus* in the tenor.

M5. An anonymous setting *a 3* is in Copenhagen MS 1848, p. 136. The text has the same strophic design, although it varies in detail. The noël text will fit this setting as well.

M6. A setting *a 2* by Brugier in Rhaw, RISM 1545-7, no. 28, has the *cantus prius factus* elaborated.

M7. An anonymous setting *a 3* in Harley MS 5242, fol. 36'-37, will accommodate the noël text (ed. in Brown, *Theatrical Chansons,* no. 47, pp. 138-41). The same work with minor variants is in St. Gall MS 462, fol. 42 (ed. in Geering, *Das Liederbuch,* pp. 79-80).

M8. Two voices of an incomplete setting *a 3* by Richafort are in LeRoy and Ballard, RISM 1578-15, fol. 15.

M9. An anonymous setting *a 4* is in *Canti C,* fol. 7-8; also in Paris MS 1597, fols. 71'-72 (transcr. in Shipp, pp. 534-36; ed. Brown, *Theatrical Chansons,* no. 48, pp. 142-46); and in St. Gall MS 462, fol. 42'. The *cantus prius factus* is in the tenor (ed. in Geering, *Das Liederbuch,* pp. 81-82).

M10. Three voices of an incomplete setting *a 4,* anonymous, are in Paris MS 1817, fol. 25 and in Cortona MS 95-96, fol. 22.

M11. Certon's setting *a 6* has an elaborated *cantus prius factus* in Du Chemin, *Les Meslanges,* 1570, p. 73.

M12. Pierre de la Rue, *Missa "L'amour de moy,"* in Cap. Sist. MS 36, fols. 1ff., has the *cantus prius factus* elaborated in three voices in the opening of the "Patrem."

M13. The chanson is quoted in Fresneau, *Fricassée, a 4* in Moderne, RISM 1538-17, fol. 2', altus.

Example 128.

Chanson: L'a - mour de moy si est en -
Noël: Vray Dieu il n'est si doul - ce

cho - - - - - se
cho - - - - - se

En ung jo - ly jar - - di -
Que de chan - ter tres - tous: "No -

net, Ou croist la ro - - se et
el," Car c'est ung tes - - ta -

le mu - guet, Et aus - sy
ment nou - vel, Com - me l'es -

fait la pas - se ro - - -
scrip - - tu - re l'ex - po - - -

- - - - se. Fine. Je l'a vis
- - - - se. A - dam com -

l'aul - - tre jour flou - ris
mist maul - vai - se cho - se

La vi - o - let - - te en ung vert
Quant il - geit ung mor - ce -

pré. La plus bel - le qu'on -
let; Donc plus de cinq mil

ques je vis Et la plus
ans a - pres, La por - te

plai - - sant' a mon gré. D.C.
de pa - ra - dis fut clo - se.

129. Sur la chanson de la Peronnelle   (fol. 142)

A vous point ouy de nouvelle
Que l'on dit? C'est grant nouvelleté.
On dit que une belle pucelle
A le filz de Dieu enfanté.

Herodes en ouyt la nouvelle;
Il en fut moult desesperé.
Tous les enfans de la mamelle
Soubz deuz ans a mort livré.

Les meres en ont tristesse.
Dieux, helas, c'estoit grant pitié.
Rachel souffrit grant angoisse
Quant son filz fut decapité.

Le sang des innocens appelle
Vengeance de la cruaulté,
Et en a ouy Dieu la nouvelle,   (fol. 142′)
Auquel il en a prins grant pytié.

Le faulx Herodes en sa vieillesse
Fut de cirons tout deciplé,
De galle, de goutte et foyblesse,
De mesellerie tout enflé.

Comme vile charongne infaicte
Il puoit ladre corrogé.
S'il n'y eut eu garde bien faicte,
Certes les chiens l'eussent mengé.

De sa mort chascun maine joye.
Les diables l'en ont emporté.
Or, est il en maulvaise voye,
Dampné, ou puis d'enfer jecté.

Selon l'escripture bien vraye,
Trois roys Herodes ont esté,
Dont l'ung est cil que je disoye,
Qui aux enfans feist cruaulté.

L'autre, pour son Herodiade,
Jehan Baptiste feist decollez.
Enfer le tient aussi en garde
En la mayson des desolez.

Apres vint leur filz, ung beclaune,
Leur successeur en maulvaistié.

Il fist Jesus vestir de jaulne,
Party en blanc, fol reputé.

Qui bien congnoistroit leur nature,
Mauldit soit le meilleur des trois;　　　　　(fol. 143)
Enfer les a, en son ordure,
Nommons les miserables roys.

Jesus, qui fist ciel et terre,
Nous vueille garder d'aller la,
Et nous doint la chose parfaire,
Dont nous chantons: *"Alleluya."*

　　Amen.　　Noel.

Additional sources for this text:

S1.　[Vve. Trepperel?], *Les Grans noelz*, fol. 149'.
S2.　[Lotrian], *Les Grans nouelz*, fol. 136'.
S3.　*[Noelz nouveaulx]* (Cat. no. 57), fol. 137.
S4.　Jehan Bonfons, *Les Grans noelz*, fol. 142.
S5.　Nicolas Bonfons, *La Grand bible*, fol. 47.
S6.　Rigaud, *La Grand bible*, no. 43.

Other parodies:

P1.　*Les Ditez des noelz nouveaulx*, fol. G5 gives the same timbre for the noël, "Chantons: 'Noel' a la pucelle."
P2.　Mathieu Malingré, *Noelz nouveaulx*, s.l.n.d., fol. A2, gives the timbre, "N'as tu point veu la Peronnelle," for the Protestant chanson, "Chantons: 'Noel' du filz Marie, Par doulx accord spirituel."
P3.　Marguerite de Navarre, *Les Dernieres poésies*, pp. 314-20 (ed. Abel Le Franc, Paris, 1896), cites the same timbre for the Protestant chanson, "Aves point veu la malheureuse."

Related chanson texts:

C1.　*S'Ensuivent plusieurs belles chansons*, no. 30, fol. C3' (= Jeffery's *53;* ed. in Mairy, *Chansons au luth*, pp. 688-89; in Jeffery, Vol. I, pp. 144-45), has a matching text arranged in couplets rather than in quatrains. It is Jeffery's opinion that the original placement of repeat signs for lines 3 and 4 suggests that "each couplet is to be repeated to precede each succeeding couplet" (ibid., p. 145).

　　A vous point veu la Peronnelle
　　Que les gens d'armes ont emmenée?

Ilz l'ont habillée comme ung paige,
C'est pour passer le Daulphiné.

Le Daulphine si n'est pas large,
Il en sera plustost passé.

Elle avoit trois gallans de freres.
Qui nuit et jour la vont cercher.

Several more couplets follow.

C2.   A variant version of the poem which does not fit the noël is in Weckerlin,
      L'Ancienne chanson, pp. 363-66. This may be a fricassée text:

N'as tu point veu la Peronnelle
Que les gens d'armes ont amenée?
    Et ou?

Sur le pont d'Avignon j'ay ouy chanter la belle,
Qui en son chant disoit une chanson nouvelle.
    Et quelle?

C3.   Several chansons begin: "A vous point veu..." or with variants of this
      opening. There are several possible endings for the line in addition to "la
      Peronnelle." These include "mal asenée" or "mal assignée." For this
      chanson, see noël no. 104 of this study. A third ending is "la Viscontine,
      tant godine." For a setting of this, see Paris MS 4599, fol. 2', which has
      tenor only.

C4.   Listed in Brown, "Catalogue," no. 34.

C5.   Cited as basse danse in [Moderne], *S'Ensuyvent plusieurs basses dances,*
      fol. B2', and in Rabelais, *Le 5e livre,* chap. 32 *bis* (ed. by Demerson, p.
      928).

Musical settings:

M1.   The monophonic version of the chanson is in Paris MS 12744, fol. 27',
      no. 39 (pr. in Paris and Gevaert, p. 22; in Tiersot, *Histoire de la chanson
      populaire,* pp. 12-13; and in Gérold, *Chanson Populaire,* p. 32). See ex.
      129.

M2.   A fragment from the Fresneau "Fricassée" in Moderne, RISM 1538-17,
      fols. 2'-4, has the text, "A vous point veu la chauminelle," set to a melody
      that reproduces the general shape of the opening of the chanson in Paris
      MS 12744, but without the melismas.

M3.   For other instrumental settings, see Brown, "Catalogue," no. 34.

Example 129.

Chanson: A - vez point veu la Per - ron-
Noël: A vous point ou - y de nou-

nel - le Qui les gens d'ar -mes ont a - me - né -
vel - le Que l'on dit? C'est grant nou - vel -

e? Ilz ont a - bil - lé - e com - me ung
té. On dit qu'u - ne bel - le pu -

pai -ge, C'est pour pas - ser le Dau - phi - né.
cel -le, A le filz de Dieu en - fan - té.

130. Sur Jolyet est maryé   (fol. 143)

Joseph est bien maryé   Bis.
A la fille de Jessé.   Bis.
C'estoit chose bien nouvelle
D'estre mere et pucelle.
Dieu y avoit besongné.
Joseph est bien maryé.

Et quant ce fut au premier,   Bis.
Que Dieu nous voulut saulver,   Bis.
Il fist en terre descendre
Son seul filz Jesus pour prendre
En Marie humainité.
Joseph est bien maryé.

Quant Joseph eut apperceu   Bis.
Que sa femme avoit conceu,   Bis.
Il ne s'en contenta mye.
Il luy dist: "Dame Marie,
Vous m'avez tresbien trompé."
Joseph est bien marié.   (fol. 143')

Mais Gabriel luy a dit: Bis.
"Joseph, n'en ayez despit,   Bis.
Ta saincte femme, Marie,
Est grosse du fruict de vie;
Elle a conceu sans peché."
Joseph est bien marié.

A Noel endroit minuyct   Bis.
Elle enfanta Jesuchrist,   Bis.
Sans peine et sans villannie.
Joseph moult fort se soucye
Du cas qui est arrivé.
Joseph est bien marié.

Les anges y sont venus   Bis.
Veoir le redempteur Jesus   Bis.
Par tresgrande compaignye,
Puis a haulte voix jolye:
"*Gloria*" ilz ont chanté.
Joseph est bien marié.

Les pasteurs ont entendu   Bis.
Que le saulveur est venu.   Bis.
Ont laissé leurs brebiettes

En chantant de leurs musettes,
Disant que tout est saulvé.
Joseph est bien marié.

Les trois roys pareillement	Bis.
Ont apporté leur present	Bis.
D'or, d'encens, aussi de myrrhe	(fol. 144)

Ont donné au filz Marie.
De luy yssoit grant clarté:
Joseph est bien marié.

| Or prion devotement | Bis. |
| De bon cueur tres humblement | Bis. |

Que paix, joye, et bonne vie
Inpetre dame Marie
A nostre necessitè:
Joseph est bien marié.

Amen. Noel.

Additional sources for this text:

S1. [Vve. Trepperel?], *Les Grans noelz*, fol. 111'.
S2. [Lotrian], *Les Grans nouelz*, fol. 101.
S3. Arnoullet, *Noelz nouveaulx nouvellement faitz*, fol. A3'.
S4. [Noelz nouveaulx] (Cat. no. 51), fol. 137'.
S5. Jehan Bonfons, *Les Grans noelz*, fol. 143.
S6. Nicolas Bonfons, *La Grand bible*, fol. 48, has an extra strophe following
     Sergent's 4th strophe.
S7. Rigaud, *La Grand bible*, no. 44.
S8. Hernault, *Cours des noelz*, fol. H(1) 1'.
S9. Gervais Olivier, *Cantiques de noelz anciens*, p. 54.
S10. De Smidt, *Les Noëls*, pp. 159-60, reprints the text with minor variants in
     the first two strophes and major variants thereafter. De Smidt's earliest
     source for the text is a collection dated 1718.

Other parodies.

P1. Aneau, *Chant natale*, Lyons, 1539, fol. c4, cites the same timbre for the
     noël, "Pasteurs qui veillez aux champs." Aneau identifies the chanson as
     a branle.
P2. Jehan Bonfons, *Chansons nouvellement composées*, Paris, 1548, fol. C8
     (ed. in Weckerlin, *L'Ancienne chanson*, p. 193), has the following rubric
     and chanson text:

Autre chanson nouvelle de deux amants: composé sur le chant Jolliet est
marié: dont chascun se reprent comme le premier.

Je fermay ersoir de sorte:
La fenetre que sçavez
Vintes buquer a la porte,
Dictes: "Hola," vous en allez
Ma mere entendit cela.
Las, pourquoy dictes vous: "Hola?"
Las, pourquoy dictes vous: "Hola?"

Three more strophes follow.
Brown, in his Catalogue," no. 231, gives a number of additional sources
for this parody. Further, he connects this parody with the chanson, "La
ceinture que je porte" which is also cited as a timbre for the text above.
"La ceinture que j'ay ceinte" is cited as the timbre for the noël, "Gabriel
d'une vollée," in the following sources:

    a.   Denys Gaignot, *Noelz nouveaulx,* Le Mans, 1554, fol. 20';
    b.   Gervais Olivier, *Cantique de noelz anciens,* Le Mans, n.d., p. 22;
    c.   Vilgontier MS (Paris MS 14983), fol. 42', where the timbre is "le
        seincture que luy saincte, mon amy."

P3.   *Recueil de plusieurs chansons spirituelles,* 1555, p. 193, cites the noël
     incipit, "Joseph est bien marié," for the Protestant chanson, "Eslevons
     cueur et esprit."

Musical settings:

M1. The "Branle gay: la ceinture que je porte," a textless lute piece in LeRoy,
     IM 1551-2, fol. 35; (ed. in Souris and de Morcourt, pp. 65-66) has an
     elaborated melodic line, the opening strain of which is ex. 130a.
M2. De Smidt, *Les Noëls,* p. 162, provides an alternate melody for this noël,
     from Gérold, *Chansons populaires,* p. 64, who in turn took the melody
     from Attaingnant, RISM 1530-3, fol. 15, "Nous estions trois
     compaignons." A text for this melody is in [Lotrian], *S'Ensuyvent
     plusieurs belles chansons,* 1535, fol. 7 (= Jeffery's *1535,* also in *1537,
     1538,* and *1543,* ed. in Jeffery, Vol. II, pp. 156-58):

       Nous estions trois compaignons   Bis.
       Qui venoient de dela les mons   Bis.
       Pensant tous faire grant chiere
       S'en devant derriere,
       Et si n'avoyent pas ung soulz
       S'en dessus dessoubz.

The text matches that of the noël. The music appears to be related to the
lute piece, although the elaborations make this uncertain. See ex. 130b.

M3. The late source, Paris Rés. MS 884, p. 217, has a melody for the noël text, "Joseph est bien marié," that is related to "Nous sommes trois compaignons." See ex. 130c.

131. [Entre l'asne et le bouvet]   (fol. 144)

Entre l'asne et le bouvet,
Noel nouvellet,
Voulut Jesus nostre maistre
En ung petit hostellet,
Noel nouvellet,
En ce paovre monde naistre,
O noel nouvellet,

Ne couche en berselet,
Noel nouvellt,
Ne trouverent en celle estre
Fors ung petit drapellet,
Noel nouvellet,
Pour envelopper le maistre,
O noel nouvellet,

En celuy temps il gelet
[Noel nouvellet,]
A dextre et a senestre.
En ce lieu le vent coulet,
Noel nouvellet,
Tout ainsi que en ung cloistre,
O noel nouvellet.

Joseph, ce bon hommelet,   (fol. 144')
Noel nouvellet,
Mercya le roy celeste.
Marie de son propre laict,
Noel nouvellet,
Doulcement le voulut paistre,
O noel nouvellet.

Jesus, ce doulx aignelet,
Noel nouvellet,
Voulut ainsi apparoistre
Pour nous monstrer par effect,
Noel nouvellet,
Comme povres debvons estre,
O noel nouvellet.

Prions luy du cueur parfaict,
Noel nouvellet,
Qu'il nous doint si bien congnoistre
Le mal que nous avons faict,

Noel nouvellet,
Que soyons a sa main dextre,
O noel nouvellet,
Que soyons a sa main dextre.

> Amen.   Noel.

At end: Cy finent les Grans Noelz nouvellement imprimées a Paris
pour Pierre Sergent demourant en la Rue Neufve Nostre
Dame a l'enseigne Sainct Nicolas.

Additional sources for this text:

S1.   [Livre de noëls] (Paris MS 2368), fol. 61', without timbre.
S2.   [Livre de noëls] (Paris MS 2506), fol. 69', without timbre.
S3.   [Vve. Trepperel?], *Les Grans noelz,* fol. 29', gives the timbre, "Les gallans
de Sainct Malo," for a text that is the same as that given by Sergent
except for minor variants.
S4.   [Lotrian], *Les Grans nouelz,* fol. 28, has the same text and timbre as
Trepperel.
S5.   Jehan Bonfons, *Les Grans noelz,* fol. 144, without a timbre.

132. [A qui dira elle sa pensée?]   (fol. 145)

Or est venue la nuyctée
Que fut nay le doulx Jesuchrist.
Gabriel l'ange fut transmis
Du roy celeste
A Marie si luy dist
Ceste nouvelle:
"Je te salue, doulce pucelle;
Tu concepvras de Dieu le filz."
　　　Or est venue la nuyctée
　　　Que fut nay le doulx Jesuchrist.

Adonc doulcement respondit
Vierge Marie
Ceste parole et si luy dist,
Toute esbahye:
"Vierge seray toute ma vie
Et si n'auray jamais mary."
　　　Or est venue la nuyctée
　　　Que fut nay le doulx Jesuchrist.

La virginité demourra,
Ne t'en soucye.
Ton mary ne te convoytera,
N'en doubte mye,
Car la voulenté infaillye
Veult qu'ainsi soit, et les escriptz.
　　　Or est venue lay nuyctée
　　　Que fut nay le doulx Jesuchrist.

Puis qu'ainsi est comme tu dictz,
J'en suis contente,
Car a tousjours seray et suis
De Dieu servante.   (fol. 145')
Pas ne seray desobeyssante,
Mayt faict Dieu selon tes dictz.
　　　Or est venue la nuyctée
　　　Que fut nay le doulx Jesuchrist.

Ung filz conceut de sainct esperit
La vierge nette,
De la lignée du roy David,
Le grant prophete.
En Bethléem sans longue enqueste
Fut nay a l'heure de minuict.

Or est venue la nuyctée
Que fut nay le doulx Jesuchrist.

Une clarté enlumina
Toute le terre.
Ces pastoureaulx de ce pays la
Vindrent grant erre.
Ilz le trouverent sur du feurre,
Entre l'asne et le beuf assis.
Or est venue la nuyctée
Que fut nay le doulx Jesuchrist.

Joliet tantost si tira
De sa bacquette,
Ung beau sublet il luy donna,
Et sa sonnette
Et Robinet print sa musette
Puis une notte si luy dist.
Or est venue la nuyctée
Que fut nay le doulx Jesuchrist.

Or, prions le doulx redempteur
Aussi sa mere
Qui luy plaise par sa doulceur;   (fol. 146)
Faire a son pere
Qu'il nous garde de mort amere
Et nous maine tous en paradis.
[Or est venue la nuyctée
Que fut nay le doulx Jesuchrist.]
Amen.   Noel.

Additional sources for this text:

S1. [Vve. Trepperel?], *Les Grans noelz,* fol. 83, has the timbre, "A qui dir'elle
     sa pensée" for the same noël text.
S2. *Les Ditez des noelz nouveaulx,* fol. H1'.
S3. [Lotrian], *Les Grans nouelz,* fol. 74', has the same timbre and noël text as
     Trepperel.
S4. [*Noelz nouveaulx*] (Cat. no. 51), cites the noël incipit, "Or est venue la
     nuyctée" in the table; the text is missing from the body of the text,
     however.
S5. Jehan Bonfons, *Les Grans noelz,* fol. 145, gives the same noël text but no
     timbre is cited.
S6. [Recueil de noëls] (Paris MS 24407), fol. 113, cites the noël text without a
     timbre.

Other parodies:

P1. [Vve. Trepperel?], *Les Grans noelz,* fol. 84, cites the same timbre for a second noël, "A qui dirai je ma pensée."

P2. [Lotrian], *Les Grans nouelz,* fol. 75, has the same timbre and text as in P1.

P3. Jean Triguel, *Le receuil des vieils et nouveaux cantiques,* Livre second, Paris, n.d., fol. 13′, cites the timbre, "A qui dira elle sa pensée?" for the noël text, "Or maintenant puis-je bien desolée."

P4. Hubert MS (Paris MS 1895), fol. 11, cites the timbre, "A qui dira elle sa pensée?" for the noël, "Fors a toy, glorieux martir."

P5. Beaulieu, *Chrestienne resjouyssance,* no. 67, has as timbre, "Las, a qui dira sa pensée?" for the Protestant chanson, "Au seul Dieu dira sa pensée."

P6. *Recueil de plusieurs chansons spirituelles,* 1555, p. 152, has the same timbre for the Protesant chanson, "De qui sera elle consolée?" The same timbre and text are in *Chansons spirituelles,* 1569, p. 130.

Related chanson texts:

C1. Paris MS 12744, fol. 9, no. 11 (pr. in Paris and Gevaert, pp. 6-7) has the following text for a monophonic chanson. The chanson has the same strophic design as the noël:

> A qui dir' elle sa pensée,
> La fille qui n'a point d'amy?
> La fille qui n'a point d'amy
> Vit en tristesse.
> Elle ne dort jour ne demy,
> Mais tousjours veille.
> Elle a la puce en l'oreille
> Et qui la garde de dormir.
> A qui dir' elle sa pensée,
> La fille qui n'a point d'amy?

C2. A setting *a 4* in Petrucci, *Canti B,* fols. 18′-19, has the same text as C1 (ed. in Hewitt, *Canti B,* pp. 134-37).

C3. [Lotrian], *S'Ensuivent plusieurs belles chansons,* 1537, no. 7, (= Jeffery's *1537;* also in his *1543;* ed. in Jeffery, Vol. II, p. 193), has a text that begins with the verse rather than the refrain, has a number of minor variants, but has the same strophic design as the text in C1.

C4. A setting *a 4* by Layolle in Moderne, RISM 1538-15, fol. 15, and a setting *a 3* also by Layolle in Moderne, RISM 1538-19, fol. 19, both use the same text, but begin with the verse, "La fille qui n'a point d'amy," rather than with "A qui dir'elle... " (ed. of the three-voice setting is *Collected Works,* p. 8; the four-voice setting is in Layolle, on p. 72 of the same edition, Corpus Mensurabilis Musicae, 32).

Musical settings:

M1. The monophonic chanson in Paris MS 12744, no. 11, cited above, acommodates the noël text. See ex. 132.

M2. The anonymous setting *a 4* in *Canti B,* fols. 18'-19, cited above (ed. in Helen Hewiit, *Canti B,* pp. 133-36; critical commentary on pp. 41-42), will also accommodate the noël text. Further concordances for this chanson include:
   a.   Regensburg MS C120, pp. 20-23, also anonymous and including superius, tenor and bass.
   b.   Egenolff [ca. 1535], RISM 1535-14, Vol. I, no. 24, which is anonymous and has superius only.

M3. Two settings *a 2,* in Copenhagen MS 1848, p. 129, anonymous, and in Ulm MS 237a,d, fols. 41 and 40 respectively, have the same melody in the superius.

M4. A setting *a 3* by Compère in Segovia, fol. 80'-81 (ed. in *Compère: Opera omnia,* Vol. V, p. 10, ed. by Ludwig Finscher), has incipits only. The opening phrases of all three voices are melodically independent, and unrelated to the melody in Paris MS 12744.

M5. Two settings by Layolle, cited above, are based on another *cantus prius factus* (pr. in *Layolle: Collected Works,* the setting *a 4* on pp. 72-73; the setting *a 3* on pp. 81-82). Both settings begin with the verse rather than the refrain, and both can accommoate the noël if the verse of that text is sung first.

M6. A setting in Heilbronn MS X.2, fol. 24, has the incipit, "A qui dirage mes pensées."

Example 132

133. Sur Nous n'y planterons plus l'ortye   (fol. 146)

Ne pleurez plus, je vous prie.
Car le saulveur du monde est né,
Ainsi qu'il estoit ordonné,
De la doulce vierge Marie.

Aux pastoureaulx vindrent nouvelles:
"Laissez vos brebis et aigneaulx,
Aussi voz chevres et chevreaulx,
Et vous verrez de grans merveilles."

En Bethléem, cité jolye.
En une granche, vrayement,
Dedans la creiche, paovrement,
Est nay Jesus le filz Marie.

Les pastoureaulx si s'esbahirent
De la clarté qui reluysoit,
Tandis que l'ange a eulx parfoit
Mais tost apres se resjouyrent.

Ilz sont partis a chere lye
Pour adorer le roy nouvel
Chascun luy porta son fardel
Et le baillerent a Marie.

Les trois roys en grant seigneurie   (fol. 146')
Vindrent veoir ou Jesus estoit;
L'estoille si les conduysoit
Tant qu'ilz trouverent la mesgnie.

En l'adorant luy presenterent
Or, myrrhe, encens devotement,
Voire de cueur parfaictement
Et tantost apres s'en retournerent.

Prions le filz avec la mere
Qu'ilz nous pardonnent noz pechez
Et que ne soyons empechez
A l'heure de la mort amere.

          Amen.   Noel.

Additional sources for this text:

S1. [Vve. Trepperel?], *Les Grans noelz*, fol. 121.
S2. *Les Ditez des noelz nouveaulx,* fol. G4.

S3. [Lotrian], *Les Grans nouelz,* fol. 109'.
S4. Jehan Bonfons, *Les Grans noelz,* fol. 146.
S5. [*Noelz nouveaulx*] (Cat. no. 51), fol. 139.

Other parodies:

P1. [Vve. Trepperel?] *Les Grans noelz,* fol. 121', has the same timbre for the noël, "O plaisante vierge Marie."
P2. [Lotrian], *Les Grans nouelz,* has the timbre and noël as in P1.
P3. Malingré, *Noelz nouveaulx,* 1533, fol. C4, cites the timbre "Nous n'yrons plus planter l'ortie" for the Protestant chanson, "Chantons noel du filz Marie, Par melodye."

Related chanson texts:

C1. The text in Paris MS 9346, no. 51 (pr. in Gérold, *Bayeux,* p. 61), includes a second verse that may have been the model for this noël. Below are verses 1 and 2:

> Mon pere m'y deffend troys choses:
> C'est de l'aller et de venir
> Et de parler a mon amy.
> A mon amy parler je n'ose.
>
> Je n'y porteray plus l'ortye:
> C'est une fleur qui m'a piqué.
> A la rose je my tiendray:
> C'est une fleur coincte et jollye.

C2. A text in Paris MS 12744, no. 140 (pr. in Paris and Gevaert, p. 77) begins with a similar line, but has a five-line strophe:

> Nous ne porterons plus d'espée
> Ne hommes d'armes ne archers
> Ou nous a rongné noz quartiers
> C'est grant pitié
> Aux gens d'armes perdre soudée.

C3. Brown may refer to this text in his "Catalogue," no. 312.

Musical setting:

M1. The setting in Paris MS 9346 accommodates the noël text. See ex. 133.

Example 133.

Chanson: Mon pe-re my def - fend   troys cho-
Noël: Ne pleu-rez plus je vous   en pri -

ses: C'est de l'al-
e.   Car le saul-

ler et de ve - nir   Et de par-
veur du monde est   né,   Ain - si qu'il

ler a mon a - my   A mon a - my par -
es - toit or - don - né De la doul - ce vier-

ler je n'o - - - - se.
ge Ma - ri - - - - e.

134.   Sur Belle, je viens vers vous pour avoir allegeance (fol. 146′)

Chantons grans et petis
Ensemble, je vous prie,
Et ne soyons fainctis
Pour l'honneur de Marie,
Portant le fruict de vie
En son ventre neuf moys.
Chantons donc, je vous prie:
"Noel" a haulte voix.

La vierge aussi Joseph
S'en vont en Galilée,
Ou en ung paovre lieu
Marie est arrivée.
Sus petit de lictiere,
Pres l'asne et le veau,   (fol. 147)
La mere est accouchée
Du petit roy nouveau.

L'ange fut envoyé
Des cieulx par Dieu le pere,
Lequel a denoncé
Aux pasteurs le mystere.
Allez en Galilée;
La trouverez l'enfant;
Et Marie sa mere,
Agenoillée devant.

Pastoureaulx s'esveilloyent
Sans faire demourance,
S'en vont en Bethléem
A grande diligence.
Chascun d'eulx si s'avance,
De peur d'estre forclos
D'aller veoir la naissance
Du petit roy Jesus.

L'ung si luy a donné
Sa petite chevrie,
L'autre a tousjours sonné
Qui faisoyt melodie.
Chascun d'eulx si encline
En chantant *de celo*
Pour l'essence divine
Qu'avoit conceu *virgo*.   (fol. 147′)

Trois grans roys d'orient,
Moyen l'estoille clere,
S'en vont diligemment
Pour veoir le roy de gloire,
En sa digne memoire
Tous luy donnerent presens:
L'ung l'or, l'autre la myrrhe,
L'autre le bel encens.

Nous deprirons trestous
Le grant roy de victoire
Qu'ensemble soyons tous
Lassus en sa grant gloire,
Et qu'il nous doint victoire
Contre les infernaulx,
Et de nous ayt memoire
A ce bon jour de Nau.

    Amen.   Noel.

Additional sources for this text:

S1.   [Vve. Trepperel?], *Les Noelz nouveaulx,* fol. B3.
S2.   [_____], *Les Grans noelz,* fol. 116'.
S3.   [Lotrian], *Les Grans nouelz,* fol. 106'.
S4.   [*Noelz nouveaulx*] (Cat. no. 45), fol. 139'.
S5.   Jehan Bonfons, *Les grans noelz,* fol. 146'.

135. **"Noel, noel,"** *iterando:* **"Noel"**   (fol. 147′)

"Noel, noel," *Iterando:* "Noel";
Triplicando: "Noel, o noel" *psallite.*
Nova vobis gaudio refero.
Bonum vinum me faict souvent chanter,
Quant il est cler, fort, friant et entier;
Tost me faict enyvrer et je suis bien moveillé.

Vinum album est bon a desjeuner;
Tota die je n'en puis pas finer.
Donc, fault muer quant n'en puis trouver;
Je n'ay maille ne denier que tout n'y soyt bouté.

Devers le soir est bon le vin vermeil;   (fol. 148)
Quant je le boys, la lerme me vient a l'oeil.
Lors m'esveille, m'est advis que le soleil
Me frappe contre l'oeil, adonc je suis troublé.

Audite me, cito me fault coucher,
En me tournant, et je me laisse cheoir.
Lors sans cesser je crie. "Mon amy cher,
Apportez le picher ou est le vin bon cler."

Je vous diray comment me fault coucher,
Sans despouiller et sans me fault deschausser.
Soubz ung forcer, pour estre penitencer,
Froit me fault endurer, je vous dis verité.

Dicam vobis que je fais au matin,
Quant j'ay dormy et reposé mon vin:
Je boys a trois foys ung plain terrin,
Qui tient plain pot de Lymosin. *Facio sic sepe.*

Fratres mei, bonum est mon metier.
Je ne fais rien que boyre et menger,
Et me galler, et plustost le vin taster
Que ne vois ou monstier, je vous dis verité.

Audite me, je vous prie humblement,
Se je ne boys je pers l'entendement.
Saichez comment je tiens, certainement,
La bouche seichement et je pers la santé.

Obsecro vos, oyez que vous diray:
Se je ne boys toute joye perdray.
Je languiray, malade au lict seray,   (fol. 148′)
Et tantost fineray, je vous dis verité.

Additional sources for this text:

S1. [Mareschal and Chaussard], *Les Nouelz,* no. 21, is called a "chanson bachique" (unedited in *Le Spectateur Catholique,* Vol. IV [1898], p. 141), with minor variants.
S2. [Vve. Trepperel?], *Les Grans noelz,* fol. 157'.
S3. [Lotrian], *Les Grans noelz,* fol. 144.
S4. [*Noelz nouveaulx*] (Cat. no. 51), fol. 147. The noël is listed in the table but missing from the body of the text.
S5. Jehan Bonfons, *Les Grans noelz,* fol. 147'.
S6. Rigaud, *La Grand bible,* no. 45.

Related Latin texts:

C1. Arsenal MS 3653, fols. 2 and 41, has the same text twice, as follows:

Noel, noel, interumque O noel,
Triplicando noel, o noel psallite.

Nova vobis gaudio refero.
Natus est rex virginis utero
Dum prospero fidumque surgero,
Omnes de cetero talia credite.

Noel, Noel, iterumque O noel, etc.

Several more strophes follow, the final one in French. The refrain appears in this manuscript a total of eight times, seven of them with Latin verses, including those cited above. The incipits of the remaining five are: "Regina virgo Maria," fol. 28; "Forme puer menarabilis," fol. 31'; "Mirabile norunt commercium" fol. 33'; "Rex Karole francorum gaudium," fol. 36'; "Regina virgo Maria," fol. 40'. For the French version, see below.
C2. [Livre de noëls] (Paris MS 2368, fol. 52), has the same text that appears on fols. 2 and 41 of MS 3653, above, with the final verse also in French.
C3. [Mareschal and Chaussard], *Les Nouelz,* no. 2 has the Latin text as in C1 and 2, with a final French verse (unedited in *Le Spectateur Catholique,* Vol. IV [1898], p. 141). The first verse, however, varies: it begins, *"Nova vobis* quant vient a raconter."
C4. De Tournes, *Noelz vieux et nouveaux,* pp. 9-12, has the same text as cited in C1 above, with the rubric, "Pour la messe de la minuit."
C5. [Livre de noëls] (Paris MS 2506), fol. 52, has the text given in C1 above.
C6. Modern sources for this Latin cantilena include: Dreves, *Analecta hymnica,* Vol. XX, p. 114, with the incipit of the refrain, "Noel, noel, iterando O noel"; Wackernagel, *Das deutsche Kirchenlied,* Vol. I,

Leipzig, 1864, p. 234; Chevalier, *Repertorium hymnologicum,* Vol. II, Louvain and Brussels, 1897, no. 12323.

Other parodies:

P1.   Ashburnham MS 116, fol. 37, has been dated ca. 1470 by Aebischer; however, it includes material from the latter part of the fifteenth century, up to 1500. The reason for dating this noël is not given. The text is Latin and Provençal:

> Nohé, nohé, iterumque nohé,
> Triplicando nohé, o nohé psallite!
> Novellas grans vos porte de grant jaut
> Natz es lo rey nostre celestial,
> En nos sera et [en] nos istara,
> Et nos preservera doux tormens infernals.

Several more verses follow. Further on this, see Aebischer for the complete text, p. 368, and comments, p. 358 of "Varietà et anedoti: Trois noëls avignonais du XVe siècle," *Archivum Romanicum,* Vol. XIII, (1929).

P2.   Arsenal MS 3653, fol. 42′, has a French parody of the Latin text that begins with the Latin refrain and continues:

> Nous devons bien tous chanter haultement
> Et Dieu prier, le pere omnipotent,
> Car a Noel, Noel nous donna bell jouer,
> Moult en fut Lucifer durement couroucie.

P3.   Arnouillet, *Noelz nouveaulx nouvellement faitz,* fol. C3, has the timbre, "Noel, iterando noel" for the noël text in a Franco-Flemish dialect:

> Meigna, meigna, bin devon Noel chanta
> De ces enfant que Maria enfanta
>> En la cita de Beley
>> L'ofrandi, tu di vey.
> O noel, noel, noel,
> O noel, noel, noel.
>
> Gabriel l'archangeo, per bin vo dire le vey,
> Fist lo messaigeo a Maria par fey.
>> Ou la trouva? en sa chambra bin para:
>> La salua de par Dey, disant:
>> "Dey vous chadeley."
> O noel, noel, noel.
> O noel, noel, noel.

Five more strophes follow.

P4. [Moderne], *Noelz nouveaulx faictz et composez,* fol. B1'. has the timbre and text as in P3.

P5. [_____], *La Fleur des noelz nouvellement notés,* fol. C3, has the noël without a timbre, with the same text as Arnoullet and Moderne above, and with a notated monophonic melody. See ex. 135a.

P6. Triguel, *Le Recueil des vieils et nouveaux cantiques,* fol. 54', has a French text called "Le Grand noel," that begins, " 'Noel, noel,' disons trois fois: 'Noel.' "

Musical settings:

M1. The Latin text appears in a setting *a 4* by Haquinet in Copenhagen MS 1848, p. 402. This setting will accommodate the Sergent text. Its text is a variant of the Latin text in C1 above. See ex. 135a.

M2. The notated monophonic melody cited in P4 above, with the text, "Meigna, meigna . . . " is related musically to the Haquinet setting. The verse portions of both settings are based on the same *cantus prius factus.* The refrains may be related, but there are important differences. However, the monophonic melody also can accommodate the noël text. See ex. 135b.

M3. A setting *a 3* by Nicolas Grenon (pr. in Marix, pp. 233-36) has the same text for the first verse, "Nova vobis gaudia refero . . . " with only minor variants. The two subsequent verses are on the same strophic design but do not match any verse in the text given in the de Tournes print. The refrain portion is not the same, consisting as it does of "Noël" repeated twelve times. There is no musical resemblance between this and the two settings of the text above. This motet is cited in Apel, *Harvard Dictionary,* 2nd rev. ed., p. 575, as the first polyphonic noël.

Example 135 a.

Latin motet: "No - é, no - é," i-
Noël: Quant il est cler, fort,

te- "No - é," Tri - pli - can -
fri- en - tier, Tost me faict

do "No - é, O no - é" psal - li - te.
en - y - vrer, Et je suis bien mo-veil - lé.

Example 135a (conclusion)

Example 135 b.

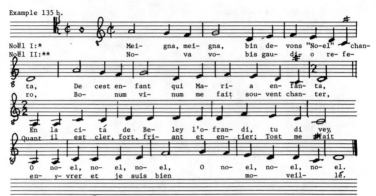

Noël I:*   Mei- gna, mei- gna, bin de- vons "No-el" chan-
Noël II:**   No- va vo- bis gau- di o re- fe-

ta, De cest en- fant qui Ma- ri- a en- fan- ta,
ro, Bo- num vi- num me fait sou- vent chan- ter,

En la ci- tá de Be- ley l'o- fran- di, tu di vey,
Quant il est cler, fort, fri- ant et en- tier; Tost me fait

O no- el, no- el, no- el, O no- el, no- el, no- el.
en- y- vrer et je suis bien mo- veil- lé.

*   Noël I: [Moderne], La Fleur des noelz nouvellement notés, fol. C3.
**   Noël II: Sergent, Les Grans noelz, no. 135.

136. Aultre noel sur Helas, Olivier Basselin   (fol. 148′)

> A la naissance du daulphin
> De paradis qui est nouvel,
> Chanter: "Noel," qui est sans fin.

Du bon cueur fault si gayement chanter
En l'honneur de saincte Marie,
Car c'est la fleur qui fault frequenter
Pour obtenir durable vie.
Gabriel, messagier divin,
Luy annonça doulce nouvelle,
Dont enfer fut tout mis a fin,

> A la naissance du daulphin, etc.

C'est le cypres: le cedre tout entier
Jadis planté, en Libanie,
C'est la cité, la tour, et le sentier
Ou lyesse est infinie.
C'est le clos et fermé jardin
Et la saincte fontaine belle,
Par qui enfer fut mis a fin,

> A la naissance du daulphin, etc.

C'est la perle, le roc et le boucher
De ferme foy qui ne varie.
C'est le blason bordé de rouge cler,
Ou charité n'est endormie.
C'est la fille de Joachin,
Mere de Dieu, vierge et pucelle,   (fol. 149)
Par qui enfer fut mis a fin,

> A la naissance du daulphin, etc.

C'est le saphir lucide sans tailler
Et la source de pierrerie.
C'est le fin or luysant sans emailler,
Ou sapience m'est perie.
C'est le gent cueur doulx et begnin,
Qui fut de Christ mere et ancelle,
Par qui enfer fut mis a fin,

> A la naissance du daulphin, etc.

Or prions Dieu qu'il vueille bien aymer
Du pays du Maine la partie,
Et ne nous doint d'enfer sentir l'amer,

Mais gloire soit a nous partie,
En louant Dieu de cueur interin
La nette et pure jouvencelle
Par qui enfer fut mis a fin,
    A la naissance du daulphin, etc.
        Amen.   Noel.

Additional sources for this text:

S1. [Vve. Trepperel?], *Les Grans noelz,* fol. 128.
S2. [Lotrian], *Les Grans nouelz,* fol. 116.
S3. [*Noelz nouveaulx*] (Cat. no. 51), fol. 140'.
S4. Jehan Bonfons, *Les Grans noelz,* fol. 148'.

Other parodies:

P1. [Vve. Trepperel?], *Les Grans noelz,* fol. 129, has a second noël text, "Chantons Noel de bon cueur fin, Que la doulce vierge Marie," to be sung to the same timbre.
P2. [Lotrian], *Les Grans nouelz,* fol. 117, has the same text and timbre as in P1.

Related chanson texts:

C1. [Lotrian], *S'Ensuyvent plusieurs belles chansons,* 1535, fol. 64 (= Jeffery's *1535;* also in his *1537, 1538,* and *1543;* ed. in Jeffery, Vol. II, pp. 256-58) provides the model for the noël:

Helas, Oliver Basselin,
Orrons nous plus de voz nouvelles?
Vous ont les Anglois mis a fin?

Vous souliez gaiement chanter
Et demener joyeuse vie,
Et la blanche livrée porter
Par tout le pays de Normandie,
Jusques a Sainct Gille en Contentin,
En une belle compaignie:
Oncques mais ne vy tel pelerin.

Helas, Olivier Basselin, etc.

Les Angloys ont faict desraison
Es compaignons du Val de Vire.
Vous n'orrez plus dire chanson

A ceulx qui les souloyent bien dire.
Nous prierons Dieu de bon cueur fin,
Et la doulce vierge Marie,
Qu'il doint aux Anglois malle fin.

Helas, Olivier Basselin, etc.

Basselin faisoit les chansons;
C'estoit le maistre, pour bien dire.
Il hanta tant les compaignons
Qui ne luy demoura que frire;
Car fut de cidre ou fust de vin,
Il en buvoit jusqu'a la lye,
Et puis revenoit au matin.

Helas, Olivier Basselin, etc.

C2.   Both monophonic chansonniers, Paris MS 12744 and Paris MS 9346,
have this chanson, and both texts are the same except for minor variants.
See M1 and M2, and ex. 136.

Musical settings:

M1.   Bayeux MS (Paris MS 9346), no. 38 (pr. in Gérold, *Bayeux,* p. 45).
M2.   Paris MS 12744, no. 56, fol. 38′, (pr. in Paris and Gevaert, p. 32). The
second phrase of the chanson has an entirely different melodic design
from the parallel phrase in the Bayeux MS. The setting also
accommodates the noël. See ex. 136.

Example 136.

Chanson: Hel - las, O - li - vier Ba - che-
Noël: A la nais-san - ce du dиul-

lin, Or-rons nous plus de vous nou- vel-
phin, De pa - ra - dis qui est nou - -

les? Vous ont les an- gloys mis a fin?
vel, Chan - ter:"No - el" qui est sans fin,

Vous vous sou-li-ez gay- ment chan- ter
Du bon cueur fault si gay- ment vhan- ter

Et de-me - nez joy -eu - se vi - e.
En l'hon-neur de sain-cte Ma - ri - e.

Et la blan-che li- vre- e por- ter
Car c'est la fleur qui fault fre= quen- ter

Par tout le pais de Nor man - di - e.
Pour ob-te - nir du-ra- ble vi - e.

137. Sur Monseigneur le grant maistre   (fol. 149)

Escoutez la trompette
Et le joyeulx clairon,
Qui tous nous admonneste
Que ce jourdhuy chantons
Par grande melodie:
"Noel, noel," nous fault   (fol. 149')
Et dire de Marie
Ung nouvel chant et hault.

L'ange du roy celeste
Vers la vierge porta
La nouvelle honneste
Aussi la salua:
"Dieu vous gard, Marie,
Saiche que tu concepveras
Le sacré fruyct de vie
Et sa mere seras."

"Celluy mot me moleste,
Gabriel mon amy,
Car le vierge pure et nette
Seray, je vous affy."
"Ne vous chaille Marie,
Le sainct esperit viendra,
Dont vous serez remplye,
Et en vous descendra."

"Amy, je suis servante
Du puissant Dieu des cieulx,
Et seray obeissante
A tes ditz gracieulx.
Mon vouloir ne varie,
Face son bon plaisir:
La sacrée Marie
Est presté d'obeyr."

Neuf moys son fruyct porta   (fol. 155; *recte,* 150)
Celle vierge d'honneur;
Et puis elle enfanta.
Sans en avoir douleur.
D'ung peu de jalousie
Le bon Joseph fut point,
Mais l'ange luy noncie:
"Ne t'en soucye point."

Du pays de Judée
Y vindrent les pastours,
Vers la vierge sacrée,
Avecques leurs atours
Et menans melodie;
Saultans, chantons: "Noel."
L'ange les y convie
Pour veoir l'enfant noel.

Les grans roys d'orient,
Par la grant resplendeur
De l'estoille luysant,
Luy vindrent faire honneur.
Chascun d'eux se humilie
Devant l'enfant noel,
Aussi devant Marie.
Chantons trestous: "Noel."

Or prions doncques celles
Qui ce fruyct enfanta,
La sacrée pucelle   (fol. 155'; *recte,* 150')
Qui neuf moys le porta,
Qu'elle nous conduye
Lassus en paradis,
Nous donne bonne vie
A la fin de noz ditz.

     Amen. Noel.

Additional sources for this text:

S1. [Vve. Trepperel?], *Les Grans noelz,* fol. 162.
S2. [Lotrian], *Les Grans nouelz,* fol. 148.
S3. [Noelz nouveaulx] (Cat. no. 51), fol. 141.
S4. Jehan Bonfons, *Les Grans noelz,* fol. 149.

Related chanson texts:

C1. *S'Ensuyvent unze belles chansons,* no. 9, fol. A6' (= Jeffery's *11;* ed. in
    Jeffery, Vol. I, pp. 163-65), has a second strophe that matches the noël
    text and timbre, except for the acclamations following lines 1, 3, and 6:

       S'a mon gré je tenoye   Helas!
       La belle Marion,
       Au verd boys la menroye

Dancer ung tordion,	Et hon!
Et puis la ramenroye	
Coucher a sa maison.	

Monseigneur le grant maistre,	Helas!
Prince de grant renom,	
Crocheteur de boutailles	Helas!
Et aussi de flacons:	
A l'yssue de vo' table	
Il vous fault ung jambon	Et hon!
Et puis apres disner	
Trois pastez de pigeons.	

Mariez moy, mon pere,	Helas!
Tandis qu'avez de quoy,	
Ne vous vueille desplaire	Helas!
Se je parle pour moy:	
Il y a mainte homme d'arme	
Et gentil compaignon	Et hon!
Qui ont ployé leur lance	
Contre mon escusson.	

Three more strophes follow. Jeffery, in his comments on this chanson, pp. 164-65, notes that verses 1 and 3 have independent settings; also that another verse, cited below, became in turn the timbre for still another chanson.

C2. Lotrian, *S'Ensuyvent plusieurs belles chansons,* 1535, fol. 87 (= Jeffery's *1535;* ed. in Jeffery, Vol. II, pp. 66-67), has the following rubric and text:

Aultre chanson sur Mariez moy mon pere.

Noble cueur d'excellence,	Helas!
De mes yeulx le vray port,	
M'amour je vous presente:	Helas!
Donnez moy reconfort.	
Mon paovre cueur labeure,	
S'il ne voit tousjours,	Et hon!
Vivre ne puis une heure:	
Finer me fault mes jours.	

Gentil cueur de noblesse,	Helas!
Ou tout bien est prins,	
L'honneur de la richesse,	Helas!
De beaulté noble pris,	
Mourras tu sans amye?	
Comment l'as tu perdue?	Et hon!

> Par jaloux plains d'envie
> Mon soulas est perdu.

Three more strophes follow. The same text appears without a timbre in Jeffery's *90(a)*, no. 19.

C3.   *La Fleur des chansons*, p. 14, no. 10 (= Jeffery's *La Fleur 110* ed. in Jeffery, Vol. II, pp. 42-44, in *Joyeusetez,* Vol. XIII, p. 14) has a matching text without acclamations:

> Gentil fleur de noblesse
> On mon cueur se ressort,
> Car vostre gentilesse
> Donnez moy reconfort.
> Vostre amour si me blesse
> Nuyt et jour si tresfort.
> Vous my tenez rudesse.
> Las, vous avez grant tort.

Six more strophes follow.

C4.   *La Fleur des chansons.* no. 26 (= Jeffery's *La Fleur 110;* ed. in Jeffery, Vol. II, pp. 56-58) has a parody preceded by a rubric that refers to Francis I's defeat at Pavia in 1525:

La chanson nouvelle faicte par les avanturiers estans a la journée de Paris du noble Roy de France, Sur le chant, Gentil fleur de noblesse:

> O noble roy de France,
> Tant ayme et requis,
> Des nobles la substance,
> De vaillance le pris.
> Ung chascun de gaimente
> En te plaignant tresfort;
> Pren du cas patience,
> En prenant reconfort.

Six more strophes follow.

C5.   "Noblesse" is cited as a basses danse in [Moderne], *S'Ensuyvent plusieurs basses dances,* fol. C4′; and in Rabelais, *Le 5e livre,* chap. 32 *bis* (ed. by Demerson, p. 930).

C6.   Nourry, *S'Ensuyvent plusieurs belles chanson,* fol. D3′, no. 19 (= Jeffery's *Nourry,* also in *1535, 1537, 1538;* ed. in Jeffery, Vol. II, pp. 99-101), is a Protestant chanson with the following rubric and opening strophe:

Chanson nouvelle sur le chant "Quant party de Rivolie," Et aussi sur le chant de "Gente fleur de noblesse."

> Qui veult avoir lyesse
> Et avecques Dieu part,

Aux sainctz escriptz s'adresse
Desquelz tout bien despart.
D'iceulx la grant richesse
Peut chascun contenter,
Et si faict toute angoisse,
Patiamment porter.

Seven more strophes follow. The chanson was placed in the Index in Toulouse in the 1540s, according to Bordier, *Chansonnier huguenot*, p. xiii. The chanson also appeared in *Chansons spirituelles*, 1555, p. 112.

C7. Marot's "Qui veult avoir lyesse" is in *Adolescence clementine*, and in Jeffery's *1538*, no. 11.

Musical settings:

M1. A setting *a 4* by Godart, in Attaingnant, RISM 1538-12, fol. 5', and reprinted in Attaingnant, RISM 1540-10, fol. 2', has a text that is a variant of verse 3 above; nevertheless, the text matches the noel's design including the lack of acclamations following lines 1, 3, and 6:

Mariez moy, mon pere,
Il est temps ou jamais
Ou si vous ne le faictes
Contrainte je seray
De vous dire en deux motz
Ma volente feray
Et fault que je la face
Cella je vous promectz.

See ex. 137a.

M2. A setting *a 4* (bass lacking) in Basevi MS 2442, no. 27, is attributed to Rogier in the *cantus,* and begins, "Noble fleur excellente," then continues like verse 1 of C2 above. The text also matches the noël, and the setting, which is independent of that in M1, will also accommodate the noël. It is without acclamation.

M3. An anonymous setting *a 3* in Florence MS XIX.117, fols. 11-12', has the following text:

Monseigneur le grant maistre,   Helas,
Il est bon compagnon.
Crochete de bouteilles,   Helas,
Et aussi de flascons,
Et a l'entrée de table
Il luy fault ung jambon,   Et hon!
Et quant vient au couchée,
Il luy fault Marion.

The music will accommodate the noël text if, in the place of the exclamations, "Helas" and "Et hon," the word "Noel" is inserted. See ex. 137b. The tenor line is related to but a variant of M2.

M4. A setting *a 3* by Josquin in Antico, RISM 1536-1, fol. 7′ (ed. in Josquin, Afl. 54, p. 36), has a text which matches that of the noël as well as the chanson, cited in M1 above:

Si j'avois Marion,	Hellas!
Du tout a mon playsir	
La belle au corps mignon	Hellas!
Que mon cueur a choisi.	
Au bois je la merroye	
Dancer ung tourdion,	Et bon!
Et puis la remerroye	
Tout droit en sa maison.	

Not only do the texts match, but the tenor of this chanson is based on the same *cantus prius factus* as the tenor of the anonymous setting referred to in M3 above. Further concordances for this chanson are listed in Bernstein, *"La Courone et fleur,"* p. 63. See ex. 137c.

M5. A setting *a 3* in Harley MS 5242, fol. 12′-13, begins, "Si j'eusse Marion," and continues with the text as above. The setting uses the same *cantus prius factus* as did Josquin, but the treatment is imitative, with all voices sharing the melodic material. There are, however, no acclamations.

M6. A setting *a 4* by Gascongne in Pepys MS 1760, fol. 84′, has a text which begins, "Si j'eusse Marion, helas," and which is the same as the Josquin text cited above, including the acclamation. The music is closely related as well.

M7. An anonymous setting *a 3* in Wolfenbüttel MS 287, fol. 9′, has three texts, "En m'esbatant"; "Gente fleur de noblesse"; "Gracieuse plaisant mousniere." The headmotive resembles the opening of Godart's setting in rhythm but not in pitch.

Example 137a.

Chanson: Ma - ri-ez moy, mon pe - re,
Chanson: Ma - ri-ez moy, mon pe -
Chanson: Ma - ri-ez moy, mon pe - re,   Ma - ri-es moy
Noël: Es- cout-tez la trom-pet - te   Es -cout-tez la
Chanson: Ma - ri-ez moy, mon pe - re,   Ma - ri-ez

Il   est   temps ou ja -
re, Il est   temps ou ja - mais   Ou
mon pe - re,   Il est temps ou   ja -
trom- pet - te   Et le joy - eulx   clai -
moy, mon pe - re, Il est temps ou ja - mais.

mais. Ou si vous ne le faic - tes, con - train -cte je se -
si vous ne le faic - tes, Con - trainc - te, [con - train - cte] je
mais   Ou si vous ne le faic - - tes,
ron,   Qui tous nous ad-mon- nes - te
Ou si vous ne le faic - tes,   con - trainc - te

Example 137a (cont.)

Example 137a (conclusion).

Example 137b.

Example 137b (conclusion).

Example 137c.

Example 137c (cont.)

Example 137ᶜ (conclusion)

138. Sur Que dirons nous de ceulx de Sainct Homer   (fol. 155′; *recte*
150′)

Voicy le temps qu'on se doibt resjouyr
Par tout le monde universellement.
Or ne doibt nul aultre chanson ouyr
Que chans nouveaulx, resonnant doulcement.
Or chantons tous melodieusement
En reverend le roy de hault paraige
Que les humains a mis hors de servaige.

Prepare toy, pecheur humain,
Hastivement, il en est bien saison,
Car le grant roy qui tient tout soubz sa main
Si veult venir loger en ta mayson.
Celluy n'a pas usaige de rayson
Qui par faulte de curer son estable
Pert a loger ung prince si notable.

Or est venu le noble roy loger
Chez la vierge, qui tresbien l'a receu
En son ventre neuf moys sans en bouger,
L'a hebergé, comme chascun la sceu.
Du sainct esperit la vierge l'a conceu,
Et bien long temps, sans oeuvre de nature.   (fol. 151)
Pour desloger n'a point faict d'ouverture.

Il doibt venir, j'en suis seur et certain,
Car aujourdhuy a minuict le verray.
Or chantons tous trestous de cueur humain
A la venue d'ung si tresnoble roy.
Et desja voy venir tout son arroy:
Son grant herault Sainct Jehan, plus que prophete,
Vient devant, qui sonne la trompette.

Voicy le temps, etc.

Additional sources for this text:

S1.   [Vve. Trepperel?], *Les Grans noelz,* fol. 16′.
S2.   [Lotrian], *Les Grans nouelz,* fol. 147.
S3.   [*Noelz nouveaulx*] (Cat. no. 51), fol. 142′.
S4.   Jehan Bonfons, *Les Grans noelz,* fol. 150′.

Related chanson text:

C1. The monophonic setting in Paris MS 12744, no. 100, fol. 66, (pr. in Paris and Gevaert, pp. 54-55), has a text that describes the capture of St. Omer by Marechal d'Esquères (or 'des Cordes'), better known as Philippe de Crèvecoeur, in 1487. Its strophic design, and even some of the final words in a line are the same as the noël:

> Que dirons nous de ceulx de Saint Omer,
> Qui ont estez mieulx pris que au trebuchet?
> Ne doibt on pas et priser et aymer
> Mon sieur des Cordes qui ce bien nous a fait?
> Il sert le roy et de cueur et de fayt,
> De corps, de biens, de sens et de couraige,
> Par luy mis les Flammans en servaige.

Musical setting:

M1. The monophonic setting cited in C1 above accommodates the noel text. See ex. 138.

Example 138.

139. Il n'est plaisir n'esbatement Que de la guerre frequenter   (fol. 151)

Chanton: "Noel" joyeusement
Et mettons tout a non chaloir,
Car il n'est nul esbatement
Fors que en Dieu se consoler.
Nul ne pourroit equipoler
L'honneur que debvons a Noel,
  Nostre cueur, nostre foy, nostre Dieu, nostre loy,
  Nostre seulle esperance, nostre petit roy.

Salut, David et Abraham,
Ysaac, Jacob et Manaces,
Salomon, Boos et Roboam,
Esbet, Efron, Aaron, Phares.
Prenez confort, princes et roys,
Ezechias et Josué,
  Osias, Abias, Abiud et Jessé.   (fol. 151′)
  Vous estes hors de peine pour ce petit nouvel.

En une estable paovrement,
Dessus ung bien petit de fain,
Le petit Dieu doulcettement,
Pour racheter le genre humain,
Aux pastoureaulx il tend la main;
Chascun luy donne son tantet:
  Sa crosse, sa poche, sa pomme et son laict,
  Sa petite houlette, et son petit cornet.

Quant le doulx ange seraphin
L'eut racompté aux pastoureaulx,
Chascun pour prendre chemin
Renversa brebis et aigneaulx.
Ilz s'en alloyent a grans trouppeaux,
A qui seroit plus tost a luy:
  Robinet, et Pillot, Jacob et Mathieu,
  Jannette la bergiere, et son amy Andrieu.

Et Jacotin, tout esperdu
De ce petit mot de nouveau,
A tant couru qu'il est venu
A l'estable du doulx aigneau,
Tantost il tira son cousteau,
Et si detrencha tout soubdain

Des pommes, des poires, des noix, du pain,
Aussi sa gallette, cuydant qu'il eust grant fain.   (fol. 152)

Leviathan et Lucifer
Sont hors de leur possession:
Ilz ont descendus en enfer.
Pour faire reparation
Et pour nostre redemption,
Jesus souffrit en la croix mort,
     Tant dure, tant griefve, cruelle et si fort;
     Sa petit robette fut joué a grant tort.

Trois roys partirent d'orient,
Une estoille les conduysant.
Ilz vindrent devers occident
Adorer le petit enfant.
Si tost qu'ilz l'eurent adoré
Ilz offrirent tous des presens:
     La coupe, la tasse, le myrrhe, et l'encens,
     Les deux genoulx a terre devant le petit enfant.

Or prions le Dieu eternel,
Du monde le reformateur,
Nostre pere espirituel,
Qu'il soit de nous vray protecteur,
Et en paradis nous maine tous
Et nous garde dessoubz sa main
     De fouldre, de peste, de mort et de fain,
     Aussi de la mort soubdaine et de tous cas vilain.   (fol. 152′)

     Amen.   Noel.

Additional sources for this text:

S1.   [Vve. Trepperel?], *Les Grans noelz,* fol. 26.
S2.   [Lotrian], *Les Grans nouelz,* fol. 25.
S3.   [*Noelz nouveaulx*] (Cat. no. 51), fol. 143.
S4.   Jehan Bonfons, *Les Grans noelz,* fol. 151.

Other parodies:

P1.   [Vve. Trepperel?], *Les Grans noelz,* fol. 86′, cites this timbre as alternate:
      "Nouel en escossoys sus Vray Dieu d'amours confortez moy, ou, Il n'est
      plaisir n'esbatement" for the noël, "Chanty: 'Noel' bin hault trestous."

P2. [Lotrian], *Les Grans nouelz,* fol. 77', has the same two timbres and noël text as in P1.

P3. Nyverd, *Les Grans noelz,* fol. D2', has the same noël text as P1 and P2, but only one timbre. "Il n'est plaisir n'esbatement que de la guerre frequenter."

Related chanson texts:

No related chanson text has been located. There are several texts which begin similarly, but do not match the noël text. These include:

C1. Verard, *Jardin de Plaisance,* (facs, ed. by Droz et Piaget), fol. 78', which has the following text:

> Se par vous n'ay alegement,
> Ma tres gracieuse maistresse,
> Je sens au cueur si grant destresse
> Que durer ne puis longuement.
>
> Il n'est plaisir n'esbatement
> Ou je puisse prendre liesse,
> Se par vous n'ay alegement,
> Ma tres gracieuse maistresse.

The text matches the noël neither as to syllable count nor as to strophic design.

C2. An anonymous setting *a 4* in Attaingnant, RISM 1528-4, fol. 7, has the incipit, "Il n'est plaisir qui soit meilleur a suyvir."

C3. The setting *a 4* by Janequin in Attaingnant, RISM 1534-11, fol. 9, has the text incipit, "Il n'est plaisir ne passetemps au monde," a poem that does not match the strophic design of the noël.

C4. A setting *a 6* by Martin Peu d'Argent in Phalèse, RISM 1553-25, no. 24 and Phalese, RILM 1560-5, fol. 9, a text that is similar in design, but with significant differences begins: "Il n'est plaisir ne desbatement Que d'avoir belle amye."

Musical setting:

M1. An anonymous setting *a 3* in Copenhagen MS 1848, p. 393, has only the incipit, "Il n'est plaisir n'esbatement / Que de la guerre frequenter," for the superius; the tenor has "Il n'est plaisir n'esbatement." There is no text for the bassus. However, the superius accommodates the entire strophe with ease. Unfortunately, the MS copy is defective.

140. Sur Bergerette savoysienne   (fol. 152')

Los et honneur a tousjours maitz
Au noble prince imperial,
Que jadis descendit du ciel
Dedans le ventre virginal.
Quand descendit icy aval
Pour nous donner sa redemption,
Il se monstra tresliberal
Quant paya nostre rançon.

Par Eve fusmes tous deffaitz
Et tous mis a perdition;
Mais par la vierge de haultz faictz
Fusmes mis a salvation,
Quant dist la dame de regnom
A l'ange le doulx messagier:
"Ancelle de Dieu c'est mon nom;
Aultre ne vueil sur moy porter."

A ce mot conceupt le saulveur
La royne de toute bonté.
Neuf moys le porta sans douleur
Puis sans peine l'a enfanté.
En ce monde il a esté
Trente deux ans, peine endurant,
Nous monstrant qu'en humilité
Devons vivre parfaictement.

Judas, le traistre malheureux,
Aux juifz le saulveur livra   (fol. 153)
Com s'il eust esté crimineux;
De ses amys le delivra;
A Anne prebstre le mena,
Par ses faul traistres envieulx;
Cayphe puis le presenta
A Pilate sedicieux.

Pilate, le juge cruel,
Le fist mourir vilainement,
Mener le fist comme criminel,
Portant sa croix a grant tourment.
Entre larrons cruellement
Fut attaché le redempteur,
Et au tiers jour certainement
Ressuscita, soyez en seur.

Or prions le doulx plasmateur,
Qui pour nous souffrit passion.
D'enfer passa la puanteur,
Portant sa croix en passion.
Il ne ressemble pas Syon,
Qui reluyst et si ne vault rien,
Prions luy mercy et pardon,
Affin que soyons gens de bien.
        Amen.   Noel.

Additional sources for this text:

S1.   [Vve. Trepperel?], *Les Grans noelz,* fol. 30'.
S2.   [Lotrian], *Les Grans nouelz,* fol. 29.
S3.   [*Noelz nouveaulx*] (Cat. no. 51), fol. 144.
S4.   Jehan Bonfons, *Les Grans noelz,* fol. 152'.

Other parody:

P1.   [Mareschal and Chaussard], *Les Nouelz,* no. 23 (unedited in *Le Spectateur Catholique,* Vol. IV [1898] p. 143), gives the same timbre for the noël, "Chanter nous convient c'est raison, A la venue de Noel."

Related chanson texts:

C1.   The only source with a complete text for the chanson is Paris MS 12744 fol. 9', no. 12. Several lines in the noël are longer by one syllable than the corresponding lines in the chanson. Below is the chanson text:

Bergeronnette savoysienne
Que gardes moutons aux praz,
Dy moy se veulx estra myenne:
Je te donray uns soulas,
Je te donray uns soulas,
Et ung petit chapperon;
Dy moy se tu m'aymeras
Ou par la merande ou par non.

Je suis la prochaine voisine
De monsieur le cura,
Et pour chose qu'on me die
Mon vouloir ne changera,
Mon vouloir ne changera,

Pour François ne pour Bourguignon.
Par le cor Dé, si fera
Ou par la merande ou non.

Text and music are printed in Paris and Gevaert, p. 7.

C2. Listed in Brown, "Catalogue," no. 36.

Musical settings:

M1. The monophonic setting in Paris MS 12744, no. 12, fol. 9′ (text printed above), accommodates the noël text with some adjustments. See ex. 140.

M2. The setting *a 3* by Compère in the Segovia MS, fol. 1 (ed. in Brown, *Theatrical Chansons,* no. 6, pp. 18-19; and in Compère, *Opera omnia,* Vol. V, p. 13), has incipits only, and in its opening strains is closely related to the monophonic setting in C2 above. The melody is in the superius.

M3. A setting *a 4* by Josquin, in Florence MS XIX.107 *bis.,* fol. 19′-20, and in *Odhecaton,* fols. 12′-13 (ed. in Hewitt, *Odhecaton,* pp. 240-41; *Josquin, WW,* Afl 53, p. 3), has the melody in the superius, and text incipits in all four voices. This setting also accommodates the noël text.

M4. An anonymous setting *a 4* in *Canti C.* no. 42 (pr. in Brown, *Theatrical Chansons,* pp. 20-21) is without text. A melody related to that in Paris MS 12744, but more elaborate than those in M2 and M3 above, is in the superius. Because of the elaborations, no conclusions can be drawn about the way the noël text fits.

Example 140.

Chanson: Ber - ge -ron - net - te sa — voy -sien
Noël: Los et hon - neur a tous — jours

ne maitz Qui gar - de ses mou - tons
Au no--ble prince im - pe

aux praz. Dy moy se veulx es - tre
ri - al, Que ja - dis de - scen- dit

mien - ne, Je vous don -
du ciel De - dans le

ne - ray ung sou - las
ven - tre vir - gi - nal.

Je te don' - ray ung sou - las
Quand de - scen - dit 'cy a -- val

Et ung pe - tit cha - pe -
Pour nous don - ner sa re - demp-

ron, Dy moy se tu
tion, Il se mons - tra

m'ay -- me - ras Ou par la me - ran-
tres - li - be - ral Quant pay - a Ros-

de ou - non.
tre ran - çon.

141. Aultre noel sur La dame que j'ayme tant   (fol. 153)

Chantons melodieusement: (fol. 153′)
"Noel, noel" d'ung cueur serain.
Menons joye amyablement,
Car est nay le roy souverain
En Bethléem, sur peu de fain,
D'une vierge au cueur courtoys,
Dont vous orrez cy pour certain
Que c'est la plus belle de troys.

Anne troys Marys espousa
En sainct et digne sacrement.
De chascun d'iceulx enfanta
Une fille amoureusement.
La premiere divinement
Conceupt Jesus, le roy des roys,
Ce fut celle certainement
Qui fut la plus belle des troys.

Joachim fut pere de Marie,
Par grant miraculosité,
Qui enfanta le fruict de vie
Sans corrumpre virginité.
L'autre fut fille a Salomé,
Qui eut ung filz doulx et courtoys,
Mais la premiere qu'ay nommé,
Ce fut la plus belle de troys.

La tierce fut de Cleophas,
Qui conceupt Jacques le mineur,
Symon, Joseph, et sainct Judas,
Cousins germains nostre seigneur.   (fol. 154)
Toutes troys eurent grant honneur
De Dieu puissant en hault exploys,
Mais la mere du redempteur,
Ce fut la plus belle de troys.

Troys roys vindrent en Bethléem,
Le jour de l'apparition,
Offrir or, myrrhe, et encens
A Dieu par grant devotion.
Une estoille en conduction
S'apparut a eulx mainteffoys.
La vierge en telle election;
Ce fut la plus belle de troys.

Nous prirons Dieu en faictz et dictz
Qui nous doint a tous paradis,
Et qui nous doint vivre et mourir
Par son sainct et digne plaisir.
Vueillons tous Jesus requerir,
Qui pour nous mourut en la croix,
Qui nous doint bien vivre et mourir
Avec la plus belle de trois.

     Amen.

Additional sources for this text:

S1.   [*Noelz nouveaulx*] (Cat. no. 51), fol. 145′.
S2.   Jehan Bonfons, *Les Grans noelz,* fol. 153.

142. Aultre noel sur le chant Il my fauldra la guerre habandonner (fol. 154)

A ce jolys joyeulx advenement
De Jesuchrist, vray saulveur de nature,
Chantons: "Noel," je vous prie humblement,
Et a chanter soit du tout nostre cure,   (fol. 154')
Car il viendra et si ne sçavons l'heure,
Mais touteffois il viendra briefvement,
    Ce croys je, moy,
Et ne fera pas trop longue demeure
Pour venir prendre nostre humanité.   Bis.

Pour le peché qu'Adam, Eve commis,
D'une pomme celle seulle morsure,
Tantost leur fut pugnition promis,
Car ilz furent mis en prison obscure
Bien cinq mil ans, comme dict l'escripture,
Dedans les limbes, je vous dictz vrayement,
    Ce croys je, moy,
Jusques Jesus fut en sepulture;
Apres furent de prison delivré.   Bis.

Ung temps jadis paradis fut fermé
Pour la femme de fragile nature,
Se fut pour Eve, comme on peult estimer,
Par qui fut faicte a nous telle clausure;
Mais par Marie on nous fist ouverture,
Quant de Jesus eut faict l'enfantement,
    Ce croys je, moy.
A la minuict, sans nulle corrumpure,
Jesus si print nostre humanité.   Bis.

Alors vindrent les bergiers adorer
Le filz de Dieu, vray saulveur de nature,
Et ont laissé leurs brebis demourer
A travers champs en prenant leur pasture.   (fol. 155)
Les trois bons roys par signe advertlz furent
Du filz de Dieu, de sa nativité,
    Ce croys je, moy.
Quant l'estoille si leur fist monstrature,
En Bethléem fust la nativité.   Bis.

Herodes roy, que fist il doncques lors?
A Jesuchrist cuidoit faire injure.

Les innocens furent par luy tous mors.
N'estoyt ce pas a luy grant forfaicture
De les tuer ainsi a l'adventure?
Car il cuidoyt avoir Jesus occis,
    Ce croys je, moy,
D'une espée du bout de la poincture,
Sans avoir point de luy nulle mercys.   Bis.

Nous prierons Marie a joincte main,
Quant ce viendra a la vie future
Qu'il nous fauldra ung chascun pour certain
Rendre compte, c'est chose qui est seure;
Vueille prier sa doulce nourriture
Pour nous trestous povres pecheurs humains.
    Ce croys je, moy,
En paradis nous aurons la demeure
Si la servons de cueur devotement,   Bis.
      Amen.   Noel.

Additional sources for this text:

S1.   Nyverd, *Les Grans noelz,* fol. C1′.
S2.   [*Noelz nouveaulx*] (Cat. no. 45), fol. 146′.
S3.   Jehan Bonfons, *Les Grans noelz,* fol. 154.

Other parody:

P1.   Nyverd, *Les Grans noelz,* fol. B2′ has the same timbre for the noël,
     "Chantons: 'Noel' je vous prie humblement."

Related chanson text:

C1.   The monophonic chanson, "A mon venir de mon advenement" in the
     Bayeux MS (Paris, MS 9346), no. 53 (pr. in Gérold, *Bayeux,* p. 63) has
     the words of the timbre for its invariable final line:

       A mon venir de mon advenement,
       J'avois bon bruit, mais par ma grant laidure
       Tout aussi tost qu'avoye gagné argent,
       Au cuir a poil m'en alloye grant alleure.
       Vieillesse m'a donné de sa poincture,
       Je ne me puis remectre a labourer,
         Ce poise moy:

S'i ne me vient quelque bonne advanture
Il m'y fauldra la guerre habandonner.

Jadys soulloys chevaucher noblement
A troys roussins, bruiant oultre mesure;
Mais maintenant il me va autrement,
Je vais a pié, par faulte de monture,
Et si me fault pourchasser ma pasture,
A travers champs aller et trescasser.
　　　Ce poise moy;
S'i ne my vient quelque bonne adventure
Il my fauldra la guerre habandonner.

The chanson text matches that of the noël in strophic design and in the retention of the same final assonances.

Musical setting:

M1. The monophonic setting in C1 accommodates the noël text. See ex. 142.

Example 142.

Chanson: A mon ve - nir de mon ad-
Noël: A ce jo - lys joy-eulx ad-

ve - ne - ment J'a -voys bon bruit, mais
ve - ne - ment De Je - su - christ, vray

par ma grant lai- du - re Tout aus - si-
saul-veur de na -tu - re, Chan - tons:"No-

tost qu'a-voye ga -gné ar - gent, Au cuir a
el," je vous pri' hum-ble- ment, Et a chan -

poil m'en al -loye grant a - leu - re,
ter soit de tout vos -tre cu - re,

Viel - les - se m'a don- né de sa pointu - re, Je
Car il vien -dra et si ne sçavons l'heu - re, Mais

ne me puis re- mec-tr'a la - bou-rer, Ce
tou - fois il vien-dra brief-ve-ment, Ce

poi - se moy: S'i ne me
croy je moy: Et ne fe -

vient quel-que bon ad-van- tu - re Il
ra pas trop lon-que de - meu - re Pour

m'y faul - dra la guerre ha- ban-don - ner.
ve - nir pren - dre nostr'hu- ma - ni - té.

143. Sur Las, que faictes vous de mon cueur   (fol. 155)

"Noel" chantons tous de bon cueur,   (fol. 155')
Peuple devot, treshumblement,
Car aujourdhuy du redempteur
Marie a faict parturement
A la minuyct en Bethléem
Et sans nulle corruption,
En ung hostel bien povrement: Bis.
C'est pour nostre redemption.

Les pastoureaulx furent cité
Par ung divin commandement
D'aller le filz Dieu visiter,
Qu'estoit natif en Bethléem,
D'une vierge divinement
Et sans nulle corruption,
En ung hostel povrement: [Bis.]
C'est pour nostre redemption.

Troys bons roys comme viateurs
S'en font venuz en gravité,
De orient, tous de bon cueur,
Pour veoir celle nativité;
Car l'estoille par sa clarté
Leur fist telle conduction,
Qu'adoré ont l'humanité   Bis.
De Dieu, nostre redemption.

Herodes fist faire a fureur
Grande effusion de sang,
Car il cuidoit estre bien seur
De Marie trouver l'enfant;   (fol. 156)
Mais Joseph eut en son dormant
De fouyr revelation,
Avec Marie et son enfant: [Bis.]
C'est pour nostre redemption.

Prions Jesus, nostre saulveur,
Que quant chascun juger viendra,
Qui nous soyt doulx et gracieulx,
En la vallée de Josaphat;
Car pour nous prié en croix il a,
Tresdure mort et passion

> Et d'aultres maulx il endura: Bis.
> C'est pour nostre redemption.
>
>   Amen.   Noel.

Additional sources for this text:

S1.   [*Noelz nouveaulx*] (Cat. no. 51), fol. 147'.
S2.   Jehan Bonfons, *Les Grans noelz,* fol. 155.

Other parody:

P1.   The same timbre is cited for the Protestant chanson, "Chantons: 'Noel,
        noel, noel,' Tous chrestiens fidellement,'' in Malingré, *Noelz nouveaulx,*
        fol. A2.

Related chanson text:

C1.   [Lotrian], *S'Ensuyvent plusieurs belles chansons,* 1535 (= Jeffery's
        1535; also in his *1537, 1538,* and *1543;* ed. in Jeffery, Vol. II, pp. 164-66):

> Las, que vous a fait mon cueur,
> Madame, que vous le hayez tant?
> Vous m'y tenez telle rigueur;
> Certes je n'en suis pas bien contant.
> Mon cueur va tousjours souspirant
> Du regret de s'amye.
> Si vostre secuours je n'atens,
> Mon esperance fine, helas.

        Five more strophes follow.

144. Sur le chant, Jehan, Jehan, quant tu t'en yras, Rameine [moy], rameine, Quant tu t'en yras, Rameine Marion   (fol. 156)

Sus, sus, sus,
Chantons tous: "Noel, Noel" en bonne estraine,
Sus, sus, sus,
Chantons: "Noel, Noel" sans fiction.

Las tu mengeas d'ung tressouverain pom,
Sus, sus, sus,
Las tu mengeas d'ung tressouverain pom.
Chantons: "Noel, noel" sans fiction.   (fol. 156')

Dieu eut de toy grande compassion,
Sus, sus, sus,
Dieu eut de toy grant compassion.
Chantons: "Noel, noel" sans fiction.

Il envoya pour ta redemption,
Sus, sus, sus,
Il envoya pour ta redemption,
Chantons: "Noel, noel" sans fiction.

Son filz begnin en vierge de regnom,
Sus, sus, sus,
Son filz begnin en vierge de regnom.
Chantons: "Noel, noel" sans fiction.

En son pur ventre fut sans corruption,
Sus, sus, sus,
En son pur ventre fut sans corruption.
Chantons: "Noel, noel" sans fiction.

Neuf moys apres, en exultation,
Sus, sus, sus,
Neuf moys apres en exultation,
Chantons: "Noel, noel" sans fiction.

Si l'enfanta sans desolation,
Sus, sus, sus,
Si l'enfanta sans desolation.
Chantons: "Noel, noel" sans fiction.

Et puis apres le mist en son giron,
Sus, sus, sus,
Et puis apres le mist en son giron.   (fol. 157)
Chantons: "Noel, noel" sans fiction.

Las pastoureaulx en jubilation,
Sus, sus, sus,

Les pastoureaulx en jubilation,
Chantons: "Noel, noel" sans fiction.

L'adorerent disant une chanson,
    Sus, sus, sus,
L'adorerent disant une chanson,
Chantons: "Noel, noel" sans fiction.

L'ung luy donna ung petit gatelon,
    Sus, sus, sus,
L'ung luy donna ung petit gatelon,
Chantons: "Noel, noel" sans fiction.

Et l'autre apres luy donna ung jambon.
    Sus, sus, sus,
Et l'autre apres luy donna ung jambon.
Chantons: "Noel, noel" sans fiction.

Trois nobles roys d'estrange nation,
    Sus, sus, sus,
Trois nobles roys d'estrange nation,
Chantons: "Noel, noel" sans fiction.

Luy donnerent en tresgrant habandon,
    Sus, sus, sus,
Luy donnerent en tresgrant habandon,
Chantons: "Noel, noel" sans fiction.

Or et encens et myrrhe qu'estoit bon,   (fol. 157ʹ)
    Sus, sus, sus,
Or et encens et myrrhe qu'estoit bon.
Chantons: "Noel, noel" sans fiction.

Prions Marie, aussi son enfanton,
    Sus, sus, sus,
Prions Marie, aussi son enfanton,
De noz pechez qu'ayons remission.

    Sus, sus, sus, etc.

    Amen.   Noel.

Additional sources for this text:

S1.   *[Noelz nouveaulx]* (Cat. no. 51), fol. 148.
S2.   Jehan Bonfons, *Les Grans noelz,* fol. 156.

Related chanson texts:

Two *chansons musicales* have texts that are clearly related; neither, however, could have provided the model for the noël text:

C1.   A setting *a 3* by Willaert in Antico, RISM 1536-1, fol. 8; in Le Roy and
      Ballard, RISM 1578-16, fol. 4' (ed. in Bernstein, *"La Courone et fleur,"*
      pp. 32-36), has a text which matches the noël in part. The opening
      portion, the refrain, matches the noël except for the extra "sus" in lines 1
      and 4 of the noël:

>   Jan, Jan,
>   Quant tu t'en iras,
>   Ramaine moy, ramayne.
>   Jan, Jan,
>   Quant tu t'en iras,
>   Ramaine Marion.

>   Fariron, farirayne, fariron,
>   Fariron, farirayne, fariron,
>   Fariron, farirayne, fariron,
>   Fariron, farirayne, fariron.

>   Hier au matin m'y levay,
>   Au jardin mon pere entray;
>   Trois fleurs d'amours y trouvay;
>   Ung chapellet faict en ay,
>   Ung chapellet faict en ay.

>   Jan, Jan,
>   Quant tu t'en iras,
>   Ramaine moy, ramayne,
>   Jan, Jan,
>   Quant tu t'en iras,
>   Ramaine Marion.

      Neither the second refrain line, "Fariron, farirayne, etc." nor the verse
      matches any part of the noël.

C2.   An incomplete setting *a 4* (tenor and bassus only) in Antico and Scotto,
      RISM 1535-8, fol. 12, has the following text:

>   A Paris sur petit pont,
>   Quant tu t'en yras,
>   Ramaine, ramaine Jeneton,
>   A Paris sur petit pont,
>   Quant tu t'en yras,
>   Ramaine Jeneton.

>   Trois dames banier y vont,
>   Et Jan, Jan, Jan,
>   Et mon doulx Jan, et plus que Jan,
>   Et double Jan, et dix mille foys Jan.

>   Et Jan, Jan, Jan,
>   Quant tu t'en yras,

Ramaine moy, ramaine,
Et Jan, Jan, Jan,
Quant tu t'en yras,
Ramaine Jeneton, ramaine.

Jeneton a noz maison
La plus belle nous aurons,
Quant tu t'en yras ramaine,
Jeneton a noz maison,
Pour donner aux compagnons.

Et Jan, Jan, Jan,
Et Jan, Jan, Jan,
Tous a cheval, Jan, par les champs
Et par tout Jan.

Et Jan, Jan, Jan,
Quant tu t'en yras,
Ramaine moy, ramaine,
Et Jan, Jan, Jan,
Quant tu t'en yras,
Ramaine Jeneton.

Ramaine Jeneton a noz maisons
Ramaine Jeneton a noz maisons.

The third strophe, the refrain, matches the opening verse, the refrain, of the noël. The second strophe, "Trois dames banier y vont," can with some adjustments of the noël text, be said to provide the model for the noël verse. The five-line strophe, which has a parallel in the third strophe of the Willaert version, has no parallel in the noël.

The two settings are musically unrelated. However, it is possible that the missing superius part of this second setting might show some relationship to the Willaert setting.

145. Sur Je n'y sçauroys chanter ne rire   (fol. 157')

> Chantons, chantons: "Noel,
> Noel," chantons: "Noel,"
> Chantons je vous supplie,
> Puis que Dieu nous fault honnorer
> Et sommes trestous assemblé:
> Vela, vela pourquoy "Noel" nous fault chanter.
>
> Joyeulx, joyeulx je suis;
> Mon saulveur me fait rire.
> Tout mon deduyt je prens a son secours.
> Puis qu'il luy plaist nous donner ses amours,
> Helas, helas pourquoy refuserons mye?
>
> Bergiers et bergereaulx,
> Resveiller il vous fault.
> Prenez trestous voz chalumeaulx,
> Puisque messias sa bas est descendu.
> Joyeulx je suis que l'enfant est venu:
> Vela, vela pourquoy "Noel" nous fault deduyre.
>
>   Amen. Noel.   (fol. 158)

Additional sources for this text:

The strophic design of this noël is irregular, and gives evidence of a hasty and/or careless matching of noël text to model. The text appears in two other sources.

S1. Jehan Bonfons' reedition of this source, where the noel is similarly laid out and identical textually, in *Les Grans noelz,* fol. 157'.

S2. In [*Noelz nouveaulx*] (Cat. no. 51), fol. 149', there are three important differences. First, the initial line of verse has an extra "Noel"; second, strophe 3 begins "Resveiller il vous fault," with the line above part of strophe 2; and third, in strophe 3, line 4, the words "est descendu" are lacking. This suggests that *Noelz nouveaulx* is a copy of the Sergent collection.

Related chanson texts:

C1. The text of Gascongne's setting *a 4* in Attaingnant, RISM 1529-2, fol. 7'; no. 14 (ed. in Bordes, *Chansonnier,* no. 8; and in Expert, *MMRF* Vol. V, p. 49) follows:

> Je n'y sçaurois chanter ne rire;
> Tous mes plaisirs ne sont que pleurs,

> Puisque suis loings de mes amours:
> Vela pourquoy mon povre cueur souspire.
>> M'amour et m'amiette,
>> Ma gente godinette,
>> Ma dame par amours,
>> Souvent je vous souhaitte
>> En ma chambre secrette
>> Pour mieulx jouyr de vous.

This text does not have the same design as the noël, although some lines in the noël repeat text from the chanson.

C2. Willaert's setting *a 3* in Antico, RISM 1536-1, fol. 9, has a text similar to that above. There are minor differences only. This chanson is also in LeRoy and Ballard, LB 67, fol. 16'; and incomplete in LeRoy and Ballard, RISM 1578-16, fol. 15'. The text does not match the noël.

C3. An anonymous setting *a 5* in Munich MS 1508, no. 103; in LeRoy and Ballard, RISM 1572-2, fol. 44'; in LeRoy and Ballard, LB 68, fol. 6; and in LeRoy and Ballard RISM 1578-16 fol. 15' (bassus missing) where it is given to Willaert. The text differs from those above in only minor ways and does not match the noël.

Musical setting:

M1. No musical setting has been found that accommodates the noël text.

146. Sur Les dames ont le bruyt   (fol. 158)

Chantons, je vous supplie tous ensemble: "Noel,"
Pour l'amour de Marie, qui a conceu le roy,
Le roy Emanuel,
Chantons trestous: "Noel"
Pour l'amour de Marie, qui enfanta Noel.

La vierge honnorée a minuyct eut l'enfant.
Par toute le Judé pastours en vont dansant.
L'ange leur va nonceant,
Disant par ung doulx chant
Que en ceste contrée il est nay Dieu le grant.
Pour courir sans demourée,*
Courez y promptement:
Donc il nous fault chanter: "Noel, noel, noel."

La, par devers orient, l'estoille s'apparut,
Qui les trois roys conduyt, onc telle n'en fut.
Chascun luy fist present,
D'or, myrrhe et encens,
A Joseph et Marie aussi, pareillement.

Quant Herodes le sceut, par sa grant cruaulté,
Trestous les innocens commanda a tuer
A milliers et a cens
Pour tuer Jesus l'enfant:
Et luers meres dolentes combatoyent les tyrant[s].

Additional sources for this text:

S1.   [*Noelz nouveaulx*] (Cat. no. 51), no. 150.
S2.   Jehan Bonfons, *Les Grans noelz,* fol. 158.

---

*These three extra lines might indicate that a repeat was taken in all the strophes, but this time provided with a second text.

147. Sur Franc cueur, qu'as tu a souspirer   (fol. 158')

Chantons: "Noel, noel, noel,"
Chantons trestous en grant plaisance
Du filz Marie la naissance,
Qui nasquit le jour de Noel,
Noel, noel, qui nasquit le jour de Noel.

Nous le debvons bien adorer,
Car c'est celluy qui a puissance
De nous donner la paix en France:
Aussi la guerre a trop duré.
Noel, [noel, qui nasquit le jour de Noel.]

Le peuple humain est estonné
De la douleur et grant souffrance
Qu'adventuriers si font en France,
Puis que la guerre a commencé.
Noel, [noel, qui nasquit le jour de Noel.]

Les chappellains et les curez
En ont prins si grant desplaisance
Des decimes qu'on paye en France,
Que la paix ne font plus porter.
Noel, [noel, qui nasquit le jour de Noel.]

Povres marchans, n'osent aller
En leurs maysons, font demeurance,
De peur de perdre leur chevance,
Car bien souvent sont destroussez.
Noel, [noel, qui nasquit le jour de Noel.]

Aux laboureurs a chier cousté,
Tant qu'ilz n'ont blé ne paille en grange.
Les lansquenetz leurs poulles mengé.
Les albanoys fauchent les prez.
Noel, [noel, qui nasquit le jour de Noel.]

Les mendians en sont grevez
Quant souvent l'aumosne demandent.   (fol. 159)
Les povres gens tousjours leur mandent:
Les gens d'armes ont tout mengé.
Noel, [noel, qui nasquit le jour de Noel.]

Hé, Dieu, vueillez nous conforter
En nous concedant allegeance,
Et remettre le paix en France,
Tant que puissons chanter: "Noel,"
Noel, noel, que nasquit le jour de Noel.

Additional sources for this text:

S1. [*Noelz nouveaulx*] (Cat. no. 51), fol. 150.
S2. Jehan Bonfons, *Les Grans noelz,* fol. 158'.

Other parodies:

P1. [Livre de noëls] (Paris MS 2368), fol. 40', has the same timbre for another noël text, "Ave vierge Emanuel, Royne des cieux et de essence."
P2. [Livre de noëls] (Paris MS 2506), fol. 46, has the same timbre and text as MS 2368.
P3. [Mareschal and Chaussard], *Les Nouelz,* no. 28, has the same timbre for the noël text, "Nouel, nouel, nouel, nouel, Pour l'amour du filz de Marie" (unedited reprint in *Le Spectateur Catholique,* Vol. IV [1898] p. 147).
P4. [Vve. Trepperel?], *Les Grans noelz,* fol. 74', has the same timbre and text as in P3.
P5. [Lotrian], *Les Grans nouelz,* fol. 67, has the same timbre and text as in P3 above.

Related chanson texts:

No matching chanson text has been located.
C1. The only related text is in the combinative chanson in *Canti B,* no. 32, a setting *a 5* by De Vigne (pr. in Hewitt, *Canti B,* pp. 179-81), "Franc cueur qu'as tu / Fortuna d'un gran tempo." While the text of the noël is five lines, the text for "Franc cueur" is a four-line strophe, while the text of the noël is five lines.

Franc cueur, qu'as tu a soupirer?
Es tu point bien en ta plaisance?
Prens en moy ton esjouyssance
Ainsi c'un amoureulx doibt avoir.
C2. Listed in Brown, "Catalogue," no. 135.

148. Ilz sont en grant pensée (fol. 159)

Noel, ceste journée,
Chantons: "Noel, noel,"
Car paix nous est donnée.

Sçavez vous comment il en alla? Bis.
L'ange de Dieu si s'en volla Bis.
Tout droict en Galilée:
Pucellette trouva
De royalle lignée.

Courtoysement la salua Bis.
Et luy dist: "*Ave Maria,* Bis.
Tu es la bien heurée,
Car par toy si sera
Nature reparée.

La fort s'esmerveilla, Bis.
Mais non pourtant continua Bis.
D'avoir humble pensée,
Car seullement cela
La fist de Dieu aymée. (fol. 159')

Au consentement qu'elle donna Bis.
Le sainct esperit si bien ouvra Bis.
Que sans faire brisée
Conceupt, puis enfanta
Jesus celle nuyctée.

Au temple Symeon chanta; Bis.
Au fleuve Jehan le Baptisa; Bis.
Mais la gent de Judée
A mort si le livra
Par envie dampnée.

Et qui bon Françoys si sera. Bis.
Point de chance ne se faindra. Bis.
Noel, ceste journée
Et son bien luy croistra
Tout du long de l'année.

Noel, ceste [journée,
Chantons: "Noel, noel,"
Car paix nous est donnée.]

Additional sources for this text:

S1. Guerson, *S'Ensuyvent les noelz tresexcelens* [fol. 3], without a timbre.

S2. [Mareschal and Chaussard], *Les Nouelz,* no. 20 (incomplete in Vaganay, p. 17; complete in *Le Spectateur Catholique,* Vol. IV [1898], p. 140).

S3. [Vve. Trepperel?], *Les Grans noelz,* fol. 29.

S4. [Lotrian], *Les Grans nouelz,* fol. 27'.

S5. [*Noelz nouveaulx*] (Cat. no. 45), fol. 151.

S6. Jehan Bonfons, [*Les Grans noelz,* Paris, n.d., fol. 151.

S7. Nicolas Bonfons, *La Grand bible,* fol. 49.

S8. Rigaud, *La Grand bible,* no. 46.

S9. Vilgontier MS (Paris MS 14983), fol. 70, cites the same noël text but with the timbre, "Et? Robinet, tu m'a faveur donné."

Other parodies:

P1. Nicolas Bonfons, *La Grand bible,* fol. 4, has a noël without a timbre but with a notated melody. Its text, given below, may be related to Sergent's, although text repetitions make this uncertain:

> Noé, Noé, Noé ceste journée
> Devons chanter pour la vierge honnorée.
>
>> C'est ma maistress' et m'amye
>> De quoy je suis amoureux.
>> Le jour que ne l'avoy mye
>> Je ne puis estre joyeux.
>
> Car de vertu ell'est iluminée
> Et de bonté Marie est appellée.

P2. A late source, Paris Rés. MS 884, p. 115, has a text identical to that cited in P1.

Related chanson texts:

Note: A number of chansons begin with a similar incipit. None, however is a satisfactory match for the noël. Because of their possible relationship to the noël, however, they are listed below.

C1. A setting *a 3* by Josquin in Florence MS 2794, fols. 69'-70, is the closest to the noël; however, it has an extra line of text, if strophic, and lacks a refrain:

> Entré suis en grant pensée
> Pour faire ung nouvel amy,
> Mais je m'entienne courrousée
> Le cueur triste, doulant et marry.
> Mais je ne sçay se cela me sera
> Bon en se joly moys de may.

Further on this chanson see Picker, "Polyphonic settings c. 1500 of the Flemish tune, 'In minen sin,'" *JAMS,* Vol. XII (1959), 94-95.

C2.   [Lotrian], *S'Ensuyvent plusieurs belles chansons,* 1535; fols. 62'-63 (= Jeffery's *1535;* also in *1537, 1538,* and *1543;* ed. in Jeffery, Vol. II, pp. 251-52) has a text that begins similarly but has a different strophic design.

C3.   The monophonic chanson in Paris MS 9346, no. 23, fol. 60 (pr. in Gérold, *Bayeux,* p. 25), begins "Je suis entré en nouvelle pensée." The first three lines have the same design as the noël, but those following are longer by two and three syllables.

C4.   A monophonic melody in Paris MS 12744, no. 89 (pr. in Paris and Gevaert, p. 49) has a similar beginning but a different strophic design:

> Entrée je suis en grant torment,
> Mon amy, pour vous regarder
> Or me doint Dieu allegement
> Or aultrement mes jours finer.

C5.   Listed in Brown, "Catalogue," no. 221.

Musical settings:

Note: Because none of the texts given above matches the noël precisely, none of the settings given below accommodates the text completely.

M1.   The monophonic noël in Nicolas Bonfons, *La Grand bible,* p. 4, can with some adjustment accommodate Sergent's noël text. See ex. 148a.

M2.   The monophonic noël in the late Paris MS Rés. 884, p. 115, is a Baroque version of the melody in ex. 148a. See ex. 148b.

M3.   The monophonic chanson in Paris MS 9346, no. 23, cited in C3 is related to those in exs. 148a and 148b; it does not accommodate the noël text. See ex. 148c.

M4.   The monophonic chanson in Paris MS 12744, is an independent melody unrelated to those cited below. See ex. 148d.

M5.   The Josquin setting cited in C1 has a melody unrelated to any cited in M1-M4 (ed. of Josquin's setting *a 4* in Josquin, *WW,* Afl. 54, p. 20; in Picker, *Chanson Albums,* p. 283; of the setting *a 3* in Josquin, *WW.* Afl. 54, p. 23; and in Picker, p. 479).

Example 148a.

Noël* No - ĕ, No - ĕ, No -
Noël** No - ĕ, [No - ĕ, No -

ĕ ces - te jour - nĕ - e, De - vons chan -
ĕ] ces - te jour - nĕ - e, Chan - tons: 'No -

ter pour la vier - ge hon - no - rĕ - e.
el, no-el" car paix nous est don - nĕ - e.

C'est ma mais - tresse et m'a - my - e De quoy
Sça - vez vous com - ment il en al - la, L'ange de

je suis a - mou - reux, Le jour que ne l'a - voy
Dieu si s'en vol - la. Sça - vez vous com - ment il

my - e, Je ne puis es - tre joy - eux.
en al - la, L'ange de Dieu si s'en vol - la.

Car de ver - tu elle
Tout droict, tout droict, Tout

est il - lu - mi - nĕ - e, Et de bon -
droict en Ga - li - lĕ - e Pu - cel - let -

tĕ Ma - rie est ap - pel - lĕ - e.
te trou - va De roy - al - le li - gnĕ - e.

* Nicolas Bonfons, La Grand bible des noelz, fol. 4, source for the
first text and for the music.
** Sergent, Les Grans noelz, fol. 151.

Example 148b.

Lyrics under the music:

No - el, No - el, No -
el cet-te jour- né - e De - vons chanter Pour la vierge hon - no -ré - e.
C'est ma mai -tres;- se, m'a-my - e De qui
je suis ;a - mou - reux. Le jour que je ne
voy m'a-my - e Je ne puis es - tre
joy - eux, Car de ver - tu Elle
est il- lu - mi- né - e, Et de bonté Ma - rie est ap - pel -lé - e.

Example 148c.

Je suis en - tré - e en
nou - vel - le pen - sé - - - e
Ce moys de may Par ung doulx temps nou - vel,
Pour u - ne da - me que j'ay tant de - si -
ré - - - - - e,
La plus bel - le qui soit sur le so - leil.
Bé, el - le tant bel - le, Las, il n'est rien au - tant,
Et si est jeu - ne, Las, ce n'est d'ung en - fant
Je ne luy o - se Ma pen - cée des - cou - vrir.

Example 148d.

En -trée je   suis   en grant tour-ment,

Mon a — my pour   vous re - gar - - der,

Or   me doint Dieu   al - le - ge - ment

Ou   aul — tre - ment   mes jours   fi - ner.

149. Sur Voicy le temps   (fol. 159′)

Reveillez vous, cueurs endormis,
Levez vous sus, chantons: "Noel,
Noel, noel, noel, noel."
Gabriel a esté commis
A saluer la fleur de lys,
Les pastoureaulx chantant: "Noel,
Noel, noel, noel, noel.*

Neuf moys Marie porta son filz.
Reveillez vous, cueurs endormis.
Noel, noel, noel, noel.
Bien estoit celuy logis,
[Reveillez vous, cueurs endormis,]
Qui a porté le roy du ciel.
Noel, noel, noel, [noel.]

Nous estions forbannis,   (fol. 160)
Reveillez vous, cueurs endormis.
[Noel, noel, noel, noel.]**
Du royaulme de paradis,
[Reveillez vous, cueurs endormis,]
Se n'eust est Emmanuel.
Noel, [noel, noel, noel].

Pourtant si vous estes marrys,
Reveillez vous, cueurs endormis,
[Noel, noel, noel, noel.]
Vous debvez estre resjouys,
[Reveillez vous, cueurs endormis]
A la venue de Noel.
Noel, [noel, noel, noel].

Chascun corrige ses delictz,
Reveillez vous, cueurs endormis,
[Noel, noel, noel, noel.]
Sans murmurer contre nully

---

*The strophic design of all but the refrain and three lines of the verse of this noël was incomplete. The lines in brackets are added in an attempt to reconstruct the following verses to match those of the first two.

**This line was missing altogether, but was restored after comparison of the Sergent text with that in the Lotrian print cited in S5 below.

[Reveillez vous, cueurs endormis,]
Dieu nous doint paix a ce Noel.
Noel, [noel, noel, noel].

Reveillez vous, [cueurs endormis,
Levez vous sus, chantons: "Noel,
Noel, noel, noel, noel.]
  Amen.

Additional sources for this text:

A. Without timbre or notated music:

S1. [Livre de noëls] (Paris MS 2368), fol. 30′, has a text with a similar
strophic design, except that the three-line refrain does not reappear:

  Reveillez vous, cueurs endormis,
  Reveillez vous, chantons: "Noel."
  Nouel, nouel, nouel, nouel.

  Jhesus nous a esté connus
  De la cité de Paradis
  Pour devenir homme mortel.
  Nouel, nouel, nouel, nouel.

  Pour nous getter hors de peril,
  A nous soit venu le roy eternel
  Aussi la vierge, a mon plaisir,
  Qui a porté le roy du ciel.

 Five more quatrains follow.

S2. [Livre de noëls] (Paris MS 2506), fol. 33, as in S1 above.

S3. [Mareschal and Chaussard], *Les Nouelz,* no. 16 (first strophe in
Vaganay, p. 16 complete and unedited in *Le Spectateur Catholique,*
Vol. IV [1898], p. 138) has a variant text. Nevertheless, the strophic
design is the same as the restored strophes in the Sergent text:

  Reveillez vous, cueurs endormiez,
  Levez vous sus, chantons: "Nouel,
  Nouel, nouel, nouel, nouel."

  Gabriel si estoit commis,
  Reveillez [vous, cueurs endormis,]
  A saluer la fleur de lys;
  Les pastoureaulx chantent: "Nouel."

S4. [Vve. Trepperel?], *Les Grans noelz,* fol. 161′.

S5. Le Moigne, *Noelz nouveau,* fol. L2, has the same noël text as above.

S6. [Lotrian], *Les Grans nouelz,* fol. 147′.

S7. De Tournes, *Noelz vieux et nouveaux,* p. 32, gives the rubric, "A vespres" for the text:

> Resveillez vous, cueurs endormis,
> Levez vous sus, et chantons: "Noé,
> Noé, Noé, Noé, Noé,
>   Noé, Noé,"

> Gabriel ha esté transmis
> Resveillez vous, cueurs endormis,
> Gabriel ha esté transmis
> Pour saluer la fleur de lys:
> Les pasteurs ont chanté: "Noé,
>   Noé, Noé."

> Tout homme estoit forbannis,
> Resveillez vous, cueurs endormis,
> Tout homme estoit forbannis
> De la cité de Paradis.
> Si n'eust esté Emmanuel.
>   Noé, Noé.

Four more verses follow.

B.   With timbre indication, "Voicy le temps":

S8.   Jehan Bonfons, *Les Grans noelz,* fol. 149.

S9.   [*Noelz nouveaulx*] (Cat. no. 51), fol. 151'.

C.   With other timbres indicated:

S10. [Vve. Trepperel?], *Les Grans noelz,* fol. 104, has the timbre, "N'y renvoyez plus mon amy" and a noël text begins with the same strophic design as the Sergent text:

> Reveillez vous, cueur endormy,
> Chantons: "Noel" ensemble tous
> Car Jesus nous saulver a tous.

> Dieu le pere si a transmis,
> Reveillez vous, cueur endormy,
> Messagier gracieulx et doulx,
> Marie, pour parler a vous.   Bis.

> Ung beau salut il nous rendit,
> Reveillez vous, cueur endormy,
> Disant: "Marie, Dieu soit a vous
> Ung bel enfant naistra a vous."   Bis.

S11. [Lotrian], *Les Grans nouelz,* fol. 93' has the same timbre and text as in S10.

S12. Arnoullet, *Noelz nouveaulx nouvellement faitz,* fol. B4, has a text that begins the same way as Sergent's but has a different strophic design. The timbre differs as well: "Vivray je tousjours en soulcy." The text is:

> Reveillez vous, cueurs endormis.
> Et demenez joyeuse vie,
> Puisque Dieu du ciel a transmis
> L'ange a la vierge Marie
> Pour annoncer
> Et dire: "*Ave,*
> Tu concepvras le fils de Dieu,
> Le roy des cieulx enfanteras."

D. Without timbre but with notated music:

S13. [Moderne], *La Fleur des noelz nouvellement notés,* fol. B3', has the same text as Arnoullet, without a timbre, but with notated monophonic music, transcribed in ex. 149a. For the textual model, see C2 below.

Other parody:

P1. A text given without timbre in Malingré, *Noelz nouveaulx,* 1533, no. 11, has the incipit, "Resveillez vous, gentils pasteurs" (cited in Bordier, p. 425).

Related chanson texts:

C1. No secular text has been located that begins, "Voicy le temps" and also has the same strophic design as the noël. However, "Voicy le temps and la saison" is the incipit of a noël text which is in turn the parody of "Mon pere m'a donné mary a qui la barge grise point," in [*Noelz nouveaulx*] (Cat. no. 51), fol. 98'. The noël text is below:

> Voicy le temps et la saison
> Qu'on doit grant joye demenée.
> "Noel" chantons: c'est bien raison.
> Louenge et grace a Dieu donner.
> Qui nostre offence
> Par sa clemence
> A guaris de mort criminel.
> Noel, noel, noel, noel.
>
> Pour jectay hors de prison
> Est venu prendre humanité.
> En la vierge a fait sa maison;
> Neuf moys en elle a habité,

Et sans grevance
Ne sans nuyssance
L'enfant a la nuict de Noel
Entre un asne et un beuf.   Bis.

Several more strophes follow. The text above has the same strophic design as Sergent's noël; it is possible that the noël text above assumed an independent existence, and became as well known as the famous chanson given as its timbre. If this is true, then the musical settings cited in no. 59 of this source will also accommodate this noël.

C2.   The chanson text that matches the noël in [Moderne]'s *La Fleur des noelz nouvellement notés* is found in a polyphonic setting by Claudin, the superius of which matches the melody in *La Fleur des noelz:*

Vivray je tousjours en soucy
Pour vous, ma tresloyalle amye?
Si vous n'avez de moy mercy,
Je languiray toute ma vie.
Vostre beaulté
M'a aresté
Pour son servant. De tresbon cueur
Son serviteur me vois nommant.

Unrelated texts, melodies and polyphonic settings:

Many chanson texts of this period and earlier begin, "Reveillez vous." These include the dawn songs, and in this period, noëls and *chansons spirituelles* that exhort the faithful of both Catholic and Reform persuasion to "wake up" and rally to the faith. The works below are listed as non-concordances.

1.   Briand, *Nouelz nouvaulx*, no. 1 (repr. in Chardon, *Briand*, pp. 5-6) has a rubric, "Hympne ad honorem Maria virginis" for the noel, "Reveillez vous tous deurs cueurs endormis." The text has a distinctly different strophic design from that of the noël. No timbre is cited.

2.   A noël text and its monophonic melody are in Denisot, *Cantiques*, Paris, 1553, p. 43, both bearing superficial resemblance to other texts and tunes. The text, "Reveillez vous, reveillez, Pastoureaulx qui sommeillez Pour voir l'aube la plus belle," does not have a format that matches the noël. The melody bears a resemblance to the opening of the Certon chanson cited below, and may have been based on the same *cantus prius factus.*

3.   The noëls which begin, "Reveillez vous, belle endormie," cited in De Smidt, all have origins later than the sixteenth century, and in addition, have strophic designs that do not match the noël (pp. 156-58).

4.   A chanson spirituelle *a 5* by Certon in *Les Meslanges,* Paris, 1570, fols. 10'-11, has a text which begins, "Reveillez vous, c'est trop dormy." Although individual lines of the text match the noël, the overall strophic design does not. This is musically unrelated to other settings described here.

5.   A second chanson spirituelle, *a 6* by Certon and in the same print, is on fol. 142, and has a text which begins, "Reveillez vous, chascun fidelle." This too has a different strophe design from that of the noël.

6.   The Janequin chanson *a 4,* "Le chant des oyseaulx," appears in two versions in the Merritt and Lesure edition, *Jannequin: Chansons polyphoniques,* Vol. I, pp. [5]-6; and in Vol. II, pp. 184-86. The text, which begins, "Reveillez vous, cueurs endormis," has a design which differs from that of the noël. Therefore, the noël cannot be sung to this chanson, despite Babelon's statement to the contrary (in *Colomb,* p. 149). A fragment from the Fresneau "Fricassée," in Moderne, RISM 1538-17, quotes the opening of this famous chanson in the superius on fol. 4.

Musical settings:

M1.   See the musical settings listed in the commentary following noël no. 59 of this source, which also accommodate this text.

M2.   The monophonic noël in Moderne's *La Fleur des noelz nouvellement notés* (facs. in Babelon, *"La Fleur des noëls,"* no. 7, pp. 384-85) and reproduced in Vol. I, p. 78 of this study, does not, however, accommodate Sergent's noël text. See ex. 149a.

M3.   The superius of Claudin's four-voice setting of "Vivray je tousjours en soucy," is given, in ex. 149b, for comparison with ex. 149a. The full setting is in Attaingnant, RISM [1528]-8, fol. 5; in Attaingnant, RISM 1531-2, fol. 7; in Attaingnant 1528-3, fol. 4' (counter-tenor and bassus lacking). Edition is in Claudin, *Opera omnia,* Vol. IV, pp. 127-28. An edition of the lute transcription is in Mairy, *Chansons au luth,* p. 14.

Example 149a.

Res - veil - lez vous,
cueurs en - dor - mis, Et de - me - nez joy -
- -eu - se vi - e, Puis - que Dieu du
ciel a trans - mis .L'an -ge a la vier -
ge Ma - ri - e. Pour an - non - cer et
dire: "A - ve, tu con - cep -vras Le filz de
Dieu, Le roy des cieulx en-fan- te- ras."

Example 149b.

Vi - vray je tous- - jours

en sou - cy   Pour vous, ma tres -

loy - alle a - my - e?   Si

vous n'a-vez de moy mer - cy,   Je lan -gui-

ray tou - te ma vi - e.   Vos -tre beaul-

té   m'a ar - res - té   pour son ser -

vant,   De tres bon cueur,   son ser - vi -

teur   me vois nom - mant.   De mant.

150. Sus Sur le pont de Lyon, J'ouy chanter la belle   (fol. 160)

Sur le mont de Syon
J'ay sceu bonne nouvelle
D'ung redolent Syon
Qui vient de vierge belle.

Par ung ange j'ay sceu
Une moult grande chose:
Celle vierge a conceu
La belle blanche rose.

Il n'est rien si plaisant
Ne rien si desirable,
Qu'alons nous donc faisant?
Chantons chose louable.

Il en est si grant bruyt
Que tout chascun si fonde,   (fol. 160')
Elle a porté le fruict
Et la salut du monde.

Vierge aromatisant
Plaine d'odeur flairante,
Et balsamatisant,
Tant elle est odorante,

Ceste vierge a batu
L'ennemy de nature
Et si la combatu
Pour toute creature.

C'est le septre David
Et sa vierge royalle,
Soubz qui le monde vit
D'esperance finalle.

En grant devotion
Retournons nous a elle,
Qu'en exaltation
Oye nostre querelle.

      Amen.   Noel.

        Finis.

At the end: Cy finissent les grans noelz nouvellement imprimées a
Paris pour Pierre Sergent demourant en la Rue neufve
Nostre Dame a l'ensigne Sainct Nicolas.

Additional sources for this text:

S1. [*Noelz nouveaulx*] (Cat. no. 51), fol. 152, incomplete.
S2. Jehan Bonfons, *Les Grans noelz*, fol. 160.
S3. Nicolas Bonfons, *La Grand bible*, fol. 49'.
S4. Rigaud, *La Grand bible*, no. 47.
S5. Vilgontier MS (Paris MS 14983), fol. 167. The timbre cited is "Sur les ponts d'Avignon."

Related chanson texts and parodies:

C1. According to Paul Bénichou, "Notes sur un motif de poésie populaire," in his *L'écrivain et ses travaux,* Paris, 1967, pp. 323-56, the chanson, "Sur le pont d'Avignon" or "de Lyon" can be dated back to the fourteenth century, during the wars between England and France. The poem exists in many versions, in several languages including French, Spanish, German, and Scandinavian. One version is a sacred contrafactum, a Marian song in Spanish:

> La virgen se està peinando   —   debajo de una palmera;
> Los peines eran de plata   —   la cinta de primaveras.
> Por allé pasó José;   —   le dice desta manera.
> ¿Cómo no canta la Virgen?   —   Cómo no canta la bella?
> (Ibid., p. 334)

A secular French version from the 14th century begins:

> Dessus le pont de Lyon   —   que la belle s'y promene;
> Elle s'y promène pas tant   —   elle s'y peigne et s'y fait belle;
> Elle s'y peigne ses blonds cheveaux   —   avec la queue d'une
>   hirondelle...
> (Ibid., p. 332)

A text which is close to the early sixteenth-century version is:

> Hier sur le pont d'Avignon   —   j'ai oui chanter la belle.
> Elle chantoit d'une ton si doux   —   comme une demoiselle.
> Que le fils du roi l'entendit   —   du logis de son pere...
> Il appela ses serviteurs,   —   valets et chambrieres...
> (Ibid., p. 341)

C2. For the parody text which begins, "Sur les pons de lyesse," see no. 122 of this source, which has the same strophic design as this noël, except that the order of masculine and feminine endings is reversed.
C3. The text of an anonymous chanson *a 3* in Copenhagen MS 1848, fols. 10'-11, has the same design as the noël, and is below:

Sur le pont de Lyon   —   j'ai oui chanter la belle,
Qui en son chant disoit   —   Une chanson nouvelle.
J'ay perdu mes amours: —   Elle s'en soyt aller,
Elle s'en soyt aller   —   Elle s'en soyt aller.

C4.   A chanson *a 4* by Claudin in Attaingnant, RISM 1536-2, a manuscript insertion at the end of the print, has the more familiar text:

Sur le pont d'Avignon
J'ay ouy chanter la belle
Qui a son chant disoit
Une chanson nouvelle.

C5.   A contrafactum of "Sur le pont d'Avignon" by Marguerite de Navarre, "Sur l'arbre de le croix," is in *Les Marguerites* (ed. by Frank, 1873), p. 165; in *Chansons spirituelles* [Geneva], 1569, p. 195; and in Durant, *Chansons spirituelles,* 1596, pp. 217-24.

Musical settings:

M1.   The monophonic melody is in *Souterliedekens,* no. 50, Ps. 81 (ed. in Mincoff-Marriage, pp. 110-12). See ex. 150a.

M2.   An anonymous setting *a 3* in Copenhagen MS 1848, pp. 10-11, has text in the superius only, the voice that bears the *cantus prius factus.* See ex. 150b.

M3.   An anonymous setting *a 4* is in *Canti C,* fols. 61'-62. The tenor has the cantus prius factus. Only the text incipit is given. See ex. 150c.

M4.   The setting *a 4* by Claudin, cited above in C4 has text in the superius only. However, the tenor of the setting has the *cantus prius factus.* The setting is of one quatrain of verse (ed. in Claudin, *Opera omnia,* Vol. IV, p. 98). See ex. 150d.

M5.   An anonymous setting *a 4* in Regensburg MS 940/941, no. 78, may be based on the same melody.

M6.   A setting *a 6* by Certon, "Sus le pont d'Avignon," is in DuChemin, *Les Meslanges,* 1570, p. 125. The text is similar to the one Claudin used, and the superius is based on the same *cantus prius factus.*

M7.   A modern edition of the monophonic tune is in Gérold, *Chansons populaires,* pp. 83-84. Gérold gives Claudin's tenor, and adds a text.

Example 150a.

Example 150b.

Example 150b (cont.)

Example 150b (conclusion).

Example 150c.

Example 150c (cont.)

Example 150c (cont.)

Example 150c (cont.)

Example 150c (cont.)

Example 150c (conclusion)

Example 150d.

Example 150d (conclusion).

Index of Timbres

Index of Noël Incipits